·用心理学建立完美人际关系·

# 人际交往心理学

赵广娜 ⊙ 编著

北京工艺美术出版社

图书在版编目（CIP）数据

人际交往心理学/赵广娜编著. — 北京：北京工艺美术出版社，2017.6（2021.6重印）

（第一阅读系列）
ISBN 978-7-5140-1059-6

Ⅰ.①人… Ⅱ.①赵… Ⅲ.①人际关系-社会心理学-通俗读物 Ⅳ.①C912.11-49

中国版本图书馆CIP数据核字（2017）第051068号

出 版 人：陈高潮　　　　装帧设计：青蓝工作室
责任编辑：李　雪　　　　责任印制：高　岩

法律顾问：北京恒理律师事务所　丁　玲　张馨瑜

# 人际交往心理学

赵广娜　编著

| | | |
|---|---|---|
| 出　　版 | 北京工艺美术出版社 | |
| 发　　行 | 北京美联京工图书有限公司 | |
| 地　　址 | 北京市朝阳区焦化路甲18号 | |
| | 中国北京出版创意产业基地先导区 | |
| 邮　　编 | 100124 | |
| 电　　话 | （010）84255105（总编室） | |
| | （010）64283627（编辑室） | |
| | （010）64280045（发　行） | |
| 传　　真 | （010）64280045/84255105 | |
| 网　　址 | www.gmcbs.cn | |
| 经　　销 | 全国新华书店 | |
| 印　　刷 | 金世嘉元（唐山）印务有限公司 | |
| 开　　本 | 720毫米×1020毫米　1/16 | |
| 印　　张 | 24 | |
| 版　　次 | 2017年6月第1版 | |
| 印　　次 | 2021年6月第2次印刷 | |
| 印　　数 | 5001～55000 | |
| 书　　号 | ISBN 978-7-5140-1059-6 | |
| 定　　价 | 59.00元 | |

# 前言

　　任何人都无法孤单地活在世上，在人际关系越来越重要的现代社会更是如此。每一个人生活的幸福、工作的成功都离不开与他人的交往。在人际交往的过程中，我们难免会碰到这样那样的问题，比如：如何塑造良好的第一印象？怎样快速说服别人？怎样让别人跟自己愉快合作？怎样在职场中获得上司的青睐、同事的支持？……如果不能很好地解决这些问题，就会影响人际交往的成效，影响人际关系的建立与发展，甚至影响事业的成功。

　　现实生活中，有的人潇洒从容，谈笑风生间诸多问题就得以迎刃而解；有的人忙忙碌碌，到头来却还是一事无成，落寞失意。当今社会，人心日趋复杂，竞争几近沸腾，仅靠着一副好心肠已很难应对现实的挑战。接连不断的困顿和坎坷，都在告诉你一个不争的事实——只靠着一股蛮劲横冲直撞，是抵达成功的最远路途，在社会交往中懂得心理学策略才是做人做事的最大资本。害人之心不可有，但防人之心不可无，我们无意去伤害他人，却不得不学会保护自己。心理学策略不是"放冷箭""耍阴招"，而是使环境对自己更加有利的计策谋略，让人情更有"杀伤力"的手段方法，令事业更上一层楼的巧言妙语。在处理各种事情的时候，懂得用心理学策略来做润滑剂，困难的事情往往就会变得简单起来。有心理学策略的人，做什么都易如反掌，左右逢源；相反，如果不懂心理学策略，不知提防别人，不知藏巧于拙，就会处处碰壁，庸碌一生。我们要想在这个高速运转的社会保护自己，发展自己，就一定要懂人际关系心理学。

　　千人千面，每一面孔后面都有一颗跳动的心。只有走入他人的内心深处，把握心理脉搏，洞悉人心的奥妙变化，才能运用恰当的策略赢得人心！聪明的人之所以聪明，成功的人之所以成功，就是因为他们懂得人际关系心理学，时刻注意运用心理策略辨人、识人，营造和谐的人际关系网，知道何为"难得糊涂"，懂得进退有度，因而能在各种人生场景中游刃有余、左右逢源。如果你不懂人际关系心理学，不知外拙内精、巧装糊涂；不知善于吃亏、丢卒保车；不知以柔克刚、滴水石穿；不知到什么山上唱什么歌、进什么庙烧什么香；不知攻心为上、刚柔并用；不知与上级、同事、下属、朋友、爱人、家人的相处之道，就难免处处碰壁，使人生陷于庸碌无为的困局。懂得人际关系心理学，既能防止别人的暗箭明枪伤害到自己，同时也可以增强自身的竞争力和适应力，为我们的人生创造更多的可能和精彩。

人际关系的成败，与心理学有着千丝万缕的联系，一旦掌握了相关的心理学知识，工作和生活中的许多难题就能迎刃而解，就能建立起完美的人际关系。《人际交往心理学》旨在帮助读者运用心理学的知识和技能，建立完美的人际关系。全书从社交、职场、商场、爱情等与人们生活息息相关的各方面讲述人际关系中的心理学知识和技巧，深入挖掘人性背后的心理秘密，巧妙揭示人们内心深处的行为动机，以期帮助读者迅速提高说话办事的能力，掌控人际交往主动权，从而避免挫折和损失，一步一步地落实自己的人生计划，获得事业的成功和生活的幸福。

本书从现实出发，最终又回到现实，相信每一位读者都能够从本书中找到自己需要的社交策略。只要你真正领会了心理学的奥妙，你就能将人生的主动权牢牢握在手中，人生之路就会越走越通畅顺达。

# 目 录

## 第一篇 洞悉人性，掌握主动权

### 第一章 洞悉人性，拿捏分寸 ······················· 2
善用首因效应和近因效应，给别人留下好印象 ············· 2
绽放迷人的笑容，更能赢得别人的好感 ··················· 6
善于倾听让你赢得好感，处处受欢迎 ····················· 9
见面时间长，不如见面次数多更能建立亲密关系 ········· 12
妙用"地形"心理学，让对方喜欢你 ······················· 13
注意自己的身体语言，给别人留下好印象 ················· 15
直呼其名，缩短与对方的心理距离 ······················· 16
请求他人帮个小忙，会赢得对方的好感 ··················· 18

### 第二章 掌控人性，把握尺度 ······················ 21
被逼入墙角的兔子也会咬人，得理时要让他三分 ········· 21
关键时刻当仁不让，才能得到你想要的 ··················· 23
吃亏要吃在明处，让他知道吃亏是为了帮助他 ············· 24
"晓之以理，诱之以利"，方能战胜人性，办成大事 ········· 25
凡事抱着最坏的打算，才能确保胜算 ····················· 26
要想抑制人性的弱点，不如唤醒人性的优点 ··············· 28
巧妙地运用心理暗示，来达到自己的目的 ················· 29
凡事不要太较真，否则会让自己失去更多 ················· 30
不要过分地赞美对方，否则会加剧对方的反感 ············· 32

### 第三章 洞察人性，顺势而为 ······················ 34
不可以被激怒，不让别人抓住把柄 ······················· 34

柔性坚持——无坚不摧的天下之至刚 ········· 36
喜怒哀乐放在口袋里，不给人以可乘之机 ········· 37
心理素质好一点，交际顺一点 ········· 38
不要固执己见，否则上帝也救不了你 ········· 40
少乱发脾气，才能广交朋友成大事 ········· 41
该反抗时就反抗，不要让别人把自己当成傻瓜 ········· 42
做人要精明，但不能精明露骨 ········· 44
与人相争，诈死装败求胜算 ········· 45

# 第二篇 以智取胜，让他人为我所用

## 第一章 出奇制胜，左右他人 ········· 48
善用"增减法"，影响他人的心理 ········· 48
以己之长巧迎他人之短 ········· 50
从思路开始，让别人追随你的思想 ········· 51
发挥"独立性"魅力，让别人永远依赖你 ········· 53
激发对方的高尚动机，因势制宜影响他 ········· 54
吸引他人最直接的方法：关键时刻拉他一把 ········· 56
制造短缺假象，可以极大影响对方的行为 ········· 57
巧妙利用好奇心来影响他人 ········· 58
引入权威效应，引导对方的态度和行为 ········· 60
制造别无他选的困境，来诱导他人 ········· 61
想要影响对方的言行，谆谆教导不如以身作则 ········· 62

## 第二章 把握心理，驾驭他人 ········· 65
要改变他人的行为，首先应该悦纳他人 ········· 65
迎合他人的自尊心，让他乐于改变 ········· 65
利用最后时限，让他听从你的指示 ········· 68
不妨提一个更大的要求，更容易取得成功 ········· 69
利用"期望效应"，使他人按自己的意图行事 ········· 71
给予对方一个头衔，让他鼎力相助 ········· 72
恰当的反馈，能使对方更积极地为你办事 ········· 73

## 第三章　施计弄巧，以心治心 …… 75

通过"我错了"，让他人心悦诚服地接受你的批评 …… 75
说服没有主见的人："大家的意见都是这样" …… 76
"长他人志气，灭自己威风"更能有效说服 …… 78
以众敌寡，逐渐将其同化 …… 79
一开始就先声夺人，让对方屈服 …… 81
顺言逆意归谬法，让强势的他也点头 …… 82
巧妙运用逆反心理，对其进行善意的说服 …… 83
提升自我形象，增加成功的筹码 …… 84
制造一点悬念，让对方改变自己的观点 …… 85
运用对方的心理定式，来巧妙说服对方 …… 87
点到他的利害之处，让说服更有效 …… 88

## 第四章　制人攻心，为我所用 …… 91

巧用别人的同情心，眼泪是一种"致命武器" …… 91
求人办事就用百试百灵的"糖衣炮弹" …… 93
有勇气、有耐心——软磨硬泡，"泡"出希望 …… 94
巧用"进门槛"效应：先提小要求，再提大要求 …… 96
寻求别人帮助时，要先使对方有个好心情 …… 98
暗中智取，让他人无从防范 …… 99
以礼相待，多用敬语好求人 …… 100
让自己看起来像个大人物，他会觉得为你办事踏实 …… 102
巧转关系，借能人为自己办好棘手之事 …… 103

# 第三篇　巧用心思，赢得认同和支持

## 第一章　将心比心、换位思考 …… 106

换位思考，在人际交往中出奇效 …… 106
想让别人喜欢你，先要喜欢上对方 …… 108
你对朋友知心，朋友也会对你知心 …… 109
先理解对方，然后再让对方理解你 …… 111
看到对方的需要，了解对方的观点 …… 112

帮助对方要适当，接受对方的帮助也要适当 ……………… 113
给人一份情，让他还你一辈子 ………………………………… 114
关心对方最亲近的人，更会赢得他人的心 …………………… 117
让他知道你了解他、包容他，合作更容易 …………………… 118
你不去责怪对方，对方也不会责怪你 ………………………… 120

## 第二章 以心交心，互惠互利 …………………………………… 122

制造共同体验，使其对你产生好感 …………………………… 122
要想友谊长存，就要感激和回报别人的帮助 ………………… 124
牢记互惠原理，让对方产生必须回报你的感激之情 ………… 125
"雪中送炭"更能征服人心 ……………………………………… 127
激起"心理共鸣"，让他感觉帮你像在帮自己 ……………… 128
设立共同的目标，迅速拉近彼此的距离 ……………………… 130
故意效仿对方的动作，引发对方的好感 ……………………… 131
让合作者好过，自己才会好过 ………………………………… 133
与其让对方感激你，不如让他有求于你 ……………………… 134
给别人帮助是好事，但不能过分追求回报 …………………… 136

## 第三章 嘴上留情，脚下有路 …………………………………… 138

巧说第一句话，让陌生人与你一见如故 ……………………… 138
恰到好处的恭维可博得对方的欢心 …………………………… 140
开玩笑宜笑不宜损，这样才能不伤人 ………………………… 141
真诚地赞美最能"笼络"人心 ………………………………… 143
不要轻易做出承诺，要给自己留些余地 ……………………… 146
告诉他"你很重要"，回报定比器重多 ……………………… 147
他人失意之时，请勿谈你的得意 ……………………………… 149
将语言"软化"后再说出来，人际将更加和谐 ……………… 150
不是原则性问题，就不必太较真 ……………………………… 152
凡事适可而止，留下回旋的余地 ……………………………… 155
调节冲突，抬高一方让其主动退出 …………………………… 156

# 第四篇 与人周旋，掌控制胜之道

## 第一章 以心攻心，斗智斗勇 ......158
通过沉默来逼迫对方沉不住气 ......158
拿住对方的把柄，让其服服帖帖地就范 ......159
摸清对方的底细，找准对方的弱点再出击 ......161
拐弯抹角有时比直来直去更易被人接受 ......162
话不投机时，不想尴尬快转弯 ......164
当鳄鱼咬住你的脚，唯一的办法就是牺牲这只脚 ......166

## 第二章 虚实难辨，假戏真唱 ......168
当众拥抱你的敌人，化被动为主动 ......168
你可保守他的秘密，但莫让他保守你的秘密 ......169
善用"欺骗之举"，无往不利 ......171
谎言被重复一千遍，就变成了真理 ......173
适度保守个人隐私，不要做个透明人 ......174
适度"自污"，巧使对方放松警惕 ......175
太老实就是愚笨，灵活机变助你路路畅通 ......176

## 第三章 灵活博弈，处处皆赢 ......179
有一种策略叫作"借"——智猪博弈 ......179
找出隐匿信息，摆脱逆向选择旋涡——信息博弈 ......181
必要时候，需要与狼共舞——猎鹿博弈 ......182
找对众人心，成功就得鹤立鸡群——酒吧博弈 ......184
你好、我好、大家好——正和博弈 ......187
放下了面子，就自然走出了困局——斗鸡博弈 ......188
逐步解决问题是最有威力的博弈武器——稻草原理 ......190
时刻保持对风险的"痛觉"——思维博弈 ......191

## 第五篇　用点智慧，做一枚人际磁石

### 第一章　顾全面子，给人台阶 ············ **194**
不要让对方没面子，否则你会更没面子 ············ **194**
诙谐地说"不"，让被拒绝的人有面子 ············ **195**
诙谐对待他人的错，也是在让自己过得去 ············ **198**
巧妙暗示，远胜当面指责 ············ **199**
给批评裹件"糖衣"，让他在甜蜜中改过 ············ **201**
保住失败者的面子，不给自己树立死敌 ············ **202**
为了别人的面子，看破他的心思也不要点破 ············ **203**
把话语权让给对方，引导对方多说 ············ **204**
善待别人的尴尬，你会因此而得到更深的友谊 ············ **206**

### 第二章　知晓方圆，精明处世 ············ **209**
虚心接受别人的批评，赢得好感和尊重 ············ **209**
不懂不是错，不懂装懂错上错 ············ **210**
层层释疑，让对方放下心理包袱 ············ **211**
会说场面话，不听场面话，此乃交际智者 ············ **212**
营造良好的交际氛围，以增强自己的吸引力 ············ **215**
有所问，有所不问，博取别人的好感 ············ **216**
刺猬哲学需要我们拿捏最佳的社交距离 ············ **218**
不要把好事一次做尽，否则别人会疏远你 ············ **219**
方圆有道，原则性问题绝不能让步 ············ **221**
慎谈他人忌讳的话题，否则会导致交际的失败 ············ **222**
无论对方是何类人，一定记住"过犹不及" ············ **224**
同谁都合得来，保证谁都喜欢你 ············ **225**

### 第三章　借力打力，坐收渔利 ············ **228**
主动结交成功的人，可以少走弯路 ············ **228**
没时间也得将这十种贵人纳入囊中 ············ **229**
与同学多联络感情，为成功铺就更宽的路 ············ **231**
以静制动，让诤友充当自己的镜子 ············ **233**
把朋友分等级：认清真正的朋友 ············ **235**

鸡鸣狗盗，小人物也能救命 ............................................. 239

# 第六篇　智慧深藏，等待时机以厚积薄发

## 第一章　韬光养晦，深藏不露 ............................................. 242
韬光养晦，永远是颠扑不破的真理 ......................................... 242
隐藏自己的实力，别让那一枪打到强出头的你 ............................... 244
不要过早暴露野心，需要循序渐进 ......................................... 246
软弱和退缩胜过任何硬性的进攻 ........................................... 248
做人要善于隐匿：看似没有，实则充满 ..................................... 249
适时贬一贬自己，学会低调做人 ........................................... 250

## 第二章　柔弱之中，暗藏机锋 ............................................. 252
弱势时打张情感牌，更易被对方认可 ....................................... 252
主动示弱，伪装自己，克敌制胜 ........................................... 254
假痴不癫，轻松达到自己的目的 ........................................... 255
遇到强手就要避敌锋芒，侧面而行 ......................................... 256
适时选择投降，给自己东山再起的机会 ..................................... 256
适时吃眼前亏，只为以后不吃更大的亏 ..................................... 258
生气不如争气，翻脸不如翻身 ............................................. 259
不可时时做烂好人——人可以温和，但不可以软弱 ........................... 261
成全对方的好胜心，保全自己 ............................................. 262
掩饰弱点，显露优点，以此来迷惑对方 ..................................... 264

# 第七篇　小心防范，识破他人的诡计

## 第一章　揭示真相，巧妙应对 ............................................. 266
经常恭维你的，多数是你的敌人 ........................................... 266
小心最了解你的人，有时他是最危险的 ..................................... 267
特别能忍让的人很危险，你不得不防 ....................................... 270
别人的花言巧语和满脸堆笑或许暗藏杀机 ................................... 271
免费的午餐里大多有"毒药" ............................................... 273

用理智避开机遇中的陷阱 ·············································· 275
工作中的好心人未必都有好心肠 ······································ 276
不断向你提问，其实是想阻止你提问 ··································· 279
听到"一见如故"，就要提高警惕，保持距离 ·························· 280

### 第二章 创变通达，趋利避险 ················································ **281**

细节决定成败，不要把避免灾害寄托在侥幸上 ······················· 281
逢人只说三分话，保护自己，也能试探他人 ·························· 282
给自己的隐私加把锁，免得以后吃亏 ··································· 285
隐藏自己的弱点，不让他人抓住把柄 ··································· 287
在不了解对方的情况下，要适度防范 ··································· 288
向别人倾吐心事要慎重，提防他以后的攻击 ······················· 290
莫被表面现象迷惑，以免他人以此制造骗局 ······················· 292
勿打听别人的隐私，否则别人会把你定为危险人物 ·············· 293

### 第三章 防微杜渐，免受其害 ················································ **295**

宁得罪君子，不得罪小人 ·················································· 295
切记，别用别人的错误来惩罚自己 ······································ 297
不必和小人划清界限，避免成为他的攻击对象 ······················ 298
你可以不做布局者，但不要成为别人的棋子 ······················· 299
忠奸分明，不给小人搬弄是非的机会 ··································· 301

# 第八篇　悟透玄机，纵横职场

### 第一章 职场智慧，如鱼得水 ················································ **304**

穿上"傻瓜外套"，做最容易生存的员工 ······························· 304
晋升不能靠等待，要懂得抓住机会 ······································ 305
故意在明显的地方留一点儿瑕疵 ········································· 307
绝对不可当猛虎，否则会被赶出森林 ··································· 309
不拉帮结派搞团体，上司才会欣赏你 ··································· 311
想获得提升，早做准备是上策 ············································ 312
面对公司的"皇亲国戚"，有理也要吃"哑巴亏" ····················· 313

## 第二章 揣摩心理，巧妙迎合 ················· 316
投其所好，与上司成为"同道中人" ············· 316
保持经常性的接触更能取得老板的信任 ············ 317
永远要记得一点：老板永远是对的 ·············· 320
满足上司的"尊重"需要，切忌私自定夺 ············ 321
想对上司提"意见"，出口要说提"建议" ············ 323
徒弟变领导：服软才是硬道理 ················ 325
勇于向领导"秀"出自己，别让自己的努力白费 ········ 326

## 第三章 广结善缘，以静制动 ················· 328
不遭同事嫉妒是庸才，常遭同事嫉妒是蠢材 ·········· 328
不要过多了解同事的个人隐私 ················ 329
软硬兼施，不让办公室的小人得逞 ·············· 330
识破口是心非的同事，为自己减少隐患 ············ 331
可以抬高自己，但不要打压别人 ··············· 332
越愤怒越平和，用幽默反扑"狙击手"的攻击 ········· 334
男女同事交往，有距离才不会越雷池一步 ··········· 335

# 第九篇 竞争有道，驰骋商界

## 第一章 能进能退，厚黑并用 ················· 338
巧妙识别对面那个"爱讲谎话的动物" ············· 338
绵里藏针，柔中带刚 ···················· 340
巧用眼神，让谈判取得意想不到的良好效果 ·········· 340
善用环顾左右、迂回入题的策略，降低对手的警觉心理 ···· 342
论辩中巧设圈套，让对方主动入瓮 ·············· 343
布下"最后通牒"的陷阱，让他不得不屈服 ·········· 344
警惕对方的心理战，避免被对方击垮 ············· 346

## 第二章 声东击西，用"心"取胜 ··············· 349
发挥优势，强力打击，让对手没有还手之力 ·········· 349
攻其一点，在对方最弱处下"锥子" ············· 350

适时透露虚假信息以蒙蔽对手 ………………………………… 352
瞄准对方的关键点，以一点击溃其全部 ………………………… 353
后发制人，隐而有道，此乃商场不可无的智谋 ………………… 355

## 第三章 揣摩心理，以心赢心 …………………………………… 356
慧眼识破"处理商品"，不入商家便宜"陷阱" ………………… 356
增强对抗"打折"的免疫力，不中"原价"的迷惑计 ………… 358
"赠品"陷阱当提防，别为了"糖衣炮弹"吃一嘴沙 ………… 359
熟知"贝勃效应"和"尾数效应"，避免上价格的当 ………… 360
不上"一口价"的当：省不省先"砍"一下再说 ……………… 362
警惕销售中的稀缺效应，以免掉入商家的"消费陷阱" ……… 363
小心商家利用"配套效应"引你上钩 …………………………… 364
认清商家的陷阱：优惠券到底优惠了谁 ………………………… 365

第一篇

# 洞悉人性，掌握主动权

# 第一章

# 洞悉人性,拿捏分寸

## 善用首因效应和近因效应,给别人留下好印象

一个新闻系的毕业生正急于找工作。一天,他到某报社对总编说:"你们需要编辑吗?"

"不需要!"

"那么记者呢?"

"不需要!"

"那么排字工人、校对呢?"

"不,我们现在什么空缺职位也没有了。"

"那么,你们一定需要这个东西。"说着他从公文包中拿出一块精致的小牌子,上面写着"额满,暂不雇用"。总编看了看牌子,微笑着点了点头,说:"如果你愿意,可以到我们广告部工作。"

这个大学生通过自己制作的牌子,表现了自己的机智和乐观,给总编留下了良好的"第一印象",引起对方极大的兴趣,从而为自己赢得了一份满意的工作。

当我们即将进入一个新环境去参加面试,或与某人第一次打交道的时候,常常会听到这样的忠告:"要注意你给别人的第一印象噢!"

第一印象,又称为初次印象,指两个素不相识的陌生人第一次见面时所获得的印象。在与他人交往时,人们对他人的看法往往会过多地依赖第一印象,这就是首因效应。

首因效应固然重要,但人们对他人的第一印象也并不是无法改变的,随着时间的推移、交往的增多,对方各方面的情况将愈益清晰,从而可以改变第一次见面时留下的印象。

虽然随着交往的深入,第一印象会逐渐改变,但是这需要一个漫长的过程。因此,在人际交往中,若要吸引他人,赢得友谊,就应该给人留下良好的第一印象。

一生中,我们会遇到很多重要的第一次,也就会有很多需要重视的第一印象。比如,求职,第一次去见面试官;求人办事,第一次登门造访;参加工作,第一次见单位同事;找对象,第一次与对方约会。所有这些第一次都很重要:从小的方面看,关系到求职能否成功,事情能否办成;从大的方面来看,关系到事业能否如愿以偿、婚姻能否美满。所以，在现实的人际交往中，一定要在第一印象上下功夫。

那么如何才能给对方留下良好的第一印象呢？

心理学家卢钦斯是第一个对首因效应进行实验研究的学者。卢钦斯编撰了两段文字作为实验材料，内容主要是写一个名叫吉姆的男孩的生活片断，这两段文字描写的情境是相反的。一段内容是把吉姆描写成一个热情而外向的人；另一段内容则把吉姆描写成一个冷淡而内向的人。

卢钦斯把两段材料以不同的组合方式展示给被试者：

1. 描写吉姆热情而外向的一段材料先出示，冷淡而内向的材料后出示。
2. 相反，先出示冷淡而内向的材料，再出示热情而外向的材料。
3. 只出示热情而外向的材料。
4. 只出示冷淡而内向的材料。

卢钦斯把被试者分为四个组，分别阅读一组材料，然后要求各组被试者回答一个问题，即"吉姆是怎样的一个人？"结果如下表：

| 首因效应实验表 | | |
| --- | --- | --- |
| 组别 | 实验条件 | 友好评价(%) |
| 1 | 先出示热情、外向材料，后出示冷淡、内向材料 | 78 |
| 2 | 先出示冷淡、内向材料，后出示热情、外向材料 | 18 |
| 3 | 只出示热情、外向材料 | 95 |
| 4 | 只出示冷淡、内向材料 | 3 |

上述实验表明，在人际交往中，首因效应对人的评价起着重要作用。因此，为了给他人留下良好的第一印象，必须注意自己的外表、言谈举止，还必须增长才能，加强个人修养，等等。但是，双方初次见面所获得的印象只是一些表面特征，不是内在的本质特征，单单凭第一印象作为继续交往的基础是不牢固的。

心理学家认为，第一印象主要是一个人的性别、年龄、衣着、姿势、面部表情等外部特征。一般情况下，一个人的体态、姿势、谈吐、衣着、打扮等都在一定程度上反映出一个人的内在素养和其他个性特征。所以，在与人初次见面的时候，一定要注意自己的言行举止。

小菲和小玲是大学同学，也是多年的好朋友。小菲比小玲大，平时就像姐姐一样关心小玲。小玲从心底里感激小菲，把小菲当作知心朋友。小菲如有什么事，她也总是极力维护小菲。大家都知道她们关系非常密切。可是最近，小菲和小玲却闹

## 怎样塑造良好的第一印象

心理学家戴尔·卡耐基认为在社交活动中，第一印象很重要。它是在没有任何成见的基础上，完全凭着你的"自我表现"来判断的，因而第一印象直观、鲜明、强烈而又牢固。并且卡耐基根据大量来自实际生活的成功经验，总结出了给人留下良好第一印象的几个途径。

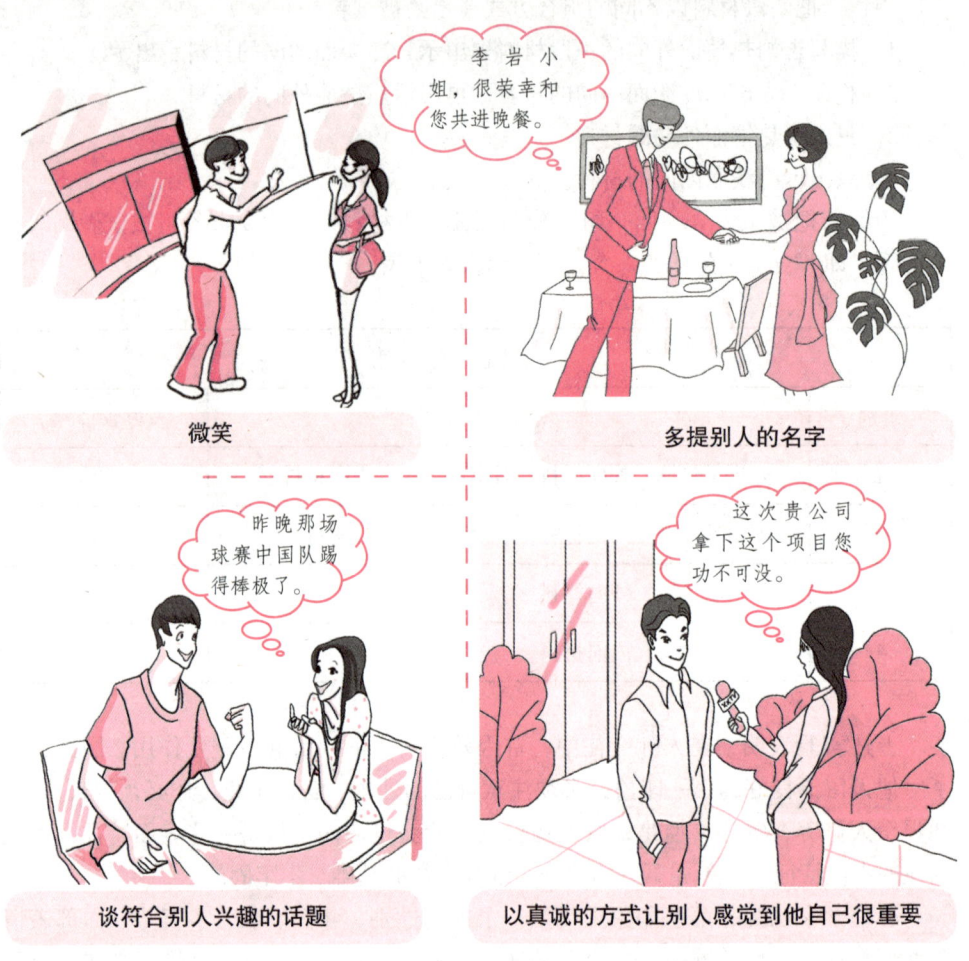

翻了。

"我把她当姐姐一样尊重，她却这样对待我。"小玲生气地对别人说。

"唉，我对她一直都很关照，却因为最近得罪了她一次，她居然就不理我了。"小菲很伤心。

小玲因为小菲最近一次"得罪"了她，便中断了与小菲的友情。

在上面的案例中，小菲和小玲两人平常接触颇多，但是彼此却都将对方的最后一次印象作为互相认识与评价的依据，因为最近发生的事或了解的东西而掩盖了对对方的一贯了解。由此我们不难看出，在人际交往中，最近、最后的印象，往往是最强烈的，可以冲淡在此之前的印象。

在我们的生活中也常发生这样的事。某人最近犯了一个错误，人们便改变了对这个人的一贯看法；或者两个好朋友为一点儿意见产生误会而翻脸、绝交；常年来往，亲密得像一家人的两个家庭，却为一件小事闹矛盾，甚至大动干戈，从此"鸡犬之声相闻，老死不相往来"，产生这类现象的原因都是受"近因效应"的影响。

近因即最近或最后的印象，近因效应是指最近或最后的印象对人的认知具有强烈的作用和影响。在某些时候，决定人们对认知客体特性做出解释的是最后形成的印象。

近因效应也是由卢钦斯于1957年最先提出的，并在一系列实验中得到了证实。其中有一个很著名的实验和我们前面讲述的类似。他用两段材料，分别描述吉姆的内向性格和外向性格，并把被试者分成甲、乙、丙、丁四组，用四种顺序、四种方式向每组被试者读这两段材料。向甲组先读吉姆的内向性格，接着读外向性格，然后令被试者说出对吉姆的印象；向乙组先读其外向性格，后读内向性格，令被试者形成对吉姆的印象；丙组是在读完内向性格之后，即令被试者陈述对吉姆的印象，然后读他的外向性格；丁组则与丙组的顺序相反，先读外向性格，在被试者形成印象之后，再读内向性格。

这个实验的结果很有趣，在四组实验中，出现了两种心理效应。甲乙两组，出现了首因效应，文章前半部分对吉姆的性格描述，对多数人的印象形成起了决定作用；但是，丙组和丁组却没有出现首因效应，多数人不是依据前半部分形成总体印象，而是后半部分的内容成了总体印象形成的决定因素。这个实验结果表明，在有两种或两种以上意义不同的刺激物依次出现的场合，印象形成的决定因素是后来新出现的刺激物。

在人际交往中近因效应是存在的，首因效应也是存在的，那么如何解释这看似矛盾的两种心理现象呢？对此，心理学家给予了不同的回答。

卢钦斯认为，在关于某人的两种信息连续被人感知时，人们总倾向于相信前一种信息，并对其印象较深，即此时起作用的是首因效应；而在关于某人的两种信息断续被人感知时，起作用的则是近因效应。

怀纳斯则认为，首因效应和近因效应究竟何者起作用，取决于认知主体的价值选择和价值评判。他在一项实验中发现，被试者对人物性格特点的评价取决于他们自己的价值观，根据自己的价值判断标准来表达对一个人的好恶。也有人指出，在与陌生人交往时，首因效应起较大的作用；在与熟人交往时，近因效应则起较大的作用。

## 绽放迷人的笑容，更能赢得别人的好感

飞机起飞前，一位乘客请求空姐给他倒一杯水吃药。空姐很有礼貌地说："先生，为了您的安全，请稍等片刻，等飞机进入平稳飞行状态后，我会立刻把水给您送过来，好吗？"

15分钟后，飞机早已进入平稳飞行状态。突然，乘客服务铃急促地响了起来，空姐猛然意识到：糟了，由于太忙，忘记给那位乘客倒水了！空姐来到客舱，看见按响服务铃的果然是刚才那位乘客。她小心翼翼地把水送到那位乘客跟前，面带微笑地说："先生，实在对不起，由于我的疏忽，延误了您吃药的时间，我感到非常抱歉。"这位乘客抬起左手，指着手表说道："怎么回事，有你这样服务的吗？"空姐手里端着水，心里感到很委屈，但是，无论她怎么解释，这位挑剔的乘客都不肯原谅她的疏忽。

在接下来的飞行途中，为了补偿自己的过失，每次去客舱为乘客服务时，空姐都会特意走到那位乘客面前，面带微笑地询问他是否需要帮助。然而，那位乘客余怒未消，摆出一副不合作的样子。

临到目的地前，那位乘客要求空姐把留言本给他送过去。飞机安全降落。所有的乘客陆续离开后，空姐紧张极了，以为这下完了。没想到，她打开留言本，却惊奇地发现，那位乘客在留言本上写下的并不是投诉信，相反却是一封热情洋溢的表扬信："在整个过程中，你表现出的真诚的歉意，特别是你的十二次微笑，深深打动了我，使我最终决定将投诉信写成表扬信。你的服务质量很高，下次如果有机会，我还将乘坐你们这趟航班。"空姐看完信，激动得热泪盈眶。

在人际交往中，我们要赢得他人的好感，必须要学会微笑，像故事中的那位空姐一样，用自己迷人的微笑来赢得他人的好感。绽放迷人的笑容，是赢得他人好感的永恒法宝。一家大百货公司的经理曾经说，他宁愿雇用没读过书但和蔼可亲的女孩当店员，也不愿请表情冷漠的女博士当店员。

不论你到何处，都要以愉快的心情、甜美的微笑去与每个你认识的人打招呼，诚恳地与人握手，不要怕表错情，也不要记恨人，时时想着快乐的事。久而久之，你会发现自己的生活充满乐趣，自己的目标随时可以达到，世界也变得那么可爱。

如果一个人的面部表情亲切、温和、充满喜气，远比她穿着一套高档、华丽的衣服更吸引人，也更容易受人欢迎。微笑是一种宽容、一种接纳的表示，它缩短了人与人之间的距离，使人与人之间心心相通。喜欢微笑着面对他人的人，往往更容易走入对方的天地，正如那句话所说的："微笑是成功者的先锋。"

如果说行动比语言更有力量，那么微笑就是无声的行动，它所表示的是："我对你很满意，你使我快乐，很高兴见到你。"笑容是结束说话的最佳"句号"，"你希望别人高兴来见你，你就必须高兴会见别人"。

带着微笑面孔的人，会有成功的希望。因为他的笑容就是他传递好意的信使，他的笑容可以照亮所有看到他的人。没有人愿意帮助那些整天皱着眉头、愁容满面的人，更不会信任他们；而对于那些受到来自上司、同事、客户或家庭的压力的人，一个笑容就能帮助他们了解：一切都是有希望的，世界是有欢乐的。人只要活着、忙着、工作着，就不能不微笑。

## ■ 微笑，最好的交流工具

微笑就是和气、和善、和蔼可亲的表现，它可以缩短人与人之间的心理距离，为深入沟通与交往创造温馨和谐的氛围。因此，有人把笑容比作人际交往的润滑剂，是最好的交流工具。

微笑可以感染到他人，让原本不爱笑的人也变得爱笑，从而改变一个人腼腆或是内向的性格，可以更好地与人沟通。

微笑会感染他人，而且他人的微笑又反过来强化你的愉悦和微笑，形成你与他人之间人际关系的良性循环。这无疑会极大地促进你完美个性和创造力的发展，为你把事情办好铺下一块块基石。

只要细心观察，你就会发现，很多人能在社会上站住脚，都是从微笑开始的；还有很多人在社会上获得了极好的人缘，也是从微笑开始的；很多人在事业上畅行无阻，也是通过微笑获得成功的。微笑是十分微妙的东西，它能在生活中荡开一层层涟漪，把生活的湖泊变成一种源自于生命深处的美感。任何一个人都希望自己能给别人留下好感，这种好感可以创造出一种轻松愉快的气氛，可以使彼此建立友好的关系。一个人在社会上就是要靠这些关系才能立足，而微笑正是打开愉快之门的金钥匙。如果微笑能够真正地伴随着你生命的整个过程，就会使你超越很多自身的局限，获得很多人生真正的含义，使你的生命由始至终都生机勃发、辉煌粲然。用你的微笑去欢迎每一个人，那么你就会成为最受欢迎的人。

微笑，它不花费什么，却能创造许多奇迹；它丰富了那些接受它的人，而又不使给予的人变得贫瘠；它产生于一刹那间，却给人留下永久的记忆；它创造家庭快乐，建立人与人之间的好感；它是疲倦者的休息室，沮丧者的兴奋剂，悲哀者的阳光。所以，假如你要获得别人的欢迎，请给人以真诚的微笑。

有人说，微笑是爱情的"催化剂"，是家庭的"向心力"，是人际交往的"润滑剂"；微笑能给人以美的享受；微笑又是向他人发出的宽容、理解和友爱的信号。面对这样的表示，又有谁会拒绝呢？

中国有句俗话说"上山擒虎易，开口求人难"。当别人有求于你时，往往都有惴惴不安的心理。此时，你想拒绝却又无法说明原因，也不便向对方多说什么道理，但又不能让对方"下不了台"，说"行"不好，说"不行"又会使对方不安的心理加剧而产生强烈的反应，怎么办？微笑！它既能缓和紧张的情绪而免于使对方难堪，又能免去言语不周而导致的麻烦，有"此时无声胜有声"之效。而且，微笑还能为你赢得思考的时间，借以找到巧妙的处理方法。

当客人来访或是你走入一个陌生的环境时，由于感到陌生或羞涩，双方往往会端坐不语或拘谨不安。此时，你若微笑，就能使对方紧张的神经松弛，消除彼此间的戒备心理和陌生感，相互产生良好的信任感和亲近感。记住：要使他人微笑，你自己得先微笑。法国作家阿诺·葛拉索说："笑是没有副作用的镇静剂。"

在社会交往中，可能会遇到爱发脾气者、刻薄挑剔者、出言不逊者、咄咄逼人者，也有与你存有隔阂芥蒂者，对付这些人，含蓄的微笑往往比针锋相对更可贵。面对别人的胡搅蛮缠、粗暴无礼，只要微笑冷静，你就能稳控局面，用微笑缓解对方的怒意，以微笑化解对方的攻势，从而以静制动，以柔克刚，摆脱窘境。如果在电梯间或公共汽车上不慎踩了别人的脚，带着真诚的微笑说声"对不起"，一场小小的麻烦就能轻松化解。

## 善于倾听让你赢得好感，处处受欢迎

倾听是我们对别人的一种最好的恭维。很少有人能拒绝接受专心倾听所包含的赞许。

因此，如果你希望成为一个善于谈话的人，那就先做一个注意倾听的人。要使人对你感兴趣，那就先对别人感兴趣。

最成功的商业会谈的秘诀是什么？注重实际的著名学者依里亚说："关于成功的商业交往，并没有什么秘密——专心地倾听那个对你讲话的人最为重要，没有别的东西会使他如此开心。照此下去，合作成功是自然的了，再也没有比这更有效的了。"

纽约电话公司曾遇到一位恶意咒骂接线员的顾客。这位顾客态度刁蛮、满腹牢骚，十分不容易对付。他甚至威胁要拆毁电话，拒绝支付他认为不合理的费用。他写信发给报社，还向消协屡屡投诉，致使电话公司引起数起诉讼案件。

最后公司中的一位经验丰富的"调解员"被派去访问这位不近情理的顾客。这位"调解员"静静地听着，并对其表示同情，让这位好争论的仁兄尽情发泄他的满腹怨言。

"我在他那儿静听了几乎有三小时，"这位"调解员"讲述道，"以后我再到他那里，仍然耐心地听他发牢骚，我一共访问了他四次。在第四次访问结束以前，我已成为他正在创办的一个团体的会员，他称之为'电话用户权利保障协会'。我现在仍是该组织的会员。有意思的是，据我所知，除这位先生以外，我是这个地球上它的唯一的会员。

"在这几次访问中，我耐心倾听，并且同情他所说的每一点。我从未像电话公司其他人那样同他谈话，他的态度慢慢变得和善了。我要见他的真实目的，在第一次访问时没有提到，在随后的两次也没有提到，但在第四次我圆满地解决了这一案件，使他把所有的欠账都付清了，他也撤销了向消协的投诉。"

毫无疑问，这位仁兄自认为在为正义而战，在为保障公众的权益而战，但实际上他需要的是自重感。他试图通过挑剔、刁难来得到这种自重感，但在他从公司代表那里得到自重感后，他所谓的满腹牢骚就化为乌有了。

有一句名言说得好："善言，能赢得听众；善听，才会赢得朋友。"

倾听就是最好的鼓励，这表示你对他的观点感兴趣，欣赏他说话的方式，甚至是欣赏他整个人。反之，你对一个人的谈话不感兴趣，很容易让他误以为你不喜欢他本人，尽管事实上并非如此，但他的感觉就是这样的，从而对你产生反感。

如果你希望别人喜欢你、尊重你、在背后称道你，这里有一个方法：耐心倾听对方的话，不管他说什么都兴味盎然，哪怕知道他将说什么也绝不打岔。你将发现，即使一个最不讲道理、最顽固的人，也会在一个有耐心、具有同情心的听者面前软化下来，变得像小猫一样乖顺。反之，如果你希望别人躲闪你、轻视你、在背后嘲笑你,也有一个方法:决不要听人家讲三句话以上,而是不断地谈论你自己。如果你知道别人所说的是什么,就不要等他说完。既然他不如你聪明,为什么要浪费你的时间倾听他的闲聊?如果你这样做,你将发现,即使一个脾气温和的人,也会在你面前变得轻率不恭、不近人情。

请记住,跟你谈话的人,对他自己、他的需求和他的问题,比对任何人、任何事更感兴趣百倍。他对自己的牙痛,比对非洲的40次地震更感觉强烈。因此,交际学上的一条最重要的规则是:"做一个好的倾听者。鼓励他人谈论他们自己。"如何提高倾听的能力?以下提几点建议:

1. 全心全意地聆听

在与人交谈时,尽量地使对方谈他所感兴趣的事,并用鼓励性的话语或手势让对方说下去,并不时地在不紧要处说一两句表示赞同的话,对方会认为你尊重他。

2. 学会洗耳恭听

轻敲手指或频频用脚打拍子,这些动作是会伤害对方的自尊心的。眼睛要看着对方的脸,但不要长时间地盯住对方的眼睛,因为这样会使对方产生厌恶的情绪。只要你全神贯注,轻轻松松地坐着,不用对方将音量放大也可以一字不差地听进耳朵里。

3. 协助对方把话说下去

这一点很重要,因为别人说了很多话以后,如果得不到你的反应,尽管你在认真地听,对方也会认为你心不在焉。在对方话语的不紧要处,不妨用一些很短的评语来表示你在认真地倾听,诸如"真的吗?""太好了!""告诉我是怎么回事?""后来呢?"这些话语会使对方兴趣倍增。

假如你和一个老朋友在一起吃饭,他说他前几天跟上司吵了一架,这几天气闷得很。如果你对他说:"到底是怎么回事,说说吧。"他会对你说很多,他有了一诉气闷的机会,心情便会好受许多,自然你们的友情也会更加深一层。

4. 把说话的机会奉还给人

有些人有一种错觉,以为在求人时,越能说话,越能诉苦,越能不断地吹捧别人,就越容易成功,事实上并非如此。所以,在你滔滔不绝讲话的时候,注意也要把说话的机会奉还给别人。

5. 不要插嘴

在别人讲话的时候,如果你自作聪明,用不相干的话把别人的话打断,这会引起对方的愤怒的。

6. 要学会听出言外之意

通常除说话以外,一个眼色,一个表情,一个动作都能在特定的语境中表达明确的意思,就是同一句话也可以听出其弦外之音、言外之意。

### 7. 用心听，要听全面

欣赏对方的为人，这一点很重要。仔细聆听，能帮助你做到这一点。认真听，并且要听全面的而不是支离破碎的话语，否则你可能会妄加评说，影响沟通。

## 善于倾听，能使你有好人缘

因为一般人喜欢讲，不善于听。因此，他喜欢讲，你正好喜欢听，那自然是一种特别和谐、特别美妙的组合。

善于倾听，意味着要有足够的关心去强迫自己对别人感兴趣。

从现在开始，对别人多听多看，将他们当作世上独一无二的人对待，你将发现你比以往任何时候更善于与人沟通。

倾听是表示关怀的行为，是一种无私的举动。它可以让我们离开孤独，进入亲密的人际交往，并与人建立友谊。

## 见面时间长，不如见面次数多更能建立亲密关系

有心理学家曾经做过这样一个实验：

在一所中学选取了一个班的学生作为实验对象。他在黑板上不起眼的角落里写下了一些奇怪的英文单词。这个班的学生每天到校时，都会瞥见那些写在黑板角落里的奇怪的英文单词。这些单词显然不是即将要学的课文中的一部分，但它们已作为班级背景的不显眼的一部分被接受了。

班上学生没发现这些单词以一种有条理的方式改变着——一些单词只出现过一次，而一些却出现了25次之多。期末时，这个班上的学生接到一份问卷，要求对一个单词表的满意度进行评估，列在表中的是曾出现在黑板角落里的所有单词。

统计结果表明：一个单词在黑板上出现得越频繁，它的满意率就越高。心理学家有关单词的这个研究证明了曝光效应的存在，即某个刺激的重复呈现会增加这个刺激的评估正向性。与"熟悉产生厌恶"的传统观念相反，实验表明某个事物呈现次数越多，人们越可能喜欢它。

曝光效应不仅使人们对经常见到的单词的喜爱程度增加，在人际交往中，曝光效应也同样适用。这就是说，随着交往次数的增加，人们之间越容易形成重要的关系。一般来说，交往的频率越高，刺激对方的机会越多，"重复呈现"的次数越多，越容易形成密切的关系。

两个人从不相识到相识再到关系密切，交往的频率往往是一个重要的条件。没有一定的交往，如果像俗话所说的"鸡犬之声相闻，老死不相往来"那样，则情感、友谊就无法建立。当所有其他因素相等时，一个人在另一个人面前出现的次数越多，对那个人的吸引力就越大。这种现象常发生在看到某人照片、听到某人名字之时。

在人际交往中，要得到别人的喜欢，就得让别人熟悉你，而熟识程度是与交往次数直接相关的。交往次数越多，心理上的距离越近，越容易产生共同的经验，彼此了解和建立友谊，由此形成良好的人际关系。例如教师和学生、领导和秘书等，由于客观的需要，交往的次数多，所以较容易建立亲近的人际关系。

美国心理学家扎琼克在1968年进行了交往次数与人际吸引的实验研究。他将不认识的12位被试者照片，按概率分为6组，每组2张，按以下方式展示给被试者：第一组2张只看1次，第二组2张看2次，第三组2张看5次，第四组2张看10次，第五组2张看25次，第六组2张被试者从未看过。在被试者看完全部照片后，另加从未看过的第六组照片，要求所有被试者按自己喜欢的程度将照片排序。结果发现一种极明显的现象：照片被看的次数越多，被选择排在最前面的机会也越大。

由此可见，简单的呈现确实会增加吸引力，彼此接近、常常见面的确是建立良好人际关系的必要条件。

还有，你必须经常向领导汇报工作，完成工作的时候，立即汇报；工作进行到一定程度的时候，按时汇报；预计工作会拖延的时候，及时汇报。

当然，任何事物都是辩证的，不是绝对的。我们应该承认交往的次数和频率对吸引的作用，但是不能过分夸大其对交往的作用。俗话说，距离产生美。任何事情都存在一个度的问题。有些心理学家孤立地把研究重点放在交往的次数上，过分注重交往的形式，而忽略了人们之间交往的内容、交往的性质，这是不恰当的。实际上，交往次数和频率并不能给我们带来预想的结果，有时，反而会适得其反。

## 妙用"地形"心理学，让对方喜欢你

在军事上，领地和地形有着十分重要的意义。与人相处时，掌握"地形"心理学去影响他人，同样十分重要。

美国心理学家穆勒尔和他的助手做过一次有趣的实验，证明许多人在自己的会客厅里谈话，比在别人的客厅里更能说服对方。这就表明，人们在自己熟悉的地方与人交往容易无拘无束，可以灵活主动地展现或推销自己，有利于社交的成功。

倘若在别人熟悉而自己不熟悉的地方交往，则容易引起莫名其妙的不安和恐惧，难以洒脱自如，自然处于劣势。这就是为什么在比较开放的今天，经人介绍的对象初次见面时，绝大多数人仍愿意在自己的"领地"内进行，而不愿在对方"地盘"内进行的原因所在。

不过，值得说明的是，在自己的领地内，固然容易充分发挥自己的交往潜能，但也时常因少了约束，而使自己的缺点外露。在别人的地盘内进行，虽然受到的约束较多，却可用心专一，利于深层次、多方位地观察和了解对方。

因此，善于社交者，绝不局限于自己的领地，他们既可以"请进来"，也可以"走出去"，是不会作茧自缚的。最佳"地形"是有条件的、辩证的、可以变化的，在自己熟悉的地方交往，在一般情况下是有利的。但若对方是老人、长者、女士等，让他们也屈身就己，恐怕于情于理都说不过去。反之，倘若听凭他们选择，自己前往他们的地盘，则更能体现对他们的照顾、体谅和尊重，这样做本身就极有利于社交的成功。

地点是与交往的目的密切联系的，二者相符方能收到最佳的效果。高级宾馆、豪华客厅是招待高级宾客的好去处，而花前月下、幽静隐蔽之地是谈情说爱的理想场所，办公事在单位为宜，办私事则到家里办。因事而定，随事而变，才是明智的选择。

在与人相处时，双方的位置很重要，它直接或间接地决定着你的影响力如何。

具体说来,"地形"心理学有以下要点:

第一,对初次见面的双方,采取处于旁边的位置,较能迅速建立亲近感。

初次见面,和人面对面地谈话,是一件不好受的事。因为两人之间的视线极易相遇,导致两人之间的紧张感增加。而坐在旁边的位置,则不必一直注意对方的视线,反而容易轻松下来。另外,在室内放一盆花,使对方有转移视线的对象,效果会更好。

第二,相距50厘米能给对方留下好印象。

要使对方对你产生好感,与谈话者就应保持理想的距离。谈话的距离较近,能制造一种融洽的气氛,消除紧张情绪。最合适的距离就是一方伸出手可以够到另一方的手,即50厘米左右。如果你想在社交中尽快打开局面,适应环境,那么,每次与人打招呼或谈话的时候,要注意尽可能地把距离拉近一些。当然,拉近距离并不是亲密无间,特别是在与上级或女性打交道时,不能冒昧莽撞,不然会引起对方反感,以为你没有规矩或用心不正,反而弄巧成拙。

## 黑暗有助于人们交往

在光线暗的地方,人们比较容易亲近。心理学的实验也表明,黑暗是人们亲密起来的保护伞。

人们聚在黑暗中,因减少了戒备而增加了亲近感,便于双方沟通。同时,在黑暗中,对方难以看清自己的表情,也容易产生一种安全感。这样,彼此间的对立情绪就会大大少于光线明亮的场所。

当你想与他人建立一种亲密关系的时候,就应尽量请他们到酒吧、俱乐部、咖啡室等地方去。

**第三，坐椅子时，浅坐的姿势会令人产生好感。**

交谈时，如果对方深深地坐在沙发或椅子上，甚至上半身靠在椅子上，那么说明他根本没有专心听讲，缺乏诚意。相反，如果浅坐在椅子前端的1/3处，就会使人产生好感。因为这种姿势可使上半身自然地向前倾，成为最佳的听话姿势。此外，像这种随时可由椅子上起立的姿势，还会给对方积极活泼的印象。

## 注意自己的身体语言，给别人留下好印象

人力资源部的秘书小白在给经理送文件时，不小心碰翻了经理的茶杯，淋湿了经理的文件和裤子。小白吓呆了，不知所措地愣在那里等待着经理的训斥。但是经理什么都没有说，就是瞥了她一眼，挥手示意让她出去。小白惴惴不安地走出了经理的办公室。

就在前不久，小白因为把经理的文件当成无效的合同而丢进了垃圾桶，当时经理对她进行了严厉的批评，小白一声不响，低着头等待经理发过火，走出办公室后觉得自己很轻松。但是今天经理却什么都没有说，只是看了她一眼，她心里便充满了不安。一会儿担心经理会解雇自己，一会儿担心经理要扣自己的工资。

为什么大发雷霆的经理让小白觉得全身轻松，而只是瞥她一眼的经理却让小白忐忑不安呢？从心理学角度来说，因为经理的严厉批评采用的是有声语言，把自己对小白的不满已经表达出来了，小白知道经理发过火以后对自己的不满已经没有了，但是经理只是瞥了她一眼，她就会因为不知道经理到底是什么态度，也没有表明怎么处罚，而心中充满担忧和恐惧。

口头语言和身体语言不同。口头语言往往要经过大脑思考和处理之后才表达出来，经过斟酌之后，某些意思就可能被掩饰和遮蔽。但是身体语言是下意识的，是不经意间表达出来的，它是一个人思想的真实反映。有的时候，通过观察一个人的身体语言，就可以看出他的真实想法，了解他的为人。眼睛是最容易暴露一个人的真实想法的，如果一个人听到了自己喜欢听的话，瞳孔会扩大；如果听到了自己不喜欢的话，瞳孔就会缩小；如果自己对别人的话不是很信任，眼睛就会眯起来。所以，眼睛是最容易出卖一个人的。

以身体语言来表达自己的思想是人类与生俱来的能力，通过观察身体语言来了解他人是人的一种本能，是可以通过后天学习和培养得到的一种"直觉"。而通过一个人的身体语言，我们不仅可以更加深刻地了解一些现象背后的秘密，也可以通过身体语言对别人产生有效的影响。

生活中，如果你想给别人留下好的印象，就要注意自己的身体语言给自己带来的负面影响。在与人交谈或者交往过程中，要注意保持自己的站姿、手姿。如在交谈中扯衣角、抓头发等，别人就会觉得你很不耐烦，从而不愿意与你继续交谈下去。

要是你双臂交叉抱在胸前,别人就会觉得你可能对他抱有敌意,就会在心理上与你产生距离。所以在交往中,一定要注意自己的身体语言,避免语言和行为上出现矛盾,让别人产生厌烦感或者不信任感。

身体语言既有好的影响,也能产生坏的影响,这就要看自己怎么把握了。无论是言谈还是举止,都要时刻注意,做到言行一致,尽量让身体语言发挥它积极的作用。这样才会让人有信服感,也就会增强自己的自信,使自己走向成功。

身体语言最容易出卖我们的真实想法,有的时候它表达的思想要比口头语言强烈得多。如果你想给别人留下好印象,就要注意自己的身体语言,保持言行一致,这样别人才会信任你,对你才会有好感。

另外身体语言还能提高你的沟通能力,所以必须学会巧用身体语言。注意下列事项,对自己的肢体加以控制,做到用合适的视觉信号强化自己的语言信息:

——每一个字、每一句话都有它的意义所在,懂得在什么时候,配上恰当的面部表情。

——无论面部表情是多么平静,只要叉着双臂或抖动着双膝,都会直白地显露内心的不安。

——延续时间少于0.4秒的细微面部表情也能显露一个人的情感,立即被他人所识破。

——沟通时要看着别人的眼睛,这样做能防止他走神,更重要的是你树立了自己的可信度。

——面部微笑使人们觉得你和蔼可亲,真心的微笑能从本质上改变大脑的运作,使自己身心舒畅起来。

## 直呼其名,缩短与对方的心理距离

在和陌生人接触时,一个比较关键的细节就是该如何称呼对方。称呼得好,就可以迅速拉近彼此之间的心理距离,使双方很快建立友好关系;称呼得不到位,双方还是会形同陌路,关系难以发展。

此外,对于一些比较大众化的称呼来说,一般也不要使用,这会使对方感觉你和别人完全一样,没什么特别的,你们之间的关系只是一般而已。所以你应该使用一些比较特别的、让别人感觉亲近的称呼,来迅速改变你们的关系。

在爱情片中,我们常常看到男女主人公这样的对白:"不要叫我XX,叫我阿X吧。"看到这儿,你就知道,两人的关系发生了变化,至少其中一方希望另一方认为两人的关系发生了变化。

在日常生活中,你可能听到这样的话,也可能对别人说这样的话:"不用称我老师,叫我名字就行了。"听了这话或说了这话,你或他(她)便感觉彼此的关系进了一步。为什么会这样呢？因为彼此的称呼与彼此的心理距离有关。也就是说，两个人称呼的改变，通常意味着两个人心理距离的变化。

众所周知，对初次见面的人，一般会以对方的姓加上头衔，如 X 经理、X 大夫、X 老师等，而不直接以名字相称。时间长了，相处久了，熟悉了，才会直呼其名。也就是说，以名字相称是建立在两个人相对亲密的关系上的。

从心理学角度来讲，当两个人心理上的距离愈来愈靠近时，他们的称呼法也会从姓加头衔，然后到名，再到昵称。

不过，在生活中，我们也常常看到，某个人与另一个人虽然见面不久，关系不算是亲密，但他也以名字或昵称来称呼对方。这意味着什么？意味着他希望尽快拉近与对方的关系。这也是政治家们将对手"化敌为友"的惯用手法。面对一个从未谋面的人，他们也能够用一种非常自然、非常亲切的口吻喊出对方的名字。

比如：美国的总统里根和日本的前首相中曾根康弘在初次会面时，对中曾根康弘，里根总统直呼其名，叫他"康弘"；对里根总统，中曾根康弘也同样直呼其名。其实，日本人并没有直呼其名的习惯，中曾根康弘之所以违背自己的民族习惯，无非是想强调两国的友好，希望会谈能在亲密友好的气氛中进行。

### 喊出对方姓名，拉近彼此关系

这种通过改变称呼来拉近彼此心理距离的方法，在销售行业也广为利用。比如：有一个业务推销员，一次要去拜访一位房地产公司老总。房地产公司有位前台小姐叫钟晓慧。钟晓慧作为一位接待小姐，每天都要接触不少的访客，她可以清楚地区分哪些人亲切或哪些人不亲切。推销员要想见到老总，必须先过了她这关。

第一次拜访时，推销员以锐利的眼神专注地看着她胸前的名牌标志，然后神采奕奕地和她打招呼："钟小姐，我是李总的朋友，我有很重要的事情要和他谈。""对不起，今天李总吩咐不见客。"钟晓慧一点儿都不给他面子。

第二天，推销员又来了。他这次改变了风格，在彼此熟悉之后，他说道："呀，改变发型了，很适合你的风格嘛，以后就叫你'晓慧'好了。晓慧，我今天有重要的事情得跟李总谈，请转告一声。"他说完后热切地看着钟晓慧。钟晓慧这次变得非常爽快，立刻带他去见李总了。

一般而言，"X小姐"是比较正式的称呼，如果总是运用这样的称呼，给对方的感觉是你始终和她保持着一段距离，她自然就要和你也保持距离了。但是，直接称呼对方的名字，是关系很好的朋友之间才用的，推销员很自然地改变称呼，便会迅速拉近彼此之间的距离，加深双方的感情。可见，如果总是局限于陌生人的礼仪，你是根本无法再进一步加强两个人的感情的。要想与陌生人迅速建立关系，或者改变你与朋友、顾客、客户之间的关系，就要改变你对他们的称呼，用一些亲切的称呼来拉近彼此的距离。

当然，就一般的生意场合而言，如何改变称呼还是要看具体情况，并不是越早改变称呼就越好，也不是一上来就直接称呼对方名字就好，你应该根据双方关系的进展情况来随机应变。有时你必须让出一段时间让对方慢慢习惯，不要太过急躁，否则会显得轻浮。在改变称呼时要不留痕迹，尽显自然。

胡雪岩在初次拜见稽鹤龄时，先是称对方为"稽大哥"，然后称"老兄"，最后又改为"鹤龄兄"，在不露声色中就将彼此的关系加深了，并且不露一丝痕迹，这种高超的交际手腕和生意手段着实令人感叹。

在生活中，这种交际方法也常为我们所用。比如：遇到一个难以接近的朋友，你试图接近他（她），不妨直呼其名或者请他（她）直接叫你的名字。

面对你的同事，你希望与他（她）走得更近，不妨偶尔称呼他（她）的昵称或让他（她）称呼你的昵称。当然，你要表现得尽可能的自然，不要让对方感觉你是在装腔作势。如果真能那样，你们的距离就能因此而拉近，事情便很容易解决了。

### 请求他人帮个小忙，会赢得对方的好感

本杰明·富兰克林是众所周知的成功人士，然而，他也曾碰到过人际关系方面的麻烦，他碰到了一个喜欢和他作对的人。

当时，年轻的富兰克林还只是费城一家小印刷厂的老板，在州议会的复选中，他幸运地被推举为宾夕法尼亚议会下院的书记员。就在正式选举前的紧要关头，一位新当选的议员却公开发表了一篇反对富兰克林做下院书记员的演说。演说篇幅很长，措辞尖锐，简直可以说是把富兰克林贬得一文不值。

面对这种意外情况，富兰克林既生气又有点儿手足无措。要知道，对方是一位很有名望、有修养、有才识的绅士，在当地十分有影响力，而富兰克林又不愿意卑躬屈膝地去讨好他。几经思考，富兰克林找到了一种比卑躬屈膝更恰当、更有效的方法。

富兰克林听说他收藏了几部十分名贵而罕见的书，于是，他就写信恳求对方把这些珍贵的书籍借给自己拜读。那位议员接到信后，马上就把书送了过来。一个星期后，富兰克林准时送还了那些书籍，并且附了一封感谢信，由衷地表达了自己的谢意。

后来，当富兰克林再碰见他的时候，他竟然主动跟富兰克林打招呼，而且告诉富兰克林，他会尽自己所能地帮助富兰克林。就这样，富兰克林将对手变成了终生的好友。

无独有偶，安德鲁·卡耐基也采用了类似的方法来化解人际危机。

卡耐基当时正在圣路易斯的某个地方办理一座刚刚建好的桥的税款问题。事情进行到一半的时候，他的一位至关重要的合作伙伴竟然说想家了，想离开圣路易斯，回匹兹堡去。

卡耐基知道，如果他离开，那么税款的事情也就失败了，无论如何是不能让他离开的。在这关键时刻，卡耐基想到对方非常爱马，而且很擅长选马。脑中灵光一闪，他没有乞求对方留下来。相反，他请求对方帮他一个小忙。他说，他想给自己的妹妹买一匹马，但是自己不会挑马，希望对方能够帮他挑选一匹好马，先不要着急回家。

面对卡耐基的请求，对方果然答应留了下来。

富兰克林和卡耐基都利用"请对方帮个小忙"的方法，化解了人际危机，从而获得了事业的成功。

生活中，很多人因为怕引起他人的反感而从不找他人帮忙。其实，这种想法是完全错误的。不知道你注意到没有？当他人拜托你帮个小忙时，你不但不会觉得麻烦，反而会觉得十分高兴。如果对方的请求恰恰是你最拿手的，你不但会心情愉悦，而且还会因此而喜欢对方。

那么，为什么对方帮了你的忙，反而会对你产生好感呢？

心理学上有个著名的认知失调理论，也就是说，当个体的行为与自我概念不一致时，就会产生不愉悦的心理体验。

当你无心或有意地伤害了某个人时，就会产生这样的问题："我为什么要这么对他呢?"

如果答案是"我很粗心、很糟糕",那么,你正面的自我感受就与伤害他人的负面行为对立起来,进而产生认知失调;为了避免认知失调的不良感受,你就会为自己的负面行为找一个合理的解释,使之与你的自我概念一致。比如,你会想:"他让人讨厌!他活该!"

同样,如果你帮助某个人,而这个人是你所讨厌的,那么,自我概念和自我行为就产生了冲突,而避免认知失调所需的合理解释就只能是:"我喜欢他,他很可爱!"

由此可见,请求对方帮一个小忙,能够让你赢得对方的好感。因此,你大可不必拘谨地拒绝他人的帮助,更没有必要因为害怕引起对方的反感而不敢去开口请求对方。

## "请他人帮个小忙"能够获得对方的好感

请求他人帮个小忙,能够满足对方天性中的一种潜在的需要。当你请求他人帮个小忙的时候,实际上是主动将自己放在了一个相对较低的位置,从而抬高了对方,这样就能够满足对方获得他人尊重的本质需求,成就了对方的荣誉感。

总的来说,你请求他人帮个小忙,能够给对方带来愉悦的心理感受。因此,对于那种自己力所能及或者擅长的事情,对方是不会拒绝你的。

## 第二章

# 掌控人性,把握尺度

### 被逼入墙角的兔子也会咬人,得理时要让他三分

著名的哲学家、教育家苏格拉底曾经说过:"一颗完全理智的心,就像是一把锋利的刀,会割伤使用它的人。"在这个世界上,没有完全绝对的事情,就像一枚硬币具有它的两面性一样。这就告诫我们做人做事都不要太绝对,要给自己和他人留有余地。

一个春天的早晨,房太太发现有三个人在后院东张西望,她便毫不犹豫地拨通了报警电话。就在小偷被押上警车的一瞬间,房太太发现他们都还是孩子,最小的仅有14岁!他们本应该被判半年监禁,房太太认为不该将他们关进监狱,便向法官求情:"法官大人,我请求您,让他们为我做半年的劳动作为对他们的惩罚吧。"

经过房太太的再三请求,法官最后终于答应了她。房太太把他们领到了自己家里,像对待自己的孩子一样热情地对待他们,和他们一起劳动、一起生活,还给他们讲做人的道理。半年后,三个孩子不仅学会了各种技能,而且个个身强体壮,他们已不愿离开房太太了。房太太说:"你们应该有更大的作为,而不是待在这儿。记住,孩子们,任何时候都要靠自己的智慧和双手吃饭。"

许多年后,三个孩子一个成了一家工厂的主人,一个成了一家大公司的主管,而另一个则成了大学教授。每年的春天,他们都会从不同的地方赶来,与房太太相聚在一起。

房太太就是"得理让三分"的典范。"人活一口气,佛争一炷香。"这是一个人在被人排挤,或者被人欺侮时,经常说的一句急欲"争气"的话。

其实也未必如此。试想一下,一个人究竟能有多大的气量?大不了三万六千天,这还是极少数。就像古代名人张英说的那样:"万里长城今犹在,不见当年秦始皇。""千里捎书为堵墙",却不如"得饶人处且饶人,让他三尺又何妨"。这方面,不管是古人还是今人,都有好多值得我们学习的地方。

"得理不让人,无理搅三分。"这是普通人常犯的毛病。其实,世界上的理怎么可能都让某一个人占尽了?所谓"有理""得理"在很多情况下也只是相对而言的。凡事皆有一个度,过了这个度就会走向反面,"得理不让人"就有可能变主动为被动。反过来说，如果能得理且让人，就更能体现出一个人的气量与水平。给对手或敌人一个台阶下，往往能赢得对方的真心尊重。

得理让人，多发生于竞争情境，由于"让人"行为出现而使矛盾化解，争斗平息，对手变手足，仇人变兄弟。因此，"让人"是避免斗争的极好方法，对个体也具有一定价值。它具体表现在：

1. 得理不让人，让对方走投无路，有可能激起对方"求生"的意志。而既然是"求生"，就有可能是"不择手段"。好比把老鼠关在房间内，不让其逃出。老鼠为了求生，会咬坏你家中的器物，这将对你造成伤害。放它一条生路，它"逃命"要紧，便不会对你的利益造成破坏。

2. 对方"无理"，自知理亏，你在"理"字已明之下，放他一条生路，他会心存感激，来日自当图报。就算不会如此，也不太可能再度与你为敌。这就是人性。

3. 得理不让人，伤了对方，有时也连带伤了他的家人，甚至毁了对方，这有失厚道。得理让人，也是一种积蓄。

## "让一步"比"争一步"收获的好处更多

人与人之间需要相互帮助和忍让，缺少这两样便什么事也干不了。不要斤斤计较、小题大做，要知道在给对方设一道门的时候，其实也把自己堵在了门外。

我有急事，你让我先过。

我们谁也不愿让，那就同时侧身过桥。

两个人在一架独木桥中间相遇了，桥很窄，只能容一个人通过。两个人都想着要对方给自己让路。

两个人一想也对，就侧过身子脸贴脸地过桥。这时一个人暗暗推了另一个人一把，另一个在挣扎中抓住了他，两个人同时掉进了水里。

墨子说："恋人者，人必从恋之；害人者，人必从害之。"构建平和的心境，争一步不如让一步，这也是自己得到方便的根源。

4.人海茫茫，却常"后会有期"。你今天得理不让人，哪知他日你二人不会狭路相逢？若那时他势旺你势弱，你就有可能吃亏！"得理让人"，这也是为自己以后做人留条后路。人情翻覆似波澜。今天的朋友，也许将成为明天的对手；而今天的对手，也可能成为明天的朋友。世事如崎岖道路，困难重重，因此走不过的地方不妨退一步，让对方先过，就是宽阔的道路也要给别人三分便利。这样做，既是为他人着想，又能为自己留条后路，多一个朋友多一条路。

## 关键时刻当仁不让，才能得到你想要的

"谦让"并不是一味讲退让、忍让。在道德信条中，"谦让"是指在名利、权位上的让，谓之"君子不争"。而在原则问题上，在展露自己才华的场所，高明的人又很推崇"当仁不让"。

古代推崇的竞争是雍容大度、自信自强、公平的竞争，在该争的时候，是不必谦让的。孔子还对他的学生说过，"当仁，不让于师"。意思是说虽说礼尚辞让，但在为仁这样的事上，则要勇往当之，无所辞让，即使在老师面前也一样。

下面这个故事，讲的就是当仁不让的道理。

晋人王述被调任尚书令，朝廷的任命一到，王述就即刻赴任。王述的儿子得知后，对父亲说："您应该谦让一下，把职位让给杜许吧。"王述反问儿子："你说我能胜任这个职务吗？"儿子回答："您非常合适，但是能谦让一下总还是好些吧，至少在礼俗上也应该谦让一下呀！"王述摇着头，不无感慨地说："你既然认为我能够胜任尚书令一职，为什么又要我谦让呢？别人都说你将来会胜过我，我看你到底还是不如我啊！"

王述本是个"安贫守约，不求闻达，性沉静"的人，但在国家需要自己承担重任时，却勇当不让，他并不是追逐名利，而是一种责任感和自信的表现，因而在历史上一直被人们所称道。

职场中，每个人都在为自己的利益考虑，都在追求晋升以获得更多的利益，所以在关键时候还要有"心计"地主动请缨、当仁不让。

张文在厂里一干就是4年，自认工作态度还行，也没有犯过任何错误，可是老板却对此视若无睹。她觉得自身价值得不到提升，不甘心却不敢当面跟老板提。虽然，她曾多次在工作总结会上暗示过老板，但老板对此却无动于衷。最后，她还是鼓足勇气，向老板提出了加薪要求。没想到的是，老板在观察她几周工作后终于给她加薪了。

属于自己的权益，还得靠自己主动争取。不光自己的权益，有些晋升机会也是可以靠自己争取来的。当你能正确地估价自己的分量时，不妨主动请缨，采取"当仁不让"的积极争取策略。

# 人际交往心理学

比如说，当你了解到某一职位或更高职位出现空缺而自己完全有能力胜任这一职位时，保持沉默绝非良策，而是要学会争取，主动出击，把自己的想法或请求告诉上级，这样你往往能如愿以偿。战国时期赵国的毛遂、秦王嬴政时的甘罗已为我们提供了最好的证明。而过分的谦让只会堵死你的晋升之路。

## 吃亏要吃在明处，让他知道吃亏是为了帮助他

为人处世吃亏要吃在明处，否则就是白吃。有的人为了息事宁人，往往去吃暗亏，结果是"哑巴吃黄连，有苦说不出"。

战国时，梁国与楚国相邻，两国在边境上各设界亭，亭卒们也都在各自的地里种了西瓜。

梁国的亭卒勤劳，锄草浇水，瓜秧长势极好；而楚国的亭卒懒惰，瓜秧自然长得不好，与对面西瓜田的长势没法比。楚国的亭卒觉得失了面子，有一天夜里偷跑过去，把梁国亭卒的瓜秧全给扯断了。梁国的亭卒第二天发现后气愤难平，报告给边县的县令宋就，并说："我们也过去把他们的瓜秧扯断好了！"

### 主动吃亏的妙处

与朋友交往，情愿自己吃点儿亏是一个很好的交际方法。当然交友吃亏也必须讲究方式和技巧。

一天夜里，邻居偷偷地将隔开两家的竹篱笆，向隔壁家移了一点儿，以便让自己的院子宽一点儿，恰好被男主人看到了。

邻居走了，男主人将篱笆又往自己这边移了一丈，使邻居家的院子更宽敞了。邻居发现后，很是愧疚。

主动吃亏，让对方感到内疚，使其产生了"以小人之心，度君子之腹"的感觉。所以，有时主动吃亏是要为朋友文过饰非。既让他觉得欠你的人情，又让他知道自己做错了。

宋就说："这样做当然是很卑鄙的，我们明明不愿他们扯断我们的瓜秧，那么我们为什么再反过去扯断人家的瓜秧呢？别人不对，我们再跟着学，那就太狭隘了。你们听我的话，从今天起，每天晚上去给他们的瓜秧浇水，让他们的瓜秧长得好起来，而且，你们这样做，他们一定会知道的。"

梁国的亭卒听了宋就的话后觉得有道理，于是就照办了。楚国的亭卒发现自己田里的瓜秧的长势一天好似一天，仔细观察，发现是梁国的亭卒在黑夜里悄悄为他们浇的。楚国的边县县令听到亭卒们的报告，感到十分惭愧，于是把这件事报告了楚王。楚王听说后，特备重礼送梁王，既以示自责，亦表达酬谢，结果两国成了友好的邻邦。

为别人文过饰非，实在是个搞好关系的好机会。当朋友在众人或是你面前犯了错，你一定要抱着吃亏心理，干脆给他个面子，帮他一把，千万别"暴而扬之"。

古人说："吃亏是福。"这是很有道理的。因为吃亏，你就成了施者，朋友则成了受者，看上去是你吃了亏，他得了益，然而，朋友却欠了你一个情。在友谊和情谊的天平上，你已为自己加了一个筹码，这是比金钱和财富更值得珍视的东西。

不管是吃大亏，还是吃小亏，只要能对搞好朋友关系有帮助，你就要尽力吃下去，不能皱眉。尤其是大亏，有时更是一本万利的事。

吃亏，会让你在朋友眼里变得豁达、宽厚，让你获得更深的友谊。这当然会使朋友更心甘情愿地帮助你、为你办事。

## "晓之以理，诱之以利"，方能战胜人性，办成大事

从某种意义上说，人是追逐利益的动物，但又受理性的约束。如果能晓之以理、诱之以利，双管齐下则是战胜人性，办成大事的高招。看下面的一个故事。

战国时，秦国的文信侯吕不韦打算进攻赵国，希望借此以扩大河间一带的土地，于是让蔡泽出使燕国。过了3年，燕国把太子丹送到秦国来做人质，吕不韦就请张唐去帮助燕国，打算跟燕国一起攻打赵国，以开辟河间的土地。张唐推辞说："到燕国去，一定要经过赵国，赵国人如果抓住我，可以得到百里的封地呢！"吕不韦将他打发走后，心里感到很不愉快。少庶子甘罗对吕不韦说："君侯为什么这么不高兴呢？"吕不韦说："我派蔡泽到燕国去了3年，燕太子丹就来我国做人质了，今天我亲自请张唐去燕国完成共同伐赵的使命，他却不肯去。"甘罗说："我能让他去。"吕不韦呵斥他走开，说道："我亲自请他去，他尚且不肯，你怎么能请得动他呢？"甘罗说："项橐才7岁就做了孔子的老师，我现在已经12岁了，您应当让我试试看，何必呵斥我呢？"

于是，甘罗就去见张唐，问道："您的功劳跟武安君白起相比，谁的功劳更大呢？"张唐说："武安君打了数不清的胜仗，攻陷了数不清的城池，我的功劳当然比

不上武安君。"甘罗又问:"您真的觉得自己的功劳比不上武安君吗?"张唐说:"真的。"甘罗问:"应侯范雎在秦国受重用时,他的权力跟文信侯相比,哪个更大呢?"张唐说:"应侯比不上文信侯。"甘罗问:"您真知道应侯的权力比不上文信侯吗?"张唐说:"我真的知道。"甘罗说:"当年应侯要去攻打赵国,武安君有意为难,就被绞死在离咸阳城7里的地方。如今文信侯亲自请您去出使燕国,而您竟不愿意,我真不知道您会死在哪里。"张唐说:"那就听你的吧,我去!"

于是,张唐准备好了车马和礼物,并且定下了出发的日期。甘罗对文信侯说:"借给我5辆车子,让我替张唐去通报赵国,见一下赵王。"

甘罗去见赵王,赵王亲自到郊外迎接他。甘罗问赵王:"听到太子丹去秦国做人质的事了吗?"赵王说:"听说了。"甘罗说:"燕太子丹到秦国做人质,说明燕国不欺骗秦国。张唐出使燕国,说明秦国不欺骗燕国。秦、燕两国互不欺骗,如果合力攻赵,赵国就危险啦!燕、秦两国之所以表示互不欺骗,没有别的原因,就是为了攻打赵国,以此来扩大秦国的领地。今天大王如果给我5座城池以扩大河间之地,秦国则送回燕太子,再跟强大的赵国一起去攻打弱小的燕国。"

赵王听了这一番话,立刻割让5座城池给秦国。秦国则放回了燕太子丹。赵国攻打燕国,占领了上谷的36县,把其中1/10的土地转送给了秦国。

正所谓:有志不在年高。甘罗12岁出使赵国并获得巨大成功的事在中国历史上是十分著名的。但他无论是说服张唐还是说服赵王,所用的谋略无非是讲清利害关系。可见,只要运用得当,"晓之以理,诱之以利"永远是处理人际关系,甚至国与国之间关系的一招妙棋。

## 凡事抱着最坏的打算,才能确保胜算

善用计谋的人,即使对于一件很简单的事,也会预想出几种可能的结果,做好最坏的打算,此为老谋深算。社会上有许多事都具有不确定性,这就由不得你不去花费心机。俗话说:"人生不如意事,十常居八九。"事实上,人生如意之事,到后来七折八扣的,也是常有的事,如果能够得到其中七成八成的满意度,就算是幸运的了。

封建帝制时期的王位继承,虽然讲的是嫡长子继承制,但是现实中的变数却相当多。例如,皇帝没有亲生儿子,或者是嫡长子不够贤能、强悍,如果再牵涉王室及各方权势的势力消长,当然就很难平静无波,甚至可能形成惨烈的王位争夺战。

宋朝的第二任皇帝宋太宗赵光义,或许因为长子元佐不成材,曾经玩火烧皇宫,所以册立三子真宗为太子。尽管如此,太宗所宠信的宦官王继恩却勾结大臣李昌龄等人,说服皇后李氏,仍然暗中企图拥立长子元佐。在太宗病重命危的时候,王位争夺的诡异气氛更呈现出山雨欲来之势。也正是这个时候,支持真宗的宰相吕端,眼看太宗快撑不下去了,便进宫探望。这位被太宗视为小事糊涂、大事不糊涂的宰相，果然机灵。当他发现真宗居然没在太宗身边陪侍，生怕在这个关键时刻王位继承的事有变，于是便写下"病危"两字，火速派人交给真宗，要真宗立刻进宫陪侍太宗。

不久之后，太宗驾崩了，李后便派王继恩前来召吕端进宫。吕端心想准没好事，于是就骗王继恩进御书房整理太宗的遗墨诏书，然后将王继恩锁在御书房内。

李后见吕端来了，便开门见山地说："皇帝已经驾崩了，应该由长子继承皇位才合乎礼制。"吕端不慌不忙地回答说："先帝早就预先册立太子，目的就是要太子能够顺利继承皇位。先帝刚刚崩逝，就要违抗他的遗命，恐怕会引起朝中大臣的非议。"

李后少了王继恩在旁兴风作浪，不得已只好宣布真宗继承帝位。当然事情没那么简单，在真宗还没真正登基之前，吕端还是小心翼翼，生怕中途发生变故。就在

## ■ 凡事做最坏的打算，最好的准备

> 君不见，有多少尽管自己信心十足，或在别人事面前拍胸脯打保票，到头来却落得一场空的事情？所以说，凡事事前想得太美、想得太顺、想得太理所当然乃大忌。人生的种种胜败、兴衰和得失往往只在一瞬间，稍有大意，事后恐怕就只有干瞪眼的份儿了。

> 最后结果很明显：做最坏的打算、最好的准备的人得到了晋升的机会。因为领导需要的是努力的人，而不是还没成功就沾沾自喜的人。

真宗即位大典的那一天，正当他准备垂帘接受群臣叩拜的时候，吕端还是要求真宗卷起帘幕，并且亲自登上殿阶，确认是真宗本人没错之后，才放心地带领文武百官高呼："皇上万岁！万万岁！"在强敌环伺或者竞争激烈的地方，没有人是胜利的"真命天子"。即使拥有若干官样文章的保证，握有若干形势上的优势，但在肥肉还没吃进肚子里之前，可先别说胜利是属于自己的。

吕端深深了解，尽管真宗拥有太子身份，是太宗确定的接班人，但在王位争夺的诡谲形势中势如蝉翼。如果不步步为营，掌握每一个转折的机锋，恐怕就会有不可逆转的变化。所以，即使到了真宗登基的时候，他都还要确认是否为真宗本人，才放心地叩头称万岁。

这种谨慎、严谨的态度，或许正是"凡事抱着最坏打算，才能确保胜算"的最佳写照。

## 要想抑制人性的弱点，不如唤醒人性的优点

在一个组织内，管理者要想提高工作效率，杜绝职员工作拖拖拉拉的情况，仅仅制订工作量，规定完不成工作量就遭受惩罚是不可能有好的效果的。相反，奖励则可带来意想不到的效果。

一家制衣厂，熨烫车间人手紧张，工作总是难以如期完成。公司根据调查总结，得出每个工人平均每天可以熨烫40件服装。于是，公司以此为标准，规定每个工人的工作量为每天40件。工人平均每天熨烫服装的件数超过40件，就能拿到全额奖金。否则，就会遭受罚款，罚款额与所缺工作量成正比。

这一制度推行之后，工人的紧张感增强了，工作氛围有了好转，大家都争取达到规定的工作量。当然，也有人是不在乎的，因为每月的奖金数也不多，而且是固定的，与超出标准的多少不挂钩。到月底，90%的人都完成了工作量。不过，整体工作效率并没有多大的提高。

经过商讨，公司决定实行新的奖金制度。在保留惩罚规定的基础之上，取消固定奖金，实行机动奖金。即多熨烫一件，就多一份奖金，奖金的多少与熨烫服装超过工作量的数额成正比。也就是说，只有超过工作量，才有奖金。超得越多，奖金也就越多。

制度一出台，第一个月的业绩就令管理者们大吃一惊。有的员工，竟然创造了一天熨烫120件服装的业绩。一个月下来，一统计，管理者们更是吃惊不小：不少员工的每日平均工作量达到80件。员工士气高涨，公司的整体效率也有了很大提高。

为什么结果会这样？

就拿制衣厂的熨烫车间的工人来说，只有惩罚而无奖赏，并不能给他们以奋发

向上的动力，不能让他们主动去提升自己的能力，挖掘自身的潜力。同时，惩罚助长了这样一种心理：达到规定的工作量就行了，多的我也不必干。

相反，奖励却激发他们的荣耀感、好胜心，促使他们好上加好，为获得更多的报酬，而创造更佳的业绩，甚至创造奇迹。简单归为一句话，惩罚制度的出发点是以抑制工人们的弱点——懒惰、拖沓、涣散来提高生产效率，但它不能激发人们的工作热情，因此效果并不理想；新的奖励制度的出发点是唤醒人性的优点——荣誉感、自尊心、好胜心，这恰恰是人们创造辉煌业绩的原动力。

这一道理也适用于家庭的管理中，不论是夫妻之间，还是父母与儿女之间。如果你已为人父母，你希望家里保持足够的整洁，你希望子女更自觉地做家务，你通常会怎么做？是惩罚、责备乱扔垃圾和不干家务的懒惰分子，还是表扬、奖励为保持清洁卫生做出努力的勤快分子？不用说，后者有效得多。多多表扬、奖励那些主动做家务的子女吧，你一定会看到可喜的变化的。

## 巧妙地运用心理暗示，来达到自己的目的

大家应该记得，在2004年春节联欢晚会上，赵本山、范伟等人表演的小品《卖拐》令人捧腹大笑。其寓意主要是讽刺那些坑人的奸商，而最让人啼笑皆非的是范伟饰演的那位买拐者，他在卖拐者逐步的心理暗示下，产生错觉，认为自己的腿有毛病，最后买下了那副拐。

其实，这一看起来不可思议的现象，都是心理暗示在起作用。与《卖拐》的例子相似，心理暗示现象在我们的日常生活中非常普遍，而且每天都在不同程度地影响着我们的生活。下面，我们来看看哈佛大学一堂非常有趣的心理课：

哈佛大学心理系的一堂课上，教授向同学们介绍了一位来宾——"比尔博士"。教授告诉大家："比尔博士是世界闻名的化学家，今天来这里是要做一个实验。"然后，比尔博士从皮包中拿出一个装着液体的玻璃瓶，告诉大家："这是我正在研究的一种物质，它的挥发性很强。当我拔出瓶塞，它马上就会挥发出来。但它完全无害，气味很小。当你们闻到气味时，请立刻举手示意。"

说完，比尔博士拿出一个秒表，并拔出瓶塞。一会儿工夫，只见学生们从第一排到最后一排都依次举起了手。"好，同学们，实验到这里就结束了。"教授告诉学生，"但是，我不得不告诉你们的是，'比尔博士'只是我们学校的一位老师化装的，而那个瓶子里装的物质只不过是蒸馏水"。听了教授的话，哈佛大学的学子们一个个面面相觑。刚才实验的时候，自己明明是闻到了一种气味啊，这是怎么回事呢？

看到学生们一个个满脸疑惑的样子，教授告诉他们："这是因为你们刚才受到了'比尔博士'的暗示。他暗示瓶子里装的是一种他正在研究的物质，气味很小，所以你们就相信了，并且似乎闻到了那种特殊物质的气味。"

事实上，那些学生并没有闻到什么气味，只是受了心理暗示作用的影响，而误认为自己闻到了那种特殊物质的气味。

暗示是一把双刃剑，它的作用可以是积极的，也可以是消极的。积极的心理暗示能给我们带来有益的帮助。比如，一名运动员的成绩已经非常接近世界纪录了，这时候，他的教练在旁边轻轻地对他说："你能行，你一定能得第一！"正是这一暗示，激发了他全部的潜能，使他在比赛中真的得了第一。

与此相反，消极的心理暗示则会给人带来极大的危害。例如，有些人生病时喜欢先进行网络搜索，自己对症自我诊断。殊不知，有些所谓的"症状"，不过是某些不良广告商，通过对网民进行消极心理暗示以取得利益的手段。

所以，在与他人交际、相处的过程中，我们如果能巧妙地运用好心理暗示这一法宝，对实现自己的目的将大有裨益。而且，洞穿了这一神秘的"心理力量"，在与他人接触的过程中，我们也可以更理智地控制自己。

## 凡事不要太较真，否则会让自己失去更多

处理事情的时候，一味地强调细枝末节，以偏概全，就抓不住要害问题，做工作时就没有重点，头绪杂乱，不知道从哪里做起。因此无论是用人还是做事，都应注重主流，不要因为一点儿小事而妨碍了事业的发展。须知金无足赤，人无完人，我们要用的是一个人的才能，不是他的过失，为什么还总把眼光盯在那些过失上面呢？忍小节，就是不去纠缠小节、小问题，要宽恕待人，用人之长。

《劝忍百箴》中认为：顾全大局的人，不拘泥于区区小节；要做大事的人，不追究一些细碎的小事；观赏大玉圭的人，不细考察它的小疵；得巨材的人，不为其上的蠹蛀而怏怏不乐。因为一点儿瑕疵就扔掉玉圭，就永远也得不到好的美玉；因为一点儿蠹蚀就扔掉木材，天下就没有完美的良材。

有一则关于伯乐相马的故事。

秦穆公对伯乐说："您的年纪大了，您的家里，有能去寻找千里马的人吗？"伯乐回答说："好马可以从外貌、筋骨上看出来，但千里马很难捉摸，其特点若隐若现，若有若无，我的儿子们都是才能低下的人。我可以告诉他们什么是好马，但没有办法告诉他们什么是天下的千里马。我有一个朋友，名字叫九方皋。他相马的本领，不比我差，请您召见他吧！"

秦穆公于是召见了九方皋，派遣他去寻找千里马。三个月之后，九方皋回来了，向秦穆公报告说："千里马已经找到了，现在在沙丘那个地方。"穆公问他："是一匹什么样的马呢？"

九方皋回答说："是一匹黄色的母马。"秦穆公派人去看，结果是一匹公马，而且是黑色的。秦穆公非常不高兴，于是将伯乐召来，对他说："真是糟糕，您让我派去

的那个寻找千里马的人，连马的颜色和雌雄都分辨不出来，又怎么能知道是不是千里马呢？"伯乐长叹一声说道："他相马的本领竟然高到了这种程度！这正是他超过我的原因啊！他抓住了千里马的主要特征，而忽略了它的表面现象；注意到了它的本领，而忘记了它的外表。他看到他应该看到的，而没有看到不必要看到的；他观察到了他所要观察的，而放弃了他所不必观察的。像九方皋这样相马的人，才真正达到了最高的境界！"那匹马牵来了，果然是天下难得的千里马。

很多男人常常会埋怨陪伴妇女买东西，既费时间，又很劳累。她们不是对花纹不满意，就是对式样百般挑剔，或者觉得虽然式样勉强过得去，可惜质料实在不行。

## 抓住主要问题应该注意的事项

**把着眼点放在较大的目标上**

比如在推销的时候，在挑选推销对象的时候要选择购买能力强的顾客，而不是随便对谁都进行推销，那样会浪费太多时间，效果还不一定好。

**切忌肤浅，要看问题的实质**

不要为一些表象、肤浅的事情所烦扰，要集中精力了解和解决问题的本质。

因为各种因素而犹豫不决，结果常常空手而归。其实，这些毛病并非只有妇女才有，一般人在工作或读书的时候，也会由于某种原因而产生迷惑。

一个人对于某事犹豫不决时，就会发生如上的迷惑或彷徨。这时候，如能针对自己的目的，抓住核心问题来研究，就可以发现一条排除迷惑的大道。例如，你要选购西装，不妨先明确地限定是何种花纹、式样、布料。

如果决定以花纹为主，那么，式样和质料就可以作为次要考虑的条件。如果抓住重点来研究，自然能果断地选购，而且，以后也不会遭到别人的埋怨，自己也不会后悔。

俗语说的"眼花缭乱"正是上述的状况，但只要能有意识地视若无睹，就不会被眼前的情况所迷惑。总之，最重要的是要先抓住问题的核心，其他问题则可列为次要。

## 不要过分地赞美对方，否则会加剧对方的反感

一个气球再漂亮、再鲜艳，吹得太小，不会好看，吹得太大很容易爆裂。赞美就如吹气球，应点到为止，适度为佳。

因此，在赞美他人时一定要坚持适度的原则。夸奖或赞美一个人时，有时候稍微夸张一点儿更能充分地表达自己的赞美之情，别人也会乐意接受。但如果过分夸张，你的赞美就脱离了实际情况，让人感觉缺乏真诚的东西，而且会加剧别人对你的防备。因为真诚的赞美往往是比较朴实的、发自内心的。只有恭维、讨好才是过分夸张和矫揉造作的。

据说有一个年轻人曾经给恩格斯写了一封热情洋溢的信，信中称赞恩格斯是一位无与伦比的革命导师、一位伟大的思想家，甚至称其为马克思的再现等。恩格斯并没有因为这封信而有丝毫的感动，反而生气地回信说："我不是什么导师、思想家，我的名字叫恩格斯。"恩格斯作为一位杰出的思想家，他不喜欢别人在赞美他时用有些夸张的词汇，又因为他和马克思近几十年的友谊，他是非常尊敬马克思的，当然会忌讳别人称他为"马克思的再现"。

历史上有一位臭名昭著的马屁精冯希乐，他是一个热衷于夸张拍马的人。有一次，他去拜访长林县令，赞叹道："仁风所感，猛兽出境。昨日入县界，见虎狼相尾而去。"刚夸过不久，就有村民来报告："昨夜大虫连食三人！"长林县令很不高兴地责问冯希乐究竟是怎么回事。冯希乐面红耳赤地回答说："是必便道掠食。"冯希乐夸张得脱离了实际情况，无视野兽吃人的本性，信口雌黄，说野兽已被县太爷的仁义教化所感动，所以离县而去，结果是抡起巴掌，自己打自己的脸，这就是所说的轻言取辱。

要做到点到为止、褒扬有度是有技巧的：

### 1. 比较性的赞美

两个人或两件事相比较，在夸奖对方的同时，让他意识到自己的优点和存在的差距，使对方对你的赞美深信不疑。

有一次，汉高祖刘邦与韩信谈论诸将才能高下。刘邦问道："你看我能指挥多少兵马？"韩信回答："陛下至多能指挥十万兵马。"刘邦又问："那你能指挥多少兵马呢？"韩信自豪地回答："臣多多益善。"刘邦笑道："既然你带兵的本领比我大，却为什么被我控制呢？"

韩信很诚实地说："陛下不善于指挥兵，但善于驾驭将，这就是我被陛下控制的原因。"刘邦自己也曾说过，统一指挥百万军队，战无不胜，攻无不克，他不如韩信。这是他做了皇帝以后对自己的评价。韩信的赞美，首先肯定了刘邦控制大臣为自己效命的能力，但又指明了他在带兵作战方面与自己相比有不足之处，正与刘邦的自我评价相吻合。话说得很实在、很坦诚，刘邦不但不怒，反而很满意。

### 2. 根据对方的优缺点提出自己的希望

金无足赤，人无完人。有所保留的赞美应既要看到对方的优点和长处，同时还要看到他的弱点和不足，讲究辩证法。常言道："瑕不掩瑜。"指出对方的缺点和不足，并提出一定的希望，不仅不会损害你赞美的力度，相反，却使你的赞美显得真诚、实在，易于为人接受。尤其是领导称赞下属时，要有一是一，有二是二，把握分寸，要有所保留。可以多用"比较级"，千万慎用"最高级"。领导可以在表扬时，把批评和希望提出来。

过分的夸张对于被赞美者来说也是有百害而无一利的。高尔基曾经说过："过分地夸奖一个人，结果就会把人给毁了。"因为过分的夸奖，往往会使被赞美者不思进取，误以为自己已经是完美无缺了，从而停止前进的脚步。众所周知的方仲永，小的时候因为天资聪慧，于是别人就称其为天才，其父则四处带他去走访宾客。结果等到他长大以后，才能"泯然众人矣"，跟别的人没有什么两样了。

赞扬最好辅之以鼓励，这样才能充分发挥赞美的积极作用。

## 第三章

# 洞察人性，顺势而为

## 不可以被激怒，不让别人抓住把柄

与人应对，千万不可被激怒。你一怒，大家便看着你，而不会去注意你的对手的伎俩。有句话说："要消灭他，先激怒他！"激怒他，那不是挑起他的斗志，反而替自己带来麻烦吗？此问有理，然而挑起他的斗志正是激怒他的目的之一。本来他是不打算同你斗的，但你挑起了他的斗志，你便有了对手；有了对手，不管斗上多久，总会有个"结果"，而"麻烦"当然是"副产品"，但如果能"消灭"他，这"麻烦"便不算什么了！那么，"激怒"他，就真的能"消灭"他吗？如果是有计划的，谋定而后动的激怒，那么消灭对方的可能性就很高。因为对方的反应都已在你的掌握之中，而对方在被你激怒之后，常会因失去情绪和理智的平衡而做出错误的判断和决定。你甚至可以不动声色，便使他处于不利的境地。

说这些，并不是要你去激怒别人，好达到你的目的。事实上，要激怒别人，还得有非常的手段才行，费心筹谋，多辛苦啊！但是，你不去激怒别人，别人却有可能为种种目的来激怒你！你若不察、不慎，便会掉入别人为你设计的情绪圈套当中。你千万不可被他激怒，你一怒，大家都会看着你而不看着他。大家只看到你丧失理性的怒火，而没看到他的卑劣伎俩。于是，本来你是无辜的，怒火一烧，你就变成理亏了！如果你不易控制自己的情绪，怒火可能让你说了很多不该说的话，做了很多不该做的事，也给了别人很多把柄。他分毫未损，而你已遍体鳞伤，甚至一蹶不振！

所以，不管在什么样的情况下，千万别被激怒；有老僧入定的心情，那些激怒你的动作自然会消失于无形，而且，以后再也不会有人来激怒你。四种制怒方法：

### 1. 深呼吸

从生理上看，愤怒需要消耗大量的能量，你的头脑此时处于一种极度兴奋的状态，心跳加快，血液流动加速，这一切都要求有大量的氧气补充。深呼吸后，氧气的补充会使你的躯体处于一种平衡的状态，情绪会得到一定程度的抑制。虽然你仍然处在兴奋状态，但你已有了一定的自控能力，数次深呼吸可使你逐渐平静下来。

### 2. 理智分析

你将要发怒时，在心里快速想一下：对方的目的何在？他也许是无意中说错了话，也许是存心想激怒你。无论哪种情况，你都不能发怒。如果是前者，发怒会使你失去一位好朋友；如果是后者，发怒正是对方所希望的，他就是要故意毁坏你的形象，你偏不能让他得逞！这样稍加分析，你就会很快控制住自己。

3. 寻找共同点

虽然对方在这个问题上与你意见不同，但在别的方面你们是有共同点的。你们可搁置争议，先就共同点进行合作。

4. 回想美好时光

想一想你们过去亲密合作时的愉快时光，也可回忆自己的得意之事，使自己心情放松下来。如果你仅仅是因为一个信仰上的差异而想动怒，你不妨把思绪带到一个令人快意的天地里：美丽的海滩、柔和的阳光、广阔的大海，你会觉得，人生是如此美好，大自然是如此包罗万象，人也应该有它那样的博大胸怀，不能执着于蝇头小利，想到这些，你就容易克制自己的怒气了。

## 别人能激怒你的两种方式

第一种是在言语上激怒你。譬如讽刺你、嘲笑你、挖苦你，或指桑骂槐、无中生有、含沙射影。

第二种是在工作上激怒你。譬如故意为难你，左一句"难以配合"，右一句"可行性不高"。

我们也许看到过交通拥挤的十字路口红绿灯失控时的"惨状",整个路面成了车的海洋,不耐烦的司机在车里面鸣笛叫喊,喇叭声不绝于耳,整个交通处于瘫痪状态。如果没有交警的管理疏导,不知道会拖延到什么时候,会造成什么后果。同样,如果一个人的情绪失控,这世界又会怎么样呢?

常言道:"忍一时,风平浪静;退一步,海阔天空。"不必为一些小事而斤斤计较。我们不提倡无原则的让步,但有些事也没必要"火上浇油",那只会使事情更糟,只会破坏你跟别人的感情。假如你发起脾气来,对人家大骂一阵,你固然非常痛快地发泄了你的不满,但你想过这样做的后果吗?你刺耳的声音、仇视的态度,能使别人同情你吗?除了让别人疏远你,你又能得到什么呢?

## 柔性坚持——无坚不摧的天下之至刚

柔性坚持是一种令人不易觉察的天下之至柔——但也是无坚不摧的天下之至刚。在人类社会里,人与人之间,无时无刻不在进行智慧与意志的较量。固然智慧的高下会影响较量的成败,但意志力却也扮演着相当重要的角色。也就是说,意志力强的人,胜利的机会较大;意志力较弱的人,便会被对方逼退,成为接受对方意志的一方。有时候,智慧的人甚至还可以迫使智慧高的一方弃守战线,这都是人性丛林中的事实,而不是夸大其词。

人与人之间,意志力的表现就在于"坚持"二字。坚持又有"刚性坚持"与"柔性坚持"两种。"刚性坚持"像推土机,有铲除异议的力量,让意志力薄弱的人不战而降,但容易在他们心中种下口服心不服的种子,更容易与意志力相当、见解相当的人形成紧张的对立。

如果为了贯彻意志而采取语言暴力或行为暴力,更会对对方造成伤害。换句话说,他们并没有接受你的意志,他们只是"屈服"罢了。如果碰上意志力更强的人,那么你就有可能在一场短兵相接后缴械投降。缴械投降看来是一件立场改变的小事,其实不然:事先屈服于你意志之下的人会把你的缴械投降看成笑话,你原先的坚持变得一文不值;同时为了出一口气,也会有人对你落井下石,因此基于人性的考量,"刚性坚持"不如"柔性坚持",也唯有"柔性坚持"才是无可抵挡的。

"柔性坚持"可比喻为水,水是天下之至柔,但当它渗透到土里,却会引起山坡土块的崩落,甚至使建筑物的地基松动。而且"渗透"是不知不觉的,让人感受不到压力,却是持续进行的动作,因此它又是"天下之至刚"!

"柔性坚持"表现在行为上,便是用客客气气、谦卑有礼的低姿态包裹对方的意志。由于低姿态是以对方为尊,轻易便可瓦解对方的自卫系统;又因为低姿态是和平的动作,对方若有不同意见,也找不到打击你的情理。纵不接受你的意志,也不好与你唱反调,因为你已在态度上十分尊重他了!甚至你的低姿态还会引起对方

"不好意思"的心理，于是只好勉强自己接受你的意志。至于意志薄弱的人，早就向你"臣服"了！

当然，你也有可能会碰上智慧比你更高，意志力比你更坚强，并且比你还懂得"柔性坚持"的人。如果你感受到压力，而且无法支撑，那么弃守阵地也不会太难看，因为你姿态本来就很低，此中已有转圜的空间。而且一般来说，对方若也是柔性坚持的高手，应该会给你台阶下，不会让你受窘。

不过，要进行你的柔性坚持，也得先看看主观条件。也就是你所坚持的，能否有合理、周到、具有说服力的说明。如果说都说不清楚，你的坚持就变成胡闹了，反而自取其辱！

## 喜怒哀乐放在口袋里，不给人以可乘之机

有的时候，如果你的喜怒哀乐表达失当的话，也会引来灾祸。

一听到别人奉承就面有喜色的人，有心者便会以奉承来向他接近，向他要求，甚至向他进行"软性"的勒索。一听到某类言语，或碰到某种类型的人就发怒的人，有心者便会故意制造这样的言语，指使这种类型的人来激怒你，让你在盛怒之下丧失理性，失去风度。一听到某类悲惨的事，或自己遭到什么委屈，就哀感满胸，甚至伤心落泪的人，有心者了解你内心的脆弱面，便会以种种手段来博取你的同情心，或是故意打击你情感的脆弱处，以达到他的目的。

### ■ 喜怒哀乐放口袋的目的

把喜怒哀乐从情绪中抽离，你便可以理性、冷静地看待它，思索它对你的意义，并进而训练自己对喜怒哀乐的控制，做到该喜则喜，不该喜则决不喜的地步。

原来这样就可以激怒他，下次想让他失态就这么办。

把喜怒哀乐放在口袋里就是不随便表现这些情绪，以免被人窥破弱点，予人以可乘之机。要这样子做很难，但如果想到人性丛林里的险恶，就不觉得难了！

一个易因某事就"乐不可支"的人，有心者便可能提供可"乐"之事，好迷惑他，以遂行其意图。喜怒哀乐是人的基本情绪，这世界上应该没有那种"心境一如止水"、缺少喜怒哀乐的人吧！

没有喜怒哀乐的人，其实是蛮可怕的。因为你不知道他对某件事的反应、对某个人的观感，让你面对他时，有不知如何应对的慌乱。

其实，没有喜怒哀乐的人并不存在，他们只是不把喜怒哀乐表现在脸上罢了！所以，要把喜怒哀乐藏在口袋里，别轻易拿出来给别人看。在人性丛林里，这一点是很重要的。

为什么这么说呢？

在人类社会中，人为了生存，会采取各种方法来结纳力量、分享利益、打击对手。而任何人，只要在社会上做过一段时间的事，便多多少少练就察言观色的本事，他们会根据你的喜怒哀乐来调整和你相处的方式，并进而借着你的喜怒哀乐来为自己谋取利益，这原无可厚非！可是"谋取利益"的另一面，有时却是对你的伤害，就算不是伤害，你的意志也在不知不觉中受到了别人的掌控。

若因喜怒哀乐表达失当而招来无妄之祸，那么何妨把喜怒哀乐放在口袋里？

## 心理素质好一点，交际顺一点

自尊心太强恐怕是影响人开拓交际圈的主要障碍。如果从交际的需要出发，让自尊心保持一定的弹性，把握好度，就能在交际场上游刃有余。

小王是一位初学写作的文学青年，花了半年时间写了一篇小说。他信心十足地来到编辑部，没想到一个编辑看后，直摇头，当着很多人的面，说："你这写的是什么？连句子都不通，哪儿像小说！"说得他满脸通红，就想回敬一句："你仔细看了吗？"可是，他忍住了，反而以请教的口气说："我是第一次写小说，还希望老师给予指正。"从编辑部回来他没有泄气，反而更加奋发，写完后又去找这个编辑。真是不找不成交，这一次编辑的态度也变了，提了一些修改意见。后来小说发表了，他和编辑还成了朋友。

改变一下看问题的立足点，不要光想着自己的面子，还要看到比这更重要的东西，比如事业、工作、友谊，等等。在《三国演义》中，曾有一出"孔明骂死王朗"的好戏，这其实就是一场心理战，考查的是一个人的心理素质。

公元227年，孔明兵出祁山，曹真率兵迎战，二军对垒于祁山之前。在决战前，双方先来了个"骂阵"。先是王朗策马阵前，向孔明劝降，他说："你通达天命，亦识时务，为何要毫无理由地挑起战争？要知道，天命有变，帝位更新，归于有德之士，这是大自然颠扑不破的道理。"接着便大赞曹操一番，指出，顺天者昌，逆天者亡，还是快快归顺大魏吧。王朗也是能言善辩之士，他以理劝诱，使蜀军兵将不觉动容。

参谋马谡认为，王朗不过是效法从前季布大骂汉高祖，试图以气势破敌。王朗讲罢，孔明却哈哈大笑，朗声斥道："你原是汉朝元老，我还以为有什么高见值得洗耳聆听，没想到，说出来的却全是混账话。此次，我奉君命出兵，旨在讨伐逆贼，大义分明，日月可鉴。你胆敢站在阵前，厚颜无耻地大说天命如何，简直是荒谬透顶。你这个皓首匹夫，白须叛贼，想必即将奔赴冥府。到时候，你有何面目，见汉朝二十四帝？你且快快滚到一边，派出别人来一决胜负吧。丑恶的你，哪有在此撒野的资格！"孔明刚说完，王朗就口吐鲜血，落于马下，当场毙命。

王朗是被气死的，也可以说是由于心理素质太差而死。王朗之所以如此，是因

## 坚忍不拔比自尊更重要

每个人都有自己的脸面观念，这关系到自己的尊严和地位。不过，有时候，坚忍不拔的态度比自尊更重要。

为他不自信，缺乏忍耐力。虽然他也讲人应顺应历史的规律而行事，但他在骨子里更害怕"叛臣逆子"这个罪名，一旦被别人揭了伤疤，说到痛处，便羞恨交加，失去自我平衡的能力，导致猝死。

心理学认为，自尊之心，人皆有之，人的尊严不容冒犯。

自尊是一种精神需要，是人格的内核。从一定意义上说，维护自尊是人的本能和天性。在现实生活中，自尊心的强弱程度因人而异。有的人自尊心特别强，把面子看得高于一切，其实是虚荣心在作祟。

脸皮不妨厚一点，并不是不要个人的尊严，而是说要把握适当的角度。当然，在一些特定的问题，特定的场合，为了维护尊严，必须进行针锋相对的斗争，至于有人极力维护的自尊，实际上是在维护自己的虚荣心，是一种不健康的心理。

所以，要对自尊心进行分析，要维护真正的积极的自尊，不要维护虚伪的消极的自尊。这样，当我们出现在社交场上，才能恰当地把握自尊的弹性，成为交际的强者。

每个人都有自己的面子观念，这关系到自己的尊严和地位。只不过，每一个人在实现自己的目标过程中，都需要过硬的心理素质才能把怀疑抛在一边，不对自己的能力、动机心存疑惑，不怀疑自己的价值，自己在自己的眼里是尽善尽美的人。

## 不要固执己见，否则上帝也救不了你

偏执是前进的枷锁，固守己见，只能深陷泥潭。面对问题，要懂得变通，挣脱思维的锁链，可能带来一生的改变。不要因为规定而放弃真理。

半夜，一场大暴雨淹没了河边的一座教堂。一个神父正在教堂里祈祷，他被困在里面了。这时，一个救生员驾着小艇向神父喊道："神父！快！快上来！不然洪水会把你淹死的！"

神父说："不！我要恪守我的职责！我深信上帝会来救我的！"

过了不久，洪水已经淹过神父的腰了，神父只好勉强站在桌子上。

这时又有一个救生员开着小艇跟神父说："神父！快！快上来！不然洪水会把你淹死的！"神父说："不！我要守着我的殿堂！我深信上帝会来救我的！"

最后，洪水已经把教堂淹没了，神父只好抓着教堂顶端的十字架。一架直升机缓缓飞过来，丢下绳梯之后，飞行员大叫："神父！快！快上来！不然洪水会把你淹死的！"神父还是很固执地说："不！我深信上帝会来救我的！"

最后，神父被淹死了。神父上了天堂后，来到上帝面前委屈地说："上帝，你为什么要抛弃你虔诚的信徒啊？"

上帝一脸的郁闷："我已经派了两艘小艇和一架直升机去救你了，是你偏执地坚持我会亲自去救你而拒绝了他们呀。"

职责是人生恪守的准则，但是，职责的作用是明确奋斗的方向，而不是困住你的头脑和前进的脚步。如果不懂得变通，注定走向偏执，给自己戴上思想的镣铐。门上的锁再结实，也有打开的时候，但如果心门上了锁，却很难找到开锁的钥匙。心有多大，世界就有多大。如果不能打破心中的禁锢，即使给你一片天空，你也不会找到自由飞翔的快乐。坚持自我是重要的，但是不要走向偏执。谁也没有困住你，当你感到窒息的时候，囚禁你的人往往是你自己。

　　寓言中，神父把上帝当作毕生的信仰，他把自己的一切都交给了上帝。洪水来临的时候，他坚信上帝会来拯救自己。但是，上帝派使者来救他，他却偏执地认定上帝会亲自来救自己，拒绝接受别人伸来的援助之手，丧失了得救的机会，这又能怨恨谁呢？在机会来临时，我们总是固执地坚持自己的想法，却听不进别人的意见，在自己的前进途中设置了种种障碍，这又能够怨恨谁呢？

　　面对问题，我们不能把自己封闭在自我的小世界里，偏执地相信自己的想法，要敢于打破陈规，走出思维僵局。当你找不到解决问题的思路时，就要学会改变方法。走出人性中偏执的阴影，才能领略豁达的人生景致。当然，我们也不能一味地依赖别人，把别人当作救世主，只想着等待别人的施舍，把自己放在被拯救的位置上，最后只能落得个可怜可悲的下场，连上帝也会抛弃你。

## 少乱发脾气，才能广交朋友成大事

　　很多时候，我们会因一时冲动而伤害别人，等我们悔悟的时候想去弥补，却总是发现它已经像栅栏上的钉眼一样无法消除。因此，我们要做情绪的主人，让它紧跟理智的步伐，这样方能广交朋友成大事。

　　从前，有个爱乱发火、脾气很坏的小男孩，他的父亲为了使儿子改掉这个坏毛病，决定教育教育他。一天，他给小男孩儿一大包钉子，让他每发一次脾气，就用锤子在他家后院的栅栏上钉上一颗钉子。第一天，小男孩发了38次脾气，在栅栏上就钉了38颗钉子。

　　过了几个星期，由于学会了控制自己的愤怒，小男孩每天在栅栏上钉钉子的数目逐渐减少。长期的经验使他发现控制自己的坏脾气比往栅栏上钉钉子要容易得多。最后，小男孩终于改变了很多，变得不爱发脾气了。他把自己的变化和感受告诉了父亲。父亲建议他说："如果你能坚持一整天不发脾气，就从栅栏上拔下一颗钉子。"几个月过去了，小男孩终于把栅栏上所有的钉子都拔掉了。

　　这一天，父亲拉着他的手来到栅栏边，对小男孩说："儿子，你按我说的话做得很好。但是，你看一看那些钉子在栅栏上留下的那些小眼，栅栏再也不会恢复原来的样子了。当你向别人发脾气的时候，你的言语就像钉子一样，在他人的心中留下了很难愈合的疤痕。以后不管你怎么挽救，伤害永远客观地存在。你要记住，要想不给别人带来伤害，唯一的办法就是控制自己的脾气，不要轻易向别人发火。学会帮助别人，你才会有越来越多的朋友。"

有位哲人说过，愤怒是腐蚀生活的毒药，冲动是扼杀生活安详的魔鬼。谁都有不顺心的时候，这是人之常情，但是，我们必须学会控制情绪。生活和事业上的成功，往往在很大程度上依赖于控制情绪和严格的自我约束。弱者任思绪控制行为，强者让行为控制思绪。如果不善于控制自己的情绪，遇到问题便失去理智，大动肝火，往往会影响人际交往。生活中，我们常因一时的冲动而失去朋友，与其事后追悔莫及，不如事先控制自己的情绪。发泄情绪不仅不利于解决问题，而且会深深地伤害别人。

其实，我们何尝不是故事中的小男孩，对别人发牢骚、使性子，全然不顾别人的感受。恶语伤人与向别人投匕首没什么两样。如果任由不良情绪支配，就会成为情绪的奴隶，吞下因恶劣情绪所造成的恶果。"动心忍性"，能够"增益其所不能"，成大事者必能宠辱不惊，心态平和，赢得别人的尊重和信任。

所以，无论你是伟人还是普通人，能够时刻控制好自己的情绪，就能够收获人生历程中最大的快乐。

## 该反抗时就反抗，不要让别人把自己当成傻瓜

做老实人、说老实话、做老实事，作为一种理想追求和道德规范，这无疑是正确的。这也应成为我们的努力方向。在市场经济条件下，做老实人是应该的，但也有一个怎样做老实人的问题，不要老实得让别人把你当成是一个大傻瓜。

对温顺随和的人，大家都乐于与之相处。因为与这种人说话，不必顾虑太多。相处时，可以放言直谈，即使某些地方有伤及他的自尊心，他也总是一笑了之，不会怀恨在心，不容易动怒，彼此之间容易保持和睦。

个性温和、富有自制力、有耐心、善于协调、不喜欢与人相争，这样的人可说大受欢迎，在商场中更会得到很高的评价。但是，如果光是不喜欢与人相争，因而无法"争所该争""言所该言"，别人对他的评价就大不相同了。因为受任何侮辱也不发怒的人，一定是没有自尊心的人，是想发怒而不敢发怒的胆小鬼。古人说过："弱者也有志气，不可轻侮。"

毫无自尊心的人，只会被轻侮，无法被尊敬。与人相争的豁达作风，如演变为毫无斗志；同样是温顺，如演变为毫无悍气、魄力，就会被贴上无志气、胆小无勇的标签。被如此评价的人，谁会依赖他？温顺过度时，恐怕别人连"好好先生"这个称呼都不愿意挂在他头上了。

要在当前这种生存竞争较为激烈的世界生活下去，我们不能不互助。所谓情面、情义就成为社会上不可缺少的东西。对于情面，有两种态度：一些人过度拘于情面、

情义；另一些人不受情面、情义的影响，坚持自己的原则。通常，一个人坚持原则，不为情面所困，如坚持的程度相当彻底，就会引起别人的批评，说他是一个"没有血、没有泪的冷酷人"。也许因为这一点，有些人就喜欢在别人面前，扮演自己是个很顾及情义的人。这些人中的大多数，很可能是想获得别人这样的称赞："他是个好人。"拘于情面的人，最大的弱点就是被别人哀求时说不出"不"来。善于利用他人这个弱点的人，当然心里有数。因此，在好多人面前，使出这种"诉之于情面"的攻势。

社会上大部分人都重视情义，充满人情味的故事也备受大众的喜爱。但是，有

## 该拒绝就拒绝，不被"情面"所累

有些自诩为"富于情义"的人，即使明知受骗、被利用，也只好任自己受骗、被利用。那些骗过你、利用过你的人，由于事例再三，食髓知味，不但不感谢你，反而沾沾自喜地讽刺你一翻。

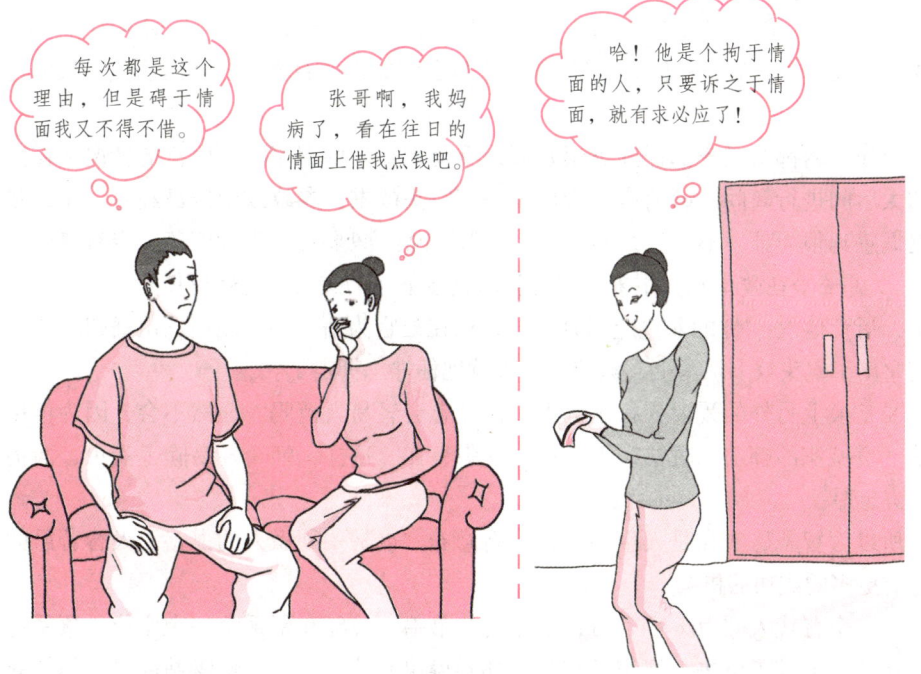

总之，老实、温良、情义、礼让等，都不能是无原则的一味退让，并不是对所有的事都保持沉默。

一些歹徒,把它当作图利的最佳武器,横行于社会。这个事实,倒不能忽视。给人太多的情面,反而被轻视,实在不划算。在某些时候,你不得不去争斗,去实现自己存在的价值,反击自己认为是忍无可忍的事情,别人也绝对不会说你肤浅狭隘。

## 做人要精明,但不能精明露骨

《红楼梦》里的王熙凤做人可谓精明,依仗贾母的宠爱和自家背景,上欺下压、左右逢源。"机关算尽太聪明",最后令众人生厌,郁郁而死。可见,做人不能不精明,但也不要精明过头。

人的一生不应对什么事都斤斤计较,该糊涂时糊涂,该聪明时聪明。"吕端大事不糊涂",说的正是小事糊涂,而在关键时刻,才表现出大智大谋。中国古代这样的大智若愚者不胜枚举。

宋代宰相韩琦以品性端庄著称,遵循着得饶人处且饶人的生活准则,从来不曾因为有胆量而被人称许过。可是有两件事做得坚决果断,实在是没有第二个人可比。这才是"真人不露相"的最好诠释。

宋英宗驾崩后,朝臣急忙召太子进宫。太子还没到,英宗的手又动了一下。宰相曾公亮吓了一跳,急忙告诉韩琦,想停下来不再去召太子进宫。韩琦拒绝说:"先帝要是再活过来,就是一位太上皇。"韩琦越发催促人去召太子,从而避免了权力之争。

担任大内都知职务的任守忠很奸邪,反复无常,秘密探听东西宫的情况,在皇帝和太后间进行离间。韩琦有一天出了一道空头敕书,参政欧阳修已经签了字,参政赵概感到很为难,不知怎么办才好。欧阳修说:"只要写出来,韩琦一定有自己的办法。"韩琦坐在政事堂,用未经中书省而直接下达的文书把任守忠传来,让他站在庭中,指责他说:"你的罪过应当判死刑,现在贬官为蕲州团练副使,由蕲州安置。"韩琦拿出了空头敕书填写上,派使臣当天就把任守忠押走了。

要是换上另外的爱耍弄权术的人,任守忠会轻易就范吗?显然不会,因为他也相信一贯诚实的韩琦的说法,不会怀疑其中有诈。这样,韩琦轻易除了蠹虫,而仍然不失忠厚。

所以大智若愚实在是人生的一种最高修养,也是一种做人的谋略。大智若愚的人总有更多的成功的机会。

另一个晋代人谢万,字万石,是谢安的弟弟。曾经和蔡系争一个座位,蔡系把谢万从位子上推了下去,把帽子和头巾都弄得快要掉了。谢万慢慢站起来,拍拍衣服,边坐回座位上,边说:"你差点儿弄伤我的脸。"蔡系说:"本来就没有考虑到你的脸。"后来两人都没有把这件事挂在心上,当时人们都称赞他们。

韩琦、谢万都是通达事理、举止有度之人。在处理事情的过程中,受侮受损的一方都没有为自己的难堪的损失而大发其怒、记恨于心。相反，都表现出宽宏大量、毫不计较的美德和风度。结果得到了大家的敬重，也使伤人者感到无地自容。

大智若愚，从一个角度来说，也可理解为小事愚，大事明。对于个人来说是一种很高的修养。所谓愚，是指有意糊涂。该糊涂的时候，就不要顾及自己的面子、自己的学识、自己的地位、自己的权势，一定要糊涂。而该聪明、清醒的时候，则一定要聪明。由聪明而转糊涂，由糊涂而转聪明，则必左右逢源，不为烦恼所扰，不为人事所累，这样你也必会有一个幸福、快乐、成功的人生。

客观的经验告诉我们，做人不要过于"精明"，太精明露骨会遭人讨厌。因为人与人情感的沟通和交流是心的交流，如果做人过于精明露骨，就不能在交际方面获得人心。对人，不必精明；对朋友，傻点更好。交际中的"精明"容易把应该纯朴真挚的关系，人为地弄复杂了，使人感到刁钻奸猾，敬而远之。这样精明的结果，只能以自己成为孤家寡人而告终。

做人精明露骨，实则是一种小聪明。

有一种情况是，聪明反被聪明误，自逞聪明，引火烧身。三国时代的杨修，可谓绝顶聪明吧。他几次"聪明"过了头，才智大显露，结果引起了曹操的忌恨，将其杀掉。

人和人的正常交往是平等的。如果你举止不讲究，言辞不考究，说话做事，居高临下，只能孤立自己，招致他人的"不屑一顾"。

做人需要精明，但不要过于精明，甚至精明到露骨。

## 与人相争，诈死装败求胜算

有一种瓢虫，当你用手碰它时，它就停止不动，连脚都缩了起来，任凭你怎么拨弄它，它都一副死样子。可是过一段时间后，它又开始走了！这就是"诈死"！

有一种鸟，在它孵卵的时期，若有外敌入侵，它会先佯与外敌搏斗，翅膀扑了几回后，便假装受伤，跌跌撞撞地"败走"。外敌受到这个动作的吸引，会过去追逐这只"败鸟"，等外敌远离鸟巢，"败鸟"立刻快速逃走，于是巢中卵获得保全。这就是"装败"！

人类对"诈死"与"装败"的运用最令人叹为观止。尤其是两军对峙时，较弱的一方有时就不得不"诈死"或"装败"，以寻求生机；而实力较强的一方，有时也会为了尽速打败对方而采用"诈死"或"装败"的策略。

"诈死"和"装败"若诈得像、装得真，通常可以产生下列效应：

——混淆对方的判断，制造对方做判断时的负担，并使其做出错误的判断而落入陷阱。

——迟滞对方下决心的时间。因为对方对你的动作势必有分析研判的过程，而这个过程正是你喘息的时间。

——助长对方的傲气，使其松弛警戒，而你则可趁此寻找求生的契机。

——诱使对方解除对你的压力，因为对方也巴不得赶快卸下心头的重担，你的诈死、装败正好制造了他们心理上的借口。

如果实力较强的一方"诈死"或"装败"，则可降低对方的戒心，甚至让对方误以为有机可乘而做出飞蛾扑火的动作。不过一般来说，实力较强的一方往往会为了面子，"不屑"采用这种策略。

有时候你是强者，但在某些状况之下，你却又是个"弱者"。当你是"弱者"时，苦斗无益，徒费心神而已。因此与其苦斗，不如智斗，以保持你那微小的仅有的"存在"，并以"诈死""装败"来寻求生机。

要诈死装败不难，难在使对方相信。如果不能做到让对方百分之百相信，至少也要做到让对方怀疑，他一怀疑，便不敢立即对你有所动作。因此要装得像、诈得真，必须要有一些"败相"，好作为对方相信你的根据。

例如装败的军队，总要在撤退的路上留下大批武器；诈死的指挥官，总要来个有模有样的发丧动作。因此与人相争，你力有不敌，要采用诈死、装败的策略时，一下子就偃旗息鼓是不大恰当的，这样并不能松懈对方的戒心，因为对方会认为你还在"备战"，有时候反而攻得更猛呢！

也许你会说，诈死、装败，非勇者所为也。但问题是，如果真的死了、败了，自认为勇者或被人称赞为勇者，又有什么意义呢？

# 第二篇
# 以智取胜，让他人为我所用

# 第一章

# 出奇制胜，左右他人

## 善用"增减法"，影响他人的心理

有 位老人，退休后想图个清静，就在湖区买了一所房子。住下的前几周倒还太平。

可是不久，有几个男孩开始在附近追逐打闹、踢垃圾桶且大喊大叫。老人受不了这些噪声，却又不能制止。因为他知道，如果制止的话，反而会引起那些男孩的逆反心理，情况可能更糟。

他想出了一个办法，就出去对男孩们说："你们玩得真开心。我可喜欢热闹了，看着你们玩，我也觉得变年轻了呢！如果你们每天都来这里玩耍，我给你们每人一元钱。"男孩们当然高兴，既玩了还能赚钱，何乐而不为呢？于是他们更加卖力地闹起来。

过了两天，老人愁眉苦脸地说："我到现在还没收到养老金，所以，从明天起，每天只能给你们五角钱了。"男孩虽然显得不太开心，但还是接受了老人的钱。每天下午继续来这里打闹，只是远没以前那么起劲儿了。

又过了几天，老人"非常愧疚"地对他们说："真对不起，通货膨胀使我不得不重新计划我的开支，所以我每天只能给你们一毛钱了。""一毛钱？"男孩们脸色发青，愤愤不平地说道，"我们才不会为区区一毛钱在这里浪费时间呢，不干了。"从此，老人又重新过起了安静悠然的日子。

在这个故事中，智慧的老人正是运用"增减效应"为自己赢得了一份难得的清净。所谓"增减效应"，是指人们最喜欢那些对自己的喜欢、奖励、赞扬不断增加的人，最不喜欢那些对自己的喜欢程度不断减少的人。

"增减效应"给我们的启示有两点：

1. 在日常工作与生活中，应尽量避免自己的表现不当，导致他人对自己的印象不好。

2. 在观察、评价别人的时候，要避免受"增减效应"的影响，从而对别人形成错误的认识，而是应考虑具体的对象、内容、时机和环境。

另外，把握好增减效应，有意识地制造一种动态的、螺旋式上升的心理曲线，

会在很大程度上增加你的受欢迎的程度,具体来说你可以从以下几个方面来努力:

## 1. 把基点拉低

不要一开始就给予对方过多的肯定,应该将肯定态度的基点放低一些,给后面的递增留有空间和余地。

## 2. 先抑后扬

你可以采用先抑后扬的方式,但是要从无伤尊严的小毛病说起,然后再给对方恰如其分的表扬。

## 生活中的"增减效应"

人们的挫折感是"增减效应"之所以存在的心理根源。人们的心里总有这么一种倾向:习惯得到,而不习惯失去,这是千百年来人们为适应生存而沉淀的一种文化。

到市场上买一斤东西,售货员如果先在秤盘上放超出一斤的分量,再一点一点地从秤盘上减掉,顾客的心里就会感到不舒服。

要是先在秤盘上放上少于一斤的分量,然后再一点一点地添上去,顾客就会感觉得到了便宜。

所以,我们想要批评人的时候,并不应该像传统的做法那样,先说一些对方的优点,然后再指出他的缺点,那样很容易给对方造成心理落差,挫折感会引起他们的反感。

### 3. 适当地保留

人与人的交往是一个循序渐进的过程，适当地有所保留，留下一点悬念和空间，更有利于加深彼此的交往。如果把"增减效应"研究透，就可以有效解决奖惩、激励、批评等问题，使别人对自己感到满意。

在人际交往中，要学会先否定，然后肯定，有意识地以逐渐递增的方式向对方传递你对他的好感。只有这样，你才能更有效、更长久地赢得他人的好感。

## 以己之长巧迎他人之短

2009年，动画片《麦兜响当当》自7月公映以来，迅速红遍大江南北，首日全国票房突破千万元。业内人士预计，如果票房持续火爆，它将成为首部票房过亿的国产动画电影。为何看上去傻傻的"小猪麦兜"票房如此"响当当"？

也许你会说："7月正好是暑期，小朋友们比较多嘛。"可是，当我们放眼电影院，发现成年观众更是大有人在。

客观而言，麦兜的故事非常简单。母亲麦太在香港混得不好，来内地寻求发展，床上还放着《怎么做CEO》一书；麦兜在武当山经历了没有电视、没有网络的吃苦环境；麦兜无心习武，最大的乐趣是跟小同学偷入炼丹房煮方便面；麦兜和母亲互相让鸡肉吃，结果鸡肉掉地；尽管没有实现自己的梦想，但麦兜和妈妈依然心满意足地回到了香港，继续他们"不是低能，而是善良"的人生，因为并不是每个人都能成为李嘉诚。

从《麦兜故事》《麦兜菠萝油王子》《春田花花同学会》到现在的《麦兜响当当》，麦兜在银幕上生活了10年，依旧还是"小朋友"。不过，"长不大"和"猪身份"一样，只是麦兜的面具。揭下面具，麦兜的喃喃自语，透着成年人追逐梦想的疲惫以及疲惫中不灭的希望和温暖的小幸福。他傻傻的、单纯、快乐和坚持，不管如何受挫，他的心中永远有梦想，用希望点缀平凡的生活。正是这只笨笨的小猪，令无数成熟、精明，甚至世故的大人们也痴痴追捧，秘密究竟何在呢？

在心理学里，有一种互补相吸引的理论。指人在需要、性格、兴趣、气质、能力、特长和思想观念等方面，若存在差异，而双方的需要和满足途径又正好成为互补关系，就可以相互吸引。

"麦兜"亦是如此。单纯、善良、非常容易满足、对任何人都真心相待。在我们幼稚的童年，这几乎是每个人的写照，可是，当我们渐渐长大，我们为了生存、发展和成功，就要变得世故、精明，甚至有必要学些诡计。于是，我们已经褪去的童年的那份清纯，如今在麦兜身上尽情绽放，当然就会吸引着我们去欣赏、去体味了。

我们每个人都与生俱来地具有一些缺点，为了弥补自己的不足，我们在实际生活中就会注意寻找那些能弥补这些缺点的人，从而实现所谓的"强强联合"。比如，依赖性特别强的人愿意和独立的人在一起生活；一个看重学历的人，自己又没有拿高学历的机会，往往希望对方能拿到高学历，等等。

明白了这一点，如果你想像麦兜一样"响当当"地影响别人，不妨先了解一下对方的弱点，然后用谦逊的方式在他面前表现出你具有这方面的优势与能力。让他知道，有你在，他在这方面的缺点就会得到弥补。如此一来，他便很容易被你吸引了。例如，你想请人与自己合作，追求男朋友或女朋友，等等。

## 从思路开始，让别人追随你的思想

很多时候，无论是演讲、宣传，还是竞选、谈判，我们总希望别人能跟着自己的思路走。

可是，每个人都有独立的思维，想要改变他人的想法，让对方按照你的思路来思考问题，是何等得不容易？

不过，要解决这个难题，靠强制性命令来实现是不太可能的，而是需要一些有效的心理技巧来一步步地影响他们。下面有几种方法值得参考。

1. "6+1"法则

在沟通心理学上有一个重要的"6+1"法则，用来说明这样一种现象：一个人在被连续问到6个做肯定回答的问题之后，那么第7个问题他也会习惯性地做肯定回答；而如果前面6个问题都做否定回答，第7个问题也会习惯性地做否定回答。这是人脑的思维习惯。利用这个法则，你如果需要引导对方的思路，希望对方顺从你的想法，你可以预先设计好6个非常简单、容易让对方点头说"是"的问题。先以6个问题作为铺垫，最后再问一个最重要和最关键的问题，这样对方往往会自然地点头说"是"。

2. 问封闭式问题

封闭式问题是与开放式问题相对的一类问题，这类问题的答案往往是"是"或"不是"，"有"或"没有"，等等，答案只是有限的几个选择。封闭式问题与开放式问题有不一样的作用。封闭式问题可以用来得到你预先设想的答案，例如，你问对方"你有没有结婚"？对方的回答可能是"有"或是"没有"，这两个答案都是你事先可以预见。你可以事先就想好如果他回答"有"，你如何继续提问；如果他回答的是"没有"，你又该怎么继续提问。预先设计好的一系列的封闭式问题，可以非常有效地引导对方的思路。

3. 提示引导

提示引导是一种语言模式，用来影响对方的潜意识，使对方不知不觉地转移思路。这种语言模式的基本思路是，先用语言描述对方的身心状态，然后用语言引导对方的思考或是生理状态。例如，你可以说"当你开始听我介绍这个房子的时候，你就会觉得住在这个房间里会很舒服""当你考虑买这辆车的时候,你就会想到带着你的太太和孩子开这辆车兜风是多么开心的事情",等等,这些都是提示引导的语言模式。其中"当……你就会……"是标准的句式,"当"后面是描述对方的身心状态,"你就会"后面是你引导对方进入的状态或思路。

### 4. 目的架构

目的架构式谈话就是在一开始就与对方明确这次谈话双方共同的目的,这会很

## 建立信任,让对方答"是"

在说服他人赞同自己的过程中,要建立起对方对你的信任,让他会跟随你的思路,放下戒心,顺势说"是"。

你经常同意其意见的朋友,想劝说你做某事时,即使他还没有完全讲完他的请求,你往往已经决定这么去做。

你通常不同意其意见的人,要求你做某事时,在他还没有讲完他的请求之前,你就已经在琢磨用什么理由来说"不"。

让你想说服的人形成对你说"是"的习惯十分重要。如果一个人已经习惯性地对你说"不",不同意你的看法,你想成功地说服他的可能性几乎为零。

快地将对方的思路引向真正有价值、有利于解决问题的地方。例如，两辆车发生追尾事故，车子都有了破损，两辆车的司机都很气愤，往往一下车就吵架。如果其中一位能使用目的架构，问对方："这位先生，你觉得我们现在最重要的是解决问题呢，还是要吵架呢？"这个问题指出了两名司机重要的不是要吵架，而是要解决问题，然后继续各自的行程。那么双方的争吵可能会立即终止，因为目的架构将对方的思路完全从争吵的状态引到了解决问题上面来。

知道了这些技巧，我们就没必要再纸上谈兵了。你不妨在今后的实际生活中应用一下这些巧妙的方法，让对方顺从你的思路，从而达到你的目的。

## 发挥"独立性"魅力，让别人永远依赖你

美国石油大亨老洛克菲勒是这样教育孩子的：有一天，他把孩子抱上一张桌子，鼓励他跳下来。孩子以为有爸爸的保护，就放心地往下跳。谁知往下跳的时候，爸爸却走开了，小洛克菲勒摔得很重，在地上大哭起来。这时，老洛克菲勒语重心长地对儿子说："孩子，不要哭了，以后要记住，凡事要靠自己，不要指望别人，有时连爸爸也是靠不住的！从现在就开始学会独立地生活吧！"

洛克菲勒家族中的孩子，从小就不准乱花钱，每一个孩子可支配的少量零花钱也要记账。在学校读书时，一律在学校住宿，大学毕业后，都是自己去找工作。直到他们在社会中锻炼到能经得起风浪以后，上一辈人才把家产逐步交给他们。

正是因为洛克菲勒家族注重培养孩子的独立生活能力，使孩子养成独立、自强的习惯，洛克菲勒家族才能历经几个世纪而依然繁盛如初。

要知道，依赖别人会产生不少危害。诸如，想办一件事不敢独立去做，总是想跟他人一块儿去做。遇事没有主见，总是等待别人做出决定；不相信自己，不敢讲出自己的见解，怕得不到人们的认可；对领导唯命是从，让干啥就干啥，只求生活平稳、少烦恼，等等。

可反过来想，如果减少对别人的依赖，而让别人依赖你，这是一种制胜的心理智慧。当人们习惯于依赖你的时候，他们依靠你去获得他们想要的幸福和财富，便会对你毕恭毕敬，彬彬有礼。他们对你的依赖性越大，你的自由空间也就会越大。

至于如何培养自己的独立性，并表现得既不夸张，也不张扬，同样是一种技术。平时，你要树立独立的人格，培养自主的行为习惯，要用坚强的意志来约束自己，无论做什么事都有意识地不依赖父母或其他人，同时自己要客观看待自己，不断开动脑筋，把要做的事的得失、利弊考虑清楚，心里就有了处理事情的主心骨，也就能妥善、独立地处理事情了。

要注意树立人生的使命感和责任感。一些没有使命感和责任感的人，生活懒散，消极被动，常常跌入依赖的泥坑。而具有使命感和责任感的人，都有一种实现抱负

的雄心壮志。他们严格要求自己，做事认真，不敷衍了事、马虎草率，具有一种主人翁的精神。这种精神是与依赖心理相悖的。所以，你要学会选择这种精神，从而树立自我的主体意识。当然，你也可单独地或与不熟悉的人办一些事或做短期外出旅游。这样做的目的，是为了锻炼独立处事的能力。自己单独地办一件事，完全不依赖别人，无论办成或办不成，对你都是一种人格的锻炼。与不熟悉的人外出旅游，是由于不熟悉，出于自尊心和虚荣心，你不会依赖他人，事事都得自己筹划，这无形之中就抑制了你的依赖心理，促使你选择自力更生，有利于你独立的人生品格培养。

培养了自己的独立性，无论在生活中、学习中，还是在工作中、创业中，你都可以用你的独立表现出你的能力，从而让他人需要你、依赖你。

但请注意，不要仅仅因此便感到自负，感到满足。饮尽井水的人最终往往离井而去，橘子被榨干汁水后往往由金黄变为渣泥。一旦我们可以提供的利益被人们榨尽，而他们也已经发现了新的替代品，他们将不再对我们有丝毫的依赖心理，我们的处境将变得非常尴尬甚至危险。经验告诉我们的一条最重要的教训是，维持别人对我们的依赖心理，但永远不要完全满足其需求。让自己更加成功、更加充实、更加无法替代，同时，永远不要让别人得到我们的全部。

## 激发对方的高尚动机，因势制宜影响他

卡耐基曾指出，每个人的行事都有两个好理由：一是看起来很好；二是的确很好。这个观点既有道理，也非常实际。

《三字经》里有句话："人之初，性本善。"从广义的角度而言，是说当一个人在进入一个新的领域时，他的为人处世都是抱着一种善良、美好的行为去工作、学习、交友，等等。后天的生活习惯和环境变化，才造成了人的各种行为的差异，导致背离"善"的现象。作为有智慧的生物，我们每个人都在内心里将自己理想化，都喜欢为自己行为的动机赋予一种良好的解释。这就是为何大家都希望听到夸奖之言，而不是贬低之词。

某房屋公司有一位不满意的房客，在租约尚有四个月没到的情况下，恫吓要搬离他的公寓。按当时规定，那间公寓每个月的租金是55元，可是房客声称立即就要搬，不管租约那回事。要知道，当时是淡季，如果房客立即搬走，房子是不容易租出去的。对于公司来说，220元就不翼而飞了。

很多人都认为，此时应该找那个房客，要他把租约重念一遍，并向他指出，如果现在搬走，那四个月的租金，仍须全部付清。

可是，聪明的工作人员却采取了另外一种办法。他对房客说："先生，我听说你准备搬家，可是我不相信那是真的。从多方面的经验来推断，我看出你是一位说话

有信用的人,而且我可以跟自己打赌,你就是这样的一个人。"房客静静地听着,没有做特殊的表示。他接着又说:"现在,我的建议是这样的,将你所决定的事,先暂时搁在一边,你不妨再考虑一下。从今天起,到下个月一日应缴房租前,如果你还是决定要搬的话,我会答应你,接受你的要求。"他把话顿了顿,继续说道,"那时,我将承认自己的推断完全错误。不过,我还是相信,你是个讲话有信用的人,会遵

## 给对方戴上"高尚"的帽子再改变他

我们可以通过诉诸一种高尚的动机给对方,顺势制宜,实现改变他人、影响他人的目的。

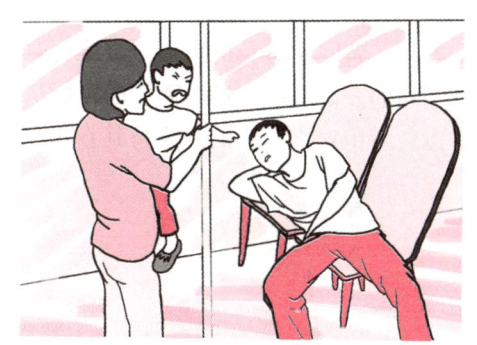

这位叔叔太累了,等他睡一会儿,就会让给你的!

几分钟后,那个男青年似乎刚刚睡醒的样子,然后站起来,客气地把座位让给了母子俩。

要知道,这位妇女之所以能成功,妙就妙在她顺势制宜,给他设计了一个"高尚"的角色:他是一个善良的人,只是由于过度劳累而无法施善行。趋善心理使小伙子无法拒绝扮演这个善良的角色。

守自己所立的合约。因为，到底我们是人还是猴子，那就在我们自己的选择了。"很多人想不到的是，到了下个月，那位房客主动来缴房租了。还告诉工作人员，他跟太太商量过，决定继续住下去。他们认为，最光荣的事，莫过于履行租约。

不难看出，想达到改变他人的目的，你不妨找一顶实现这件事能表现出高尚的帽子，然后恭敬地戴到对方头上，很少有人会拒绝的。

## 吸引他人最直接的方法：关键时刻拉他一把

有成功，就有失败；有得意者，就有落魄者。或许你昨天还是成功的典范，是一个意气风发、春风得意的人，到了今天，你就可能由于某种原因而一贫如洗，变成一个普普通通的人，甚至是还不如普通人的落魄者。

在当今社会，这种现象并不罕见。落魄者的情况各不相同，有的是政治原因，有的是思想品德所致，还有的是工作失误的结果。不管是主观原因还是客观原因，对于落魄者来说，从天上掉到地下，其痛苦心情可以想象。在这种际遇、地位剧烈变化的情况下，不少人自惭形秽，觉得没脸见人，也有的则更加自尊、敏感，对他人的态度往往异常关注。

从人生的角度来看，人不可能一帆风顺，挫折、背时是难免的。当他落难的时候，虽然自己倒霉，但也是对周围的人，特别是对朋友的考验。远离而去的可能从此成为路人，但同情、帮助其渡过难关者，将以"雪中送炭"般的恩惠将其直接吸

### ▌温暖对方，关键时刻拉他一把

人生之中遇到一些挫折和困难，这是在所难免的事，如果此时有人拉他一把，这种雪中送炭的帮助，将会终身留在他的记忆里。

任何人都离不开他人的帮助。在这个世界上，个人的力量总是单薄的，一个人无力去解决生活中的所有问题。

引，同时，他也将感激你一辈子。正所谓莫逆之交、患难朋友，往往就是在困难的时候形成的。这时形成的交情也往往最有价值，最让人珍视。

在"文革"中，有一位领导被关了牛棚，没有人敢接近他。他的心情很苦闷，一度丧失了生活信心，动了自杀的念头。这时他的一个部下，不怕受连累，主动来见他，给他送东西，并开导他，甚至狠狠地批评他的轻生思想，鼓励他，指出他的前途是光明的。他终于坚持了下来。后来这位领导十分感谢他的这个部下，把他当成知己。这个部下得了重病，他把自己的全部积蓄拿出来给他看病，后来又把他接到自己家里疗养，可见莫逆之交感情之深。

"我不知道他那时候那么痛苦，即使知道，我也帮不上忙啊！"许多人遗憾地说。这种人与其说他不知道朋友的痛苦，不如说他根本无意知道。人总是可以敏感地觉察到自己的苦处，却对别人的痛处缺乏了解。他们不了解别人的需要，更不会花工夫去了解；有的甚至知道了也佯装不知，大概是没有切身之苦、切肤之痛吧。

虽然很少有人能做到"人饥己饥，人溺己溺"的境界，但我们至少可以随时体察一下别人的需要，时刻关心朋友，帮助他们脱离困境。当朋友身患重病时，你应该多去探望，多谈谈朋友关心的或感兴趣的话题；当朋友遭到挫折而沮丧时，你应该给予鼓励："这次失败了没关系，下次再来。"当朋友愁眉苦脸、郁郁寡欢时，你应该亲切地询问他们。这些适时的安慰会像阳光一样温暖受伤者的心田，带给他们希望。

从现在开始，别再漠视那些落魄的朋友了，伸出你的手，关键时刻拉他一把，你将会像磁铁一样一辈子吸住他！

## 制造短缺假象，可以极大影响对方的行为

心理学家曾经做过这样一个实验：他选了10个人，分别与他们面对面进行谈话，而在谈话期间，心理学家会尽力地讲一些比较有趣的话题来吸引实验者，同时，他还安排人在他们进行谈话的时候，给实验者打电话，看看实验者会有什么样的反应。

结果发现，10个实验者虽然并不知道是什么人从什么地方打来的电话，但是都会中断与心理学家的谈话而选择去接电话。即使打来的电话并不重要，且交谈的内容也没有与心理学家交谈的内容精彩和有趣，但是再有电话打来，他们还是会接。即使不接，也不会像之前那样专注地与心理学家进行交谈了，明显变得坐立不安，因为他们心里总是惦记着那个电话是谁打来的。

相比而言，打来的电话似乎比与心理学家的谈话更具吸引力，这是为什么呢？因为每个实验者都会想，如果自己不接电话的话，就有可能不知道打来电话的人是谁，并因此错过了打电话者所带来的信息，而且一旦错过了，就可能永远也没有补

救的机会了。因此，电话一响，实验者就会中断谈话而去接电话。

这个实验告诉我们，可能失去某种东西的想法会对人们采取什么样的行为产生很大的影响。而且还有一点，那就是害怕失去某种东西的想法比希望得到同等价值东西的想法对人们产生的刺激作用更大。如你想让对方接受你的某种建议或者要求，告诉他如果不接受就会造成什么样的损失，要比告诉他们接受以后能够得到什么样的好处更容易说服对方。

例如，某医院为了鼓励人们定期去医院做身体健康检查，在免费发放的宣传册上是这样写的：如果你每个月都没有花时间到医院做身体检查，那么你可能就会失去一重健康保障。而这样写，明显比写"如果你每个月都花些时间到医院做身体检查，那么你就可能会得到一重健康的保障"更能够说服人们，其效果是有明显不同的。这就是短缺心理给人们造成的巨大影响。

将短缺效应运用得非常好的就是我们可以在商场看到"截至日期"，也就是对顾客获得某种商品的机会加以时间上的限制。人们经常会发现自己做了原本没有什么兴趣的事情，其原因只是做这件事情的机会越来越少。那些精明的商人就是利用人们的这种心理倾向来赚钱的。他们通过设定一个截止日期并公之于众，来激发出顾客前所未有的兴趣。

当人们的自由选择受到限制或威胁的时候，维护这种自由的愿望就会使我们更想有这种自由。因此，当越来越严重的短缺或其他因素使我们不能像以前一样自由获得自己想要的东西的时候，我们就会通过更卓绝的努力对这种妨碍做出反抗，这是短缺原理在谈判领域的新发展。

因为短缺而使获得的机会减少，这样的状况往往能够十分有效地激起人们强烈的占有欲望。而对获得数量和时间的限制越彻底，其产生的效果越明显。利用这样的心理刺激，我们往往可以影响人们的某些言行。

## 巧妙利用好奇心来影响他人

众所周知，《哈里·波特》的孕育者J.K.罗琳女士因为这套书一跃成为全英国最富有的女人。根据此书拍摄的电影同样火爆，从《哈里·波特与魔法石》到《哈里·波特与混血王子》，观众云集，魅力持续而不减，蝉联北美票房冠军。

当我们随波逐流地追捧《哈里·波特》的时候，是否考虑过，无论是书籍还是电影，它们为什么有如此大的影响力，竟然如此吸引着人们？难道是哈里·波特这一人物有着鲜为人知的魔力？

不知道你是否发现，J.K.罗琳在创作《哈里·波特》第1部时，就已经为后面的持续创作埋下了伏笔。各集环环相扣，矛盾迭起，险象环生，吸引着读者去猜测、幻想、推理故事的下一节。严格的保密工作更是营造了一种神秘氛围，使所有读者看完了一集就开始沉入下一集的期待之中。而驱使这一切顺理成章发生的，无非是我们的好奇心。

我们再来看看《哈里·波特》在营销前所制造的神秘。只要稍微关注下《哈里·波特》的相关报道，你就会发现，悬念成为推销"哈里·波特"最好的"魔法"。"哈里·波特的好朋友中究竟是谁死去了？他与谁谈恋爱了？校长那么厉害怎么还会死？"这一系列"吊胃口"的做法让出版商与发行商屡试不爽。在《哈里·波特》第5部的书展上，作者J.K.罗琳对一群年轻书迷幽默地说："他（哈里·波特）将在第7部里活着，但我不能说他在最后的结局中是否会长得大一点。"她拒绝向读者透露第7部的书名，给读者更多的想象与渴望。中国图书进出口公司上海分公司的徐先生曾指出："罗琳在写完前4部之后，整整停了两年才推出凤凰令，其实这是一个非常好的时机。""连续地强烈刺激读者之后，突然停顿两年，让这些读者在未产生厌恶之前，又获得充分积蓄阅读欲的时间，而今年，这种对续集的渴望已经达到了峰值，他们完全把握住了读者的心理。"看来，人们的好奇心给《哈里·波特》带来了无限的商机。

我们再来看看《哈里·波特》的一系列电影。很多看过书的人仍旧要到电影院再次体味一下故事情节，为什么呢？据说，罗琳女士曾表示会把她在小说构思中未采用的一些情节补充到电影里，这个悬念无疑会吊起众多"哈里·波特迷"的胃口。

## 利用对方的好奇心来达到自己的目的

一旦抓住他人的好奇心，你对他人的影响将是巨大的。你一旦引起了对方的好奇心，就等于抓住了对方的注意力。对方对你产生了兴趣，你自然就好办事了。

这个胶水店的老板正是抓住了顾客的好奇心，让人们为了取得金币从而知道了他胶水的厉害之处，自然就推销了他的胶水。

同时，每一集电影也像书一样，在非常激烈、动人心弦的时刻结束一集，给下一集埋下伏笔，让好奇心驱使观众热切地期待下一集的出现。

在销售中，你想把自己的商品卖给顾客，虽然同类商品很多，但你宣传的时候特别强调它的独特之处，哪怕是很小的一方面，一定会比平平凡凡地说一大堆更吸引顾客，而一旦激起顾客的好奇心，货品的售出往往就更容易了。还有，如果想让某人关注你，你不妨找一些能引起对方好奇心的事物，自然就可以把对方的注意力吸引到自己身上了。

## 引入权威效应，引导对方的态度和行为

权威效应，又称为权威暗示效应，是指一个人要是地位高，有威信，受人敬重，那他所说的话及所做的事就容易引起别人重视，并让他们相信其正确性，即"人微言轻，人贵言重"。

每个人对身边的人或对社会都有一定的影响力，但影响力的大小各有不同。一般来说，权威人物容易对他人产生更大的影响。假如你的眼睛不适，到医院就诊。如果其他条件相同，有一位眼科专家和一位刚从医学院毕业的年轻大夫供你选择，你会选择哪个呢？相信你一定会选择专家。这些都说明，权威人物对我们的影响力要超出常人。

为什么有这种权威效应的存在呢？首先是由于人们有"安全心理"，即人们总认为权威人物往往是正确的楷模，服从他们会使自己具备安全感，增加不会出错的"保险系数"；其次是由于人们有"赞许心理"，即人们总认为权威人物的要求往往和社会规范相一致，按照权威人物的要求去做，会得到各方面的赞许和奖励。

被权威效应所引导，一个非常明显的例子就是美国的汽车。在美国，汽车是一种尤其能引起人们兴趣的地位标志。根据旧金山湾区进行的一项调查发现，拥有名车的人更能受到人们的尊重。而实验也证明，绿灯亮起来的时候，人们往往会根据停在前面的车是名车还是普通车型来确定是否以按喇叭的方式进行催促。如果是名车，排在后面的人往往愿意等得久一些，而如果是普通车，他们就会很快不耐烦了。坐在名车里面的人就一定是有地位的人吗？当然未必，但是他的车是名车，所以在别人的眼里，他这个人的地位自然就被提升了。

另外一个例子就是牙膏广告。当追问看过广告的受众，广告中有哪些人物的时候，普遍都提到了医生。不错，医生的身份就是用来影响受众的，广告利用的就是人们对医生的专业性和权威性的认同。但是问题在于，广告中并没有明确告诉你穿白大褂的就是医生，这是营销中对权威效应的绝妙应用，是基于对人们心理的深刻把握。

在企业中，领导也可利用"权威效应"去引导和改变下属的工作态度以及行为，

这往往比命令的效果更好。因此，一个优秀的领导肯定是企业的权威，或者为企业培养了一个权威，然后利用权威暗示效应进行领导。当然，要树立权威就必须要先对权威有一个全面深层的理解，这样才能正确地树立权威，才能让权威保持得更加长久。

在生活中我们可以引入权威效应，引导对方的态度和行为。如果有人跟你的看法有冲突，你可以找到一个权威人物曾经说过的话或做过的事作为论据。相信，这个人就会认同你的。

## 制造别无他选的困境，来诱导他人

古罗马政治家布鲁斯特在杀害恺撒之后有一场演说："你们是希望让恺撒死，而你们大家过自由的日子。还是希望让恺撒活着，而你们都沦为奴隶终至死亡？这两种你们所要选择的是什么？"

布鲁斯特的演讲，给出了当时长老院的长老们这样两个选择，再没有其他可以选择的方法，迫使他们从"自由"或"死亡"之中进行选择。而很显然，自由比死亡看上去是更有好处、更有意义的。所以，最后的结局可想而知，长老院最终选择了自由，而布鲁斯特也因此获得了胜利。

其实，这就是一种制造别无他选的困境的攻心战术，它的要点就是给人提供有且只有的两个选择，而且其中的一个选择必然好于另一个选择，再没有其他什么选择的余地，于是就可以达到普遍认同，而最终选择其中的好的一个。

在现实生活中，我们时常会面临着一些选择，很难下定决心，但是如果犹豫不决，就可能失去机会，在左右摇摆中浪费时光。此时就要善于把自己引导到别无他选的境地，这样做选择就会容易一些。比如，当有人面对着是否该换工作，而无法下定决心时，就可以对他说："你是要换个工作，开拓新的人生呢，还是要继续在这里虚度余生？"对方在这两个选项中，自然会容易做出选择。

设置的两个选择没有优劣之分，还是会让人无法做出决定，虽说"鱼和熊掌不可兼得"，但是"二者皆吾所欲也"，没有太大的差别，很难让人取舍。因此，我们还要强调两个选择中哪个更优，哪个更劣。有着这样的一个对比，就更容易让人做出选择了。

当美国还是英国的殖民地时，为了摆脱英国的统治，帕特里克·亨利说过这样一句话："不自由，毋宁死。"这句话被称为是独立战争的宣言。其实选择一个什么样的独立宣言，对当时的美国人来说是非常重要的，因为万一失败，就会遭致不可估量的惨重后果。而且当时的代议员对于局势也很迷惑，于是要人民自己做个决定，巴特利克就采用了两者选一的方法，而且使两个选项形成强烈的对比，使得人们都能做出最明智的选择。当时，他说的很多话都成了流传后世的名言，如"要锁链还是要隶属""要英国还是要战争"以及"不自由，毋宁死"，等等。

强调两个选项中其中一项的缺点或者优点，使两个选项形成对比，让人们二者选其一。在一般的情况下，人们一定会选择你所希望的那一个。因为已经别无他择了，选其中看起来更好一点的是最明智的选择。

在生活中，我们往往会遇到谈判、竞选等场合。在这种场合下，当然是需要做出选择。谁都想让对方选择和自己合作，谁都想要群众选举自己担当职务，但是如果不懂得采取一定的心理战术，则可能会遭受失败。

例如，在某选举大会上，被选举者与其对那些正在犹豫该投票给谁的选民说"选择我，还是选择对方"，不如对选民说"你们是要选择我，让这个公司更加繁荣呢，还是要选择另一名候选人，而使经济变得更为萧条呢"，这样的说辞显然更能够取得明显的效果，更能有效地诱导人们选其中一个有明显希望的人。

## 想要影响对方的言行，谆谆教导不如以身作则

一位父亲去学校开家长会。"你在家里喜欢跷二郎腿吧？"老师问。"怎么了？"他面露惊讶，也显得有些难堪。"任课老师反映，你家孩子总喜欢把脚放在桌子上！"

俗话说："言传不如身教。"相比絮絮叨叨的言传，不言不语的身教更能影响人、打动人。

作为父母，想让孩子养成良好的习惯，与其再三地提醒，不如自己做好榜样。比如，你想让孩子喜欢读书，不必反复申明读书的好处，只需在孩子面前多读书；想让孩子拥有孝心，不必大讲特讲中国的传统美德，只需在孩子面前孝敬你自己的父母。

作为领导，想要下属做出你所期望的举动，也是如此。想让下属遵守规章制度，与其在大会小会上三令五申，不如自己严格按照规章办事；想让下属吃苦耐劳，与其大力宣扬吃苦耐劳是一种美德，不如你首先表现出不怕苦、不怕累的精神。

为什么身教胜于言传？因为人们容易在不知不觉中模仿他人的行为。

研究人员发现，生活中，人们习惯通过效仿来模仿别人的行为，或观察别人的反应后再做出相同的反应。下属或者年幼的子女尤其如此，他们总是在观察领导或父母的行为，并且不分好坏地加以模仿。

心理学家班杜拉把模仿或参考别人的行动而形成新的行动方式的现象称为"效仿"（Modeling）。

通常，被效仿者的社会地位越高，越平易近人，其影响力也就越大。能力出众、富有人情味的领导最容易成为下属关注的效仿对象。一般具有很强的领导力与号召力的领导人，大多都是以身作则型。

南方李锦记的领导便是如此。

南方李锦记公司的很多地方设有透明的捐款箱。这些捐款全部用于资助南方李锦记在全国设立的十几所希望学校。公司规定：迟到、早退或者开会期间接打电话的人，无论是员工还是领导都必须捐款。公司的会场总会见到自觉站起来捐款的人。对于捐款数额，公司还明确规定：普通员工10元，总监以上100元，总经理和董事长200元。这充分体现了领导以身作则的作风。

领导公务忙，常因一些客观原因迟到，但也会照捐不误。有次在北京开会，老总路上遇上世纪大塞车，虽然塞车是非人为原因，但老总一到会场就先找捐款箱，拿出200元放进去。

## 言传不如身教

通过观察被模仿者的行为学习新的行为，有时比直接学习更有效。作为父母，想要孩子养成好的习惯，一直提醒不如自己先做到，慢慢影响孩子。

我看到妈妈给外婆洗脚，今天我也给妈妈洗脚。

由于公司管理层以身作则，公司的捐款制度得到了严格的贯彻执行，形成了一种独特的会议文化。

作为管理者，要意识到下属随时随地都在注意着自己、效仿自己。如果你希望有更多行为规范、能力超强、业绩突出的下属，不妨以身作则，先规范自己的行为、提高自己的能力、创造不凡的业绩。

比如，严于律己，严格遵守公司的各项制度，营造一种在制度面前人人平等的氛围。体现在细节上，开会不迟到，不开小差。违反时，与员工一样，主动接受处罚。面对困难与问题，勇往直前，敢于承担责任，必要时主动深入一线，与下属一道解决问题。比如，一名销售经理，下属初入行，工作有困难，经理没责备半句，亲自带下属去拜访客户，让下属在这个过程中观察、模仿、学习，逐步掌握与客户打交道的技巧。

不用语言指示，便可带动下属，让下属按照自己的意思办事。这就是以身作则，是一种有效的管理方式。

# 第二章

# 把握心理，驾驭他人

## 要改变他人的行为，首先应该悦纳他人

在日常的人际交往中，不知你是否遇到过这样的情况：一名新来的同事没招你也没惹你，但你就是看他不顺眼，他一有什么过错，你就会毫不留情地指责他；你的朋友最近因为儿子的事情烦恼不堪，找你帮忙让他儿子进某所重点中学，鉴于多年的友谊，你很快就答应了，并在很短的时间就帮他办成了。类似的事例有很多，为什么你对同事和朋友有截然相反的态度呢？

社会是由各种各样的人组成的，这些人会有不同的思想性格、兴趣爱好与生活习惯。有的人热情开朗，有的人沉静稳重，有的人性子急躁，有的人心胸狭窄，面对这么多不同性格的人，你应该怎样使他们乐于按照你的意愿行事呢？

要想改变他人的行为，首先应悦纳他人。悦纳他人，就要满怀热忱地和他们相处，容忍并且诚心地尊重别人与自己不同的性格、兴趣和生活方式，还要主动了解别人的性格特征，熟悉别人的生活习惯，在这个基础上创造和谐融洽的人际环境。

悦纳他人还应该做到"乐道人之善"。"金无足赤，人无完人"，对待同事、朋友，要多看他们的长处，多学他们的优点，不能看自己是"一朵花"，看别人就是"满身疤"。我们经常会见到这样一种人：他们对自己所做的工作一点一滴都记在心头、挂在嘴上，挑别人的毛病也绝无遗漏，说起来如数家珍，而对自己的毛病、别人的长处，则一概缄口不语。这种人往往为人们所不齿，被称为"不团结因子"。乐道人之善，一方面要注意不能因为自己比别人做的工作多一点或能力强一点，就沾沾自喜，瞧不起别人；另一方面还要善于发现别人的优点、长处，对他人的工作成绩多加褒扬。这样，不仅显示出了自己虚怀若谷的风度，有益于团结，而且对自己的成长与进步也会大有好处。当然，对别人应该实事求是、恰如其分。如果不顾事实或夸大事实，就可能适得其反。

## 迎合他人的自尊心，让他乐于改变

心理学家认为，尊重是每一个人的心理需要。不管先天条件如何，财富的多少，地位的高低，任何人都需要得到别人的尊重。因而，要想使他人乐于改变，最重要的就是迎合他人的自尊心。

美国心理学家曾做过一个实验，证明了尊重对人产生的巨大影响。

为了调查研究各种工作条件对生产效率的影响，美国西方电气公司霍桑工厂一个大车间的六名女工被选为实验的被试。实验持续了一年多。这些女工的工作是装配电话机中的继电器。

第一个时期，让她们在一个一般车间里工作两星期，测出她们正常生产效率。

第二个时期，把她们安排到一个特殊的测量室工作五星期。这里除了可以测量每个女工的生产情况外，其他条件都与一般车间相同，即工作条件没有变化。

接着进入第三个时期，改变了女工们工资的计算方法。以前女工的薪水依赖于整个车间工人的生产量，现在只依赖于她们六个人的生产量。

第四个时期，在工作中安排女工上午、下午各一次5分钟的工间休息。

第五个时期，把工间休息延长为10分钟。

第六个时期，建立了六个5分钟休息时间制度。

第七个时期，公司为女工提供一顿简单的午餐。

在随后的三个时期每天让女工提前半小时下班。

第十一个时期，建立了每周工作五天的制度。

最后一个时期，原来的一切工作条件又全恢复了，重新回到第一个时期。

老板是想通过这一个实验来寻找一种提高工人们生产效率的生产方式。的确，工作效率会受到工作条件的影响。然而，出乎意料的是，不管条件怎么改变，如增加或减少工间休息，延长或缩短工作日，每一个实验时期的生产效率都比前一个时期的要高。女工们的工作越来越努力，效率越来越高，根本就没关注过生产条件的变化。

这是为什么呢？

之所以会这样，一个重要的原因就是女工们感到自己是特殊人物，受到了尊重，引起了人们极大的关注，因而感到愉快，便遵照老板想要她们做的那样去做。正是因为受到了重视和尊重，所以，她们工作越来越努力，每一次的改变都刺激着她们去提高生产效率。

马斯洛说："尊重需要的满足，能够使人对自己充满信心，对社会满腔热情，体会到自己生活在世界上的用处和价值。"但尊重的需要一旦受到挫折，就会使人产生自卑感、软弱感、无能感，会使人对生活失去基本的信心。

有一个人经常被朋友邀请举办演讲，虽然其中一些人因特殊关系很难拒绝，但他都以巧妙的方式回绝了，朋友们最后也并没有因此而感到不满。他是如何做到的呢？他并没有摆出自己如何忙碌的事实，也没有寻找其他托词，而是表达了对邀请方的感激和为自己无法满足他们的请求的遗憾，随后他又推荐了另外一个演说家。换句话说，他没有给他人一点儿机会来对他的拒绝感到不满，并且很快让人们对其他有可能接受邀请的演说家给予了关注。

余伟是一家食品店的老板,他的一名店员经常粗心大意地把商品的价格标签贴错,并由此引起了混淆和顾客的抱怨,但是暗示、警告和当面批评都对她不起作用。最后,余伟把她叫进了办公室,任命她为价格标签的主管,负责将整个食品店货物架子上的标签都贴在合适的位置上。新头衔和职责让她的工作态度发生了彻底的改变,从此以后她做的工作都很令人满意。

## 改变一个人要迎合他的自尊心

维护自己的自尊是人类心中最强烈的愿望,因此,满足尊重的需要对人来说十分重要。很多时候,人们为了获得尊重,会通过追求流行、讲究时髦、用高档商品、买名牌服装等手段来体现自己的价值。

衣服很漂亮,眼光很独到,就用你独到的眼光把昨天的这份文件修改一下。

交际中,我们常会遇到一些自命不凡型的人。这类人喜欢听恭维的话,你只要多多赞美他,迎合他们的自尊心,自然就可以顺势将他们改变了。

所以,当你想改变一个人的时候,无论他多么难对付,只要牢记迎合他的自尊心,给他满足感,几乎都可以顺利达到目的。

经理都夸你做事果断,我觉得你工作再细致些就太完美了!

拿破仑当年的做法也如出一辙。他创建了法国荣誉军团勋章，为优秀士兵发放十字勋章，给18位将军授予"法国元帅"的称号，并将自己的军队称为"宏伟之师"。人们批评他在给身经百战的军人颁发"玩具"，拿破仑答道："人类就是被这种玩具统治着的。"

拿破仑使用了授予他人头衔和权威的技巧，即尊重他人，迎合他人的自尊心，这种方法在你身上也能发挥作用。

## 利用最后时限，让他听从你的指示

柯英是美国著名的谈判专家，在其担任美国某企业的谈判代理期间，曾和日本某企业进行谈判。这次谈判后，柯英对日本的谈判术赞不绝口。那么，日本人使用了怎样的技巧，竟然引得这位鼎鼎有名的谈判专家赞不绝口呢？

当时，柯英与同行的人一到日本羽田机场，就干劲十足地第一个下了飞机。这时，日本企业的谈判代表早已经等在出口处迎接了。日本代表接过柯英的行李，非常有礼貌地领着柯英乘上高级轿车，向着他们早已安排好的高级宾馆驶去。日本企业如此细致入微的款待让柯英非常高兴，也非常感动。在车上闲聊时，日本代表对柯英说："这些都是我们应该做的。您要回去时，我们同样也会替您准备好到机场的车子，但不知您预定的回程班机是哪一天的？"听到对方这样周到的考虑，柯英心中又是一阵感动，非常自然地就从口袋里取出回程机票，将日期给日本代表看。

就这样，日本代表探知到柯英要在两周后回国，也就是说，谈判事宜必须在两周内完成。日本方面，对于顺利探知柯英的最后时限非常高兴。为了让事态能够按自己预期的发展，即让对方按照自己的心意行事，他们总是竭力探知对方的最后时限，而将自己的最后时限视为机密。遗憾的是，柯英完全没有意识到事态的严重性，根本不知道，此时自己已经成了谈判中注定失利的一方。面对对方的如此礼遇优待，他甚至还有些沾沾自喜。

接下来，谈判日程按照日本代表的安排进行着。

在开始的10天里，日本代表对于重要的谈判内容只字不提，每天只是招待柯英到日本的名胜古迹去参观游览，让柯英玩得十分尽兴。等到日本代表提到谈判的时候，已经是柯英到日本的第12天，也就是说，柯英还有两天就要回国了，而谈判必须在这两天之内完成。可是柯英仍然没有意识到事态的严重性，这天的谈判因为柯英想去打高尔夫球而不得不取消。

第13天的谈判又因为日本企业方面以为柯英举行欢送会为借口而在中途就结束了。直到最后一天，谈判总算是正式开始了。然而，正当谈判进行到关键阶段的时候，又到了该去机场的时间了，高级轿车也已在门口等候了。于是，谈判的地点只得从会议室改到了车内。然而，这时，由于时间有限，对于许多重要的问题，柯英根本来不及"斤斤计较",只要对方的要求不是很离谱,柯英都答应了对方。

毋庸置疑,在没有更多选择的情况下,日本方面当然是大获全胜。

一般来说,利用"最后时限"给对方设一个困境,能够点中对方三处心理"死穴",使他不得不听从你的指示采取行动：

1. 如果没有必要的话,人在行动时往往会能拖就拖,而且还会以各种各样的理由来说服自己,让拖延变成理所当然的事情。比如："等条件成熟些,效果会更好。""等资料更翔实些再行动,成功的可能性会更大。"这就是人类的本性。因此,给对方一个清楚明确的最后期限,能够让他清楚地知道立刻行动的必要性和紧迫性,进而迫使他不得不行动起来,因为再晚他可能就没有成功的机会了。

2. 生活中,绝大多数人对于自己即将失去,或者被宣告不能得到的东西,往往会更加积极、更加努力地想得到它。给对方设定最后期限,实际上是让对方知道,他再拖延就面临着失去,从而激发出他更大的行动积极性。

## 不妨提一个更大的要求,更容易取得成功

事例一：

曾经有一家广告公司,故意在一幅油画上画了一个多余的红圈。这幅画是给一个有怪癖脾气的管理人来鉴定的。他一见此画便咆哮起来："干吗画上个红圈! 赶紧将它取消!"于是,这位广告商一声不吭地用颜料把那红圈涂掉了,这位鉴定者也无话可说了,情愿出一个较高的价钱将画买下。这个小小的"红圈"便使广告商赢了这位十分难打交道的管理人。

事例二：

美国著名的顾问尼一韦是许多大名鼎鼎的人物常常咨询的对象,他曾经很妥善地帮助他们解决了一个个非常难处理的事件。当时,尼一韦在英国想请著名的阿丝狄夫人给刚在纽约动工的阿斯托尼亚大饭店举行奠基典礼。"不行,"阿丝狄夫人说,"此事恕我不能遵命,你们之所以需要我,只是让我为你们旅馆做做广告而已。"而尼一韦的话的确使她大吃一惊。"夫人,的确如此。"尼一韦接着说,"然而,你也不会一无所获的,你也可以借此接近广大群众。因为,这个典礼将由广播电视向全国转播。"

后来他又向她保证,他们并不希望她发表什么演说,只是要她到场露一下面就行了,并且反复强调了此举的意义。最后阿丝狄夫人应允下来,答应出席他们的奠基典礼。

从这我们可以看出,尼一韦能使阿丝狄夫人答应的真正原因,在于一开始他就使夫人感到了自己出其不意的让步。阿丝狄夫人说："你们需要我做广告,这是我不愿意的。"然而,他却坦白地承认了这一点。在这一点上他表示出了让步。接下来尼

# 人际交往心理学

一韦迎合了阿丝狄夫人的心理去劝说，结果他终于取胜了。

在生活中，我们经常可以见到这样一种现象：一个人提出了一个大要求后再提出一个同类性质的小要求，这个小要求就有可能被人轻易地接受。这一现象与"进门槛"恰好相反，因而人们称其为"反进门槛效应"，也叫留面子技术。上面两个例子就是很好地运用了留面子技术。

## ■ 提出更大的要求，被拒绝后再退步

这正如鲁迅所说，你要求在墙上开个窗户，大家都反对；如果你提出要扒开屋顶，大家就同意开窗户了。

你想说服别人借给你500元，你可以先向他提出借2000元的要求。

如果妻子只是劝说丈夫每天少抽几支烟，丈夫可能无动于衷，但是如果妻子要求戒烟，丈夫很可能赶紧让步。

在人际交往中，我们也可以利用这种留面子技术，达到劝说别人接受意见的目的。适当地退让和承认对方意见的合理性，显得通情达理，使人易于接受劝告。

这一效应在美国心理学家西阿弟尼等人1975年做的实验中得到了印证。他们要求第一组被试做一件没有工资的工作，即当少年犯的顾问，每星期两小时，至少做两年。毫无疑问，没有一个人答应这样的要求。当所有人都拒绝时，实验者马上问他们，是否同意做别的事情，只需要很少的时间，即带着少年犯到动物园游玩两小时；对第二组被试只提出了较小的要求，要求他们带那些少年犯到动物园游玩；对第三组被试提出可以在两种要求中间选择一个。结果他们同意的百分率分别为50%、16.7%、25%。

由此可见，运用这种留面子技术的效果是十分明显的。事实上，这种技巧在小商品市场中司空见惯。那些小摊贩先漫天要价，然后再讨价还价，这时人们便以为他为此让步了，价格比较合理了，因此便接受了他们的要求。

"反进门槛效应"的产生与心理反差的错觉作用密不可分。大要求与小要求会引起心理反差。一般来说，要求之间的差距越大，其心理反差也越大，给人的错觉也越大。

实践证明，在社交中运用留面子技术是很有效的。在人际交往的过程中，我们要适当地运用留面子技术，以便达到我们使他人顺从、改变他人的目的。但是在运用留面子技术时，要注意以下几个方面：

首先，我们要学会不露痕迹地使用留面子技术。在使用时，一定要让对方处在无意识的状态下。

其次，我们要学会合理的让步法。一般来说，让步越大，其效应越大。但是，一旦被人认为这种让步是虚假时，其信任程度就发生了变化，他对你的让步就不信任了。因而你不管提什么要求，他都会认为是高的。

## 利用"期望效应"，使他人按自己的意图行事

拜托别人、希望别人来拜托自己、对他人有所期望、期望他人对自己有所期望。这是每个人都有的心理状态。拜托别人、对他人有所期望是出于现实的需要，毕竟每个人的能力是有限的；而希望别人来拜托自己，希望别人对自己有所期望，则是实现自我价值的本能需要。当别人来拜托你的时候，你心中会油然而生一股满足感、成就感，做起事来也干劲十足。

因此，如果你想要他人听从你的指示，不妨将自己对对方的期望明确地表达给对方。因为心理学上有一个非常著名的"期望效应"，它是说，人往往会按照他人所期望的那样去做。

1960年，罗森塔尔在加州一所学校做了一个著名的实验来论证"期望效应"。

那是一年新学期刚开始的时候，罗森塔尔请求校长对两位教师说："根据以往的教学考察，我认为你们是本校最优秀的教师。为此今年学校特地挑选了一些极为聪

明的孩子给你们当学生。但是，为了不伤害到其他的教师和学生，请你们尽量像平常一样教这些聪明的孩子，一定不要让其他人知道你们是挑选出来的最优秀的老师，你们的学生也是被特意挑选出来的高智商的孩子。"

之后的一年里，这两位教师更加努力地教学。在学年考试中，这两个班级的学生成绩成为全校中最优秀的，将其他班级远远地抛在了后面。

接着，校长公开了一个令人惊讶的事实：这两位老师和他们的学生都不是被特意挑选出来的优秀者，而是随机选出的。

在这个实验中，校长撒了谎，所谓的"天才学生"和"最优秀的老师"其实都是平凡人。但是由于校长的权威性，以致所有人都相信了这个谎言。首先，两位教师相信了它，接着教师又在不知不觉中通过自己的语言和行为将期望传递给学生——"我期望你们是最优秀的"。这样，无论是教师还是学生，他们的自尊、自爱、自信、自强都被前所未有地激发起来，并且推动着他们去取得成就。

由此可见，利用"期望效应"来使他人按照自己的意图行事，是一个非常明智的方法。尤其是当你处于对方上级的地位的时候，对下属满怀期望，这种"降级拜托"的行为往往能在更大程度上激发起对方的干劲儿，使"期望效应"产生更大的影响。

绝大多数人都有过这样的经历：当自己的上级对自己说："我对你的将来抱有很大的期望"或者"我对你很有信心，你一定能将这份工作干好"的时候，心中就会产生一种无法形容的兴奋感，并下定决心，好好干，以免辜负了领导的期望。

值得注意的是，适度地对他人寄予期望是一件好事，但如果超过他人的能力范围期望过度的话，就会给对方造成沉重的心理负担，令人惶恐不安，进而产生反抗心理。

## 给予对方一个头衔，让他鼎力相助

虽然头衔是虚的，不能增加人的经济收益，但可以在极大程度上满足人的自我成就感。很多人都通过给予对方一个光辉闪耀的头衔来获得对方的鼎力协作。

斯坦梅茨是一位拥有异常敏锐的观察力和无法估计的才能的人。然而，在他就任通用电气公司的行政主管时，他所管理的事务却乱作一团。因此，他被撤销了行政主管一职，而担任顾问兼工程师。那么，怎样才能使这样一个事业上受挫的人不遗余力地投入到工作中，为公司效力呢？

这时，高层管理人员运用了一些奇妙的驭人策略。他们给予了斯坦梅茨一个耀眼的头衔——"科学的最高法院"。一时之间，几乎公司上下所有的人都知道：有一个叫斯坦梅茨的工程师非常了不起，他被称为"科学的最高法院"。而斯坦梅茨也极力维护这个头衔所带给他的荣誉，他不遗余力地工作着，创造了很多奇迹，为通用电气的发展做出了极大的贡献。

头衔是一种公开化的赞誉，面对它，几乎没有人能够真正抗拒。头衔能够让许多人激动不已，能够激发他们的工作热情，当然，还能够赢得他们的忠诚。一个小小的头衔真的拥有这么巨大的魔力吗？

著名心理学家津巴多曾经做了一个这样的实验：

参加实验的志愿者都是男性。津巴多将他们分成两组，一组扮演监狱里的"看守"，另一组扮演"犯人"。

一天后，几乎所有的参与者都进入了角色。"看守"变得十分暴躁而粗鲁，甚至主动想出许多方法来体罚"犯人"。而"犯人"则"垮"了下来，有的消极地逆来顺受，有的开始积极反抗，有的甚至像个看守一样去欺辱其他犯人。

人有一种将自身的言行与自己所扮演的角色统一起来的本能，人很难抛开自己所拥有的头衔而做出格的事情。

作为美国劳工协会缔造者的赛谬尔·冈伯斯就是凭借这个策略走向了成功。在刚开始的时候，他所面临的困境除了缺少资金之外，还缺少同盟者。为此，他创立了"民间委任状"，专门对那些愿意组织工会的人授予荣誉称号。采用这种方式，一年之中他就获得了 80 个人的鼎力支持。从此以后，美国劳工协会的会员数目开始直线攀升。

要想获得他人的鼎力支持，给予他人合适的头衔是非常有效的方式，这被无数事实反复证明着。

## 恰当的反馈，能使对方更积极地为你办事

心理学家赫洛克曾做过一个有关反馈的著名的实验：

他把 106 名四五年级的小学生分成四个组，让他们每天练习相同的数学题目。当然，不同的组练习后，所受到的"待遇"是完全不同的。

第一组为受批评组，每次练习后，都挑出学生们的错误，并严加批评。

第二组为受表扬组，当学生们练习完以后，针对他们不同的良好表现予以表扬和鼓励。

第三组为被忽视组，对这组的成员，既不批评也不表扬，只让其静听其他两组挨批评和受表扬。

第四组为控制组，这组和前三组是隔离的，并且也不会得到来自于外界的任何评价。

一段时间后，赫洛克对四个组的练习效果进行了考察。结果表明：控制组的练习效果是最差的。而在前三组中，被忽视组的练习效果明显低于其余两组。而在练习效果相对较好的受表扬组和受批评组中，受表扬组的练习效果最好，并且呈现不断上升的趋势。

由此可见，不同的评价对学生们的活动效果有着不同的影响，而没有评价是最

坏的情况。其实，评价就是对他人活动的一种反馈，而所谓反馈指的是行为者对自己行为结果的了解，这种了解能够强化先前行为的作用，从而使行为者更加积极地做出类似的行为，提高行为的效率。这一现象，被心理学家称为"反馈效应"。也就是说，给予对方合适的反馈信息，能够使他更加积极地努力。

生活中，反馈效应是普遍存在的。我们应该记住：有反馈比没有反馈好，正面反馈比负面反馈好，即时反馈比远时反馈好。而作为管理者，想让团队成员积极地为你效力，以下几点是值得注意的：

1. 在活动过程中，及时地进行自我反馈，即自省。避免盲目性，找到最佳方法。

2. 重视别人所做的评价，结合实际情况客观地进行自我总结，提高自身素质来推动事物的进程。

3. 正确对待自己的进步，要胜不骄、败不馁，始终朝着前方更加远大的目标不懈地努力。

4. 在团队中建立起合理的反馈制度，及时、客观地对成员的活动进行评价，以保证他们的活动效率。

## 适时的反馈是激发员工前进的动力

如果一个人的活动没有办法得到他人的反馈，会极大地打击他的活动积极性。因此，如果你想要他人积极地为你效力，那么你就一定要给予及时、恰当的反馈，这样才能使对方保持积极性。

有一个管理者想要解雇一个职员。无论这位职员将工作做得怎样，管理者都不置一词，完全把他当成了一个"透明人"。

就这样，没多久，这位职员就主动辞职了。

## 第三章

# 施计弄巧，以心治心

### 通过"我错了"，让他人心悦诚服地接受你的批评

法国著名作家拉罗什富科曾说过："没有什么人比那些不能容忍别人错误的人更经常犯错误了。"确实，我们在生活中，总会发现周围的人犯这样或那样的错误。于是，如何做到批评但又不伤害他人，成了与人交往中很重要的一门学问。

也许你会说："批评还不容易，直接告诉他'你错了'或'你某些地方做得不对'，很简单嘛。"然而，我们都知道，人是有自尊的动物，很少有人不会主动地去维护自己的意见和看法。因此，几乎没有谁在听见"你错了"三个字时，内心仍能非常平静。大家往往会为来自他人的批评指责闷闷不乐，冲动的人甚至可能当即暴跳如雷、反唇相讥。

千万不要小看"你错了"直截了当的三个字，在人际交往中，破坏力最强的莫过于这三个字了。它通常不会造成任何好的效果，只会带来一场不快、一场争吵，甚至会使朋友变成对手，使情人变成怨偶。在我们肆无忌惮地用它指责别人的错误的同时，几乎意识不到，这样做是会给别人的心中留下疤痕的。

从人性角度来说，做错事的人只会责怪别人，而不会责怪自己——我们都是如此。这不是肚量的问题，而是人性的问题。只有极少数人能够克服人性的弱点而使肚量大到能接受批评的程度。

那么，想批评别人的时候，我们采用什么方式好呢？被誉为20世纪最伟大的成功学大师戴尔·卡耐基曾指出，想对他人表达"你错了"的批评意图，不妨先承认"我错了"，这对疏通关系和解决问题更有好处。

有一位著名的作家用主动认错的方式赢得了读者的尊重。在长达二十年社会纪实体裁小说写作之后，他尝试着变换风格，推出了一部侦破类新作，这让许多读者无法接受。一名愤怒的读者甚至写信给他，言辞非常激烈，指责他根本不该转型。其中很多语句有失偏颇，看得出这位读者对小说艺术的理解并不深入。但这位作家并没有恼羞成怒，而是非常认真地写了一封回信。在信中，他只字不提这位读者的不礼貌和认识上的浅薄，只是很诚恳地承认自己并不适合悬疑推理题材的写作。他很感谢读者的意见，希望以后能够经常互相交流看法。

这个故事让我们深刻体味到："你错了"会为你树立新的敌人，"我错了"却可能帮你赢得新的朋友。可以想象，那名激动的读者看到回信后，一定会为自己的粗鲁无礼，为作家的谦逊大度心生惭愧。在一个胸襟宽广、能够认识自己的错误、敢于向别人承认错误的人面前，任何问题都将迎刃而解，任何矛盾都将烟消云散。

现实往往就是如此，当我们说对方错了时，他的反应常让我们头疼，而当我们承认自己也许错了时，就绝不会有这样的麻烦。这样做，不但会避免所有的争执，而且可以使对方跟你一样的宽宏大度，承认他也可能弄错了。

指出对方错误时，他也许并不明白你的用意，是为了贬低他、抬高你自己，还是为了他好？因此，你应该尽量让他明白批评他是你的好意。讲话时态度一定要谦和诚恳，用语不能激烈，否则对方就会以为你在教训他；也不必过于委婉，否则他会认为你惺惺作态。

此外，指正别人还要选择适当的场合和时机。原则上讲，要在对方情绪比较稳定时，指出他的不足之处。人在情绪不正常时，可能什么也听不进去。最好避开第三者，以一对一的方式进行，以免让他产生当众出丑的感觉。在大庭广众下指出别人的错误，除了会为自己多树立一个敌人外，别无益处。

## 说服没有主见的人："大家的意见都是这样"

有心理学家曾做过这样一个实验：让五个人围坐着一张桌子，实验者请他们判断线段的长度。每次呈现一组卡片，每组包括两张，一张卡片上有一条垂直线段，称为标准线段；另一张卡片上有三条垂直线段，其中一条与标准线段一样长，另外两条要么长了许多，要么短了许多，要求他们把那条与标准线段等长的线段挑出来。按理论，每个人都可以轻易地做出正确无误的选择。

当第一组两张卡片呈现后，每个人依次大声地说出了自己的判断，所有人意见一致，都做出了正确的选择。然后再呈现第二组，大家又都做了正确的一致回答。就在大家觉得实验单调而无意义时，第三组卡片呈现了。第一位被试在认真地观察这些线段后，却做出了显然是错误的选择，接着第二、三、四位被试也做了同样错误的回答。轮到第五位被试时，他感到很为难，左右看看，因为他的感官清楚地告诉他别人都是错的。最后，他终于小声地说出了与别人相同的错误选择。

其实，这个实验是事先安排好的，前四名被试都是实验者的助手，他们按照事先安排好的程序进行正确或错误的选择，而只有第五位被试不知道这一情况，是真正的被试。参加实验的真被试是具有良好视力及敏锐思维能力的大学生，并且从表面上看，他们可以任意地做出想做的反应，而实质上，也明确要求他们做出他们自己认为是正确的反应。但是，当绝大多数人都做出同样的反应时，个人就有强烈的动机去赞同群体其他成员的意见，因此有35%的被试拒绝了自己感官得来的证据，而做出了同大多数人一样错误的选择，这就是心理学上所说的从众行为。

实验中的现象说明，当个人的感觉与群体中的大多数人不一致时，个体为了使自己不被人认为"标新立异"，常常会放弃自己的看法而接受大多数人的判断。所以当我们在说服别人遇到困难的时候不妨说一句"大家的意见都是这样的"，那么这个人可能就会改变自己的看法而接受你的建议。

我们来分析一下，为什么个人会抛弃自己的观点而接受别人的说服呢？一般认为从众行为的原因来源于两种压力：一种压力为群体规范的压力，任何与群体规范相违背的行为都会受到群体的排斥。个体由于惧怕受到惩罚，或者为了表明自己归属于群体的愿望，就会做出从众行为。另一种压力是群体信息的压力。我们知道，他人常常是信息的重要来源，我们通过别人获得许多有关外部世界的信息，甚至许多有关我们自己的信息也是通过别人获得的。

在一般情况下，那些我们认为能带给我们最正确信息的人，往往是我们仿效和

## 生活中的从众行为

在现实中，人们往往不是自己喜欢怎样便怎样。在很多时候，甚至可以说在大多数时候，人们要看多数人是怎样做的，自己才怎样做。

社会总是会有大规模的从众行为，似乎每个人都要参考周围的人的行为来决定自己应该做些什么，似乎没有人自己可以确定自己的主见。

相信的人。这种信息压力引起的从众行为无论在实验中还是在生活中都是存在的，人们倾向于相信多数，认为多数人是信息的正确来源而怀疑自己的判断，因为人们觉得多数人正确的情况比较多。在模棱两可的情况下，从众的行为更容易发生。因为在这种情况下，人们很容易失去判断自己行为的自信心。

## "长他人志气，灭自己威风"更能有效说服

在说服他人的过程中，有些说服者虽然思路敏捷，但一说话就令人感到狂妄，因此对方很难接受他的观点或建议。这种人多数都是因为喜欢表现自己，总想让别人知道自己很有能力，处处想显示自己的优越感，从而获得别人的敬佩和认可，结果往往适得其反，失掉了在说服对象面前的威信。

在人际交往过程中，那些谦让而豁达的人总能赢得更多人的赞同，相反，那些妄自尊大、高看自己、小看别人的人总会引起别人的反感，最终难以说服他人做任何事情。

法国哲学家罗西法古曾说过："如果你要得到仇人，就表现得比你的朋友优越吧；如果你要得到朋友，就要让你的朋友表现得比你优越。"老子也说过："良贾深藏财若虚，君子盛德貌若愚。"意思是说商人总是隐藏其宝物，君子品德高尚，而外貌却显得愚笨。这句话告诉我们，必要时要藏其锋芒，收其锐气，不可不分青红皂白地将自己的才能让人一览无余。你的长处被说服对象看透了，就容易被他们利用。

另外，谦虚谨慎更能得到对方的信任。因为谦虚，你会赢得对方的尊重，这样你就更有可能说服他。

高先生是某地区人事局调配科的一位相当出色的骨干，按说做人事调配工作是容易得罪人的，可他是个例外。

他刚到人事局的那段日子里，在同事中几乎连一个朋友都没有。因为他正春风得意，对自己的机遇和才能非常满意，因此每天都使劲吹嘘自己在工作中的成绩：每天有多少人找他帮忙，哪个几乎记不清名字的人昨天又硬是给他送了礼等"得意往事"。但同事们听了之后，不仅没有分享他的"成就"，还都极不高兴，这让他很是纳闷儿。最后，还是父亲一语点破，才使他意识到自己人缘不好的症结在哪里。

从此以后，他很少谈自己，而是尽可能多地听同事说话，因为他们也有很多事情要吹嘘。让他们把自己的成就说出来，远比听别人吹嘘更令他们高兴。后来，每当同事闲聊的时候，他总是先让对方滔滔不绝地把他们的成就炫耀出来，与其分享。只有对方问他的时候，才谦虚地说一下自己的成就。从那以后，他的人缘变好了，大家都乐于和他相处。

每个人都希望能得到别人的肯定评价，都在不自觉中强烈维护着自己的形象和

尊严。如果谈话对手过分地显示出高人一等的优越感，那么他就会认为是对他自尊和自信的一种挑战与轻视，排斥心理也就随即产生了。

所以，在说服他人的过程中，我们一定要忽略自己，以此让对方从心理上感到一种满足，使他愿意听取你的建议。当你表现出大智若愚，使对方陶醉在自我感觉良好的气氛当中时，你就已经受益匪浅了，差不多已经完成了说服工作中最重要的环节。

## 以众敌寡，逐渐将其同化

美国人詹姆斯·瑟伯曾写过这么一段文字：

突然，一个人跑了起来。也许是他猛然想起了与情人的约会，现在已经过时很久了。不管他想些什么吧，反正他在大街上跑了起来，向东跑去。另一个人也跑了起来，这可能是个兴致勃勃的报童。第三个人，一个有急事的胖胖的绅士，也小跑起来。十分钟之内，这条大街上所有的人都跑了起来。嘈杂的声音逐渐清晰了，可以听清"大堤"这个词。"决堤了！"

这充满恐怖的声音，可能是电车上一位老妇人喊的，或许是一个交警说的，也可能是一个男孩子说的。没有人知道是谁说的，也没有人知道真正发生了什么事。但是两千多人都突然奔逃起来。"向东！"人群喊叫了起来。东边远离大河，东边安全。"向东去！向东去！"人们都喊着。上文所描述的其实是人们的"从众心理"。在日常生活中，人们的很多行为也都受从众心理的影响。例如，大街上有两个人吵架，本没有什么大事，但围观的人越来越多，甚至导致交通堵塞；在超市的特价商品区，一大群家庭主妇争先恐后地抢购一些她们未必需要而价格也未必实惠的商品。

这些就是"从众行为"，通俗地说就是"人云亦云""随大溜"。大家都这么认为，我也就这么认为；大家都这么做，我也就跟着这么做。

为什么会产生从众行为呢？这是因为，群体成员如果发现自己的行为和意见与群体不一致，或与群体中大多数人有分歧时，就会感到有压力，这种压力促使他趋向于与群体保持一致。也只有与众人保持一致，才会有"没有错"的安全感。即使错了，也会因为"大家都这样"而感到安慰。

利用从众心理可以帮助我们集聚众人、增加人气，也可在绝大多数人的意见一致时，对个别人起协调作用，使之与集体保持一致，可概括为：以众敌寡、逐渐同化。例如，与其用说教的方法强迫孩子读书，不如让他和喜欢读书的孩子在一起。虽然刚开始时，他会觉得别扭，不大合群，但久而久之就会被同化，变得喜欢读书。再如，如果想让那些不喜欢发言的职工在会议中开口说话，就可以让一些"引导人"先发言，从众心理会使那些不爱发言的人也不由得采取"同调行动"，踊跃发言。

总之，在现实生活中，少数服从多数的原则会对人们形成很大影响，给少数派的人造成很大的压力，使其心理立场发生动摇，最终放弃自己的主张而被别人同化。有时，我们为了获得这样的效果，则需要制造一种以众敌寡的压倒式局面和氛围，使对方就范。

要劝服一个人遵从自己的意见，可以采取以众敌寡、逐渐同化的方法。一个人唇焦舌干地苦苦相劝，可能并不能达到说服的效果，而让多个人轮流去劝说，就会给对方造成压力，使其被同化。

## 从众心理是商家的有利武器

在生活中，如果我们可以恰到好处地应用从众心理，其实它可以成为一种十分有利的武器，让对方在寡不敌众的劣势下，不得不妥协，而加入到群体之中来。

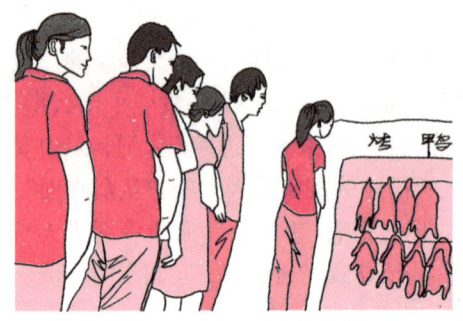

一家卖烤鸭的连锁店，在分店开张时，就会雇用一大群人，围在店门口，制造人气，吸引顾客。

向年轻人推销MP4时，就先雇一些学生，让他们随时随地携带着，并装出一副自得其乐、陶醉万分的样子。

## 一开始就先声夺人，让对方屈服

人总是欺软怕硬的，遇到弱小的一方总是喜欢以强欺弱，非得把对方逼到无路可退的境地。这是人的一种劣根性。如果你居于弱势地位，当对方不肯轻易顺从你的意见，甚至显示出一种居高临下的姿态时，你可以开始一上来就以"恐吓"压制住对方，从而让对方屈从和改变主意，反客为主，占据你的主动地位。

《三国演义》中讲到，曹操率领大军南征，刘备败退，无力反击，大有坐以待毙之势。以刘备单独的力量，绝对无法与曹操的势力相抗衡，解决的办法只有一个，就是与江东的孙权联手。此时，诸葛亮自愿出使到江东做说客。他并不是像一般人那样低声下气地求孙权，而是采用"反客为主"的方法，表现出一副强硬的态度，硬是激发了孙权的自尊心。

当时，东吴孙权自恃拥有江东全土和十万精兵，又有长江天堑作为天然屏障，大有坐观江北各路诸侯恶斗的态势。他断定诸葛亮此来是做说客，就采取了一种居高临下的姿态等待着诸葛亮的哀求。

不想诸葛亮见到孙权，开门见山地说道："现在正值天下大乱之际，将军你举兵江东，我主刘备募兵汉南，同时和曹操争夺天下。但是，曹操几乎将天下完全平定了，现在正进军荆州，名震天下，各路英雄尽被其网罗，因而造成我主刘备今日之败退。将军你是否也要权衡自己的力量，以处置目前的情势？如果贵国的军势足以与曹军相抗衡，则应尽快与曹军断交才好。"

诸葛亮只字不提联吴抗曹的请求，他知道孙权绝不会轻易投降，屈居曹操之下。孙权听完诸葛亮一席话，虽然不高兴，但不露声色，反问道："照你的说法，刘备为何不向曹操投降呢？"诸葛亮针对孙权的质问，答道："你知道齐王田横的故事吗？他忠义可嘉，为了不服侍二主，在汉高祖招降时不愿称臣而自我了断，更何况我主刘皇叔乃堂堂汉室之后。钦慕刘皇叔之英迈资质，而投到他旗下的优秀人才不计其数，不论事成或不成，都只能说是天意，怎可向曹贼投降？"

虽然孙权决定和刘备联手，但面对着曹操八十万大军的势力，心里还存在不少疑惑——诸葛亮看出这一点，进一步采用分析事实的方法说服孙权。

"曹操大军长途远征，这是兵家大忌。他为追赶我军，轻骑兵一整夜急行三百余里，已是'强弩之末'。且曹军多系北方人，不习水性，不惯水战。再则荆州新失，城中百姓为曹操所胁，绝不会心悦诚服。现在假如将军的精兵能和我们并肩作战，定能打败曹军。曹军北退，自然形成三分天下的局面，这是难得的机会。"

于是，孙权遂同意诸葛亮提出的孙刘联手抗曹的主张，这才有后来举世闻名的赤壁之战。诸葛亮真不愧为求人高手。

活着就是一种对抗，如果你不想被对方压倒，那你就得先声夺人，反客为主。时刻占据上风才能赢。

## 顺言逆意归谬法，让强势的他也点头

实践已使许多人懂得，当我们面对强势、恶势的人，或者固执己见的人时，直接反驳其错误会有诸多的不便，而最有效、最巧妙的方法当属归谬说服了。

### ■ 巧用归谬法说服强势的人

归谬说服就是当你面对强势的人，直接反驳不是最好的办法的时候，不妨先赞同他的观点，据此引申出一个连对方也不得不承认的荒谬结论。利用对方自己的思想来说服他，巧踢"回旋球"。

巧用归谬法我们还要注意以下问题：

你平时最讲道理了，你说的话，我信。

在日常生活中，我们就应该真诚地对待朋友和同学。只有你在对方心里有一定的分量，你的说服才会有效。

你说的有道理，我的想法错了。

要言之有理，说服要把握分寸，要顺其自然，不能一下子让对方看穿你的意图，以免引起对方的反感，适得其反。

所谓归谬说服，与直接反驳对方的错误观点大相径庭，而是先假设对方的观点言之有理，然后据此引申出一个连对方也不得不承认其荒谬的结论，从而心甘情愿地放弃原有的错误观点和主张，无条件地接受说服者输出的思想信息。

优孟是楚国艺人，身高八尺，喜欢辩论，常常用诙谐的语言婉转地进行劝谏。

楚庄王有一匹心爱的马，他给马穿上锦绣做的衣服，让它住在华丽的房子里，用挂着帷帐的床给它做卧席，用蜜渍的枣干喂养它。结果马得肥胖病死了。于是，庄王让臣子们给马治丧，要求用棺椁殡殓，按照安葬大夫的礼仪安葬它。群臣纷纷劝阻，认为不能这样做。庄王急了，下令说："有谁敢因葬马的事谏诤的，立即处死。"优孟听到这件事，走进宫门，仰天大哭。庄王吃了一惊，问他为何而哭。优孟说："这马是大王心爱的。堂堂的楚国，只按照大夫的礼仪安葬它，太寒碜了，请用安葬国君的礼仪安葬它吧。"庄王问："怎么葬法？"优孟回答说："我建议用雕花的美玉做棺材，用漂亮的梓木做外椁，用枫、樟各色上等木材做护棺，发动士兵给它挖掘墓穴，让年老体弱的人背土筑坟，请齐国、赵国的代表在前面陪祭，请韩国、魏国的代表在后头守卫，要盖一所庙宇用牛羊猪祭供它，还要拨个万户的大县长年管祭祀之事。我想各国听到这件事，就都知道大王轻视人而重视马了。"庄王说："我的过错竟然到了这个地步吗？现在该怎么办呢？"优孟说："让我替大王用对待六畜的办法来安葬它。堆个土灶做外椁，用口铜锅当棺材，调配好姜枣，再加点木兰，用稻米做祭品，用火光做衣服，把它安葬在人们的肚肠里吧！"庄王当即就派人把死马交给太官，以免天下人张扬这件事。

在说服他人的过程中，抓住对方观点中隐蔽的荒谬点，加以推衍，或由此及彼，或由小到大，或由隐到显，最后得出一个荒谬可笑的结论，从而攻破对方错误的论点。这种说服方法用在对待某些恶人时，会达到一种辛辣讽刺的效果，使其知难而退，从而达到软性说服的目的。

说服可以说是无处不在的。面对朋友、家人、同事，甚至陌生人时，说服都有可能发生。而当我们面对强势或恶势的时候，说服尤为困难。在这两者面前，说服最适宜采用引申归谬的方法。

## 巧妙运用逆反心理，对其进行善意的说服

妻子说："别抽烟了，看你把家里弄得乌烟瘴气的。"丈夫不服气："抽烟怎么了，不抽烟还是男人吗？不愿意闻，就捂住你的鼻子。"

爸爸说："写完作业以后再看电视，听见没有？"儿子却嚷嚷着："不嘛，不嘛！看完电视再写作业。"

这样的现象在日常生活中是十分常见的。你越是让我做什么，我偏不做；你越是不让我做什么，我偏要做。其实，这是人们逆反心理的一种体现。逆反心理是人

们彼此之间为了维护自尊，而对对方的要求采取相反的态度和言行的一种心理状态。这种现象在青少年人群中是最常见的，其他年龄阶段的人群也会有这种心理。

逆反心理是一种常见的心理现象。每个人都有好奇心，因为好奇而想要了解某些事物。当这些事物被禁止时，最容易引起人们强烈的好奇心和求知欲。特别是只做出禁止而又不解释禁止原因的时候，反而更加激发了人们的逆反心理，使人们更加迫切地想要了解该事物。因此，你越是禁止，对方越是想知道，形成一种相对的局面。

逆反心理对个人来说，有一定的好处：它能够张扬个性，突破成规，有利于改变和创新，在一定程度上能够说明当事人有勇气和信心，敢于挑战权威的精神和态度。如果能够得到合理的激发，则有助于一个人潜力的发挥。但是如果逆反心理运用不当，则会使人形成一种狭隘的心理定式和偏激的行为习惯，处处与人对着干，使自己变得固执、偏激，无法客观地、准确地认识事物的本来面目，无论何时何地总是下意识地与常理背道而驰，做出错误的选择和决定。

因为逆反心理可以造成这样的一种心理结果，即你越是制止人们的某种行为，他们越是想要这样去做；如果你坚持采取某种行动，结果却会使对方采取相反的行动。利用这种心理效果，我们可以设下一个小陷阱，刺激对方的逆反心理，使其主动地钻进来，以达到改变人们某种行为的目的。

苏联心理学家普拉图诺夫在《趣味心理学》一书的前言中，特意提醒读者请勿先阅读第八章第五节的故事。大多数读者却因为被禁止，而激发了逆反心理。不仅没有遵守作者的告诫，而且采取了完全相反的态度，首先便迫不及待地翻看第八章的内容。其实这也是作者的本意，他正是利用人们的逆反心理达到了让人们关注第八章的内容的目的。如果他只是在前言中说，第八章的内容很精彩，希望大家仔细阅读，这样反而起不了太大的作用。

可见，巧妙地利用别人的逆反心理是可以有效地改变其行为的。我们要善于利用这一点，学会对人们进行善意的规劝和说服，同时也要警惕别人利用逆反心理来激你，使你做出不理智的选择。

人们做任何事情都会有自己最初的欲望和想法，不希望受到别人的指使或者限制。如果想要改变他们的行为，巧妙地利用逆反心理是可以实现的。同时，我们也要警惕别人对自己的逆反心理的恶意利用。

## 提升自我形象，增加成功的筹码

一般人求人办事时，态度低三下四，让对方可怜，这种人对方可能见得比较多。但是，如果你一反常规，巧用手段提升自我形象，从气势上不输给对手，给对方造成一种错觉，使得对方产生这样一种怀疑："这人可能有些来路。"如此，就能很容易地替你办事了。

有一年国际木材市场需求增加，价格上扬。某大型林场看准这一时机，将林场的木材打入国际市场，市场反应良好。然而好景不长，几个月后，由于市场竞争激烈，木材的价格又大幅下跌。继续坚持出口，林场将每年亏损上千万元。

面对危机，场长认为，参与国际交易他们是后起者。在强手如林的情况下，挤进去非常不容易，应想办法站住脚才行。如果一遇风险和危机就退出来，那么，想再占领市场就会更困难。于是他决心带领大家从夹缝中冲出去。为此，他亲自到欧美一些国家做市场调查，搜集信息，寻找合伙对象，开辟新市场。

在国外，场长找到一家著名的家具生产集团。他开门见山地说明来意，希望那家公司能够把他们的林场作为原料采购基地。对方公司总经理说："现在我们的原料供应系统很稳定，你有什么优势让我们把别的公司辞掉，而选用你们的木材？"场长对此不卑不亢地列举了该林场的三大优势："第一，我们林场的木材质量有保证，有很高的信誉；第二，我们可以长期合作，保证长期供货，长期供应价格上给予一定的优惠；第三，我们林场有自备码头，保证货运及时，并有良好的售后服务，更重要的一点是保证信守合同。"

场长在大谈林场的三大优势后，还不紧不慢地对对方总经理说，林场刚刚与国际上另一家知名公司签订了供货合同。那位经理听说连那样的大公司都与中方的这家林场签订了合同，看来林场实力不弱啊！他立即同意就供货问题正式洽谈。签订合同之前对木材进行现场检测。经检测，木材质地良好，是家具原材料的上上之选。经过一番讨论，双方终于正式签订了合同，该林场在国际市场上也站稳了脚。

在商业竞争中，如果你势力弱而又想把自己的事业做大，那么你就应该多提升自我形象，至少给对方一个你实力强大的印象，只有这样你才能成功地借助对方的力量。正如那位场长没有刻意地恭维对方，而是底气十足地向对方提出要求，紧接着在不经意中道出自己与另一家公司签订了合同，无形中抬高了林场木材的身价，致使对方对他刮目相看，如此一来事情自然好办多了。

提升自我形象，增加自身分量是一种博弈手段。求人办事时，我们不妨改变以往谦恭谨慎的求人法，用一些博弈手段，为自己更好地办事创造条件。

## 制造一点悬念，让对方改变自己的观点

对于自以为是的人，要说服他，最忌正面交锋、针锋相对，这样不但不能达到预期的目的，反而会激怒被说服者，使其更加坚守自己的观点。要说服这种人，应该先巧妙地制造悬念，通过卖关子来吊对方的胃口，使对方的坚持情绪松弛下来，把他的好奇心诱发出来，在解释悬念的过程中，可用简单的事理或推论证明对方的错误性，从而让其改变观点。

某建筑公司的李工程师，有一次说服了一个刚愎自用的人。有一个工头，他常常坚持反对一切改进的计划。李工想换装一个新式的指数表，但他想到那个工头必定要反对的。李工去找他，腋下挟着一个新式的指数表，手里拿着一些要征求他的意见的文件。当大家讨论着关于这些文件的事情的时候，李工把那指数表从左腋下移动了好几次，工头终于先开口了："你拿着什么东西？"李工漠然地说："哦！这个吗？这不过是一个指数表。"工头说："让我看一看。"李工说："哦！你不用看的！"

## ■ 怎样才能很好地制造悬念

一是悬念要具有新奇性；二是悬念和劝说的主题要具有关联性。紧紧把握住这两点，你便能巧妙地说服对方。

从前，有个人去拜访朋友。两人一直谈话，到了该吃饭的时候，主人也没有留客用餐的意思。客人想，要是留我，我未必在这儿吃饭，既然不打算留我，我却偏要吃你一顿，而且要吃好的。

这个客人的全部聪明就集中在把自己想吃鸡的意愿，通过谐音制造圈套，让主人愉快地发现自己上当了。既具备了新奇性，又与主题相关联，让对方知道他的意图。

并假装要走的样子，说，"这是给别的部门用的，你们部门用不到这东西。"但是，工头又说："我很想看一看。"当他审视的时候，李工就随便但又非常详尽地把这东西的效用讲给他听。他终于喊起来："我们部门用不到这东西吗？糟糕，它正是我想要的东西呢！"李工故意这样做，果然很巧妙地把工头说动了。

要制造悬念时，你还可以让自己的言行，有多种可能的含义。然后，诱导对方的注意力在一种含义上固定下来，即为对方设下陷阱，使对方产生错觉。最后突然向另一种含义上转去，情境的对转，使对方突然产生期待的失落，从而产生了强烈的戏剧性效果。

## 运用对方的心理定式，来巧妙说服对方

世界著名的心理催眠专家埃米尔松在对人进行催眠的时候，常准备很多对方肯定会回答为"是"的问题，然后依次问对方这些问题。通过让对方不断地回答"是"，人为地让对方形成一种对任何问题都回答"是"的心理定式，进而达到心理催眠的效果。

在心理学上有个非常著名的原理叫作"刻板印象原理"，指的是，一个人在一定的时间内所形成的一种具有一定倾向性的心理趋势会影响他随后的思维方式和言行举止。即一个人在其已有经验的影响下，心理上通常会对某一特定活动处于一种准备的状态，从而使其认识问题、解决问题带有一定的倾向性与专注性。

刻板印象原理无时无刻不在影响着人的思想和行为。苏联心理学家曾做过这样一个关于"刻板印象"的实验：

他把同一张照片出示给参加实验的两组大学生看。不过，心理学家事先告诉第一组的学生：照片上的人是一个怙恶不悛的罪犯；告诉第二组的学生：照片上的人是一位伟大的科学家。最后，心理学家让这两组学生分别用文字来对照片上这个人的相貌进行描述。

结果，第一组学生描述道：此人深陷的双眼表明其内心充满了仇恨，突出的下巴昭示着他沿着犯罪的道路越走越远的内心；第二组学生描述道：此人深陷的双眸表明其思想的深度，突出的下巴表明他在求知的道路上不畏艰难险阻的意志。

同一个人，之所以会得到如此截然不同的评价，就是因为评价者之前得到的关于此人身份的提示有区别。一开始产生了反感，后来就很难认同；一开始认同，往往就会一直认同。在人际交往中，如果能够巧妙地利用人的心理定式，就可以非常简单地让他人点头称"是"，对你心悦诚服。

"今天的天气真不错啊！"

"是啊！"

"夫人和孩子也都好吧？"

"是的，很好。"

"今年是你的本命年吧？"

"是的，我属虎。"

让对方不断地同意你的意见，制造对方"同意"的心理定式。最后，引入正题，对方往往也会同意。

几乎每个人都有过这样的心理经历：用"不"来拒绝对方，并不能让自己心情愉悦，甚至有时会产生不愉快的感觉。相反，表示同意的肯定性回答往往会给自己带来愉快轻松的感觉。也就是说，对人来说，同意是自然的态度，而反对要比同意困难。再加上心理定式对"同意态度的强化"，人在连续地同意了一连串事情之后，要突然扭转态度是非常困难的。

因此，通过制造对方"同意"的心理定式来使对方心悦诚服，是切实可行的说服策略。在与人交往的过程中，先就一些对方肯定会表示同意的事情取得对方的同意态度，使对方形成心理定式，最后再道出正题，往往就会避免双方的许多意见分歧，使彼此在最短时间内达成共识。

## 点到他的利害之处，让说服更有效

说服别人就像"打蛇打七寸"一样，抓住对方切身利益的得失，会使他的心弦受到颤动，促使他深入思考，从而放弃自己消极的、错误的行动。

春风剧场门前有一位年近六旬的老太太摆着一个小摊，卖瓜子、花生之类的小食品。某日，市里要检查卫生，剧场管理员小王要老太太回避一下，说："老太太，快把摊子挪走，今天这里不许卖东西。""往天许卖，今天不允许卖，世道又变了吗？""世道没有变，检查团要来了。""检查团来就不许卖东西？检查团来了还许不许吃饭？""检查团来了，地皮不干净要罚款的。"小王加重了语气。"地皮不干净关我屁事，他肥肉吃多了拉稀屎，能去罚卖肉的款吗？"小王无言以对，悻悻而退。管理自行车的老刘师傅随后走了过来，说道："老嫂子，你这么把年纪，没早没晚的，又能挣几个钱？检查团来了，真罚你一笔，你还能打场官司不成？再说，检查团不会天天来，饭可是要天天吃，生意可是要天天做的。""嗯！姜还是老的辣。好，我走，我走。"老太婆边说边笑着把摊子挪走了。

管理员小王之所以劝阻不成反讨没趣，是因为他只是一味地讲抽象的大道理，却没有站在老太太的角度上耐心地帮助她分析利弊。而老刘师傅就懂得这一点，他从老太太的切身利益出发，向她指出了只考虑眼前的小利而不顾长远利益的不良后果，使她真正认识到了自己固执行为的不明智，于是心服口服地接受了规劝。

巴西球王贝利，在很小的时候就显示出了踢球天赋，并且取得了不俗的成绩。

有一次，小贝利参加了一场激烈的足球比赛。赛后，伙伴们都精疲力竭，有几位小球员点上了香烟,说是能解除疲劳。小贝利见状,也要了一支。他得意地抽着烟,看着淡淡的烟雾从嘴里喷出来,觉得很潇洒、很前卫。不巧的是,这一幕被前来看望他的父亲撞见了。晚上,贝利的父亲坐在椅子上问他:"你今天抽烟了?"

"抽了。"小贝利红着脸,低下了头,准备接受父亲的训斥。

但是,父亲并没有这样做。他从椅子上站起来,在屋子里来回地走了好半天,这才开口说话:"孩子,你踢球有几分天赋。如果你勤学苦练,将来或许会有点儿出息。但是,你应该明白足球运动的前提是你具有良好的身体素质,可今天你抽烟了。也许你会说,'我只是第一次,我只抽了一根,以后不再抽了'。但你应该明白,有了第一次便会有第二次、第三次,每次你都会想,仅仅一根,不会有什么关系的。但天长日久,你会渐渐上瘾,你的身体就会不如从前,而你最喜欢的足球可能因此

## 站在对方立场考虑问题才能解决问题

若想让别人乐意顺着你的意思去改变自己,你就必须做到从他人立场出发去考虑问题,处理事件。

虽然换位思考很耗时也很麻烦,但那样做的话将会减少很多摩擦和不愉快,也能获得更多的友谊。

能处处为人设想,并以对方的观点,去对待事情,这将会影响到一个人往后的社会交往及事业成就。

渐渐地离你远去。"

父亲顿了顿，接着说："作为父亲，我有责任教育你向好的方向努力，也有责任制止你的不良行为。但是，是向好的方向努力，还是向坏的方向滑去，主要还是取决于你自己。"说到这里，父亲问贝利："你是愿意在烟雾中损坏身体，还是愿意做个有出息的足球运动员呢？你已经懂事了，自己做出选择吧！"

说着，父亲从口袋里掏出一沓钞票，递给贝利，并说道："如果不愿做个有出息的运动员，执意要抽烟的话，这些钱就作为你抽烟的费用吧！"说完，父亲走了出去。小贝利望着父亲远去的背影，仔细回味着父亲那深沉而又恳切的话语，不由得掩面而泣。过了一会儿，他止住了哭泣，拿起钞票，来到父亲的面前："爸爸，我再也不抽烟了，我一定要做个有出息的运动员！"从此，贝利训练更加刻苦。后来，他终于成为一代球王。至今，贝利仍旧不抽烟。

一个人最关心的往往是与自己有关的利益。因为人们毕竟生活在一个很现实的社会里，虽不能说"人为财死，鸟为食亡"，但人要生存，就离不开各种与己有关的利益。所以，当你想要劝说某人时，应当告诉他这样做对他有什么好处，不这样做则会带来什么样的不利后果。相信他不会不为所动。

## 第四章

# 制人攻心，为我所用

### 巧用别人的同情心，眼泪是一种"致命武器"

大多数人都具有同情心，即使铁石心肠的人也不例外。同情能够加强别人对你的理解，因此求人办事时不妨利用一下别人的同情心。

在很多时候，用感情打动别人，激起别人的同情心，比一味地讲大道理更有效果。一位遭人欺凌的受害者在向某领导告状时十分冲动，口出狂言秽语，使得这位领导很是反感。因而，问题迟迟不予解决。后来，此人绝望了，痛苦不堪，几欲轻生，反倒引起了这位领导的同情与重视。

当然，这并不是说，凡告状者都要摆出一副可怜的样子。而是说，告状者在请求解决问题时，应该激起听者的同情心，使听者首先从感情上与你接近，产生共鸣，这就为问题的解决打下了基础。人心都是肉长的，只要你将受害的情况和内心的痛苦如实地说出来，处理者都是会同情的。

同情心可以促进处理者对受害人的理解，但这并不等于说马上就会下定处理的决心。因为处理者要考虑多方面的情况，有时会处于犹豫之中，甚至会抱着多一事不如少一事的态度，不想过问。这时候，当事人就得努力激发处理者的责任感，要使处理者知道，这是个他职责范围以内的事，他有责任处理此事，而且能够处理好此事。

当你向别人讲述自己的遭遇时，不妨用你凄怆的眼泪来博得对方的同情，让对方的感情之水随着你的感情一起波动，这样就会促使对方伸出援助之手，帮助你把事情办成。

人都是感情型动物。只要你能博得其同情，你的所求目的就可达到。

日本的一次国会议员选举中，有一位田中派的候选人，由于田中形象的阴影使他处于不利的形势，但他仍当选了。他采取了"我被沉重的田中事件的十字架压得透不过气来"的低姿态，以流泪来博取民众的同情，而他的夫人也立于街头，向来往的行人哭诉，因此获得了多数民众的同情票。

因此，在办事的时候，如果必要，完全可以以眼泪开道，相信成功的概率会大大增加。

扮可怜、博同情的例子在中国古代历史上也有，我们来看下面的案例：

汉元帝时，宦官石显被封为中书令，朝政大小事务都由他裁决。石显为人邪僻，也时刻担心有一天皇帝听到周围的人说他坏话而对他不利，于是想方设法向皇帝表示他的忠心，加深皇帝对自己的信任。

一次，石显被派往各宫办点事。他觉得这是一个检验他周围的人对他态度如何的大好时机，于是向皇帝奏请说，他担心事情办完之后时间太晚，未央宫宫门被关闭而进不来，请求皇上下诏给门卫，让他们给他留门。皇帝当即给各宫门卫下达了口谕。石显则故意拖延时间，在各宫都尽量逗留，直到半夜才回来，让门卫给他开门而进了后宫。

## ■ 泪水能软化别人的心肠

要想得到别人的帮助，就要让对方对你的行为和经历表示同情和怜悯，并由此生出好感，这样总有一天会攻克对方心中的堡垒，让他为你办事。

凶残的鳄鱼在吞噬别的动物之前，总要流下一串串"伤心"的眼泪，这正是鳄鱼的狡诈之处。现实生活中，用哭的方法求人也不失为一种手段。

求人办事时，要想把事情办成，必须在人之常情上下功夫，必须把自己所面临的困难说得合情合理，令人痛惜和惋惜。

后来，果然有人上书告发石显矫托旁诏擅自开启宫门。皇帝看后，笑着把那封揭发信给石显看。石显流着泪，做出特别无辜的样子说："陛下明鉴。您非常信任我，经常让我去各宫里办些事情。于是有许多人不免嫉妒我，总要抓住一切机会陷害我。这样的揭发信不会只有一封，以后可能还会有。对于这种捕风捉影的话，只有靠圣明的皇上您洞察了。微臣出身寒鄙，确实不能以区区一身让大家都满意，不能经受住天下之怨。我愿意辞去现在的官职，接受后宫洒扫除垢的差遣，以表明我对陛下的忠诚之心，死而无所恨，只希望陛下能相信我。"元帝认为他语出实情，被他感动了、蒙蔽了，于是相信了他。不仅不让他辞官，反而多次慰劳勉励，让他好好干，并给他比以往更多的赏赐。石显更加荣耀起来。

石显扮可怜，博得元帝的同情，得到更多的赏赐，可谓"卖乖得便宜"。生活中，这种扮可怜的例子还不少。小孩显得痛苦、无助，让大人答应要求；乞丐总是衣衫褴褛讨得施舍；连老板开除员工也爱摆摆困难，倒倒苦水，减轻对方的不满。

## 求人办事就用百试百灵的"糖衣炮弹"

让对方知恩图报，心甘情愿地帮你办事是求人的一个很好的方法。为此，你不妨先让对方尝到甜头，再提出要求。

法国国王路易十四当政期间，王室挥金如土，穷奢极侈，出现了严重的财政危机。路易十四为满足其挥霍享用的需要，打算向著名银行家也就是自己的老朋友贝尔纳尔借钱，可遭到了拒绝。

因为贝尔纳尔早已听闻此事，而且傲气十足。虽要借钱，国王也不能卑躬屈膝吧？路易十四左思右想，设下一计：

一天下午，国王从马尔利宫走出来，和经常陪同他的宫廷人员一起逛花园。他走到一幢房子前停了下来，那座房子的门敞开着，德马雷正在里面举行盛宴款待贝尔纳尔先生。当然，这桌宴席是事先奉国王之命准备的。

德马雷看见国王，急忙上前行礼。路易十四满面笑容，故作惊讶地看着他们说："啊！财政总监先生，我很高兴看到你和贝尔纳尔先生。"国王又转向后者说："贝尔纳尔先生，我的老朋友，好久不见。对了，你从来没有见过马尔利宫吧，我带你去看看，然后把你再交给德马雷先生。"

这是贝尔纳尔没有料想到的事，他觉得能得到国王的邀请非常幸福和荣幸，于是跟在国王身后到养鱼池、饮水槽，在塔朗特小森林和葡萄架搭成的绿廊等处游玩了一遍。

国王一边请贝尔纳尔观赏，一边滔滔不绝地说了些漂亮话。路易十四的随从们知道他一向少言寡语，看到他如此讨好贝尔纳尔都感到很惊奇。

游玩之后，路易十四还送给了贝尔纳尔一箱非常珍贵的葡萄酒，说希望他们的友谊地久天长。贝尔纳尔极度兴奋,答谢后回到德马雷那里。他赞叹国王对他如此厚爱,说他甘愿冒破产的危险也不愿让这位优雅的国王陷入困境。

听了这番话,德马雷趁着贝尔纳尔心醉神迷的时候,提出了向他借600万元巨款的要求,贝尔纳尔欣然应允。

这600万元可不是一笔小数目,路易十四如愿以偿,当然不只是因为他们的朋友关系和国王的面子,还与他的"糖衣战法"求人策略有很大关系。

中国人常说"吃人家的嘴软"。一旦接受了人家的好处,再拒绝人家的请求,就不那么好意思开口了。中国人重人情、讲面子,"滴水之恩,必涌泉相报",聪明人喜欢运用这一战术。

因此在求朋友办事时,尤其是一些交情不太深厚的朋友,我们不妨先给他们点甜头,让对方高兴或欠下人情,这样他们就会全力帮助我们了。

## 有勇气、有耐心——软磨硬泡,"泡"出希望

"人心都是肉长的"。不管彼此间的距离有多大,只要你善于用行动证明自己的诚意,就会促使对方去思索,进而理解你的苦心,从固执的框子里跳出来,那时你就"泡"出希望了。

日本"推销之神"——原一平,小时候是村里的"混世魔王",人见人怕。由于声名狼藉,23岁那年他只身一人来到东京创业。到了35岁的时候,他已经成为日本保险界赫赫有名的人物,阔别家乡十几年的他,终于高高兴兴地回去探亲了。

原一平这次回家有两个目的,一是想让家乡人都知道当年的"混世魔王"已经改好了;二是想在自己的家乡开展保险工作。所以回到家乡不久,他便大力宣传保险知识。遗憾的是村民们根本不相信当年的"混世魔王",怕吃亏,谁也不愿参加。原一平明白要想在村里开展保险工作,最重要的是求助于村长的帮忙,这样才能顺利进行。

现在的村长是当年和原一平一起玩的朋友,而且当时的原一平经常欺负他。如今要想得到村长的帮助,肯定不容易。不过,原一平没有放弃,找了时间提上礼物来到村长家。村长一看是当年的"混世魔王"回来了,不禁想起了他以前在村里做的坏事,下意识地怀疑。

当原一平提及让村长帮忙动员村民一起学习、参加保险时,村长一口回绝了。

第二天,原一平提着礼物又来了,村长好像有点不好意思,但是依然拒绝了。

第三天,原一平又来了。不过这次村长的家人告诉他说,村长到几十里外的邻县亲戚家帮助盖房去了。原一平得知这个消息之后,明白村长是故意不肯见他,于是骑车按照村长家人说的地点追了去,车子一放,袖子一挽就干活,干完活还和村长"磨"。

## 缠着对方不放的求人术要点

缠着对方不放的求人术并不是人人都能利用好的。只有控制好自己，才能充分发挥其作用。为此你必须掌握以下两点：

### 1.要有足够的耐心

当求人过程中出现僵局时，应理智地控制自己，采取忍耐态度。这时，忍耐所表现的是对对方处境的理解，是对转机到来的期待。

### 2.要能抓住时机办事

"磨"不是消极地耗时间，也不是和人家耍无赖，而是善于采取积极的行动影响对方、感化对方，促进事态向好的方向转化。

很多时候，人们认为缠着对方不放是一件很为难的事情。但事情不办是不行的，对方有意推托、拒绝，我们只能靠磨对方来达到目的。所以有勇气、有耐心也是求人的基本功夫。

为了找一个长谈的时机,原一平干脆天不亮就起床,冒雨赶到村里,在村长家门外一站就是两小时。村长起床开门愣住了,见原一平淋得如落汤鸡一般,只好答应了他的请求。

村长这个堡垒一攻破,这个村参加保险工作的局面就打开了。

## 巧用"进门槛"效应:先提小要求,再提大要求

曾有社会心理学家做过一个经典而又有趣的实验,他们派了两个大学生去访问加州郊区的家庭主妇。

实验过程是这样的:首先,其中一个大学生先登门拜访了一组家庭主妇,请求她们帮一个小忙:在一个呼吁安全驾驶的请愿书上签名。这是一个社会公益事件,每年死在车轮底下的人不知道有多少!不就是签个字嘛,太容易了。于是绝大部分家庭主妇都很合作地在请愿书上签了名,只有少数人以"我很忙"为借口拒绝了这个要求。接着,在两周之后,另一个大学生再次挨家挨户地去访问那些家庭主妇。不过,这次他除了拜访第一个大学生拜访过的家庭主妇之外,还拜访了另外一组家庭主妇。与上一次的任务不同,这个大学生访问时还背着一个呼吁安全驾驶的大招牌,请求家庭主妇们在两周内把它竖立在她们各自的院子的草坪上。可是,这是个又大又笨的招牌,与周围的环境很不协调。按照一般的经验,这个有点过分的要求很可能被这些家庭主妇拒绝。毕竟,这个大学生与她们素昧平生,要求她们帮这么大的忙,真的有些难为她们。实验结果是,第二组家庭主妇中,只有17%的人接受了该项要求。但是,第一组家庭主妇中,则有55%的人接受了这项要求,远远超过第二组。

对此,心理学家的解释是,人们都希望给别人留下前后一致的好印象。为了保证这种印象的一致性,人们有时会做一些理智上难以解释的事情。在上面的实验中,答应了第一个请求的家庭主妇表现出了乐于合作的特点。当她们面对第二个更大的请求时,为了保持自己在他人眼中乐于助人的形象,她们只能同意在自家院子里竖一块粗笨难看的招牌。

这个实验告诉我们,一个人一旦接受了他人的一个小要求之后,如果他人在此基础上再提出一个更高一点的要求,那么,这个人就倾向于接受更高的要求。这样逐步提高要求,就可以有效地达到预期的目的。心理学家把这种对别人提出一个大要求之前,先提出一个别人很容易接受的小要求,从而使别人对进一步的较大的要求更容易接受的现象称为"进门槛效应"。

为什么会发生"进门槛效应"呢?当你对别人提出一个貌似"微不足道"的要求时,对方往往很难拒绝,否则,似乎显得"不近人情"。而一旦接受了这个要求,就仿佛跨进了一道心理上的门槛,很难有抽身后退的可能。因此当再次向他们提出

一个更高要求时,这个要求就和前一个要求有了顺承关系,让这些人容易顺理成章地接受。在这种情况下,比乍一上来就提出比较高的要求,更容易被人接受。

日常生活中有许多利用"进门槛效应"的例子。比如一个推销员,当他可以敲开门,跟顾客进行交谈时,其实,他已经取得了一个小小的成功。在这种情况下,如果他能够说服顾客买一件小东西的话,那么,他再提出进一步的要求,就很可能被满足。为什么呢?因为那位顾客之前答应了一个要求,为了前后保持一致,他的确会有较大可能性接受进一步的要求。男士在追求自己心仪的女孩时,也并不是"一步到位"提出要与对方共度一生的,而是逐渐通过看电影、吃饭、游玩等小要求来逐步达到目的的。

## 从小到大的"进门槛效应"

在人际交往中,当我们要提出一个比较大的要求时,可以不直接提出,因为这个时候很容易被拒绝。你可以先提出一个较小的要求,一旦对方答应,再提出那个较大的要求,就会有更大的被接受的可能。

捐一点吧,哪怕一分钱也行。

结果其捐款人数比没有这句"哪怕一分钱也行"的人数多两倍,并且募捐到的款额也不少。

在人际交往中,当我们要请求别人帮忙或是做事的时候,你不妨运用"进门槛效应",这样做会给你带来意想不到的收获。

## 寻求别人帮助时，要先使对方有个好心情

要想改变他人的行为，使他人顺从，你可以运用一种方法：在提出请求之前，让他们有一个好的心情。只要我们运用恰当，就会取得圆满成功。

有时候，即使在地上捡了一枚硬币，甚至也会让人心情好起来。心理学家通过实验发现就是一点小事也会影响人的心情，从而影响是否采取援助行动。

实验是在美国旧金山的最大的购物中心进行的。实验分两种进行，一种是实验人员在使用电话之前放入 10 美分硬币，另一种是电话亭里没有放钱的情况。在电话亭打电话的人并不知道有什么实验，只是当他们打完电话后，从电话亭里出来的时候，实验人员抱着一堆书籍之类的东西从他们跟前走过，而且故意让书落到地上。

那么，到底有多少人会帮忙捡起落在地上的书本呢？实验结果证明，没有捡到钱的人当中，只有 5% 的人帮忙捡起了落下的书本。而捡到钱的人当中却有 90% 以上的人伸手给予了帮助。

这个实验证明，心情好的确使人更容易帮助别人。

让我们看一个由 Rind 和 Bordia 做的有趣的研究：

研究者要求男女侍者给消费者两类账单，一类画有一个笑脸，另外一类没有画上笑脸。基于以前的研究，研究者预测：画笑脸的女性侍者会使消费者有一个好心情，这样他就会留下更多的小费。

然而，这种做法对男侍者可能不起作用。因为画笑脸对于男性来说显得并不是很合适。结果证实了这一预测：当女性侍者画上笑脸时，其小费会增加 19%，而对于男性侍者来说却没有起到同样的效果。这些结果和其他实验室研究以及现场研究的结果表明，几乎所有能够使人们心情变好的做法都能够增加他们对各种请求做出肯定答复的倾向。

其实我们每个人大概都有过类似的体会。当你遇见一个好人，顿时觉得生活特别美好，觉得自己非常幸运。在这种情况下，为什么不去帮助那些不如你那么幸运的人呢？为什么不能让世界有更多的美好呢？似乎好心情有一种惯性。有很多人懂得利用这个心理规律，总是在别人遇到喜事临门、有意外收获的时候，让别人请客，或请求帮忙做一些事，当然这个人比平时更可能同意。

比如，一位男士中了几十万的大奖，兴高采烈。此时，朋友们让他请客，他会很豪爽地请大家到高档酒楼吃一顿海鲜。而要是在平时，朋友让他在小吃摊上请客，他也要算计算计。

一位厅长换届时连任，他肯定很高兴。你拿着过去很长时间里他都没来得及批的申请报告找他，请他在上面签字，他多半会爽快答应。这也是好心情使然。

## 暗中智取，让他人无从防范

钟隐是五代十国时南唐的一位著名画家，他虽家道殷富，却倦于俗事，便学习前辈陶渊明先生做起隐士来。

隐居山林，除了修身养性，练练气功外，钟隐最爱做的一桩事就是画画。

不过，画了一段时间，钟隐就犯了"眼高手低"的毛病。经过冷静反思，他认识到，毛病就在于自己画技贫乏。于是他决定下山拜师学艺。

下山后一打听才知道，当时画花鸟的高手叫郭干晖，此公笔墨天成，曲尽物性之妙，尤其擅长画鸷鹞。钟隐非常高兴，立即前往郭府拜师。

不料，郭干晖虽然身怀绝技，却不肯轻易授人，老先生作画总吩咐下人把门关上，唯恐马路上过往行人或是私闯进来的宾客，窥见一招一式。因此，钟隐兴冲冲地来到郭府，连大门也没跨进，就被轰了出来。

钟隐想了想，拜师学艺应该有规矩才是，于是叫家人准备一车银子，风风光光地再次登门求见。谁知门房仍挡住不让进，还冷嘲热讽道："你认为我们家老爷缺银子花吗？告诉你吧，我们家老爷用毛笔画个圈，就能够你小子吃个一年半载的。还想到这儿摆谱儿，也不看看是谁家！"

没办法，钟隐只好拉着一车银子灰溜溜地打道回府。

投师不成，钟隐茶饭不香，夜不能寐。终于，他想出一条妙计，既然明着求他不行，何不来暗的呢？于是，他乔装打扮成一个小厮，毛遂自荐地跑到郭府要当奴仆，且一再强调只混口饭吃，不要工钱。他毕竟是个画家，化装后连门房都没认出他来。由于他要求不高，郭府又正缺人手，于是就被收下了。

钟隐进入郭府后，得到了郭府上下的一致信任，就连郭老先生也撤除了对他的所有防线，作画时竟然点名要他站在一旁磨墨，根本没料到他是来学画的。

此时，钟隐就可以尽情地观看郭老先生作画时的笔法用彩了。没过多久，就把老先生那套密不示人的技艺烂熟于心了。

谁知，画技学得越多，越是技痒难熬。有一天，钟隐实在忍耐不住，乘兴在墙上偷偷画了一只鸽子，神形俱佳。有人将此事向郭老先生报告。老先生闻讯前去观看，一看就吓了一大跳，知道这绝非外行所能画出来的。于是，召来钟隐盘问。

钟隐见纸包不住火，只好和盘托出。郭老先生听罢并没生气，反而大受感动："相公为了学画，竟然不惜为奴，这叫老夫如何敢当？如此求学，真乃天下少见，老夫就破例把你收在门下吧。"

从此，郭干晖老先生与钟隐以师徒相称，一个纵论画道，密授绝技；一个潜心苦学，仔细揣摩。果然，钟隐深得其旨，技艺猛进。画有《鹰鹃杂禽图》《周处斩蛟图》等名作传于后世。

正是钟隐暗中智取，才让郭干晖答应了收他为徒。假如当初钟隐没采取这个办法,恐怕事情就没有那么好办了。

博弈兵法中有这样一条:堡垒最容易从内部攻破。明里强攻不成,就该暗中智取。所以,求人办事一定要做好暗中智取的准备,尤其对于一些比较固执或有某方面偏好的人来说,更应考虑用这种方法求人办事。

## 以礼相待,多用敬语好求人

求人办事的过程中,无论双方的地位高低、年纪大小,或长辈晚辈,在人格上都是平等的。所以,切不可盛气凌人、自以为是、唯我独尊。谈话时,要把对方作为平等的交流对象,在心理上、用词上、语调上,体现出对对方的尊重。尽量使用礼貌语,谈到自己时要谦虚,谈到对方时要尊重。恰当地运用敬语和谦语,不仅可以显示你的个人修养、风度和礼貌,而且有助于你把事情办成。

例如,在外出办事时,如果双方约定见面又有其他人在场,主人为你介绍时,你应当如何表示才算合乎礼节呢?一般说来,介绍时彼此微微点头,互道一声:某某先生(或小姐)您好!或称呼之后再加一句"久仰"便可以了。介绍时你还应该注意,如果你是坐着的,那你就应该站起来,互相握手。但如果相隔太远不方便握手,互相点头示意即可。

随身带有名片的此时也可交换,交换时应双手奉上,并顺便说一声"请多多指教"之类的客套话。接名片时也应用双手,并礼貌地说一声"不敢当"等,自己若带着也应随后立刻递给对方。如果你是介绍人,介绍时务必要做到清楚明确,不要含糊其词。

比如,介绍李先生时最好能补上一句"木子李"或介绍张先生时补一句"弓长张",等等,这样使对方听起来更明确,不容易发生误会。如果被介绍的一方或双方有一定的职务时,最好能连同单位、职务一起简单介绍。像"这位是某某公司的业务经理某某",这样可使对方加深印象,也可以使被介绍者感到满意。

还有,如果你外出、旅游或者初到一个陌生的地方,可能地址不清或对当地的风俗习惯不了解,这就需要询问别人。要想使询问得到满意的答复,就要做到这样两点:一是要找对知情人,主要是指当地熟悉情况的人。比如,问路可以找民警、司机、邮递员、老年人等。二是要注意询问的礼节,要针对不同的被询问者和所问问题区别对待。注意询问时不要用命令性的语气,当对方不愿回答时就不要追根问底,以免引起对方不快。

此外,请求别人帮助的时候,应当语气恳切。向别人提出请求,虽无须低声下气的,但也绝不能居高临下,态度傲慢。无论请求别人干什么,都应当是"请"字当头。

即使是在自己家里,当你需要家人为你做什么事时,也应当多用"请"字。向别人提出较重大的请求时，还应当把握恰当的时机。比如，对方正在聚精会神地思考问题或操作实验，对方正遇到麻烦或心情比较沉重时，最好不要去打扰他。如果，你的请求遭到别人的拒绝，也应当表示理解，而不能强人所难，更不能给人脸色看，不能让人觉得自己无礼。

## 人际交往中要多用谦词

心有所存，口有所言。生活中，尊重他人其实就是尊重自己，你敬人一尺，人才会敬你一丈。只有在一个相互尊重的环境里，人们才会更好地和睦相处。

对于一个年级稍长的女性来说，最忌讳的就是别人叫"阿姨""大娘"这类字眼。因为在她们眼里，自己还是年轻的。

话说得讨人喜欢，再加上些谦词、敬语，谁会拒绝和你交谈呢？

语言是思想的衣裳，它可以表现出一个人的高雅或粗俗。如果你要接通情感的热流，使社交畅通无阻，就应得体地运用敬语。

## 让自己看起来像个大人物，他会觉得为你办事踏实

办事时，如果你想让别人重视自己，就要有一些让人信任的表现。在人们的心目中，大人物总是比平民百姓容易让人信任。不管大人物出现在哪里，人们总是对他们特别信任。所以，为了使自己办起事来更为顺利，不妨做个修饰，使你自己像个大人物。你可以参考下面的做法：

### 1. 你要显得充满信心

为了使你显得出类拔萃，你可以常用肯定的表情，常微笑而不常皱眉，常开怀大笑而不常阴险冷笑。说话时不要吞吞吐吐，因为这让人觉得你不够坦率，欠缺潇洒。要常提对方的姓名，给人亲切感。让别人多谈自己，这是人们最喜欢的话题，对方也会因此而喜欢你。要学会尊重别人，要同情别人的困境，使别人不会难堪。要学会不嫉妒别人，显示你有宽阔的胸怀。会调侃自己是对自己有信心的表现。平常要多运动，使你精神饱满、头脑灵活。你还要相信自己一定会成功，不会甘心一辈子只当个小角色。要注意服饰，例如配上鲜艳的领带，配点小装饰，这些都让人觉得你很醒目。要让自己身上散发出似有似无的某种清香，例如刮完胡子后，擦点某种润肤水。人的嗅觉是很灵敏的，而且对人的感觉影响比较大，所以你身上若散发出某种清香，可给人留下深刻的印象。走路时要抬头挺胸，显得很自信。讲问题时可以卖卖关子，别一下捅破，让别人来问你。有条件的话学一门专长，如精通某一段历史、会演奏某种乐器等都是出众的本钱。最起码你要说话清楚，别让人觉得你老是喃喃自语，也别常带口头语。

### 2. 要诚恳地对待别人

你要知道，实话也会伤人，所以说实话也要讲究技巧。要信守诺言，尽量不言而无信。前提是许诺要慎重，不轻易放弃原则。要有自己的见解，若人云亦云，别人不会认为你很真诚。要平等对待别人，无论是谁都要给予尊重。如果你对上司摇头摆尾，对下属却摆出一副冷面孔，人家会怎么看你？不要装模作样，这很容易被人看穿。要以本色示人，不要怕承认缺点，敢于面对自己的弱点，最易赢得别人的信赖。

### 3. 注意细节修饰

为了使自己看起来更向大人物迈进一步，你还必须注意服装配饰等细节问题。如果一套笔挺的西装，里边却有一个肮脏的衣领，对方一定不会感到舒服。袜子也是一样，你坐着与人谈话时，脚会不自觉地伸出去或翘上来，袜子也就会暴露在人前。如果不干净、不整洁，就会让人反感。

头发、牙齿、胡子也是应该经常修饰的部分。头发一定不要过长，否则就容易乱、容易脏。要按时理发，使自己的头发保持一个精神的式样。胡子要经常刮，牙齿要经常刷，口中不要有异味，尤其在出去谈判时一定不要吃有异味的食物。这么

认真苛刻地对待自己的外表，也是你对对方的一种尊重。

如果你与对方谈判或请对方为你办某件事情时，衣衫不整、头发蓬乱，对方会感到不舒服，瞧不起你。对于自己的细节要时时注意，因为这些细节蕴涵着丰富的内容。比如，公文包、钢笔、笔记本、名片夹、手表、打火机等最好都要讲究些。

总之，尽可能地采取一些措施，让自己看起来像一位很有作为的老板。然后你再同别人办事时，就有了很大的把握和胜算。

## 巧转关系，借能人为自己办好棘手之事

事情有难易之分，面对易如反掌的事情，我们总是能轻松解决，但当面前的问题很棘手时，就不妨将问题抛出去，让能人去解决。

有位知名度颇高、要求极为严格的建筑师。他规划了许多建筑物，然后分别包给多位承包商。

由于这位建筑师对质量和进度要求甚高，所以在他的手下做事压力巨大。在他的建筑师事务所里，经常可以听到会议室里传出来的阵阵怒吼声。因此，他手下的助理更换非常频繁。

这次，建筑师请来的是一位刚毕业的年轻助理，负责监督和催促工程进度的工作。这个工作一向是最吃力不讨好的，所以受到建筑师的责难也最多。可奇怪的是这位年轻助理连续工作了半年，居然很少受到建筑师的责骂，工程的进度在他的监督下也都能跟上，同事们对此都感到非常不解。

直到有一天，同事们在同这位年轻助理谈论工作经验时，才向其问道："我们实在都很好奇，你工作时间不长，却能把工程进度控制得如此之好，你到底是怎样做到的呢？"年轻助理耸了耸肩，无比轻松地说："其实，这很简单。当一位承包商把难题丢给我，企图拖延工程进度时，我就很坚定地告诉他：'我的进度不能变更，你是要和我解决呢，还是让我们的建筑师和你解决？'这样他们通常都没什么话说了。"

这位小伙子真的很聪明，他将自己的困境轻松地转化为建筑师和商人的矛盾，自己却轻松了起来。与之类似，中国历史上也有一个非常有名的事例：

唐肃宗时，李辅国是宫中的一名大宦官。至德元载（公元756年），肃宗在灵武称帝后，李辅国官拜行军司马。凡是肃宗的起居出行、诏令发布等内外大事，都委任李辅国处理。唐肃宗打败安禄山，收回京城后，李辅国在银台门主持恢复京城的事，并负责掌管禁兵，一时权倾朝野，人人都不敢小看他。上元二年（公元761年）八月，唐肃宗又加封李辅国兵部尚书一职。可是李辅国仍然不满足，恃功向唐肃宗要官，请求做宰相。唐肃宗对李辅国这种咄咄逼人、明目张胆要官的做法非常反感，同时，对他的权力过重也有所警惕。因此，唐肃宗并不想把宰相的权力交给他。不

过，李辅国对唐朝宗室有功，唐肃宗不想当面得罪他。于是，就对李辅国说："按照你为国家所建立的功勋，什么不能做？可是，你在朝廷中的威望还不够，这怎么办呢？"

李辅国听了唐肃宗的话以后，就让仆射裴冕等人上表推荐自己。唐肃宗知道李辅国在请人上表，心里十分担心，就悄悄地把宰相萧华找来说："李辅国想做宰相，我并不打算让他干。听说你们想上表推荐他，是真的吗？"萧华没有作声，但心里已经明白了。他出宫以后找到裴冕，征求他的意见。裴冕说："当初我并没有打算上表推荐李辅国为宰相，是他自己来找我的。现在我知道了皇上的真实意图，请皇上放心，我宁死也不会上表推荐李辅国为宰相的。"萧华又进宫向唐肃宗奏明他们的意见，肃宗非常高兴。后来，李辅国始终没能当上宰相。

有句谚语说"把烫手山芋丢出去"，其中烫手山芋指的就是忽然遇到的问题与困难。就如同前面故事中的年轻助理和唐肃宗一样，他们都非常巧妙地将问题挡了出去，让别人为自己的问题苦恼，使其处于两难的境地，自己则享受没有烦恼的乐趣。年轻助理是将问题引向了更困难的建筑师，自己巧妙地回避了矛盾；唐肃宗则是将问题推给了下属，借他们的力量来限制李辅国。有的问题在当时就应很快反应，否则稍有停顿便会烫到自己的手。事后步步埋怨自己没有抓住稍纵即逝的机会做适当的反应，也没有用了。

所以，尽管烫手的山芋人人都不想接，但如果它不幸落到我们自己手里的话，最好的办法就是将它丢出去，扔给那些有能力的人去解决。不过，烫手山芋丢出去还要有技巧，要丢得不愠不火，小心别烫到了对方，伤了感情。这里面就有个"度"的问题。既要让对方能在脸面上过得去，又要让自己摆脱困境。高明的人不仅能使丢出去的烫手山芋不会砸到别人，还能让别人心甘情愿地替自己解决问题。

还需要注意的是，这些技巧是要经常练习的。常常操练，就能够掌握这个火候了。但是，有些时候也不应一味地回绝，应该抓住时机；有些时候，如果问题不是非常难处理，则应尽量去把它做好。

## 第三篇
# 巧用心思,赢得认同和支持

## 第一章

# 将心比心、换位思考

## 换位思考，在人际交往中出奇效

A市交通警察支队不久前搞过一次"交警扮的哥"的活动。那一天，数十名交警穿上便装，"秘密行动"开起了出租车。一天中，他们受过乘客的气，也有的违了章，实实在在地体验了一把"的哥"们谋生的艰难与不易。另外，通过换位，他们也看到了自己执法过程中的确还存在着许多问题。

再来看看另外一件事：在繁华的大街上，几名城管把一位瓜农的西瓜砸了个稀巴烂，卖瓜的女主人在大街上抱着烂瓜痛哭。这几个城管一定是没种过瓜的。如果他们也能像交警那样换一下位，如果他们能到田间地头感受、体会一下，想一想农民从育苗到瓜成熟这几个月中的艰辛，也许就不忍心这么做了，而一定会对瓜农体贴许多。

换位办事、换位思考，就是我们所说的将心比心。

所谓换位思考，就是要把自己设想成别人，站在别人的角度考虑问题。很多时候甚至需要暂时抛开自己的切身利益，去满足别人的利益。其实，利益在很多时候是互相关联的。你能考虑别人的利益，别人也会考虑你的利益。在人际交往中，我们要学会"将心比心"。

一个人只有具备习惯于换位思考的素质，具有过人的理解力，才能去理解平时所无法理解的东西，而对方也能感觉到自己被尊重了。这样，人家才愿意与你交流、沟通。

在人际交往时，人们不仅习惯于从自己的特定角色出发来看待自己和他人的态度与行为，而且还习惯于自我中心式的思维方式，从而引发出一连串的冲突和矛盾。如果大家都能从对方的角度去思考一下，都能将心比心地换位感受一番，那么，许多冲突、矛盾就可以迎刃而解，这就是换位思考的积极作用。

美国的开国元勋杰弗逊有一句名言："也许我不同意你的观点，但我一定举双手维护你说话的权利。"

换位思考到底是什么呢？其实就是"移情"，去"理解"别人的想法、感受，从别人的立场来看事情，以别人的心境来思考问题。当然，这并不是很容易就能做到的。

换位思考不但需要转换思维模式，还需要一点好奇心来探求他人的内心世界。

真正的换位思考必然是一个"移情"的过程，要从内心深处站到他人的立场上去，要像感受自己一样去感受他人。但不幸的是，许多人的换位思考缺少了"移情"这一根本要素。他们或是站在自己的位置上去"猜想"别人的想法和感受，或是站在"一般人"的立场上去想别人"应该"有什么想法和感受，或是想当然地假设一种别人所谓的感受。这样的换位思考，其实仍局限于自己设定的小圈圈之中，绝对无法体验他人真正的感受和思想。只有真正地"移情"，设身处地地为他人着想，换位思考才能起到积极的作用。

## 如何运用换位思考与他人沟通

与人沟通的过程中，人们很多时候犯的错误往往来自只从自己的角度思考问题。为了避免这样的错误，就得学会换位思考，并在此基础上调整沟通的方式和内容。

换位思考其实就是"移情"，去"理解"别人的想法、感受，从别人的立场来看事情，以别人的心境来思考问题，这样说出的话也才能真正说到别人的心窝里。

想要很好地与他人沟通，可以换位思考一下对方的处境，在当时的情况下他会怎么想，会怎么做？然后根据他的想法和行动确定自己和他交流的方式，这样往往可以赢得对方的好感。

## 想让别人喜欢你，先要喜欢上对方

看看你身边的人，你想过你喜欢的人通常具有哪些特征吗？你喜欢他们，是因为他们漂亮吗，还是因为他们聪明，或者是因为他们有社会地位？

心理学的研究表明，我们通常喜欢的人是那些也喜欢我们的人。他不一定很漂亮，或很聪明，或者有社会地位，仅仅是因为他很喜欢我们，我们也就很喜欢他们。这就是相互吸引定律。

那么，我们为什么会喜欢那些喜欢我们的人呢？这是因为喜欢我们的人使我们体验到了愉快的情绪，一想起他们，就会想起和他们交往时所拥有的快乐，使我们一看到他们时，自然就有了好心情。

而且，那些喜欢我们的人使我们受尊重的需要得到了满足。因为他人对自己的喜欢，是对自己的肯定、赏识，表明自己对他人或者对社会是有价值的。

有心理学家曾做过这样一个实验：

让被试"无意中"听到一个刚与他说过话的伙伴告诉主试喜欢或不喜欢他。接着，当这些同伴和被试在一起工作时，被试的面部表情会因他们听到的内容而异。当被试听到同伴喜欢他时，他会比听到同伴不喜欢他时在非言语表现上更积极。另外，后来的书面评定显示，被喜欢的被试比不被喜欢的被试更多地被同伴吸引。

其他的研究也证明了相似的结果：人们对那些他们认为喜欢他们的人，持更积极的态度。这就是喜欢的互逆现象。

对于喜欢的互逆现象，戴尔·卡耐基很久以前就在著作《如何赢得朋友和影响他人》中提到，人们获得友谊的最好方式是"热情友善地称赞他人"。但是，在我们为赢得他人的友谊而不遗余力地去赞美他人之前，我们需要考虑一下情境，有时赞美并不一定能导致喜欢。

喜欢的互逆性规律也有例外发生，其中之一就是当我们怀疑他人说好话是为了他自己时，他人的赞美并不会导致我们去喜欢他。

此外，对那些自我评价很低的人来说，喜欢的互逆性也不会发生。因为他可能认为喜欢他的人没有眼光，并且因此而不去喜欢那些人。

在生活中，有很多这样的情况，就是两个人的相互喜欢是由一个人对另一个人的单方面喜欢开始的。比如一个女孩开始时对一个追求她的男孩并没有多少好感，但是这个男孩子表现出了对她特别喜欢的态度，使这个女孩久而久之也对这个男孩动心了，最后接受了他的追求。

当然，这个规律也不是绝对的。有时我们喜欢某个并不喜欢我们的人，相反，我们不喜欢的人有时却很喜欢我们。我们只能说在其他一切方面都相同的情况下，人有一种很强的倾向，喜欢那些喜欢我们的人，即使他们的价值观、人生观都与我们不同。

## 你对朋友知心，朋友也会对你知心

小敏是同宿舍中最擅长交际的一个，而且人也长得漂亮。但同宿舍甚至同班的其他女孩都找到了自己的男朋友，唯独漂亮、擅长交际的小敏仍是独自一人。

为什么呢？她身边的同学都表示，她太神秘，别人很难了解她。和她有过接触的男同学也说，刚开始和她交往时，感觉她是个活泼开朗的女孩，但时间一长，就发现她很自私。

原来，小敏一直对自己的私生活讳莫如深，也从不和别人谈论自己，每当别人问起时，她就把话题岔开，怪不得同学们都觉得她神秘呢！

生活中有一些人是相当封闭的，当对方向他们说出心事时，他们却总是对自己的事情闭口不谈。但这种人不一定都是内向的人，有的人话虽然不少，但是从不触及自己的私生活，不谈自己内心的感受。有些人社交能力很强，他们可以饶有兴趣地与你谈论国际时事、体育新闻、家长里短，可是从来不会表明自己的态度。而一旦你将话题引入略带私密性的问题时，他就会插科打诨转移话题。可见，一个健谈的人，也可能对自身的敏感问题有相当强的抵触心理。相反，有一些人虽不善言辞，却总希望能向对方袒露心声，反而能很快和别人拉近距离。

人之相识，贵在相知；人之相知，贵在知心。要想与别人成为知心朋友，就必须表露自己的真实感情和真实想法，向别人讲心里话，坦率地表白自己、陈述自己、推销自己，这就是自我暴露。

当自己处于明处，对方处于暗处时，你一定不会感到舒服。自己表露情感，对方却讳莫如深，不和你交心，你一定不会对他产生亲切感和信赖感。当一个人向你表白内心深处的感受时，你可以感到对方信任你，想和你达到情感的沟通，这就会一下子拉近你们的距离。

在生活中，有的人知心朋友比较多，虽然他(她)看起来不是很擅长社交。如果你仔细观察，会发现这样的人一般都有一个特点，就是为人真诚，渴望情感沟通。他们说的话也许不多，但都是真诚的。他们有困难的时候，总会有人来帮助，而且很慷慨。而有的人，虽然很擅长社交，甚至在交际场合中如鱼得水，但是他们却少有知心朋友。因为他们习惯于说场面话，做表面功夫，交朋友又多又快，感情却都不是很深。因为他们虽然说很多话，却很少暴露自己的真实感情。

实际上，人和人在情感上总会有相通之处。如果你愿意向对方适度袒露心扉，总会发现相互的共同之处，从而和对方建立某种感情的联系。向可以信任的人吐露秘密，有时会一下子赢得对方的心，赢得一生的友谊。

小鱼是某大学的研究生，刚入学不久，她就把同班同学给震住了。一天早上，课间，坐在前排的她转过身和一位同学借笔记，还回来时笔记里竟然夹了一张男生的照片。于是小鱼打开了话匣子，跟后面的同学聊了起来，说那是她在火车上认识的新男友，正在热恋中。她从她和男友在哪儿租了房子、昨天买了什么菜、谁做的晚饭，说到她如何如何幸福，甚至说到二人世界里亲密的小细节。这样的事情有很多，而且她经常不分时间、场合随便就跟别人讲自己的一些私事。到后来，同学们一见到她就躲开了，大家都受不了她了。

由上面的这个例子我们可以看出，在人际交往的过程中，自我暴露要有一个度，过度的自我暴露反而会惹人厌。

真正的亲密关系是建立得很慢的，它的建立要靠信任和与别人相处的不断体验。因而，你的"自我暴露"必须以逐步深入为基本原则。这样，你才会讨人喜欢，才能交到知心朋友。

## 如何通过自我暴露拉近与对方的距离

自我暴露，是一种人们自愿的、有意地把自己的真实情况暴露给别人的行动，它透露的情况多是他人不可能从其他途径获得的。

自我暴露的过程能让双方关系发展，彼此更加熟悉和信任，相处更自然。

自我暴露的最高层次是向对方表露你的个人感情。当你表露你的愿望、梦想、爱情、喜悦和悲痛时，对方才会发自心底地认同你，因为我们所有人都有这些基本的情感经历。

不过要注意，自我暴露要注意暴露的目标、内容、数量、深度、时机，切忌过犹不及。

## 先理解对方，然后再让对方理解你

我们常常与身边的人发生冲突，产生矛盾。这些人，也许是父母，也许是爱人，也许是朋友。并不是因为彼此之间有了什么深仇大恨，有时候仅仅是因为沟通出了点问题，彼此不能互相理解，从而使得感情出现裂痕，可是双方又没发觉或者发觉到了却不知道怎么去修补裂痕，以至于裂痕越来越大，误会越来越深，最后导致关系破裂。

人是感情动物。因为有感情，所以每个人都有脆弱的一面。当别人伤害到你的感情，或当你感到自己被忽略、被否定的时候便会觉得很受伤，也会因此对那些伤害你的人竖起防心。这个时候，如果有一个人对你说，他理解你的感受，理解你为什么要这么做，他希望能够帮助你，希望带给你快乐，这个时候，你的心便会如有暖流流过，冰冻的地方也会慢慢解冻，不再把自己封锁起来，而会试着去理解他人，当你理解了那些伤害你的人，你便不会再对他们有憎恨，矛盾和冲突也就不存在了。

炳有一个妹妹嫁给了一个律师。这位律师是炳的大学同学，妹妹与他是自由恋爱后结婚的，所以炳非常放心地把这个自己最疼爱的妹妹交给了他，而且相信他们一定会过上幸福的生活。

妹妹与妹夫也确实过了一段非常幸福的生活。可是，渐渐地，妹夫对妹妹却古怪起来，疑心重重。妹妹走到哪儿，他就跟到哪儿，而且绝对不让她单独去什么地方，就算去超市买点日用品他也得跟随着。他还让妹妹辞掉了工作，天天把她关在家里。如果要出去，就一定要在他的陪同下才能出去。

当妹妹向炳哭诉的时候，炳非常生气，恨不能马上就把那个欺负妹妹的人揪出来打一顿。他甚至与父母商量，要向法庭起诉妹夫，告他侵犯了妹妹的人身自由权。当炳找到妹夫摊牌时，妹夫只是很无奈地看着他，什么都不说。这下，炳更加确定是妹夫欺负了妹妹，而且是以一种近乎变态的方式。他威胁妹夫，要么跟妹妹离婚，要么就等着法庭上见。

当炳积极搜集证据，准备随时通过法律手段为妹妹赢得自由时，他接到了一个精神病医院的电话，向他询问他妹妹小时候经历过的各种事情。炳这时候才知道，原来自己的妹妹得了盗窃症，无法抑制自己的偷窃冲动。不管到哪儿，只要是她一个人，她就想偷东西。炳这才理解了妹夫之前的种种行为，知道妹夫为了不让别人看到妹妹有这样的怪癖，费尽了心思。他当时就打电话给妹夫，很诚恳地向妹夫道歉，而妹夫依旧只是在电话中笑了笑，表示没关系。

当你理解了一个人的做法，就不会再耻笑对方，或者因为这种做法损害到你的利益而与对方争执。一个善解人意的人，是不会轻易就跟别人闹矛盾的。面对别人无端的指责，他也不会放在心上，而是会想，我能理解他为什么这么生气，换成是我，我也会这么生气的。也因为如此，善解人意的人，没有敌人，只有朋友。

## 看到对方的需要，了解对方的观点

换位思考要求我们从说话者的角度来看待问题："说话者所要表达的观点是什么？他需要的是什么？他想要解决什么问题？"

有一个传教士想知道天堂与地狱的区别，上帝便带他走进一个房间。在这个房间，许多人围着一只正在煮食的大锅坐着，他们又饿又失望。每个人都有一只汤匙，但是汤匙的柄太长了，所以食物没法送到口里。

"来，现在我带你去看看天堂。"上帝带着传教士进入另一个房间，这个房间跟上个房间的情景一样，也有一大群人围着一只正在煮食的锅坐着，他们的汤匙跟先前那群人的一样长。所不同的是，这里的人看起来又快乐又满足。

传教士奇怪地问上帝："为什么同样的情景，这个房间的人快乐，而那个房间的人却愁眉不展呢？"

上帝微笑着说："难道你没有看到，这个房间的人都学会了互相喂对方吗？"

如果用更准确的话语来总结，那就是，充满快乐的那个房间的人都看到了对方的需要，并且满足了对方，与此同时，自己的需要也得到了满足。这看似浅显的道理理解起来不难，但做起来却并不容易。

要满足别人的需要，我们首先要去了解他的需要。精神分析心理学派鼻祖弗洛伊德说："别人之所以那么做，一定有他的一个原因。试着找出那个隐藏的原因，你就等于拥有了解释他的行为、了解他个性的钥匙。"观察、倾听、思考是了解他人的需要与观点的好办法。

很多时候，了解他人的需要与观点是建立在仔细聆听的基础上的。这不但要求专注，还要求"移情"，即把自己置身于说话者的位置上，把自己想象成对方。这需要你暂停自己的想法和感觉，努力去理解说话者想要表达的含义，从说话者的角度调整自己的所观所感，这样可以保证你对所听到的信息的理解符合说话者的本意。

希伯来有一个国王叫所罗门，是西方世界智慧的象征。一次，在国王办公时，有一对老夫妇闯了进来，老翁说他想要离婚，所罗门问"为什么"，老翁讲出了若干个理由。所罗门边听边点头，最后说："是的，你是对的，你们应离婚。"话音未落，老妇人强烈反对，说绝对不同意离婚，问她理由，她的"理由"比老翁还要充足。所罗门同样边听边点头，最后说："是的，你是对的，你们不应该离婚。"

这时，国王身边的大臣见国王如此断案，忍不住站出来当众指责所罗门："大王，你不应该这样断案，你这样断案是不对的。"所罗门同样边听边点头，最后说："不但他们是对的，你也是对的，确实没有如此断案的，尤其这样的事情发生在国王身上。"

所罗门的上述行为并非愚蠢的表现。用心倾听，并且在听的同时把自己想象成对方，这正是所谓的"换位思考"，正是智慧的处世之道。

## 懂得推敲——了解他人的需求

在工作中,人们常常会遇到这样的情况:试图了解某人的需求与观点,却无法与之接触。在这种情况下,倾听与观察是无能为力的,你只能借用你的大脑,在思考的基础上推测他的需求,并试着去满足他的这一需求。

皮鞋厂的一位推销员曾多次拜访伦敦的一家皮鞋店,但其拜会老板的请求都被鞋店老板拒绝了。

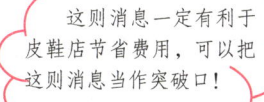

这则消息一定有利于皮鞋店节省费用,可以把这则消息当作突破口!

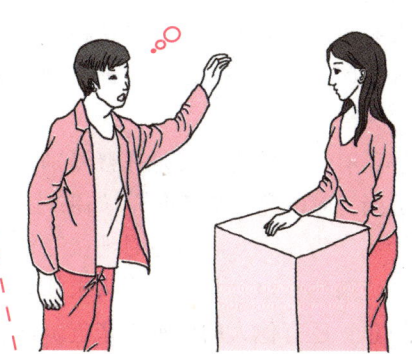

请您转告您的老板,说我有路子让他发财。不但可以让他大大减少订货费用,还可以赚大钱呢。

### 帮助对方要适当,接受对方的帮助也要适当

在机关里工作的小孙是天生的交际人才,有事没事,都爱到别的科室转转。工作不到一年,便与各个科室的人,大到最高领导,小到办事人员,混得很熟。此外,小孙与机关的最高领导——局长的关系也非同一般。只要他遇到什么办不了的事,给局长一说,事情就解决了。应该说,小孙的群众基础也不错,他待人热情,乐于助人。遇到办公室的同事有困难,他总是自告奋勇,常常还没等别人张口请他帮忙,他就说:"小事一桩,我替你摆平!"

同时,他为人也缺少原则,常常让同事帮他做事。对于别人给予的种种好处,他也总是来者不拒。就拿吃早餐这事来说吧,要是他早上没东西吃,就会伸手向办

公室的人要，甚至跑到别的办公室找吃的。

在单位呼风唤雨，小孙感觉一直很好。两年后，办公室的科长提升了，小孙作为候选人参与考核。他想，自己要能力有能力，要关系有关系，这个科长是当定了。不料，他却落选了。原来，同事给他打的分，远远低于他的对手。领导认为他还太年轻，群众基础还比较弱，只好放弃了让他升任科长的想法。

民意调查结果说明了什么？是同事以怨报德，还是小孙为人失败？仔细分析，应该是小孙不够了解人心，以致为人失败。要知道，一个人，如果从不帮助他人，很难有太大的成就。但是，如果帮助的方式不对，也可能得不偿失。对方非但不感激你，还怨恨你。什么叫帮助的方式不对？就是在帮助对方的时候，不够委婉，伤害了对方的自尊心。这就是那些受过小孙人多恩惠的同事，内心反而不喜欢他的原因。也许，小孙给予同事的帮助太多，满足了自己的"虚荣心"，却在无形中伤害了同事的"自尊心"。

一位交际广泛的著名记者曾经说过，他最大的敌人，都是那些得到过他帮助最多的人。人们通常认为，经常给别人一些殷勤的关心与帮助，肯定会赢得别人的好感。这种想法并不完全对。适当的帮助对彼此双方都是有好处的。但是如果你对别人的帮助过了头，使别人觉得自己软弱无能，引发了他的自卑感，就会导致他为自己的"没有出息"而苦恼。如果这种苦恼对他触动太深，他就会把这种烦恼的原因归结到让他陷入这种处境的人，即帮助他的人身上，以"怨"报德，反而对帮助他的人心存芥蒂。

小孙还有一个问题，就是在接受别人的恩惠时太随意。要知道，接受他人的帮助也应适当，应讲究一个"度"。如果对别人的帮助，我们一概地拒绝，不利于拉近彼此的距离。为什么？因为适时地接受他人的帮助，可以让他人有一种施惠于人的满足感与成就感。也就是说，当请求他人赐予我们一些小恩小惠时，我们得到的不仅是小恩惠，还有他人的好感与亲近。这也是为什么我们有时需要主动请求他人给予我们一些恩惠的原因。

不过，如果反过来，我们要求太多，太随便，也不好，那样会让对方心烦，让人看不起。对方可能认为你能力太差，什么都需要别人帮忙，或者认为你不把他当回事，随便使唤。

总之，不论是帮助别人，还是接受别人的帮助，都需要把握一个界限，注意自己的态度。只有这样，你提供帮助才会得到别人的感激，你接受帮助才会赢得别人的好感。

## 给人一份情，让他还你一辈子

谁都知道，有了"人情"好办事。但"人情"都是有限的，就像银行存款一样，你存进去的多，能取出来的就多，存得少，能取出来的就少。你若和别人只是泛泛之交，你困难时别人帮你的可能就很小，因为人家没有义务帮你。如果你平时多储蓄"人情"，甚至不惜血本地投资，急用时就不至于犯难。

常言道"士为知己者死，女为悦己者容"。能为知己者死的，必欠下了天大的人情，因此偿还人情便成了他们矢志不渝的目标。

公元前239年，燕国太子丹在秦国当人质。秦国对他很不友好，太子丹对此怀恨在心，偷偷逃回燕国。于是秦国派大军向燕国兴师问罪。太子丹势单力薄，难以与秦兵对阵。为报国仇私恨，他广招天下勇士，去刺杀秦王。

荆轲是当时有名的勇士，太子丹把他请到家里，像招待贵客一样，对荆轲照顾得无微不至。终于，打动了荆轲。后来，又对逃到燕国来的秦国叛将樊於期以礼相待，奉为上宾。二人对太子丹感激涕零，发誓要为太子丹报仇雪恨。

荆轲虽力敌万钧，勇猛异常，但秦廷戒备森严，五步一岗，十步一哨，且有精兵护卫，接近秦王难于上青天。于是，荆轲对樊於期说："论我的力气和武功，刺杀秦王不难，难在无法接近秦王。听说秦王对你逃到燕国恼羞成怒，现正以千金悬赏你的脑袋。如果我能拿到你的头，冒充杀了你的勇士，找秦王领赏，就能取得秦王的信任，并可乘机杀掉他。"樊於期听罢毫不犹豫，拔剑自刎。

荆轲带着樊於期的人头和督元地方的地图，去见秦王，这两件东西都是秦王想要得到的东西。但他未能杀掉秦王，反被秦王擒杀，只为后人留下了"风萧萧兮易水寒，壮士一去兮不复还"的悲壮诗句和"图穷匕见"的故事。

樊於期之所以能"献头"，荆轲之所以能舍命刺杀秦王，都完全是为了回报太子丹的礼遇之恩。"投桃报李""滴水之恩，涌泉相报"，足以说明"恩惠"对人心感化的巨大作用。

春秋时，楚庄王励精图治，国富民强，手下战将众多，个个都肯为他卖命。楚庄王也极力笼络这批战将，经常宴请他们。一天，楚庄王又大宴众将。君臣喝得极其痛快。天色渐晚，庄王命人点上蜡烛继续喝酒，又让自己的宠姬出来向众将劝酒。突然间，一阵狂风吹过，把厅堂里的灯烛全部吹灭了，四周一片漆黑。猛然间，庄王听得劝酒的爱姬尖叫一声，他忙问何事。宠姬在黑暗中摸过来，附在庄王耳边哭诉："灯一灭，有位将军无礼，偷偷搂抱臣妾。已被我偷偷拔取了他的盔缨。请大王查找无盔缨之人，重重治罪，为妾出气。"

庄王听闻，心中勃然大怒，自己对众将这样宠爱，竟有不逊之人，胆敢戏弄我的爱姬，真乃无礼之极！定要查出此人，杀一儆百！他刚要下令点灯查找，但又一转念：这帮战将都是曾为我流过血、卖过命的人，我若为了这点小事杀一位战将，其他战将定会寒心，以后谁还会真心诚意地为我卖命呢？失去这批战将，我将凭什么称霸中原呢？俗话说，小不忍则乱大谋。还是隐忍一下，放过这等小事。主意已定，他低声劝宠姬道："卿且去后堂休息，我定查出此人为你出气。"

等那宠姬离开厅堂，庄王便下令说："今日玩得甚是痛快，大家都把盔缨拔下来，喝个痛快。"大家在黑暗中都不知就里，不明白大王为何让大家拔下盔缨。但既然大王有令，就只好照办了。那位肇事的将军在酒醉之中闯下大祸，听到庄王宠姬尖叫，才吓醒了酒，心想这次必死无疑。等庄王命令大家拔盔缨时，他伸手一摸，盔缨早已没有了，才明白庄王的用心。等大家都拔去盔缨，庄王才下令点上灯烛，继续畅饮。那位肇事的将军便对庄王感恩在心，下定了以死效忠的决心。

自此以后，每逢战斗，都有一位楚将冲锋陷阵，拼命地出击作战。楚庄王细细查问，才知道他就是那位被宠姬拔掉盔缨的将军。

其实，有时给别人一些小的恩惠和人情对你来说只是举手之劳，并不费多少力气，可是对别人来说却是一种莫大的安慰，必要时他会舍命来报答你。

## 人情平时要维护，切莫临时抱佛脚

你或许有过这样的经验：当你遇到了困难，你本以为某人可以帮你解决，于是你就想马上找他。但你后来转念一想，过去本来应该去看他的，结果都没有去，现在有求于人就去找他，会不会太唐突了？

黄蜂与鹧鸪因为口渴得很，就找农夫要水喝，并答应付给农夫丰厚的回报。农夫并不感兴趣，对黄蜂和鹧鸪说："你们没有口渴时，怎么没想到要替我做事呢？"

我们平时一定要注意和周围的人培养、联络感情。只有平时经常联络，朋友之情才不至于疏远，朋友才会心甘情愿地帮助你。

过节了，过来看看老朋友。

## 关心对方最亲近的人，更会赢得他人的心

现实生活中如果你想打动对方的心，这可是件很不容易的事情，但是你不妨试着去打动对方最关心的人的心，这样或许能收到非常好的效果。

再说，关心对方的亲人，哪怕对方原本对你有成见，并不乐意帮你办事，但只要他的亲人动了心，在一旁帮你说说话，这掌握决定权的人耐不住亲人的软硬兼施，也常常不得不让步。比如下面这位后勤主任。

温强是一家外贸公司的职员，工作三年有余，虽没有一官半职，但业绩不错，是公司的重点培养对象。公司准备分配最后一批公房，温强正打算结婚，于是，一知道消息便交了申请。可是，后勤的负责人告诉他，由于资历尚浅，没有希望分房。温强一听，急了。"单位里占着两套房的人有得是"，想着自己连一间房也分不到，他越想越生气，一怒之下，他撬开一套公房的门，住了进去。

单位领导得知此事，大为恼火，勒令温强退房。在遭到坚决拒绝之后，公司对他进行了处罚：停发工资、取消年终奖、行政记过一次。三个月后，温强的生活陷入了困境。因为装修房子、买家具几乎花光了他的所有积蓄。有老同事开导温强，叫他去找单位的后勤主任认错，至少把工资给发下来。走投无路之下，温强去见了后勤主任，但主任根本不理他。连着一周，他天天去，依然没用。

温强见主任的夫人是个善良的人，便趁主任不在的时候，向她诉苦，博得她的同情，又帮她干活，赢得她的好感。通过聊天，温强得知主任上初中的小女儿数学成绩不太好，让主任夫妇很担心，便主动提出给孩子补课。此后，温强便趁主任不在家的时候去给小女孩补数学，两周三次。

也许是他的方法得当，也许是他的鼓励有效，不到一个月，小女孩的数学成绩就有了很大的进步。当然，主任夫人也从同情他到感激他，并喜欢上了他。

此后一个多月的时间里，温强再没去找过后勤主任，但背地里却坚持到主任家，给主任的孩子补习功课。

终于，有一天，单位通知温强交一份检讨书和一份困难补助，说是要给他补助几百元生活费。只要他交上检讨书，单位就撤销停发工资的决定。

这消息一传开，同事们纷纷猜测，说领导一定是看在他过去的业绩上，才改变处分决定的。只有温强自己清楚，是后勤主任的夫人和孩子替自己说了好话。也就是说，让温强从困境中爬出来的不是他过去的成绩，而是他现在的感情投资，是他对人的心理的了解与利用。

对关心自己的人心存感激，这是人之常情。即使对方是你的敌人，只要他知道你经常关心他最亲近的人，即便他不能把你当作朋友，也不可能再与你为敌。

要知道，亲人之间总是心连心的。只要你心诚，关心到位，另一颗心就不能没有感觉。

不信，试试看？送礼物给对方的亲人、为对方的亲人发挥一己之长、以己之便给对方的亲人提供方便。相信你所期望被打动的那个人不会没有反应。

## 让他知道你了解他、包容他，合作更容易

美国著名小说家西奥多·德莱塞曾说过："如果人想自人生中得到任何快乐，就不能只想到自己，而应为他人着想。因为快乐来自于你为别人，别人为你。"就拿事业来说吧。你自己的努力与能力往往只是成功的一半，找到适合与你合作的人，你才算找到了成功的另一半。那么，怎样找到那个适合的人呢？就是要了解他、包容他，就像了解你自己、包容你自己一样。只有了解别人，才谈得上合作；也只有了解了别人，才能够在合作的过程中扬长避短、互相配合。

1983年春天，玛格丽特抵达"东南老人中心"，开始了她的物理治疗的独立生活。当该中心员工米莉·麦格修将玛格丽特介绍给中心人员时，她注意到玛格丽特盯着钢琴看的那一霎间流露出痛苦的表情。

"怎么了？"米莉问。

"没什么，"玛格丽特柔声说，"只是看到钢琴，勾起我许多回忆。"米莉瞥向玛格丽特残障的右手，默默聆听眼前这名"黑人"妇女谈起她音乐生涯的辉煌过去。

"你在这里等一下，我马上回来。"米莉突然插口说。一会儿，她回来了，身后紧跟着一位娇小、白发、戴着厚重眼镜，并且使用助步器的女人。

"这位是玛格丽特。"米莉帮她们互相介绍，"这位是露丝·艾因柏格。"她又笑道，"她也弹钢琴，但她跟你一样，自从中风后，就没办法弹了。艾因柏格太太有健全的右手，而你有健全的左手，我有种感觉，只要你们互相合作，一定可以弹出好作品。"

"你知道肖邦降D调的华尔兹吗？"露丝问，玛格丽特点点头。

于是两人并肩坐在钢琴的长椅上。两只健全的手——一只是黑色，有纤长优雅的手指；另一只是白色，有短胖的手指——很有节奏感地在黑白键上滑动。从那天起，她们就一起坐在键盘前——玛格丽特残障的右手搂住露丝的背部，露丝无用的左手搁在玛格丽特的膝上。

露丝健全的右手弹主旋律，玛格丽特灵活的左手弹伴奏旋律。

她们的音乐曾在电视上、教堂里、学校中、康复中心、老人之家给许多听众带来快乐。坐在钢琴的长椅前，她们共享的东西不只是音乐。除肖邦、巴赫和贝多芬的音乐外，她们发现彼此的共通点比想象的要多得多——两人都是很好的祖母，都失去了儿子，都有颗奉献的心，但若失去了对方，她们就什么也办不到。两人同坐在钢琴的长椅前，露丝听见玛格丽特说："我被剥夺了音乐，但上帝却给了我露丝。"

很显然，这些年来她们并肩而坐，玛格丽特的某些信仰已经影响了露丝。露丝说：

"是上帝的奇迹将我们结合在一起。"

有两个戏剧学院的同学,毕业后一起进入演艺圈。他们都很有才气,在学校的时候就显得与众不同。两人虽然彼此惺惺相惜,却也因好强而暗中较量。

虽然两人同时毕业于戏剧学院,但一位是导演系的,一位是表演系的。因此入行后,一位当导演,一位做演员。

经过一段时间的努力,两人在工作岗位上都表现得很出色,也各自拥有了一席之地。有一次,刚好有部电影可以让他俩合作。基于两人是要好的同学,而且对彼此的才能和需求都非常了解,所以他们爽快地答应一起合作。

这个导演对于演员一向要求比较严格,所以在拍戏的过程之中,虽然是自己的同学,也毫不客气地加以指责。而已经是名演员的老同学也有自己的见解和个性,所以片场的火药味总是很浓。

有一天,导演因为几个镜头一直拍不好,不禁怒火中烧,对着自己的老同学大

## 包容你"不想要的",才能得到"你想要的"

建立良好的合作关系,还需要了解他人、包容他人。每个人都有自己的优缺点,在与人合作的过程中,你不可能只与他人的优点合作。当与他人的缺点发生冲撞时,你唯一能做的就是包容。

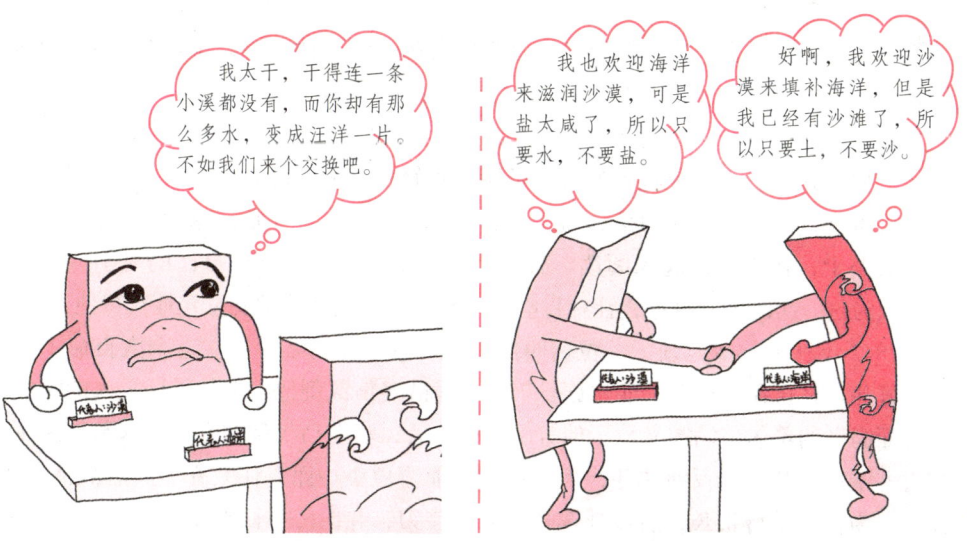

正如上面的海洋与沙漠一样,我们想得到一种东西,必须容忍其他一些东西也跟过来。只有这样才是所谓的"双赢"。

发脾气,一句重话马上脱口而出:"我从来没见过这么烂的演员!"名演员一听,脸色苍白地愣住了。他走到休息室,不肯出来继续拍戏。

"一道篱笆三个桩,一个好汉三个帮。"一个人在社会生活中,不可能永远是孤军打天下,总会有与别人携手合作的时候。事实上,我们几乎每天都会碰到许多必须与别人合作才能完成的事情。学会与别人愉快而有效地合作,无疑将会给你的生活、学习带来高效率和愉悦的心情。因此,我们也可以说,合作关系是人际关系的另一面镜子。

与别人合作关系差的人,其人际关系往往也很差。因此,从合作关系之中,我们可以建立良好的人际关系;从人际关系之中,我们可以巩固彼此的合作关系,这是互动的。

学会与别人合作有很多的技巧,不是说你本着一颗真诚的心就可以万事大吉的。要与人合作,必须了解别人。只有在了解了别人的基础上,才谈得上合作的关系。只有对别人有了充分的了解,才能扬其长、避其短,使其有信心与你共事。

客观而言,了解别人也是一种能力,而不仅仅是一种态度。在很多情况下,我们都是感情用事,不够理智,不懂得换位思考,这为我们带来了许多麻烦,所以我们每个人都应该以一颗包容的心,忍受别人不合理的行为和各种不顺心的情况,学习去欣赏并接受不同的生活方式、文化等。

## 你不去责怪对方,对方也不会责怪你

林肯在美国历史上应该算是一个接近完美的总统,他一直以来也被美国的人们称颂着。他的幽默,他的自信,还有他的豁达宽容,都成为他个人品格的突出点。但是林肯这些品德,有的是与生俱来的,有的也是通过一些经验教训培养出来的。曾经,林肯并不是一个很宽容的人,像所有年轻气盛的年轻人一样,他也曾在年轻的时候责怪过别人,甚至写信、写文章、写诗讽刺别人,并且把这些讽刺性的文字扔在大路上,让别人捡起来阅读。有一次还在报纸上公开批评自己的对手。不过,也就因为这一次的公开批评,让林肯吸取了教训,从此开始学着宽容地对待他人。

1842年秋天,他讽刺了一位名叫詹姆斯·希尔兹的政治家。这个人自命不凡、凶猛好斗。林肯在《斯普林菲尔德日报》上写匿名信讽刺他,引起了城里人的哄笑。敏感而高傲的希尔兹满腔义愤,他查出信的作者,骑上马找到林肯,要求与他决斗。林肯并不愿应战,他反对决斗,但是他不可能避免决斗而保住荣誉。武器由林肯选择。因为他的手臂很长,所以他选择了骑兵腰刀,并向一位西点军校毕业生学习剑术。在约定好的那天,他与希尔兹来到密西西比河的沙堤上,准备决一死战。然而在最后一刻,他们的助手设法阻止了决斗。

这件事带给林肯的影响很大,后来他想起来仍觉得惊心动魄,也就是这件事在如何待人方面给了他一个极有价值的教训。他从此再也没有写过侮辱人的信，再也没有嘲笑过人。从那时起，他几乎再没有为任何事情责怪过任何人。后来，林肯还慢慢地琢磨出一些使自己变得更加宽容的方法。

林肯当上总统后的一天，国防部长斯坦顿走进了他的办公室，怒气冲冲地对他诉说一位少将用侮辱的话指责他偏袒一些人。林肯听了，建议他写封信针锋相对地反驳他，并说："你也可以狠狠地刺痛他一下嘛。"斯坦顿立即写了一封措词很强硬的信拿给他看。林肯看罢，大声喊道："对了，对了。写得好！严厉地批评他一顿，这是个最好的办法，斯坦顿。"但是当斯坦顿把信叠好快要放进信封时，林肯却又阻止了他，问道："你打算怎样处置它？"

"寄出去呀。"斯坦顿很奇怪林肯为什么会这么问。"不要胡闹，"林肯大声说，"你不应把信寄出去，快把它扔进火炉里去吧。每次当我发火时，我就尽情地写封信发泄发泄，写完后就把它扔了，我每次总是这样的。可知这是一封很起作用的信。当你花了许多时间把它写好时，不消说你的气已经消了，也就心平气和了。如果没有，那么现在再写第二封信吧。"

国防部长赞同地点了点头，十分感激总统的指点，他觉得自己从林肯这里学到了新的东西。林肯使斯坦顿既痛快地宣泄了一番，又没有伤害别人，怒火自生自灭。喜怒哀乐，原本是人的正常心理，太压抑自然会使自己透不过气，太放纵性情，又容易伤害别人。林肯的这种建议不失为两全其美之策。

南北战争期间，林肯依次撤换波托马克兵团的指挥官——麦克莱伦、波普、伯恩赛德、胡克、米德——他们都犯了战略错误，使林肯处于绝望的困境。这些不称职的将军们受到了北方的激烈谴责。但是林肯却保持了镇静，"宽容天下，不恨一人"。当林肯夫人和其他人严厉地谴责南方人时，林肯便说："不要责怪他们，在相同的环境中，我们也会像他们一样。"

在与人交往中，如果睚眦必报，斤斤计较，不懂得宽容，更做不到豁达，就只能是封死自己在交际中的路。没有谁愿意与一个为了一点小事就埋怨，为了别人不经意犯的一个小错误就追根究底的人交往。

真正豁达大度的人将拥有非凡的人格魅力，林肯就是如此。美国还有一位曾经两次参加美国总统竞选都失败的人士，他也是一个拥有豁达胸怀的人。这个人就是史蒂文森。他两次都是败在艾森豪威尔手上。第一次失败后，他的朋友写信安慰他，他则回信道："毕竟，除了我还有谁会与艾森豪威尔较量呢？"第二次失败后，他的朋友担心他受不了打击，可是他却说："除了我，还有谁会与艾森豪威尔作两次较量呢？"史蒂文森并不因为自己两次都是败在同一个对手手上而怨恨对方，反而更加豁达地看待自己的失败，并且以敬佩的眼光看待自己的对手。所以，虽然他竞选失利，但是他的个人魅力却增加了不少。这只有豁达大度者才能拥有，也因此而更加得到别人的喜欢。

# 第二章

# 以心交心，互惠互利

## 制造共同体验，使其对你产生好感

温哥华的卡皮诺拉吊桥是世界上最伟大的吊桥：全长450英尺，宽5英尺，以2条粗麻绳及香板木悬挂在高230英尺的卡坡拉诺河的河谷上。吊桥来回摆动，令人心生惧意。1974年，埃伦曾在这座吊桥上做过一个实验。

他让一位年轻、漂亮的女士站在桥中央，等待着18～35岁的没有女伴的男性过桥，并邀请他们回答几个问题，再把自己的电话号码告诉他。

然后，在另一座普通的小桥（横跨了一条小溪但只有10英尺高）上，进行另一个实验。再让这位年轻、漂亮的女士，向过桥的男士出示同样的调查问卷，并把自己的电话号码告诉他。

结果显示，走过卡皮诺拉吊桥的男性认为这位女士更有魅力，约有一半的人后来给她打了电话。而走过那个普通小桥的16位男性受试者中，只有2位给她打了电话。埃伦由此得出结论：在恐怖的环境中，人们更容易动心。因为恐惧激发了生理上的感觉和异样。

后来，埃伦在实验室中再次验证了他的"激活论"。让一组人慢跑10分钟，再给他们看一组照片。另一组条件相同的受试者不跑步，而直接看照片。结果显示，运动后的人更易被照片上的帅哥美女所吸引。

也就是说，任何生理上的"激活"都可能令人更易心动。这个结论后来又得到了进一步的补充：当人们的情绪被激发起来，例如欢笑、焦虑或恐惧的时候，更能发现别人的魅力。而当人们有了共同的体验或相同的秘密，彼此间的关系将更稳固，更亲密。

在现实生活中，我们可以看到，有不少男生喜欢带女友到游乐园的鬼屋去玩。其实，这些男生是为了找机会和女友更亲密。这是因为，恐怖感激发了生理上的感觉和异样，会感觉对方更有魅力，也就更容易爱上对方，或是双方的感情会加深。事实的确如此，从鬼屋出来的情侣，比进去之前显得更亲密。

有同样经历的人，容易找到共同的语言。有了共同的语言，就容易放松警惕，产生亲密的感情。在交朋友时，如果我们能掌握这种心理技巧，巧妙地加以利用，就可缩短两人之间的距离。即使从未打过交道的人，也可以迅速成为朋友。

但是，人与人之间，尤其是想引起某人的注意却与之没有共同体验，那该怎么做呢？要想制造共同体验，可以适当地犯某种禁忌，或违反某项规则，从而赢得对方的好感。例如，在办公室里，如果女同事出现了某个小过失，可以帮她弥补，不让上司知道，这样双方就有了共同的小秘密。

制造共同体验，以增进感情的方法，还可以用于其他关系，如公司组织集体出游，就有利于使公司的工作气氛更融洽。而多花些时间和心思陪客户，也有助于双方的合作。

## 志同道合的人更容易成为朋友

有科学家曾人为地将某大学的学生集体宿舍进行了安排，他们先把这些学生分为志趣相似的和相异的，接着把志趣相似的学生安排在同一房间，再把志趣相异的也安排在同一房间。

志趣相投的人，容易找到共同语言，有了共同语言就会放松警惕，产生亲密感。

如果想和他人成为朋友，就要找到彼此相通的兴趣，共同参与、共同体验，在体验中增进感情，成为志同道合朋友。

当人们与和自己持有相似观点的人交往时，他们之间发生冲突的机会较少，容易获得对方的支持，很少会受到伤害，比较容易获得安全感。

## 要想友谊长存，就要感激和回报别人的帮助

朋友之间的友情，既需要真心诚意，也需要感激与适当回报。

美国人杰姆曾说，他很喜欢东方的女孩子。他表示，西方女性把男士的"绅士行为"视为"理所当然"。男士帮女士提重物、搬东西，"理所当然"；男士帮女士开门、拉椅子，"理所当然"。同时，在西方教育背景下，男士也视这些绅士行为"理所当然"。

在中国，有一次因为扩大经营的需要，他们部门从十楼搬到八楼，每个人必须把自己的东西以及一桌一椅搬下去。杰姆搬了一张椅子，发现真的很重，他担心女孩子搬不动，于是告诉女同事，椅子交给他们有力气的男同事去搬。结果一路上，女同事陪他们聊天，搬完了，还忙着倒开水、泡咖啡给他们喝，让男同事们很是愉快。"如果在我们国家，搬重物'理所当然'是男孩子的工作，没有人会陪你聊天，没有人会感激地倒开水、泡咖啡。也许中国人没这个观念，但是中国女孩子体恤别人的作风，真的非常可爱。我们帮她们，不但乐意，而且开心，这种受人尊重的感觉真好。"

很多时候，我们会把别人对自己的好视为理所当然。朋友喜欢我们，当然不介意被我们"麻烦"，一些小事情，也"帮"得十分乐意。可是俗话说："受人点滴，涌泉相报。"就是要我们常怀感恩的心，来看待朋友的好心。任何人都不喜欢自己的好心被人当作"驴肝肺"，一次两次也许还可以忍受，十次二十次就会渐渐用光朋友的交情，届时我们会发现，朋友似乎不再那么"乐意"助人。

与人相处我们当谨记一件事："天底下没有谁帮谁是理所当然的。今天人家抽空过来那是人情，即使有钱可赚，也应心怀感激。"也许有人会说，找朋友帮忙，给几个钱或是请他吃顿饭，送个东西，好像把友谊给贱卖了，把朋友的交情看俗了。不！适度地表达我们的感激是必要的。也许我们不懂得比较"高尚"的做法，但吃顿饭、送个小礼物，也能表达我们的感谢。

它的作用不在于"礼"的轻重，而是心意的表示，让朋友晓得他这个忙帮得多么具有"价值"，多么受你的重视。也许在他而言是举手之劳，对你来说却可能是攸关生死的大事。

最重要的是，你说出来了，他也听到了，知道你有多在乎这件事。就像杰姆的女同事那样，一路陪他们聊天，事后还倒开水、泡咖啡，没花什么钱，却十足地表现了她们的感激之情，而杰姆他们也感受到了，同时还说"很愉快"。其实朋友在乎的不过是这一点点回馈罢了。

天下没有谁帮谁是理所当然。不论是朋友间、同事间，或是上司与下属间，都可以和谐相处，也可以为你赢得人缘。因为对方从你身上，处处得到尊重，时时获得感激，这对他而言，有了人格上的自我满足，自然乐于与你共事，与你做朋友。

## 牢记互惠原理，让对方产生必须回报你的感激之情

在第一次世界大战中，有一种德国特种兵的任务是深入敌后去抓俘虏回来审讯。当时打的是堑壕战，大队人马要想穿过两军对垒前沿的无人区，是十分困难的。但是一个士兵悄悄爬过去，溜进敌人的战壕，相对来说就比较容易了。参战双方都有这方面的特种兵，他们经常被派出去执行任务。

有一个德军特种兵以前曾多次成功地完成了这样的任务，这次他又出发了。他很熟练地穿过两军之间的地域，出乎意料地出现在敌军战壕中。一个落单的士兵正在吃东西，毫无戒备，一下子就被缴了械。他手中还举着刚才正在吃的面包，这时，他本能地把一些面包递给对面突然出现的敌人。这也许是他一生中做得最正确的一件事了。

面前的德国兵忽然被这个举动打动了，并导致了他奇特的行为——他没有抓这个敌军士兵回去，而是自己回去了，虽然他知道回去后上司会大发雷霆。

这个德国兵为什么这么容易就被一块面包打动了呢？人的心理其实是很微妙的。人一般有一种心理，就是得到别人的好处或好意后，就想要回报对方。虽然德国兵从对手那里得到的只是一块面包，或者他根本没有要那个面包，但是他感受到了对方对他的一种善意，即使这善意中包含着一种恳求，这是很自然地表达出来的，在一瞬间打动了他。他在心里觉得，无论如何不能把一个对自己好的人当俘虏抓回去，甚至要了他的命。

其实这个德国兵不知不觉地受到了心理学上"互惠原理"的左右。这种得到对方的恩惠，就一定要报答的心理，就是"互惠原理"，这是人类社会中根深蒂固的一个行为准则。

一位心理学教授做过一个小实验：他在一群素不相识的人中随机抽样，给挑选出来的人寄去了圣诞卡片。虽然他也估计会有一些回音，但没有想到大部分收到卡片的人，都给他回了一张。而其实他们都不认识他啊！

给他回赠卡片的人，根本就没有想到过打听一下这个陌生的教授到底是谁。他们收到卡片，自动就回赠了一张。也许他们想，可能自己忘了这个教授是谁了，或者这个教授有什么原因才给自己寄卡片。不管怎样，自己不能欠人家的情，给人家回寄一张，总是没有错的。

这个实验虽小，却证明了互惠原理的作用。互惠是人类社会永恒的法则，它是各种交易和交往得以存在的基础。互惠原理认为，我们应该尽量以相同的方式回报他人为我们所做的一切。

及时地回报，可以表明自己是知恩图报的人，有利于相互之间继续交往。而且如果不及时回报，会给你带来一些麻烦。你一直欠着这个人情，如果对方突然有一件事反过来求你，而你又觉得不太好办的话，就很难拒绝了。

# 互惠原理能让友谊长存

互惠原理认为，我们应该尽量以相同的方式回报他人为我们所做的一切。如果一个人帮了我们一次忙，我们也应该帮他一次。

> 上周老王夫妻请咱们吃的饭，这周末找他们来家做客吧！

> 找你吃饭是想请你帮忙的，你都答应了，这顿饭就应该我请的！

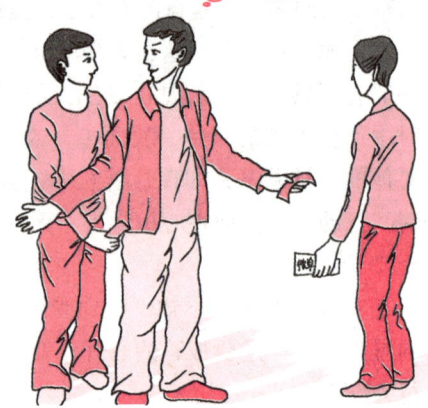

在不是很熟悉的朋友之间，你求别人办事，及时地回报，可以表明自己是知恩图报的人，有利于相互之间继续交往。

而且如果不及时回报，会给你带来一些麻烦。你一直欠着这个人情，如果对方突然有一件事反过来求你，而你又觉得不太好办，就很难拒绝了。

当然，在关系很亲密的朋友之间，就不一定要马上回报，那样可能反而显得生疏。但也不等于不回报，只是时间可能拖得长一些，或有了机会再回报。

朋友间维护友谊遵循着互惠原理，爱情之间也是如此。其实世上没有绝对无私奉献的爱情，不像歌里和诗里表现的那样。爱情也是讲求互惠互利的，双方需要保持一个利益的平衡。如果平衡被严重打破，就可能导致关系破裂。

人与人之间的互动，就像坐跷跷板一样，要高低交替。一个永远不肯吃亏、不肯让步的人，即使真正得到好处，也是暂时的，迟早要被别人讨厌和疏远。

## "雪中送炭"更能征服人心

李强与王刚在一起工作了多年。李强在工作中表现平平，虽然工作了七八个年头，但仍是一个小职员；而王刚则能力很强，成绩突出，如今已是销售部经理。由于两个人在工作中没有什么来往，私底下也仅是点头之交。

有一次，王刚因为涉及一个重大变故，而受到董事长的冷落，被从销售经理的位置上降了下来。祸不单行，王刚的母亲又因心脏病突发去世了。双重打击使王刚感到格外悲凉。这时候，李强很同情王刚的境遇。在他母亲下葬的那一天，李强主动过来帮忙，担任受礼的工作。当时正是寒冬腊月，北风大作，其他同事都躲进了屋里，只有李强一直在外面帮助处理各种事情。

这让王刚很意外，也很感动。他发现真是患难见真情，觉得李强这时候的形象突然高大起来。从此，李强与王刚过往甚密，王刚一改以往的态度，也常主动帮助李强。

一年以后，王刚在公司东山再起，因为做了突出的贡献，他重新当上了销售部经理，不久又迅速升任总经理。他忘不了李强在他患难时的帮助，就提拔李强为销售部经理。

人非草木，孰能无情。无论一个人外表多么强硬，在内心深处都一定有情感的需要，希望从别人那里得到关怀、体贴和重视。物质满足替代不了人的情感需要，甚至有时候，情感需要比物质需要更重。

不少人存有一种幸灾乐祸的心理，看到别人过得比自己好，就不舒服。看到人家过得不如意了，他反倒高兴了。相反，如果一个人忧他人所忧，乐他人所乐，对别人富有同情心，并在患难时伸出援助之手，就很容易征服对方的心。

你帮了别人，别人自然对你心存感激，你的举手之劳可能会换来别人的感恩戴德。因而，你若想改善人际关系，不妨找机会帮别人一个忙；你帮助的人越多，得到的也就越多。

古话说，得人心者得天下。许多领袖人物深谙此道，所以他们能够让许多人才为己所用。比如他们懂得通过情感的打动，将人才笼络在自己麾下。

## 激起"心理共鸣",让他感觉帮你像在帮自己

在人际交往的过程中,"心理共鸣"是一种以心交心的有效方式,也是一门非常微妙的相处艺术。它不仅可以拉近交际双方心灵的距离,而且可以在你求人办事的过程中发挥着强大的促进作用。

不过,虽然人与人之间本来就有许多地方是相同的,但是要产生共鸣,还需要相当的说话技巧。当你对另一个人有所求的时候,最好先避开对方的忌讳,从对方感兴趣的话题谈起,不要太早暴露自己的意图,让对方一步步地赞同你的想法。当对方跟着你走完一段路程时,便会不自觉地认同你的观点。

伽利略年轻时就立下了雄心壮志,要在科学研究方面有所成就。为此,他希望得到父亲的支持和帮助。一天,他对父亲说:"父亲,我想问您一件事,是什么促成了您同母亲的婚事?""我看上她了。"父亲不假思索地答道。伽利略又问:"那您有没有娶过别的女人?""没有,孩子。家里的人要我娶一位富有的女士,可我只钟情于你的母亲,她从前可是一位风姿绰约的姑娘。"

伽利略说:"您说得一点也没错,她现在依然风韵犹存。您不曾娶过别的女人,因为您爱的是她。您知道,我现在也面临着同样的处境。除了科学以外,我不可能选择别的职业,我对它的爱有如对一位美貌女子的倾慕。"

父亲说:"像倾慕女子那样?你怎么会这样说呢?"伽利略说:"一点也没错,亲爱的父亲,我已经18岁了。别的学生,哪怕是最穷的学生,都已想到自己的婚事,可是我从没想过那方面的事,以后也不会。因为我只愿与科学为伴。"

伽利略继续说:"亲爱的父亲,您有才干,但没有力量,而我却能兼而有之。为什么您不能帮助我实现自己的愿望呢?我一定会成为一位杰出的学者,获得教授身份。我能够以此为生,而且比别人生活得更好。"

说到这里,父亲为难地说:"可我没有钱供你上学。"

接着伽利略又说:"父亲,您听我说,很多穷学生都可以领取奖学金,我为什么不能去领一份奖学金呢?您在佛罗伦萨有那么多朋友,您和他们的交情都不错,他们一定会尽力帮忙的。他们只需去问一问公爵的老师奥斯蒂罗·利希就行了,他了解我,知道我的能力。"

父亲被说动了:"嗯,你说得有理,这是个好主意。"伽利略抓住父亲的手,激动地说:"我求求您,父亲,求您想个法子,尽力而为。我向您表示感激之情的唯一方式,就是就是保证成为一个伟大的科学家。"

伽利略最终说动了父亲,实现了自己的理想,成为了一位闻名遐迩的科学家。这里,伽利略请求父亲帮忙,采用的是"心理共鸣"的说服方法。

正是巧妙地运用了"心理共鸣"的方法,伽利略终于达到了自己的目的,为最终实现自己的理想奠定了基础。

## "心理共鸣"的说服方法的三个阶段

**1. 导入阶段**

先顾左右而言他,以对方当时的心情来体会现在的心情。

**2. 转接阶段**

巧妙地通过对方的话把话题转到自己身上:我现在也处于同样的境遇。

**3. 正题阶段**

提出自己的建议和想法,渐渐让对方感同身受,从而接受。

## 设立共同的目标，迅速拉近彼此的距离

鹏远的一位很多年没见的大学同学到北京出差，他叫鹏远出来聚一聚，鹏远按照约定地点来到一个饭店，服务员把他带进包厢里，他看到那位老同学正神采奕奕地等着他。一番寒暄之后，话题自然是落到了这几年的发展上，"你怎么好好地跑去经商了呢，当初你的专业课可是最棒的。"鹏远问他。

他笑眯眯地回答说："这并不妨碍啊，我只不过将心理学的研究放到了商场里，你知道我是怎么捞到第一桶金的吗？"鹏远摇摇头。

他开始追溯往昔，刚下海那几年，虽然挣了点钱，但还算不上很成功。那时，他已经成为了公司的经理，手里有了不少客户资源。想来给别人打工不如自己当老板，便开始计划利用现任职位上的客户资源开办一家新公司赚笔大钱。

于是他找了两名以前的手下，共商创业的事。后来他发现他们三个人数太少，很难成功。于是他要他的手下另外再找七个人，组成十个人的创业团队。他的手下顺利地找到了他们所需要的人手。他这时却发现，他与这七个新伙伴根本就不认识，他们是否值得信任实在是一个大问题。

于是他想到了每晚分别与一个新伙伴共进晚餐的好办法。席间他除了交代各人的职责之外，还郑重地向他们表示"我也跟你们一样需要钱"！

结果，由于彼此有了共同的目标，这个计划最后终于成功了。

鹏远的这位朋友不愧是心理学的高才生，他很懂得运用心理来成事。在他发展的过程中，由于彼此有着共同的目标，因而迅速拉近了彼此之间的距离。在人际交往中，若你与对方有共同的目标，则很容易就能增加彼此之间的亲密感。

当然了，除了共同目标能够增强亲密感之外，还有其他一些增强亲密感的技巧。鹏远的朋友自然也是将这些技能运用的很纯熟。他提到过一个细节便是，在他邀请这些人吃饭的时候，总是与人肩并肩的谈话，这样就能很快与对方进入熟识的状态。

"我听过你的故事，终于明白了李开复为什么也喜欢请人吃饭了。"鹏远打趣地对他同学讲。

"你不要以为这顿饭很好吃，真是要注意很多细节，才能快速打开对方的心防，社交其实就是一场心理游戏啊。"鹏远这位同学不无感慨地说道。

在商界摸爬滚打的人，自然是要熟知心理技巧，才能立于不败之地。就好像李开复在访谈中，谈到他总喜欢请别人吃饭的道理一样。李开复必定是社交高手，但同时，他在心理学上的造诣定然也不会在鹏远的这位同学之下。

所以，李开复请人吃饭可不仅仅是一种联谊的社交手段，更多的能体现出在人与人交往之中的心理学妙用之所在。

在这里要提醒你的是，若与对方有共同点，就算再细微的也要强调。对于共同点一定要找出来，这样可以很快地消除彼此间的陌生感，产生亲近的感觉。这样不

但可以使对方感到轻松，同时也具有使对方说出真心话的作用。

## 故意效仿对方的动作，引发对方的好感

现在需要你闭上眼睛细想一下，在言情片中经常会出现的约会场面：一对甜蜜的恋人坐在茶馆或者咖啡厅里面，悠闲自在地品尝着香茶或咖啡。他们的表情动作会有什么特别之处吗？

他们是不是时不时地做着同一种表情或同一个动作，就像是镜外的人和镜里的影一样？一方用手摸摸头发，另一方也用手摸摸头发；一方跷起二郎腿，另一方也跟着跷腿；一方捂着嘴笑起来，另一方也跟着捂着嘴笑；一方举起了杯子，另一方也随之举杯想到或者看到这样一幅画面，你有什么感觉或想法？是不是感觉很温馨、很浪漫，感觉这两个人关系非常亲密、相互爱慕、心心相通？相信很多人都会有这种感觉。这是为什么呢？

其实这是因为他俩的步调是如此的一致。从行为科学的角度来讲，这种感觉是有道理的。

人与人之间这种表情或动作的一致被称之为"同步行为"。"同步行为"不仅存在于恋人之间，普遍存在于我们日常的工作生活中。比如亲人之间、朋友之间、同事之间、上下级之间。

一对感情笃厚的姐妹，同时看到一盆迷人的蝴蝶兰，一个张大嘴巴，说"哇"！在同一时间，另一个的反应也一模一样。一对心有灵犀的朋友，一起观看篮球比赛，眼看球要进了却又出了篮，两人异口同声地说："再用点力就好了"。一对志趣相投的同事，刚参加完讨论会，两人回到办公室，都带着笑容，频频向对方眨眼。这些都是"同步行为"。是什么诱发了人们的"同步行为"？

从心理学的角度来讲，肢体动作是"内心交流"的一种方式。两人彼此把对方作为所效仿的对象，应该是相互欣赏或有相同的心理状态。即双方的相互欣赏或看法一致诱发了他们的同步行为。换句话说，"同步行为"意味着双方思维方式和态度的相似或相通。一般而言，同步行为的一致性与双方关系的和谐度成正比。在双方的会面中，如果两个人关系和谐、相互欣赏，那么他们的同步行为会很多、很细微。反之，同步行为则很少。

不是吗？想想会议中人们的表情，对某种意见持赞成态度的人和持反对态度的人，是不是往往各自作出相反的动作？赞成的那部分人面带微笑，不断地点头示意；反对的那部分人紧锁着额头，紧闭着嘴唇。

再想想生活中常会遇到的情景：去商场购物或去某展览会参观，你看上了一件物品，另一个人也看上了这件物品，你俩一同走近这件物品，一边看一边发出啧啧的赞叹声："真漂亮！"就几秒钟，你俩便互生好感，颇有英雄所见略同的感觉。

这种感觉从哪儿来的？就是从你们的"同步行为"来的。回头想想你们的同步行为有哪些？眼球同时被一件物品吸引，走向这件物品，带着惊喜的眼神打量，嘴里发出一致的赞叹声。如果俩人对这件物品的质地、做工与价格的看法再一致，彼

## ■ 怎样制造"同步行为"

对方翻阅文件，你也翻阅文件。

对方脱下外套，你也脱下外套。

对方喝一口咖啡，你可喝一口咖啡。

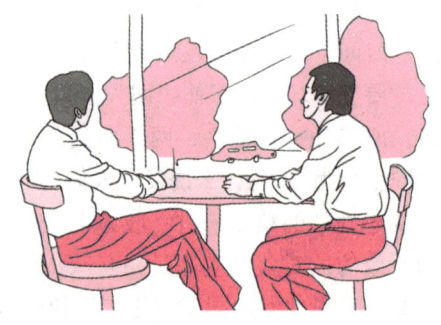

对方将视线投向窗外，
你也掉头欣赏窗外的景色。

如此反复几次，自然会引发对方的好感，缓和矛盾，使对方乐于接受你的意见，满足你的请求。不过，在效仿对方的举止时，要注意不露痕迹，否则，如果让人误认为你是在故意取笑他或讨好他，反而坏事。

此肯定就有了路逢知己的感觉！可以说，两人志趣相投、相互欣赏产生了"同步行为"，反过来，"同步行为"又促进了彼此的内心交流，加深了彼此的好感与欣赏程度。在日常生活中，通过人为地制造"同步行为"，可以赢得对方的好感，让双方的交谈在不经意间变得和谐愉快。

作为下属，很多人都纳闷儿：为什么自己欣赏的领导也欣赏自己，自己不喜欢的领导也不喜欢自己？其实，这其中，"同步行为"就在发挥作用。你向领导传递了欣赏的态度，领导感觉到了，对你有了好感，也试着以欣赏的眼光看你。

由此推理，如果想得到领导的认可与欣赏，你首先应该认可、欣赏领导。你不妨这样做：与领导在一起时，当领导无意中做出某个动作时，你也跟着做某个动作；领导做出某种表情，你也以同样的表情回应。

作为领导，有时故意与下属同步也很必要。比如，某下属在你面前很紧张，你不妨摆出与其一致的姿势，拉近彼此的心理距离，缓解下属的紧张情绪。对于有利益往来的双方，"同步行为"的魅力也丝毫不减。在推销或谈判的过程中，如果你的请求或劝说得不到回应，不妨故意制造一些"同步行为"，快速攻破对方的心理防线。

## 让合作者好过，自己才会好过

高尔基曾说过："你的钟声只有在齐鸣时才能听见，在单独鸣响时——只会淹没在那些旧钟的一片响声里。"事实上，这句话在生物界也同样适用。

在广袤的欧洲大陆上，生活着一种美丽异常的动物，名叫蓝蝶，由于它们外形的炫目，人们通常把它们称作会飞的"花朵"。然而几十年前，蓝蝶的翩翩身影在暖春的晴空里消失了。

道格拉斯·麦其逊是一个专门研究蝶类的昆虫学家，他对这些会飞的"花朵"的凋谢之谜做了广泛而深入的研究，最后得出的结论让人很是吃惊。麦其逊发现，蓝蝶的绝种竟然与两种蚂蚁的灭绝息息相关。

原来，蓝蝶是在醋酸植物上产卵繁殖的，必须得到两种小蚂蚁的帮助才能顺利进行。蓝蝶的幼虫腹部分泌的挥发性物质，对于蚂蚁来说是极具诱惑性的香甜美食。闻到这一特殊的香味，蚂蚁就会爬到蓝蝶幼虫的腹部边尽情享受。

而蚂蚁并不是白吃。当蚂蚁在草地上发现蓝蝶卵时，马上来照顾这些幼小的生命，生怕被其他昆虫掠去。蓝蝶的幼虫是吃树叶的，每吃完一片树叶，众工蚁就把它抬到另一片新树叶上，让它吃个饱。蚂蚁与蓝蝶的这种互惠互利关系，经历了漫长岁月的考验。由于接受了工蚁的照顾，经受过刺激的蓝蝶幼虫的表皮，生长得比其他蝴蝶幼虫的表皮厚60倍，可有效地防止蚂蚁那铁钳一样的上颚咬穿幼虫的表皮。冬天来临，工蚁就把它们搬进自己温暖舒适的蚁穴里，蚂蚁在吸食蓝蝶幼虫分泌的"蜜露"时，甚至把自己的幼虫作为食物奉献给这位"贵宾"。

刚从茧蛹中钻出的蓝蝶也不必担心受到蚂蚁的攻击。因为新生蓝蝶的体表附着一层细小的鳞屑，就像滑石粉一样保护着蓝蝶。进攻的蚂蚁只能踉踉跄跄地在空中乱抓一气。就在这时候，蓝蝶伸展翅膀，自由自在地飞走了。

可是几十年前，贪婪的人类为了自私的目的，无情地侵占了这两种蚂蚁的生存空间。他们用推土机无情地把他们的栖息地毁了，小蚂蚁从此灭绝了。没有了相依为命的小蚂蚁，蓝蝶也就花陨香消了。

在动物界，互相合作和帮助，会使付出努力的双方均受益，大家也因此都能更好地生存和生活。其实，人类作为动物界的一员，同样需要相互合作。

从前，有两个兄弟各自带着一只行李箱出远门谋生。一路上，重重的行李箱将兄弟俩都压得喘不过气来。他们只好左手累了换右手，右手累了又换左手。忽然，大哥发现路边有一根扁担，便停了下来，拾起扁担将两个行李箱一左一右挂在上面。这样，兄弟二人轮流挑起两个箱子上路，反倒觉得轻松了很多。

不难看出，合作是一个相互的过程，让你的合作者生活得更好，你也能更好地生活。

## 与其让对方感激你，不如让他有求于你

事物都有其存在的特定价值：货币因流通的需要而存在，食物因饥饿的需要而存在，火因寒冷的需要而存在。人虽然与其他的事物不尽相同，却同样有被需要的情感诉求，就像母亲被子女需要、情侣被对方需要一样。

1847年，俾斯麦成为普鲁士的国会议员，在国会中没有一个可信赖的朋友。让人意外的是，他与当时已经没有任何权势的国王腓特烈·威廉四世结盟，这与人们的猜测大相径庭。腓特烈·威廉四世虽然身为国王，但个性软弱，经常对国会里的自由派让步。这种缺乏骨气的人，正是俾斯麦在个性及政治上所不屑的。

俾斯麦的选择的确让人费解，当其他议员攻击国王诸多愚昧的举措时，只有俾斯麦支持他。

1851年，俾斯麦的付出终于得到了回报：腓特烈·威廉四世任命他为内阁大臣。他并没有满足，仍然不断努力，请求国王增强军队实力，以强硬的态度面对自由派。他鼓励国王保持自尊来统治国家，同时慢慢恢复王权，使君主专制再度成为普鲁士最强大的力量。国王也完全依照俾斯麦的意愿行事。

1861年腓特烈·威廉四世逝世，他的弟弟威廉继承王位。然而，新的国王很讨厌俾斯麦，并不想让他留在身边。

威廉与腓特烈同样遭受到自由派攻击，他们想吞噬他的权力。年轻的国王感觉无力承担国家责任，开始考虑退位。这时候，俾斯麦再次出现了，他坚决支持新国

王,鼓动他采取坚定而果断的行动对待反对者,采用高压手段将自由派斩尽杀绝。

尽管威廉讨厌俾斯麦,但是他明白自己更需要俾斯麦。因为只有俾斯麦的帮助,才能解决统治的危机。于是,他任命俾斯麦为宰相。虽然两个人在政策上有分歧,但这并不影响国王对他的重用。每当俾斯麦威胁要辞去宰相之职时,国王从自身利益考虑,便会让步。俾斯麦聪明地攀上了权力的最高峰。他身为国王的左右手,不仅牢牢地掌握了自己的命运,同时也掌控着国家的权力。

作为一名强者,俾斯麦认为依附强势是愚蠢的行为。因为强势已经很强大了,根本不在乎你的存在,也可以说根本不需要你;而与弱势结盟则更为明智,可以让别人因为需要你而依附你,让自己成为他们的主宰力量。他们不敢离开你,否则将

## ■ 需求心理比感恩心理更有价值

真正聪明的人宁愿让人们需要,而不让人们感激。因为,如果你能被他人需要,你就会在他人心中变得重要。有礼貌的需求心理比世俗的感谢更有价值。因为有所求,便能铭心不忘,而感谢之词最终将在时间的流逝中淡漠。

占星师的话国王很震惊,为了保住自己的性命,他最终没有杀掉占星师。占星师凭着国王对他的依赖与需要,不但保住了性命,还得到了国王的全力保护。

会给自己带来危机,他们的地位就会受到威胁,甚至崩溃。俾斯麦就是看准了这一点,才趁机登上了德国的政坛,成就了其辉煌的一生。

就这样,俾斯麦利用别人对他的需要创造了轰轰烈烈的人生。除此之外,也有一些人因利用别人对他的需要保住了差点儿丢掉的小命。

可见,让自己变得重要会使你的人生之路更加平坦,也可以令你有更大的发展。而实现这一点最好的方法,就是让别人依赖你、需要你。一旦离开了你,他的计划就无法进行,他的生活就难以继续。在这样的相互关系中,只需一个小小的举动,就能带来无数的感激。需要能带来感激,感激却未必能产生需要。

正如卡耐基所言:"别指望别人感激你。因为忘记感谢乃是人的天性。如果你一直期望别人感恩,多半是自寻烦恼。"你的价值因别人的需要而存在,被人需要胜过被人感激。与其让对方感激你,不如让他有求于你。

## 给别人帮助是好事,但不能过分追求回报

生活中经常有这样的人,帮了别人的忙,就觉得有恩于人,尽怀一种优越感,高高在上,不可一世。这种态度是很危险的,不是圆融的为人之道,常常会引发反面的后果,也就是,帮了别人的忙,却没有增加自己人情账户的收入。正是因为这种骄傲的态度,把这笔账抵消了。

人都是爱面子的,你给他面子就是给他一份厚礼。有朝一日你求他办事,他自然要"给回面子",即使他感到为难或感到不是很愿意。这便是操作人情账户的全部精义所在。人们总是尽其全力来保持颜面,为了面子问题,可以做出常理之外的事。有句歌词非常流行,"若是某些记忆使你痛苦,何不轻易地去遗忘它"。

但是谈何容易!在知道人们是如何地注重面子之后,还必须尽量避免在公众的场合使你的对手难堪,必须时时刻刻提醒自己不要做出任何有损他人颜面的事。只要你有心,只要你处处留意给他人面子,你将会获得天大的面子。

古代有位大侠名叫郭解。有一次,洛阳某人因与他人结怨而心烦,多次央求地方上的有名望的人士出来调停,对方就是不给面子。后来他找到郭解门下,请他来化解这段恩怨。郭解接受了这个请求,亲自上门拜访委托人的对手,做了大量的说服工作,好不容易使这人同意了和解。照常理,郭解此时不负所托,完成这一化解恩怨的任务,可以走人了。可他还有高人一招的棋,有更巧妙的处理方法。

一切讲清楚后,他对那人说:"这个事,听说过去有许多当地有名望的人调解过,但因不能得到双方的共同认可而没能达成协议。这次我很幸运,你也很给我面子,让我了结了这件事。我在感谢你的同时,也为自己担心。我毕竟是外乡人,在本地人出面不能解决问题的情况下,由我这个外地人来完成和解,未免会使本地那些有名望的人感到丢面子。"他进一步说,"这件事这么办,请你再帮我一次,从表面上

要做到让人以为我出面也解决不了问题。等我明天离开此地，本地几位绅士、侠客还会上门，你把面子给他们，算做是他们完成此美举吧，拜托了。"

郭解在帮助别人的同时还能顾及其他人的面子，这样想必又拉拢了一批人心，为他在当地更好的立足，拓宽人脉创造了有利条件，可见其为人的圆融已达到一定境界。

人际往来，帮忙是互相的，万不可像做生意一样赤裸裸地，一口一个"有事吗""你帮了我的忙，下次我一定帮你"。忽视了感情的交流，会让人兴味索然，彼此的交情也维持不了多长时间。要讲究自自然然，不故意"打埋伏"，以免被别人想："和他做朋友，如果没用处，肯定会被一脚踢开！"另外，帮助别人原本是"施恩"，莫把"施恩"当"施舍"，否则也会伤人面子。

在一个大雪天，一个贫穷的村民去向村里的首富借钱。恰好那天首富兴致很高，便爽快地答应借给他两块大洋，末了还大方地说："拿去开销吧，不用还了！"穷人接过钱，小心翼翼地包好，就匆匆地往等着急用的家里赶。首富冲他的背影又喊了一遍："不用还了！"

第二天大清早，首富打开院门，发现自家院内的积雪已被人扫过，连屋瓦也扫得干干净净。他让人在村里打听后，得知这事是那个村民干的。这使首富明白了：给别人一份施舍，只能将别人变成乞丐。于是他前去让那个村民写了一份借契，村民因而流出了感激的泪水。村民用扫雪的行动来维护自己的尊严，而首富向他讨债极大地成全了他的尊严。在首富眼里，世上无乞丐；在村民心中，自己何曾是乞丐？把"施恩"变成了"施舍"，一字之差，高低立见，效果大大不同。

# 第三章

## 嘴上留情,脚下有路

### 巧说第一句话,让陌生人与你一见如故

假如在一个严冬的夜晚,与一位现在很陌生,但希望将来能成为朋友的人见面,你想说些什么作为初次见面的开场白呢?

大多数人都认为从谈天气切入最好,如"今晚好冷啊"。可是,单纯地使用它,虽然能引出一些话来,但这些话往往对你们彼此无关紧要。于是,再深一步地交谈也就出现困难了。不过,如果你这样说:"哦,今晚好冷!像我这种在南方长大的人,尽管在这里住了几年,但对这种天气还是难以适应。"相信,对方若也是在南方长大的,就会引起共鸣,接着你的话头说出一些有关的事;对方若是在北方长大的,他也会因为你在寒暄中提到了自己的故乡在南方,而对你的一些情况发生兴趣,有了要进一步了解你的欲望,从而可把你们的交往引向深入。

要知道,人都是独立的个体,都具有思维能力。与陌生人打交道时,你与对方都会存有一定的戒心,这也是初次交往的一种障碍。而初次交往的成败,关键就要看你们如何冲破这道障碍。如果你用第一句话吸引对方,或是讲对方比较了解的事,那么,第一次谈话就不仅仅是形式上的客套了。如果运用得巧妙,双方会因此打成一片,变得容易接近。

实际交往的过程中,有的人采用一种很自然的、叙述型的谈话开头,也能给人一种亲切感,同时还能让人想继续向他询问一些细节。

在一个街区的计划生育办公室里,一名记者正在了解此地青年男女早婚早育的情况。那位主管此事的女干部没有像他想象的那样给他列举一堆的数字,而是很自然地为他讲了个故事。

"今年的元月26日那天,这个街区某校的一名15岁的高中少女,初次见到了本区的一个个体户青年。这个青年也不过20岁出头,刚刚到法定的结婚年龄。元月29日,也就是距他们相识不过3天的时间。他们就双双到当地派出所要求登记结婚。那少女发誓说她已工作,父母远在边疆,因此无须取得父母的同意。派出所当然不相信,一定要她出示户口本以验证她的实际年龄,但他们却不知从哪里找来了一位治安人员,硬是替他们作了证,领取了结婚证书。就这样新郎为新娘租了一家旅馆,

## 消除陌生感的方式

### 问候式

"您好"是向对方问候致意的常用语。如能因对象、时间的不同而使用不同的问候语，效果则更好。

### 攀认式

任何两个人，只要彼此留意，就不难发现双方有着这样或那样的"亲""友"关系。

### 敬慕式

对初次见面者表示敬重、仰慕，这是热情有礼的表现。用这种方式必须注意：要掌握分寸，恰到好处，不能胡乱吹捧。

两人在那里住了3个月有余，少女的母亲发现已为时过晚，因为少女已经怀孕，而新郎却在此后突然不知去向，并到此为止，一直再没出现过。"

听完故事后，记者非常喜欢这段自然的开头。因为那名女干部说出具体时间，令人预感将要有一段回忆或暗示一件有趣的事情要发生。令人产生渴望要了解细节的欲望。既为其采访提供了很好的素材，同时也从侧面揭示出早婚早育的后果。

不过，说好了第一句话，仅仅是良好的开端。要想谈得有味，谈得投机，你还得在谈话的过程中寻找新的共同感兴趣的话题，这样才能吸引对方，使谈话顺利地进行下去。

## 恰到好处的恭维可博得对方的欢心

虚荣是人的本性。每个人都暗暗为自己的优点得意，并希望别人注意和赞美自己的优点。拣别人爱听的、想听的话说，迎合他的虚荣心，自然可博得对方欢心。

袁枚是清朝著名的才子。他少年成名，刚过二十岁就被任命为某地知县。赴任前，袁枚去老师那里告辞。老师问他："官不是那么好当的，你年纪轻轻就做上了知县，有什么准备啊？"

袁枚说："并未做什么特别的准备，只是带了一些高帽子，准备见人就送一顶，因为人人都喜欢戴高帽子啊！"

老师一听，不高兴了："为官要正直，亏你还读了那么多书，怎么也搞这一套呢？"袁枚马上回答："老师的话很对，可请老师您想想，当今这个世界上，像老师您这样不喜欢戴高帽子的人，又有几个呢？"

听到袁枚这么一说，老师马上就转怒为喜。于是，师生欢欢喜喜地告别了。

袁枚从老师的家里出来后，感慨道："我准备的100顶高帽子，还没到任，就已经送出去一顶了。"

高帽子一钱不值，却人人喜欢，可是送的方式也是有讲究的。

清朝刊印《二十四史》时，乾隆非常重视，常常亲自校核、每校出一处差错来，就觉得是做了一件了不起的事，心中很是痛快。其他大臣为了迎合乾隆的这种心理，就在抄写给乾隆看的书稿中，故意于明显的地方抄错几个字，以便让乾隆校正。这样做比当面奉承乾隆学问深，更能收到好的效果。

这个马屁拍得不着痕迹，让乾隆浑然不觉却又浑身舒坦，因而大讨乾隆欢心。

看来，恭维的确是一种艺术，关键之处在于根据人的不同心理需求和具体情况来选择和斟酌自己的话语，让自己无论怎么说，别人都爱听。当然，这其中还要注意灵活应对，随机应变。

市里召开政府工作会议，新来的秘书小孙早早来到会场入口处等候各位领导。

高局是坐专车奥迪A6来的，小孙上前打开车门："风光、风光，让人羡慕啊！"

岳局是坐出租车来的，小孙迎上去："潇洒、潇洒，一招手就有车，不用麻烦司机，还来去自由。"

王局家离得比较近，骑辆自行车就来了。小孙说："廉政、廉政，都像您这样，老百姓还有啥抱怨的。"

杨局是走着过来的，小孙热情地打招呼："时尚、时尚，现在好多富贵病都是缺少运动造成的！"

在一边观看多时的侯局见小孙巧舌如簧，便成心为难小孙："我可是爬着来的，你怎么说？"小孙立即竖起大拇指："哎呀，这么多局长里，就数您最稳当哟！"

恭维话人人爱听，只要你说得自然、令人信服、恰到好处，就一定能博得别人的好感。

## 开玩笑宜笑不宜损，这样才能不伤人

不难发现，生活中那些会开玩笑的人特别受欢迎。他们凭借一个得体的玩笑，不仅给他人带来了欢乐，而且能迅速获得别人的好感。

但是不要拿别人的隐私开玩笑。因为每个人都有隐私，而且也不允许别人触及自己的隐私。一旦有人喜欢拿别人的隐私开玩笑，那他必定是一个不受欢迎的人。

某人妻子结婚两个月，就生了一个小孩，邻居们赶来祝贺。这人的一个要好的朋友杰克也来了。他拿来了自己的礼物——纸和铅笔，这人谢过了杰克，并且问："尊敬的杰克先生，给这么小的孩子赠送纸和笔，不太早了吗？"

"不，"杰克说，"您的小孩儿太性急。本该九个月后才出生，可他偏偏两个月就出世了。再过五个月，他肯定会去上学，所以我才给他准备了纸和笔。"

杰克的话刚说完，全场轰然大笑，令这对夫妇无地自容。

调侃他人的隐私是不对的，上例中杰克明显道出了这位妻子未婚先孕的隐私，这样令大家都处于尴尬的局面。

所以说，调侃时说出了他人的隐私，有时是出于言者无意，但听者却有心。他会认为你是有意跟他过不去，从此对你恨之入骨。他做的事别有用心，极力掩饰不使人知。如果被你知道了，必然对他不利。如果你与对方非常熟悉，绝对不能向他表明你绝不泄密，那将会自找麻烦。最好的办法是假装不知，若无其事。

心理学家研究表明：谁都不愿把自己的错误和隐私在公众面前"曝光"。一旦被人曝光，就会因难堪而愤怒。因此，在与人交往谈话中，如果不是为了某种特殊需要，一般应尽量避免接触这些敏感区，以免使对方当众出丑。必要时可采用委婉的话暗示你已知道他的错处或隐私，让他感到有压力而不得不改正。知趣的、会权衡的人须"点到即止"，一般是会顾全双方的脸面而悄悄收场的。当面揭短，让对方出了丑，说不定会使他人恼羞成怒，或者干脆耍赖，出现很难堪的局面。至于一些纯属隐私、非原则性的错处，还是那种方法：装聋作哑，千万别去追究。

最后，开玩笑一定要注意区分对象。对于敏感的女性或者是上司，千万不能盲目开玩笑。一般来说女性是比较敏感的，不当的玩笑只会让她恼怒。

例如，一天，几个同事在办公室聊天，其中有一位王女士昨天配了一副眼镜，于是拿出来让大家看看她戴眼镜好看不好看。大家不愿扫她的兴，都说很不错。这件事使老李想起了一个笑话，他就立刻说出来：有一个老小姐走进皮鞋店，试穿了好几双鞋子。当鞋店老板蹲下来替她量脚的尺寸时，这位老小姐——我们要知道她是近视眼，一看到店老板光秃秃的头，以为是她自己的膝盖露出来了，连忙用裙子将它盖住。她立刻听到一声闷叫声，"混蛋！"店老板叫道，"保险丝又断了！"

## 开玩笑要做到有轻有重

开玩笑也要做到有轻有重，而"重"的玩笑多半是开不得的，它只能在比较特殊的场合才能开。若在一般场合开比较"重"的玩笑，可能就不再可笑了，甚至会变质成悲剧。

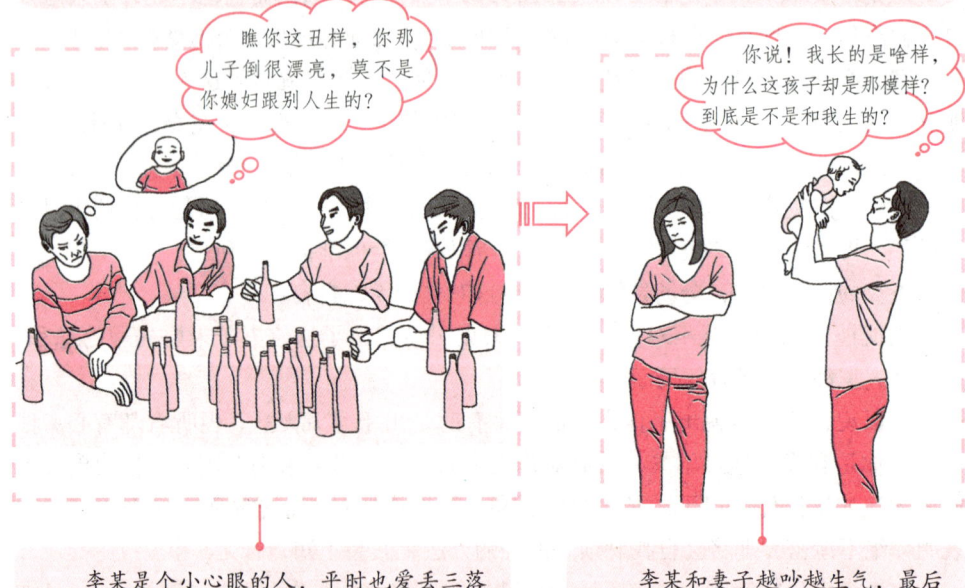

开玩笑之前，务必要考虑这个玩笑带来的后果，不该开的绝不要随便开。有时开玩笑，还要考虑到自己的特殊身份及开玩笑的对象。不然，发生意外时，只会让我们后悔莫及。

接着是一片哄笑声。孰料事后竟从未见到王女士戴过眼镜,而且碰到老李再也不和他打一声招呼。

其中的原因你不难明白。说者无心,听者有意。在老李想来不过是说起一则近视眼的笑话,然而,王女士则可能这样想:"你取笑我戴眼镜不要紧,还影射我是个老小姐。我老吗?我才26岁!"

所以,在开玩笑之前要先看看对方属于哪类人,以免产生不良后果。像上述例子中,老李的玩笑严重地伤害了王女士的自尊,这是始料未及的事情。

此外,对上司也不要乱开玩笑,尤其是黑色玩笑更是不能随意开。在生活中,爱开黑色玩笑的人都常被习惯性地认定是"刻薄"的人,容易引起别人的反感。当这种黑色玩笑是针对老板的时候,情况会更糟糕。

莉莉是一家公司的外勤人员,是个聪明伶俐的女孩。她脑子快,言辞犀利,还有丰富的幽默细胞,无论到哪儿都是颗"开心果"。但如此可爱的莉莉小姐,却得不到老板的青睐!

莉莉工作非常努力。有一次她加了一整夜的班,第二天大清早赶到公司。满身疲惫的她还被不分青红皂白地批评了一通,说她工作不够仔细、状态差等,任她怎么解释都不行。莉莉委屈极了,向比较谈得来的老员工请教,对方反问她说:"想想你平时有没有在言辞上对老板不敬啊?"

这么一问,莉莉想起来了,自己平时就爱与同事开玩笑。后来看老板斯斯文文,对下属总是笑眯眯的,胆子一大,就开起了老板的玩笑。有一天,老板穿着一身新西装来上班。别人都是微笑地对老板说:"您今天真精神啊!"只有莉莉夸张地大叫:"老板,你今天穿新衣服了!不过款式好像是去年流行过的啊!"现在回想起来,当时老板的脸色真是特别难看。

还有一次,莉莉带着刚刚谈好的客户和协议来找老板签字。看到老板龙飞凤舞的签名,客户连连夸奖老板:"您的签名可真气派!"莉莉听了又是一阵坏笑:"能不气派吗?我们老板可暗地里练了三个月!况且这是他写得最多的文字。"此言一出,老板和客户都陷入了尴尬。

想到这些,一向快言快语的莉莉再也高兴不起来了。原来这就是她虽然聪明能干,却无法受到重用的原因。

可见黑色玩笑对一个人的影响有多大,同时黑色玩笑背后还隐藏了一个人性的弱点——任何人都不会笑着面对被揭开的疮疤。

## 真诚地赞美最能"笼络"人心

西方学者马斯洛在研究人的需要的五个层次时,把人的尊严和成就感放到较高的层次,而恰恰赞美便是满足别人成就感和自我价值的一种体现。多多赞美别人,一来能满足别人天生的虚荣心,二来不花费你一分钱,你又何乐而不为呢?

真诚地赞美别人,最能得到别人的心。赞美是人与人之间一道有益的桥梁,灵活运用,一定会给自己带来意想不到的收获。

赞美是博取好感和维系好感最有效的方法。它还是促进别人继续努力卖命的最强烈的兴奋剂,这是由人性的本能所决定的。想求人成功就必须学会这一招。

美国著名心理学家詹姆斯研究诊断:"人类本性中最深刻的渴望就是受到赞美。"有人说过,一个人活着,就是为了避免惩罚或者受到奖赏,赞美就是对别人付出的一种报偿。

美国一位企业家这样形容卡耐基:"他是一位会握着你的手,鼓励你、赞美你的人。在我的生活经验中,还没有碰到过一个能赶得上他的人。有些人,虽然拥有职权,但他们没有嘉许别人的雅量,只会讥讽别人,像这样怎么能成就更伟大的功业呢?"

其实这位企业家是最能领会卡耐基精神的人。

有人说,在这位企业家的手里,赞美别人已成为一种异乎寻常的驱动工具。

当这位企业家就任造船厂厂长的时候,工作人员都被他调动起了巨大的热情。他的传记中这样写道:"从经理到工人,我都很大方地给予嘉奖,称赞工作人员的工作技巧,使受嘉奖的人都觉得这比金钱奖赏更为可贵。"

这家造船厂承造的军舰"拖甲虎"号在27天内完工,造船场里所有的纪录都被打破了。老板召集造舰的全体工作人员发表一篇庆功的演讲,并且赠给每人一枚银质奖章和威尔逊总统的一封信。最后他转向负责监造的人,从自己的袋子里掏出个金表,亲手交给他,作为一个小小的纪念。

既然赞扬是人际交往的润滑剂,我们就要在和周围人相处的过程中,毫不吝啬地赞扬别人,使赞许动机获得广大而神奇的效用。

一位学者在一所高等学府就职,这人深沉不露,严肃认真。其妻在实验室工作,经常与机器和数据打交道,也难免谨慎和刻板。然而不久前朋友们却发现其妻年轻了许多,不仅待人热情洋溢,而且穿戴打扮也焕然一新。遇到开心的事情时,笑声爽朗,很是动人。众人很纳闷儿,她怎么像换了个人似的?询问这位学者,才知道她近来调换了一个工作环境。那里年轻人多,气氛融洽,顶头上司又是一个充满活力、很会说笑话的人,非常赞赏她工作的认真和负责,不失时机地给予她应有的鼓励和赞美。她也感觉到自己好像突然生活在另外的世界里,阳光灿烂,空气清新,精神面貌充满了朝气。

这个人的经历说明,赞扬不仅能改善人际关系,而且能改变一个人的精神面貌和情感世界。赞扬的过程,是一个沟通的过程。通过赞扬,你得到了对方的欣赏和尊重,自己享受了自尊、成功和愉快,你的精神面貌还能不充满盎然的生机吗?

在我们的生活中,一个善于发现别人长处、善于赞扬别人优点的人,绝不是单方面的给予和付出，同时也会得到很大的收获。不知你是否也有这方面的体验，赞扬别人，往往也会激励自己。别人的精神会感染我们，别人的榜样会带动我们。人家可以，而我们又为什么不可以呢？

但是赞美别人是需要技巧的，掌握了恰到好处赞美别人的技巧是一个人交际能力趋于成熟的标志。那么，该怎样恰到好处的赞美别人呢？

### 1. 赞美对方引以为自豪的地方

人性中有一个共同的特点，那就是喜欢别人赞美自己最得意、最看重的方面。

## "乐道人之善"，多多赞美别人

无论是对待同事、朋友、亲人，还是萍水相逢的陌生人，要多发现他们的长处，多学他们的优点，不能看自己是"一朵花"，看别人就是"豆腐渣"。

一个清洁工在一天晚上公司保险箱被窃时，与小偷进行殊死搏斗，捍卫公司财产。

丈夫每天的夸奖让妻子很高兴，于是想着各种方法去改善厨艺，为家人奉献美食。

往往就这么一句简简单单的话，使他人受到了感动，感受到了重视，更乐于奉献和服务他人。这就是"乐道人之善"的神奇力量。

只有赞美别人最看重的东西才能收到最好的效果。俗话说："萝卜青菜，各有所爱。"人与人不同，看重的东西自然也大相径庭。这就要求我们在赞美别人之前，首先做到"知彼"，摸清对方的兴趣、爱好、性格、职业、经历等背景状况，对症下药，抓住其最重视、最引以为豪的东西，将其放到突出的位置加以赞美，这样才能够最大限度地满足对方的心理需要，从而达到自己的目的。

**2. 抓住细节赞美**

真情需要赞美，而细微之中更容易显现真情，所以，有经验的人常常抓住某人在某方面的行为细节，巧施赞美和感谢。这样很容易博得对方的好感，这样做是很有道理的。其实对方之所以在细节上投入那么多的心思与精力，一方面说明对方对此有特别的重视或偏爱，另一方面也说明对方渴望这一部分努力能够得到别人的关注与赏识，能够得到应有的报偿与肯定。因此，我们在交际中应善于发现细微处的用意，不失时机地以赞美和感谢来回报对方的良苦用心。这不但会带给对方巨大的心理满足，而且会加深彼此的情感沟通和心灵默契。

真诚坦白地直接赞美别人固然不错，但假若用词不当就有可能变成了"拍马屁"，引起对方的不快，或给众人留下太露骨、太肉麻的感觉。如果我们对热情洋溢的直接赞美还缺乏足够的自信，那么采用间接赞美的方式，着重表达自己对某一类人或物的赞美，也会收到不同凡响的效果。这样无论是怎样使用赞美之词都不显得露骨和肉麻，而对方又能够同样领会到我们的赞赏之情。

人都有"好为人师"的自大心理，所以在许多时候，以低姿态有针对性地请教他人，以自己的普通甚至低劣凸显对方在该方面的高明或优势，可以起到赞美他人的作用。恰到好处地使用此种方式，既成功地赞美了别人，又能给人留下为人虚心好学、有进取心的好印象。

赞美对于你的家人、朋友同样重要。俗话说："家和万事兴。"家庭和睦，则万事兴旺。作为父母，适当地赞美自己的孩子，可以使孩子更具有自尊心和自信心，可以沟通家长与孩子之间的感情。另外，朋友之间适当的赞美是必不可少的，朋友对于我们每一个人都是非常重要的。有人说："没有朋友的生活等于死亡。"而朋友之间相互赞美是朋友产生的前提之一。

另外要注意：赞美要自然、顺势。不必刻意为之，赞美要看对象。用词不要太肉麻。能适当地表达你的意思就可以。多赞美"小人物"。当他们有一点小表现，赞美他们两句，包准收了他们的心，因为他们平常欠缺的就是赞美！

## 不要轻易做出承诺，要给自己留些余地

一个人的诚实与信誉是获得良好人际关系、走向成功的基础，而能否兑现其承诺便是一个人是否讲信用的主要标志。因此，要想有一个良好的人际关系，就不要

轻易对别人承诺，要给自己留些余地。

成功的人很注意承诺这个细节。他不会轻易地去承诺某一件事。即使有把握，也不会轻易承诺。

而生活中有许多人都把握不了承诺的分寸，他们很轻率地做出承诺，不给自己留下丝毫的余地，结果使许下的诺言难以兑现。

一位高校的系主任向其所在系的青年教师许诺说，要让他们中2/3的人评上中级职称。但当他向学校申报时却出了问题：学校不能给他那么多的名额。他据理力争，一遍遍去找校领导，还是不能解决问题。他又不愿意把情况告诉系里的教师，只对他们说："放心，我既然答应了，一定会做到。"

最后，职称评定结果公布了，众人大失所望，把他骂得一文不值。有人甚至当面指着他说："主任，我的中级职称呢？你答应的呀！"而校领导也批评他是"本位主义"。从此，他在系里信誉扫地，校领导也对他失去了好感。

与别人打交道时，不论双方关系如何，当需要许诺对方时，要三思而行。不管是答应对方所提出的要求，还是自己主动向对方提出建议，事先一定要经过深思熟虑，反复斟酌。

在有必要承诺时，一定要有自知之明，务必要从自己的实际能力以及客观可能性出发，切忌好大喜功、草率行事，致使承诺"满天飞"。须知，如果滥用承诺，个人信誉就会贬值。大而无当、言过其实的承诺，更会让自己陷入被动。

## 告诉他"你很重要"，回报定比器重多

许多事业上卓有成就的人成功的原因是他懂得驭人之术。而其中最重要的一点，也即最有效的一点就是：让别人感到自己很重要。因为每个人都想获得来自他人的尊重，得到他人的重视。那么，你就不妨满足他这个需要。

罗斯福是一位懂得使别人感到自己很重要的人。只要是去拜访过罗斯福的人，无不为他那博大精深的学识所折服。不管对方从事多么重要或卑微的工作，也不管对方有着什么样显赫或低微的地位，罗斯福和他们的谈话总能进行得非常顺利。

也许你会感到十分的疑惑，其实不难回答，每当他要接见某人时，他都会利用前一天晚上的时间仔细研读对方的个人资料，以充分了解对方的兴趣所在，从而让对方感觉到自己被重视了。这样的精心准备怎能不使会面顺利进行呢！

贵为总统尚且如此，我们凡人为何不肯承认别人的重要？所以，要使他人真心地尊敬和喜欢你，乐意为你做事，原则上是要拿对方感兴趣之事当话题，让他感觉到自己的重要。在满足别人的重要感之后，很多事情就迎刃而解了。

据一些权威人士表示，甚至有人会借着发疯来从他们的梦幻世界中寻求自我满足。一家规模不小的精神病院的医生说："有不少人进入疯人院，是为了寻求他们在

正常生活中无法获得的受重视的感觉。"人们为求受重视，连发疯都在所不惜。试想如果我们肯多给对方一分尊重、一句赞美，它的影响该有多大？

那么，在什么时候才能让对方感受到他的重要？答案是，随时随地都可以。

譬如，你在饭店点的是鱼香肉丝，可是，服务员端来的却是回锅肉，你就说："太麻烦您了，我点的是鱼香肉丝。"她一定会这么回答："不，不麻烦。"而且会愉快地把你点的菜端来。因为你已经表现出了对她的尊敬和重视。

一些客气的话实际上就表达了你对别人的重视。"谢谢你""请问""麻烦你"，诸如此类的细微，可以很容易就让对方感到他被尊重、被重视。

很多人，尤其是身居上位者，极易产生一种高高在上之感，极易用一种俯视的心态去面对他人，仿佛他们只是自己实践理想的"棋子"，而忽略了其身为人对于自

## ■ 重视"你很重要"的作用

人的潜意识里总是会追求片刻的荣耀，只要我们适度地满足对方的虚荣心，即使他得到的是失败，他也不会完全丧失信心。如果你告诉对方："你很重要"，那么在今后的工作中他肯定会更加全力以赴。

相信他，对他表示信赖，并在适当的场合给他一点取胜的机会，让他体会到自己的重要性，把自己的自信心建立起来。

身价值被肯定的需求。用真诚的心去肯定别人，就会拉近心与心的距离，形成一个良好的人际关系。

在通常情况下，人们内心所想的东西，即使不用嘴说出来，不用笔写出来，也会被对方觉察体会出来。假如你对对方有厌恶之情，尽管你没有说出来，但是由于这种心理的支配，你多少会露出一些"蛛丝马迹"，被对方捕捉住，或被对方体会出来。不久，他对你也会产生坏印象的。这跟照镜子是一样的道理，你对它皱眉头，它也对你皱眉头。你对它露出笑脸，它也还你一张笑脸。同样的，如果我们怀着一颗真诚的心去肯定对方，对方也会同样从内心感激你，用心回报你，直至将你所交代的事情做到完美为止。

正如美国著名企业家杰克·韦尔奇所说："天下最易使人颓丧不振、冲劲全失的就是来自上级主管的批评、责骂。"抛开那些伤人的话语，随之以各种各样的方式告诉他"你很重要"，受到肯定的人自然会在尊重与肯定下以诚相待，全力以赴帮忙。

## 他人失意之时，请勿谈你的得意

人毕竟是人，是人都有人性。生活也毕竟是生活，是生活都有波折。所以，人活着难免有得意和失意之时。但是，面对失意的人，你千万别说自己的得意事，更不要在因为失落而情绪低迷的人面前显示你的优越。

一个懂得做人的人，都知道，当自己的人生处于得意之时，千万别将得意之色在那些此时正处于人生低谷的人面前显露。这样你才不会伤人，也不会被人伤。反之当把自己的得意展现无余时，就会招来别人的怨恨。为什么？因为你拿自己的成功，对比了他的失败，最起码，他会认为，他输给了你。

所以当别人夫妻失和，跟你诉苦时，你与其大发宏论，教他夫妻相处之道，不如说："其实，家家如此。你看我和我的另一半，现在好像很恩爱。其实，我们以前也常吵架，甚至曾想过要离婚呢！"

这样，他就会在心中想，他比你当年还要强很多，以后应该至少会跟你一样好。

别人事业失败，跟你诉苦时，与其以成功者的姿态来指导事业通畅之道，不如告诉他，你当年跌得比他更惨，现在的辉煌是一点一点又做起来的。

这样，他也会想，他也能东山再起，和你一样成功。大家的婚姻都曾失和、大家的事业都曾失利，你和他不是因此而有了共同意识，在感觉上走得更近了吗？

人生在世，难免有婚姻失和、事业失利的时候，所以在他人遇到生活的低谷时，你千万不要将自己的成就摆出来炫耀，也不要太过张扬。否则，你最终会在交往中使自己孤立无援，甚至引起别人的厌烦，渐渐与你疏远。所以学会适当谈论自己的得意，善待他人的失意才是你真正要学会的心理诡计。

我们来分析一下其中的原因，这是因为失意的人最脆弱，也最敏感。你的谈论在他听来都充满了讽刺与嘲讽的味道,让失意的人感受到你"看不起"他。当然有些人不在乎,你说你的,他听他的,但这么豪放的人不太多。因此你所谈论的得意,对大部分失意的人是一种伤害,这种滋味也只有尝过的人才知道。

一般来说,失意的人攻击性较少,郁郁寡欢是最普通的心态,但别以为他们只是如此。听你谈论了你的得意后,他们普遍会有一种心理——怀恨。这是一种转移到心底深处的对你的不满的反击,你说得口沫横飞,不知不觉已在失意者心中埋下一颗炸弹,多划不来。

失意者对你的怀恨不会立即显现出来,因为他无力显现,但他会通过各种方式来泄恨。例如说你坏话、扯你后腿、故意与你为敌,主要目的则是——看你得意到几时,而最明显的则是疏远你,避免和你碰面,以免再见到你,于是你不知不觉就失去了一个朋友。

随意自夸是不善做人者的通病,为此常会败事。只有改变这一点,不被人讨厌,才有可能真正被人接纳,找到成事的"切入点"。

## 将语言"软化"后再说出来,人际将更加和谐

人生有许多地方需要转弯,不能直来直去,语言表达也是如此。对于年轻人来说,委婉地说话,含蓄地表达,更是一种真本领。它能有效地避免由于生硬和直率带来的各种弊端,让你的人际往来更加顺畅。

委婉,或称婉转、婉曲,是一种修辞手法。它是指在讲话时不直陈本意,而用委婉之词加以烘托或暗示,让人思而得之,而且越揣摩,含义越深远,因而也就越具有吸引力和感染力。委婉含蓄是说话的艺术,它体现了说话者驾驭语言的技巧,而且也表现了对听众想象力和理解力的信任。生活中有许多事情是"只需意会,不必言传"的。如果说话者不相信听众丰富的想象力把所有的意思和盘托出,这种词意浅陋、平淡无味的话语不但会使人不悦,而且会使说话者失去魅力。

"遁词以隐意,谲譬以指事叩"(刘勰《文心雕龙·谐隐》)的意思是说故意说些与本意相关或相似的事物,来烘托本来要直说的意思。这是语言中的一种"缓冲"的方法。它能使本来也许是困难的交往变得顺利起来,让听者(或看者)在比较舒坦的氛围中接受信息。因此,有人称"委婉"是公关语言中的"软化"艺术。

现代文学大师钱钟书先生,是个自甘寂寞的人。居家耕读,闭门谢客,最怕被人宣传,尤其不愿在报刊、电视中扬名露面。他的《围城》再版以后,又被拍成了电视剧,在国内外引起轰动。不少新闻机构的记者,都想约见采访他,均被钱老执意谢绝了。一天,一位英国女士,好不容易打通了他家的电话,恳请让她登门拜见钱老。钱老一再婉言谢绝没有效果,他就妙语诙谐地对英国女士说:"假如你看了《围城》,像吃了一只鸡蛋,觉得不错,何必要认识那只下蛋的母鸡呢?""洋女士"

终被说服了。

钱先生的回话,首句语义明确,后续两句"吃了一只鸡蛋觉得不错"和"何必要认识那只下蛋的母鸡呢?"虽是借喻,但从语言效果上看,却是达到了"一石三鸟"的奇效:其一,是属于语义宽泛,富有弹性的模糊语言,给听话人以思考悟理的伸缩余地;其二,是与外宾女士交际中,不宜直接明拒,采用宽泛含蓄的语言,尤显得有礼有节;其三,更反映了钱先生超脱盛名之累,自比"母鸡"的这种谦逊淳朴的人格之美。一言既出,不仅无懈可击,且又引人领悟话语中的深意,格外令人敬仰钱老的大家风范。

这便是说话委婉含蓄的美妙之处。

于委婉含蓄的表达,大致有如下几种方法:

一是仔细研究事物之间的内在联系,利用同义词语表达自己的思想,达到含蓄

## 委婉含蓄主要的作用

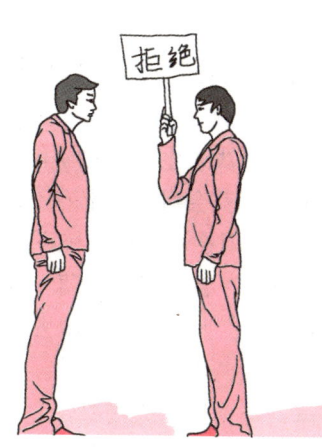

第一,人们有时表露某种心事,提出某种要求时,常有种羞怯、为难的心理,而委婉含蓄的表达则能解决这个问题。

第二,每个人都有自尊心。在拒绝对方的要求,委婉含蓄的表达常能起到既能达成表达任务,又能维护对方自尊的目的。

第三,有时在某种情境中,例如,碍于第三者在场,有些话不便直说,这时就可委婉含蓄地表达。

效果。

二是由外延边界不清或在内涵上极其笼统概括的语言来表达自己的思想，达到含蓄效果。

三是通过许多修辞方式，如比喻、借代、双关、暗示等可以达到含蓄的效果。

四是有些事情，不必直接点明，只需指出一个较大的范围或方向，让听者根据提示去深入思考，寻求答案，可达到含蓄的效果。

五是通过侧面回答对方的一些问题，可以达到含蓄的效果。

最后，还要关注这样一种情况，使用委婉含蓄的话时要注意，委婉含蓄不等于晦涩难懂。它的表现技巧首先是建立在让人听懂的基础上，同时要注意使用范围。如果说话晦涩难懂，便无委婉含蓄可言；如果使用委婉含蓄的话不分场合，便会引起不良后果。运用方圆之道要切记掌握好语言的"软化"艺术。

## 不是原则性问题，就不必太较真

怎样做人是一门学问，甚至是一门用毕生精力也未必能看破其中因果的大学问。多少不甘寂寞的人穷究原委，试图领悟人生真谛，塑造辉煌的人生，然而人生的复杂性使人们不可能在有限的时间里洞明人生的全部内涵。人们对人生的理解和感悟总是局限在事件的启迪上。比如，处事不能太较真便是其中一理，这正是有人活得潇洒，有人活得累的原因之所在。

做人固然不能玩世不恭，游戏人生，但也不能太较真，认死理。"水至清则无鱼，人至察则无徒"，太认真了，就会对什么都看不惯，连一个朋友都容不下，把自己同社会隔绝开了。镜子很平，但在高倍放大镜下，就成了凹凸不平的山峦；肉眼看很干净的东西，拿到显微镜下，满目都是细菌。试想，如果我们戴着放大镜、显微镜生活，恐怕连饭都不敢吃了；如果用放大镜去看别人的缺点，恐怕那人罪不容诛、无可救药了。

与人相处就要互相谅解，经常以"难得糊涂"自勉，求大同存小异，有度量，能容人，你就会有许多朋友，且左右逢源，诸事遂愿；相反，"明察秋毫"，眼里揉不得半粒沙子，过分挑剔，什么鸡毛蒜皮的小事都要论个是非曲直，容不得人，人家也会躲你远远的。最后你只能关起门来"称孤道寡"，成为使人避之唯恐不及的异己之徒。古今中外，凡是能成大事的人都具有一种优秀的品质，就是能容人所不能容，忍人所不能忍，善于求大同存小异，团结大多数人。他们胸怀豁达而不拘小节，从大处着眼而不会鼠目寸光，并且从不斤斤计较，纠缠于非原则性的琐事，所以他们才能成大事、立大业，使自己成为不平凡的人。

但是，如果要一个人真正做到不较真、能容人，也不是简单的事，需要有良好的修养、善解人意的思维方法，并且要从对方的角度设身处地考虑和处理问题，多一些体谅和理解，就会多一些宽容，多一些和谐，多一些友谊。比如，有些人一旦做了官，便容不得下属的缺点，动辄横眉竖目，使属下畏之如虎，时间久了，必积怨成仇。想一想天下的事并不是你一人所能包揽的，何必因一点点小事便与人生气呢？调换一下位置，挨训的人也许就理解了上司的急躁情绪。

　　宋朝的范仲淹是一个有远见卓识的人。他在用人的时候，主要是取人的气节而不计较人的细微不足。范仲淹招纳的幕僚，有些是犯了罪被朝廷贬官的，有些是因为犯了罪被流放的。这些人被任用后，有的人不理解。范仲淹则认为："有才能没有过错的人，朝廷自然要重用他们。但世界上没有完人，如果有人确实是有用之才，仅仅因为他的一点小毛病，或是因为做官议论朝政而遭祸，不看其主要方面，不靠一些特殊手段起用他们，他们就成废人了。"尽管有些人有这样或那样的问题，但范仲淹只看其主流，他所使用的人大多是有用之才。

　　人非圣贤，孰能无过？有道德修养的人不在于不犯错误，而在于有过能改，不再犯过。所以用人，用有过之人也是常事。应该看到他的过错只不过是偶然的，他的大方向是好的。《尚书·伊训》中有"与人不求备，检身若不及"的话，是说我们与人相处的时候，不要求全责备，但要抓紧检查自己的缺点。要求别人怎么去做的时候，应该先问一下自己能否做到。推己及人，严于律己，宽以待人，才能团结能够团结的人，共同做好工作。一味地苛求，就什么事情也办不好。

　　世上有很多事只要不是原则、立场的大是大非问题，就不必非分出对和错来不可。人们在单位、社会上充当着各种各样的规范化角色，恪尽职守的国家公务员、精明体面的商人，还有广大工人、职员，但一回到家里，脱去西装革履，也就脱掉了你所扮演的这一角色的"行头"。曾经有一位好莱坞的女演员，失恋后，怨恨和报复心使她的面孔变得僵硬而多皱，她去找一位最有名的化妆师为她美容。这位化妆师深知她的心理状态，中肯地告诉她："如果你不消除心中的怨和恨，那么我敢说全世界没有一个美容师能够美化你的容貌。"心理学研究证实，报复心理非常有碍健康，高血压、心脏病、胃溃疡等疾病就是由于长期积怨和过度紧张造成的。

　　《增广贤文》是我国民间流传甚广的一本关于做人的小册子，里面收集了许多久经验证的富有哲理的民谚俗语，其中一条就是："饶人不是痴汉，痴汉不会饶人。"也有把这句话说成"得饶人处且饶人"的。这条哲理告诉人们，凡事都应适可而止，给自己留下一条后路。有位智者说，大街上有人骂他，他连头都不回，他根本不想知道骂他的人是谁。因为人生如此短暂和宝贵，要做的事情太多，何必为这种令人不愉快的事情浪费时间呢？这位先生的确修炼得颇有涵养了，知道该干什么和不该干什么，知道什么事情应该认真，什么事情可以不屑一顾。要真正做到这一点是很不容易的，需要经过长期的磨炼。如果我们明确了哪些事情可以不认真，可以敷衍了事，我们就能腾出时间和精力，全力以赴地认真地去做该做的事，我们成功的机会和希望就会大大增加。与此同时，由于我们变得宽宏大量，人们就会乐于同我们

人际交往心理学

## ■ 原谅别人的小错误更能增进感情

人非圣贤，孰能无过，无论于什么人交往，都会遇到对方犯错误的时候，只要不是原则性的错误，我们不妨选择原谅对方，这样可使对方存有一定的感激心理，彼此之间的感情就会更进一步。

谢谢妈妈，以后我一定好好做。

错了知道改就是好孩子。

**亲子之间**

如果孩子犯了一点小错误，一味地指责只会让孩子反感，这个时候选择原谅，孩子会感受父母的爱，从而与父母感情加深。

哎呀，真不好意思，我把文件落家里了，怎么办，今天开会你还要用呢。

没关系，我再做一份就是了，这个文件很好做，数据都在电脑里存着。

**同事之间**

面对同事的失误，直接指责会让对方没有面子，无关大雅的错误不妨原谅，对方感受到你的宽容，反而更愿意与你交朋友。

这次失误损失不大，我就不处罚了。你好好努力，争取将功补过。

谢谢老板，我一定好好干！

**对待下属**

对于下属的小错误选择原谅对方，下属会心存感激，也会用更努力的工作来回报你。

交往，我们的朋友就会越来越多。事业的成功伴随着社交的成功，应该是人生的一大幸事。

## 凡事适可而止，留下回旋的余地

遇事穷追不舍，于人于己都没有好处。聪明人都会适当考虑别人的想法，留下回旋的余地。

现实生活中，许多人说话、做事总是不会给人留下余地，搞得对方经常尴尬。其实想想，如果你自己处在这种状况会怎样。很显然，人一旦处于这种窘境，则不仅仅是气别人，也气自己，气自己无能为力，甚至会怀疑自己生存的价值和意义，从而萌生很强烈的人生挫折感和失落感。那么，有过这种体验和经历的人就应当设身处地地为对方想一想。一旦自己通过努力证明自己比对方强，完全有能力收拾对方，那么就应当适可而止，别再以牙还牙，以毒报毒，把对方完全置于屈辱的地位。不然只会使对方蒙受如自己当初一样的打击与屈辱，从而为自己制造一个仇敌。我们应当注意以下两点：

1. 冤家宜解不宜结，问题解决了就要给对方一个台阶下，否则对方记了你的仇，将来还会给你气受。在人际交往中，特别是求人的时候，如果受了气，你放开眼界，把立足点放在解决对策上而不是斗气上。

和人家斗气，一来未必能够斗得过，二来浪费了时间和精力，对于解决问题没有什么裨益。因此换一种视角，换一套思路，另辟途径解决问题是最重要的。一旦问题解决了，你受气的根源也自然消失了。这时候你还不解气，还让那些本来已经很尴尬的人下不来台，那就太没有"心机"了。你应当想到，这一次人家阻挠了你，给你气受，也许下次你还要求人家，要是人家记了仇，你就还会有更大的气要受。相反，如果你能够适当给他一个台阶下，他感怀你的宽容大量，下一次办事时也许就能给你帮上大忙。

2. 在人际交往中注意不把事情做绝，甚至可以化敌为友。每个人受了气后都会产生一种报复心理。于是奋发向上，寻找时机以雪前耻。这是十分不可取的，因为说不定你哪天还会有更大的气受。相反，如果一个人在有了实力，或是抓住了对方的把柄，完全有能力收拾对方时，能够恰当地利用这种优势，以一种大度宽容的方式来对待对方，求得他的信任与感激，再进一步通过其他方式来增进彼此的感情，那么就不但排除了树敌的可能性，而且多了一个可信赖的朋友。朋友多了，社会性实力就会强大，同时能够弥补个人能力的种种不足，那就更不容易受气了。对于矛盾的双方而言，这样的结局无疑是最为理想的。

## 调节冲突，抬高一方让其主动退出

在现实生活中，难免会遇见亲朋好友或者别的人为了某些事而发生冲突与纠纷，需要你出面做和事佬的情况。只是，和事佬并不好做，这是个两边不讨好的差事。如果没有比较高超的语言技巧，往往会把自己陷进去，成为一方甚至双方攻击的对象。但是冲突总得有人调解，或许这个人就是自己，那该怎么办呢？

俗话说："一个巴掌拍不响。"在双方接受自己来进行调解之后，可以考虑主攻一方，让其主动退出争执，另一方没了冲突对象，纠纷自然化解了。

让当事人为顾全面子而退出争执。对一方当事人进行夸奖，讲述他曾经有过的可引以为自豪的事情，唤起他的荣誉感，使之为了保全荣誉感和面子，主动退出争执。这种方式对于绝大多数受过良好教育的人都非常有效，因为荣誉和颜面往往是他们很看重的，是他们约束自己的动力。

小王与小刘是学校新来的两位年轻教师。小王心细，考虑事情周到；小刘性情鲁莽，但业务能力强。两人因一件小事发生争执，小王说不过小刘，并且被小刘训了一顿，觉得非常委屈，就去向校长诉苦。校长说："小王啊，你脾气好，办事周到，大家都很欣赏。你是个细致的人，小刘是个急性子，脾气上来了连自己说了什么都不知道。你怎么能和他计较呢？你一向都非常注意团结同事，不感情用事的，怎么能为了这么点事情就觉得委屈呢？"一番话说得小王心里又甜又酸，从此再不与同事争执了。

事例中校长就是巧妙地运用了这一方法。他先夸奖小王，然后强调两人之间的差距，让听话者的一方受到赞扬，从而轻易化解了两人之间的冲突。

不过这个调解办法在使用时必须注意不可伤害到另一方的自尊。你对一方的"抬高"最好不要当着另一方的面说，否则会事倍功半，收效不佳。

此外，跟当事人说一件很重要的事让他感觉到自己的地位及价值的存在，从而让他退出争执，也是一种不错的方法技巧。冲突之所以持续，往往是一种非理性情绪支配的结果。所以，如果在调解冲突时，提出一件足以唤起一方理性思考的事情，转移其注意力，往往也能达到让一方退出争执、化解冲突的目的。

第四篇

# 与人周旋，掌控制胜之道

# 第一章

# 以心攻心，斗智斗勇

## 通过沉默来逼迫对方沉不住气

人们往往不善于等待，而等待往往是适用于各种情况的一种策略。有时片刻的沉默，便会产生奇特的效果。

适时地保持沉默不仅是一种"心计"，而且也有实际的好处。常言道："沉默不会使人后悔。"一位女士的经验证明了这一点。她说："当我们第一个孩子出世时，我丈夫由于工作繁忙，对我和孩子疏于照顾。这样几周以后，我感到筋疲力尽，并想大发雷霆。一天，我给他写了封充满怒气的信，然而不知为什么我没把信给他。第二天，丈夫提出要给婴儿换尿布，并且说：'我想我现在应该学会做这些事了。'尽管我不知道他为什么会改变想法，但还是非常高兴地把信撕了，并暗自庆幸我给了他时间。一场争吵就这样避免了。此后，他一直对我很好。"

《谈话的艺术》的作者、心理学教授格瑞德·古德罗解释说："沉默可以调节说话和听讲的节奏。沉默在谈话中的作用就相当于零在数学中的作用。尽管是'零'，却很关键。没有沉默，一切交流都无法进行。"

有时候沉默并不代表没有声音。在商业或私人交际中，适时沉默是一种有效沟通的技巧，保持适当的缄默，让自己身在暗处，令人难以琢磨，反而更能占据主动。在台湾作家刘墉的《有话好好说》一书中有这样一个故事：

老王想买一处房子。那房子他见过，他的同事老孙就住在那里。老伴还在老孙媳妇的陪同下去和开发商议过价。老王想以更低的价格买下，于是决定亲自出马。看房那天，老王拔牙，嘴里塞了棉花，没有说一句话。

结果，不到20分钟，老王以40万的低价买到了房子，比同事老孙的便宜5万，比老伴询问到的价格少两万。

我们来看老王是怎么做的。当售楼小姐问老王是否第一次光临这一社区，他没说话，只伸出两根手指。当小姐继续追问上一次是什么时候，老王则没搭腔，只耸耸肩、笑笑。进入电梯，小姐告诉老王，现在只剩下三个保留户，五十坪、八十坪和一百坪，老王依然保持沉默，用一根手指代替了回答。

小姐带着老王，一间一间参观。到最后，小姐说剩下的是样品屋，也是全区视野最好的一户，本来不想卖的。可是建筑业不景气，只好割爱了。看老王没说话，小姐又忙着告诉他，是减价割爱。老王还是没吭声，小姐再次开口，询问他是否知道以前的价钱，老王点点头。

房子的格局跟老孙的一模一样，所以到了屋里，不用小姐带，老王已经很清楚阳台在哪儿、热水器在哪儿、后门在哪儿了。他特别到阳台上去看了一眼，绕着那大大圆圆的冷气主机转了一圈，摇摇头，又指指自己耳朵。他是想告诉小姐，我对这房子很了解，连它的缺点都一清二楚。

参观完毕。老王被带到销售中心的办公室。翻了翻彩色的大楼简介，老王又指指手表。小姐赶紧告诉他们的经理，老王对社区已经很熟了。老王点点头，指了指价目表，摇了摇手指，掏出笔写了几个字："给我一个价钱。"结果，售楼经理与小姐一商量，开出了最低价：40万。

老王从头到尾，没说半个字，却比那些自以为聪明、充内行的人，获得了更好的"待遇"，并且拿到了最低价。为什么？答案就是"沉默是金"。

老王的沉默显示了他的"深藏不露"。在深藏不露之中，他又透露了一些令对方困惑的消息。他让对方知道了他的身份，知道他是第二次去，知道他对屋子的情况十分了解，知道他清楚行情，甚至让对方知道"他清楚那房子的缺点"。

相对的，售楼处却对老王一无所知。也就是说，售楼处在"明处"，老王在"暗处"。因为担心价格不合理吓跑顾客，所以他们才一下开出最低价。

在日常交往中，沉默往往会给你带来益处。在某些场合，沉默不语可以避免失言。许多人在缺乏自信或极力表现得礼貌时，可能会不假思索地说出不恰当的话，给自己带来麻烦。

正确的交流由两个方面构成：既被人关注，又关注别人。安静、专心地倾听会产生巨大的魔力，使谈话者更加心平气和、呼吸舒畅，连面部和肩部都放松下来。反过来，谈话者会对听众表现得更加温和。

过去，心理学家常常认为我们应该把自己的事情讲出来，告诉别人，但现在人们逐渐发现，在与别人交往中，有时更需要忍耐和沉默。

你必须认识到沉默与精心选择的词具有同样的表现力，就好像音乐中心音符与休止符一样重要。沉默会产生更完美的和谐、更强烈的效果。

## 拿住对方的把柄，让其服服帖帖地就范

抓刀要抓刀柄，拿人要拿把柄。以人的弱点或劣迹相胁，人岂有不从之理？

汉代的朱博因善于巧妙地用恶人为之效力而为人称道。比如，在长陵一带，有个名叫尚方禁的人，曾强奸别人的妻子，被人用刀砍伤了面颊。如此恶棍，本应重重惩治，只因他大大地贿赂了官府的功曹，而没有被革职查办，最后还被调升为守

尉。朱博上任后，有人向他告发了此事。朱博传见尚方禁。尚方禁心中忐忑不安，硬着头皮来见朱博。朱博仔细看尚方禁的脸，果然发现有疤痕，就让左右退下，假装十分关心地询问究竟。

## 对他的"软肋"痛下杀手，对方会主动让步

在对方最重要的地方下手，在对方最害怕的地方下刀。只要位置找得准，再顽固的对手也只得举手投降，任你摆布。

事实证明，在某人的"软肋"上痛下杀手，能获得比正面迎击好千倍的理想效果。抓住某人对某事物的珍爱心理，不惜一次又一次地使用破坏性的手段，对方一定会主动让步，接受你的操纵和牵制，最终为你所用。

尚方禁做贼心虚，知道朱博已经了解了他的情况，就像小鸡啄米似的接连给朱博叩头，如实地讲了事情的经过。他头也不敢抬，只是一个劲地哀求道："请大人恕罪，小人今后再也不干那种伤天害理的事了。"

"哈哈哈！"朱博突然大笑道，"男子汉大丈夫，难免会发生这种事情的。本官想为你雪耻，给你个立功的机会，你愿意吗？"尚方禁自然极为愿意。于是，朱博命令尚方禁不得向任何人泄露当天的谈话情况，要他有机会就记录一些其他官员的言论，及时向朱博报告。尚方禁俨然成了朱博的亲信、耳目。

自从被朱博宽释重用之后，尚方禁对朱博的大恩大德时刻铭记在心。所以，做起事来特别卖命，工作十分见成效，使地方治安大为改观。朱博遂提升他为连守县县令。又过了相当长一段时期，朱博突然召见那个当年收受尚方禁贿赂的功曹，对他进行了严厉训斥，并拿出纸和笔，要他把自己受贿的事通通写下来，不能有丝毫隐瞒。

那位功曹早已吓得筛糠一般，只好提起笔，写下自己的斑斑劣迹。

由于朱博早已从尚方禁那里知道了这位功曹贪污受贿的事，所以，看了功曹写的交代材料，觉得大致不差，就对他说："你先回去好好反省反省，听候裁决。从今往后，一定要改过自新，不许再胡作非为！"说完就拔出刀来。那功曹一见朱博拔刀，吓得两腿一软，又是打躬又是作揖，嘴里不住地喊："大人饶命！大人饶命！"只见朱博将刀晃了一下，一把抓起那位功曹写下的罪状材料，三两下将其削成纸屑，扔到纸篓里去了。

此后，那位功曹终日如履薄冰、战战兢兢，工作起来尽心尽责，不敢有丝毫懈怠。握住他人的把柄，就像捏住了蛇的七寸，使对方不得不服从。但是在"握"的过程中一定要把握好"度"，若对方狗急跳墙，事情就不妙了。这也从反面提醒我们：生活中不可随意暴露自己的隐私，以防别有用心之人抓住自己的把柄，陷自己于被动。

## 摸清对方的底细，找准对方的弱点再出击

要想找到一个人的致命弱点或软肋所在，就要摸清他的底细，将其看个清清楚楚、明明白白。

西汉宣帝时，赵广汉为京兆尹，是首都长安的父母官。

赵广汉上任时，长安的治安状况一度混乱，百姓受害的事时有发生，官匪勾结十分猖獗。面对严峻的状况，赵广汉召集心腹属下说："我上任伊始，并不熟悉此中内情，想打击犯罪，也不知从何下手。何况情况不明，乱下重手只会引起混乱。我想让你们暗中侦察，把盗贼的踪迹摸清。"

心腹属下面有难色，他们说："盗贼行踪诡秘，出入不定，即使用力也难出成效。

从前官员都是有事打压，无事清闲，大人何必自讨苦吃呢？"

赵广汉表情严肃，他郑重道："盗贼不绝，根源乃在我们不晓根底，从前官员不尽职所致。我志在剿除盗贼，自然不能和从前官员一样无所作为了。这是我的命令，违者必惩！"赵广汉命人暗中详查，表面上故作轻松，没有更深的戒备，盗贼们以为赵广汉碌碌无为，于是放下心，放胆胡作非为起来。一时之间，盗贼蜂拥而出。长安治安状况更加混乱。

朝中大臣上疏指责赵广汉失职，无比愤怒地说："京城盗贼横行，京兆尹赵广汉却放纵不管，不知他是何居心。赵广汉定与盗贼勾结，望陛下彻底肃查。"

汉宣帝也怒气冲冲地质问赵广汉说："朕深居宫中，都听说了城外盗贼横行之事，你有何交代吗？"

赵广汉叩头不止，连声说："陛下不要担心，请让臣把话说完。贼情不明，轻举妄动便会打草惊蛇，这也是臣最担心的。臣故意装作不闻不问，只是想让盗贼悉数暴露，以便臣的属下全然摸清盗贼的状况，查清他们肇事的根源，以及那些和他们勾结的差吏收取了多少贿赂。只有将这些情况都搞得明明白白，才能一网打尽，让他们无法抵赖。陛下放心，臣已广布人手，侦查此事。过不了多长时间，便是盗贼的末日了。"

汉宣帝听罢，便不再责怪赵广汉，他不无担心地说："朕暂且相信你一次，你还是好好把握时机吧。"

不久，已经全然掌握贼情的赵广汉四面出击，每击必中，长安盗贼被肃之一空了。赵广汉在摸清盗贼的底细之前，绝不会贸然行事，打草惊蛇。只有将一切情况了然于心，时机完全成熟之时，才果断出击，从而一击奏效。

把对手的底细摸透，对其了如指掌，始终是战胜对手的一个重要前提。一个人的实际状况是不会轻易显现的，这需要耐心细致地调查和取证才能搞清，在此不下大功夫是不行的，没有捷径可走。没有底牌可出的对手是最脆弱的，在他们的要害处轻轻一击，也就致命了。清楚他们的虚实，便会掌握他们的动态，从他们的弱点下手，被动的就不会是自己。

## 拐弯抹角有时比直来直去更易被人接受

世上之事，有时乱如麻，而且绝大时候让你理不出头绪。因此"直来直去"的方法是万万不行的。你必须开动脑筋，学会多绕几个弯，用"迂回曲折"之法通向你的目的地。

有些话不能直言，便得拐弯抹角地去讲；有些人不易接近，就少不了逢山开道、遇水搭桥；搞不清对方葫芦里卖的什么药，就要投石问路、摸清底细；有时候为了使对方减轻敌意，放松警惕，我们便绕弯子、兜圈子，甚至用"顾左右而言他"的迂回战术，将其套牢。

我们看下面的例子：

有一天，一个小职员正在赶着上班。这天他的公司有一个很重要的会议，会议中的表现关乎到他能否升职，所以不能迟到。无奈他的闹钟却在关键时刻坏掉了，最糟糕的是还有20分钟会议便要开始了。

小职员唯有改乘出租车，希望能赶得及参加会议。好不容易才给他截到了一辆出租车，匆匆忙忙上车后，他便对司机说："司机先生，我很赶时间，拜托你走最短的路！"司机问道："先生，是走最短的路，还是走最快的路？"小职员好奇地问："最短的路不是最快的吗？"

## 话到嘴边绕一绕

做人不能成为一个"直竿子"，尤其在与人交谈中，慷慨激昂、锋芒外露固然是一种本事，但细语声声、委婉相处也是必不可缺的一种本事。

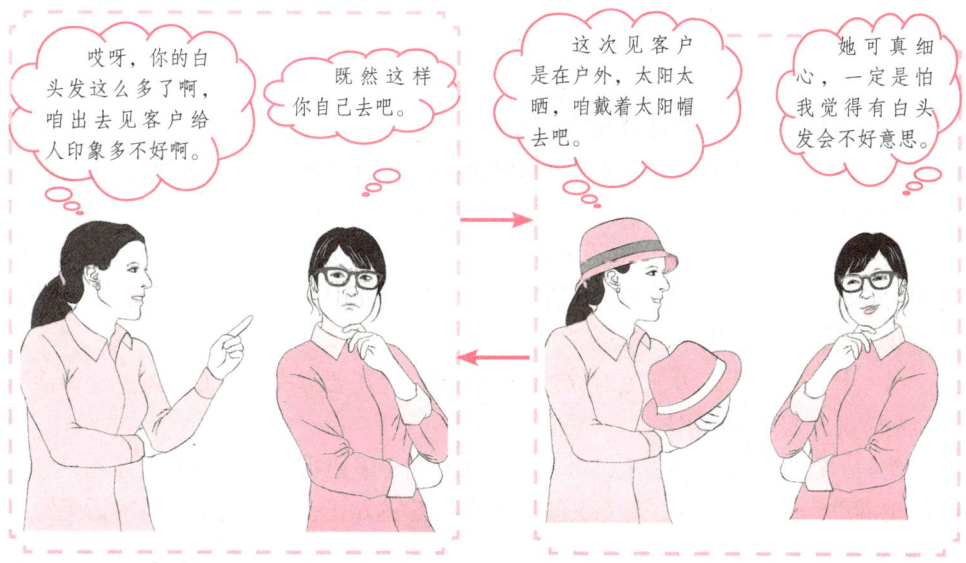

直接说出对方的缺点容易让人感到尴尬和厌烦，换一种表达，可能会让对方更容易接受，甚至会感激你。

"当然不是,现在是高峰时间,最短的路都会交通阻塞。你要是赶时间的话便得绕道走,虽然多走一点路,却是最快的方法。"听了司机的话,小职员最后选择走最快的路。途中他看见不远处有一条街道交通阻塞得水泄不通,司机解释说那条正是最短的路。司机所言不差,多走一点路果然畅通无阻,虽然路程较远,却很快便到达了目的地。

小职员最终赶上了会议,还升了职,当上了部门主任。

最短的路未必就是最快的路。像这种情况,绕个弯子,虽然多走了些弯路,但却可以更快地到达目的地。

某些以鱼类为生的鸟类,其嘴的形状直直的,上下两部分都又长又宽阔。他们在吞吃食物时,常常会把捕到的鱼儿往空中一抛,让那条鱼头朝下、尾朝上落下来,然后一口接住吞咽下去。这样的吃法可以使鱼在通过咽喉时,鱼翅的骨头由前向后倒,不会卡在喉咙里。

连鸟类都会绕弯子,"把鱼倒过来吃",那些赤膊上阵、硬碰钉子的人类是不是显得太傻了?求人办事总会碰到各种各样的"刺儿",这个时候便不能"直肠子",而应该想办法兜个圈子,绕个弯子,避开钉子,寻求最快的解决之道。这是做人做事应该具备的策略和手段。

## 话不投机时,不想尴尬快转弯

有人有意或无意地和你开玩笑,带有挖苦意味,使你窘迫甚至生气。如你的头发脱落许多,快成秃子了,有人很可能挖苦你是"电灯泡""不毛之地"。在这种情况下,你不可恼羞成怒,伤了和气;也不能忍气吞声,硬装没事。最好是一笑置之,豁然大度地来两句:"好啊!这说明我是绝顶聪明。没听说吗?热闹的大街不长草,聪明的脑袋不长毛!"这样答复,话题未转,内容却引申、转折了。既摆脱了窘境,又自我表扬,岂不妙哉?

另一种情况是,双方意见对立谈不拢,但问题还要解决,不能回避。这种话不投机的情况就需要绕路引导。

例如,在找对象的问题上,母子有矛盾。儿子不愿也不能和母亲闹僵,只好等待时机再说。这天吃饭时,母亲又唠叨起来:"你这孩子,怎么就不听妈的话呢?人家局长的女儿,人长得不错,又有现成的房子,你为什么不和人家谈,偏要……""妈,快吃饭吧,菜凉了不好吃。"儿子先回避话题,意在绕路引导。

联系工作,洽谈生意,也可能话不投机,陷入僵局。只要还有余地,就可提出新的话题,绕弯引导。如甲方推销四吨卡车,而乙方不要四吨的,想要两吨的。这时,甲方若硬着头皮争执,只会越谈越僵,不欢而散。如能转移话题,绕弯引导,从季节、路途、载重多少与车辆寿命长短等各种因素来促使乙方考虑只用两吨的弊病，或许能"柳暗花明又一村"，开辟新的途径。

梁晓声是知青出身的青年作家。他创作的许多作品，如《这是一片神奇的土地》《今夜有暴风雪》等，深受广大读者的喜爱。他也经常到国外访问。

一次，英国的一家电视台采访梁晓声，现场拍摄电视采访节目。

采访的记者是一位40多岁、老练机智的英国人。采访进行了一段时间后，记者将摄像机停了下来，走到梁晓声面前说：

"下一个问题，希望你做到毫不迟疑地用最简短的一两个字，如'是'与'否'来回答。"梁晓声点头认可。随着遮镜板"啪"的一声响，记者的录音话筒立刻就伸到梁晓声嘴边问："没有'文化大革命'，可能也不会产生你们这一代的青年作家。

## ■ 缓解尴尬的转移话题

在我们日常与他人进行交流之时，因话不投机往往会造成一些尴尬，令气氛紧张。那就要及时转换话题，以缓和气氛。

这样转换话题，特别是提出对方很愿意谈的话题，就会使谈话很快恢复正常，气氛活跃起来。

那么，我想请教你，梁先生，在你或是你这一代作家看来，'文化大革命'是好是坏？"梁晓声一怔，未料到对方的提问会如此刁钻，分明是想"诓"人上当。他灵机一动，迅速转移话题，立即反问道："先生，如果没有第二次世界大战，自然也就没有以反映第二次世界大战而著名的作家，那么你认为第二次世界大战究竟是好还是坏呢？"回答如此巧妙！英国记者不由得暗暗佩服。后来，英国的这家电视台在播放这期节目时，只好将这一段对话"掐"掉。

在社交场合，有时候会遇到一些让人左右为难的境况。就如上面提到的这个故事，如果梁晓声按照那位英国记者设计的思路去想问题、回答问题，无论他回答什么都会落入英国人设计的圈套。此时，就需要人们有非凡的反应能力，最好能够借助周围的环境，迅速转移话题，以有效地避免自己的尴尬。

当然，这种及时转弯的应变能力是靠不断的实践培养出来的，但也并不是遥不可及的。只要平时多加锻炼，必然会有所收获。

## 当鳄鱼咬住你的脚，唯一的办法就是牺牲这只脚

"当鳄鱼咬住你的一只脚，你会怎么办？"

这个恐怖而又令人愕然的问题，如果真的发生了，想必大多数人只会在惊恐与痛苦中束手挣扎，至于生存，似乎成了委托给上帝的一个祈祷。还可能有一部分人，为了挽救被鳄鱼咬住的那只脚，同鳄鱼进行殊死搏斗。但这种选择的结果，百分之九十以上的概率是要葬身鱼腹。

读到这里，你一定会问，那究竟应该怎么办？

其实，这讲的就是心理学中的鳄鱼法则，指如果一只鳄鱼咬住你的脚，你若试图用手去挣脱你的脚，鳄鱼便会同时咬住你的脚和手；你越挣扎，被咬住得就越多，甚至会因此丧命。

在这种情况下，明智的做法应该是，一旦鳄鱼咬住了你的脚，唯一求生存的办法就是牺牲这只脚。换而言之，当你发现自己的行动背离了既定的方向，必须立即停止，不得有任何延误，不要存有任何侥幸、不舍得或不甘心的心理。

很多人，虽然明白这个说起来比较简单的道理，却往往没有足够的勇气和智慧，结果还是陷入了"鳄鱼法则"的陷阱中。

曾经有两个商人结伴出门做生意。到达目的地前，他们需要乘船横渡一条较大的河流。

谁料，那天正巧河水湍急、天气变幻莫测，导致渡船触礁沉没了。船上的人都在急流中，拼命向岸边游去，这两个商人也不例外。游在前面的商人发现伙伴不在自己身边，便回头寻找。他发现另一个商人在后面游得很慢，便着急地问："你怎么游得那么慢？你平时可比我游得快多了呀？"另一个商人一边艰难地游着，一边气

喘吁吁地说："我背着1500块金币，很重啊！"游在前面的商人很无奈，但求生心切，一时间也管不了那么多了，便一个人疲惫地上了岸。回望水中，他发现另一个商人仍旧扛着那箱钱艰难地游着，急得他大叫道："快把箱子抛掉，不然来不及了。"水中挣扎的商人一边向前游，一边断续地说："这可是我的本钱啊！"岸上的商人急得直跳脚，大喊道："那些钱几个月就能赚回来，保命要紧！"水中的商人没有理会同伴的劝告，依然背着沉重的钱箱在水中艰难前行。没多久，一个大浪涌过来，岸上的商人再也看不到他的伙伴了，还有他那死都不肯放手的钱箱，也随他永沉水中了。

现实就是这样，我们经常会下意识地"把手伸进鳄鱼的嘴里"，无法忍受或放弃本属于自己但即将失去价值的事物。

我们开始做一件事情，做到一半的时候才发现并不值得，或者会付出比预想多得多的代价，或者有更好的选择，但此时已经箭在弦上，不得不发。于是，这种将错就错的做法，便使我们失去得更多。

例如，你花了500块钱买了一只鲍鱼，可因为有重要的事情要处理没能及时吃。过一阵儿，等你有空想吃的时候，发现鲍鱼已经臭了。这时，你会怎么办呢？选择只有两种，要么吃掉，要么扔掉。如果你选择吃掉，那么很可能造成坏肚子或生病，从而增加了除鲍鱼本身价钱以外的额外支出——医疗费用。如果你选择扔掉，那么损失的，就只是鲍鱼本身的价钱。很明显，后一种选择要优于前一种选择。

# 第二章

# 虚实难辨，假戏真唱

### 当众拥抱你的敌人，化被动为主动

人和动物有些方面是不同的。动物的所有行为都依其本性而发，属于自然反应；但人不同，经过思考，人可以依当时需要，做出各种不同的行为选择，例如当众拥抱你的敌人。

能当众拥抱敌人的人实际上是站在主动的地位，采取主动的人是制人而不受制于人的。你采取主动，不只迷惑了对方，使对方搞不清你对他的态度，也迷惑了第三者，使其搞不清楚你和对方到底是敌是友，甚至误认为你们已化敌为友。是敌是友，只有你心里才明白，但你的主动，已使对方处于"接招""应战"的被动态势。如果对方不能也"爱"你，那么他将得到一个"没有器量"的评语。

## ■ 拥抱敌人是聪明之举

竞技场上比赛开始前，二人都要握手敬礼或拥抱，比赛后也一样再来一次，这是最常见的"当众拥抱你的敌人"。

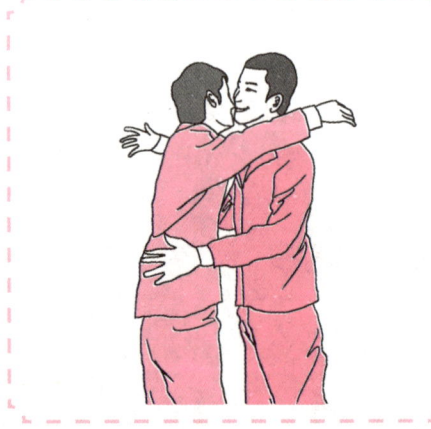

政治人物也惯常这么做，明明是恨死了的政敌，见了面仍然要握手寒暄。

一经比较，二人的分量立即有轻重之分。所以当众拥抱你的敌人，除了在某种程度内降低了对方对你的敌意外，还可以避免恶化你与对方的关系。换句话说，在敌友之间，留下了一条灰色地带，免得敌意鲜明，反而阻挡了自己的去路与退路。地球是圆的，天涯无处不相逢。

此外，你的行为让对方失去攻击你的立场。若他不理你的拥抱而依旧攻击你，那么他必招致他人的谴责。

事实上，要当众拥抱你的敌人并不如想象中的那么难。只要你能克服心理障碍，你可以肢体上拥抱敌人，例如拥抱、握手。尤其是握手，这是较普遍的社交动作。你伸出手来，对方缩手的话，那是他的无礼；在言语上拥抱敌人，公开称赞对方、关心对方，表示你的诚恳，但切忌过火，否则会弄巧成拙。

## 你可保守他的秘密，但莫让他保守你的秘密

有秘密，别人才觉得你神秘；有秘密，别人才觉得你有背景。

在人际交往中，许多人，尤其是年轻人，常常把自己的秘密毫无保留地袒露出来。有时如果没把自己的心事完完全全地告诉问及的人，心中就会不安，认为自己没有以诚待人，感到对不起人家；认为别人对自己很好或很重要，不告诉人家自己的秘密是错的。很显然，这些人在如何对待自己的秘密和如何对待坦诚这些问题上，所谓的"知无不言，言无不尽"是一种错误的认识。

在生活中，人与人之间需要交流，需要友情，但谁都不愿与一个从不袒露自己的内心世界，对任何问题都不明确表态的高深莫测的人交往。然而，对于坦诚有一个正确的理解是十分必要的。所谓坦诚，并不意味着别人要把内心世界的一切都暴露给你，也不意味着你要把内心世界的一切都暴露给别人。每个人都有秘密，这是正常的，也是必要的。

例如，一次，约翰把自己的重大秘密告诉了乔治，同时再三叮嘱："这件事只告诉你一个人，千万别对别人说。"然而一转脸，乔治便把约翰的秘密添枝加叶地告诉了别人，让约翰在众人面前很难堪。这种背信弃义有时出于恶意，有时却是无意的。

当然了，能否保守秘密也与个人的品质修养有关。有的人透明度太高，这种人不但不能为别人保守秘密，就连自己的秘密也保守不住。有的人泄漏别人的秘密，不是为了伤害别人，而是为了抬高自己，"咱们单位的事，没有我不知道的"，"我要是想知道某件事，我就一定能了解出来"。

这种人常这样炫耀自己。他们认为，知道别人的秘密越多，自己的身价就越高。用泄露别人秘密的方法伤害别人、娱乐自己，甚至把掌握的秘密当作要挟别人的把柄，当作自己晋升的阶梯，这种人在现实中也大有人在，对这种人最应该提高警惕。

再回到前面的例子，像约翰那样让他人为自己保守秘密，远比只让自己保守自

己的秘密难得多。因此，不是万不得已的时候，不要让他人分享自己的秘密，要学会自己的秘密自己保守。因为，你的秘密一旦落入别有用心之人的耳中，就会成为关键时刻别人攻击你的武器，使你在竞争中处于被动的局面，甚至因此而失利。

许军是某公司的业务员，在厦门工作已经有三年的时间了。他因为工作认真、勤于思考、业绩良好，被公司确定为中层后备干部候选人。总经理找他谈话时，他表示一定加倍努力，不辜负领导的厚望。只因他无意间透露了一个属于自己的秘密而被竞争对手击败，遭到排挤，最终没被重用。

许军和同事王广林私交甚好，常在一起喝酒聊天。一个周末，他备了一些酒菜约了王广林在宿舍里共饮。俩人酒越喝越多，话越说越多。微醉的许军向王广林说了一件他对任何人都没有说过的事。

"我高中毕业后没考上大学，有一段时间闲着没事干，心情特别不好。有一次和几个哥们喝了些酒，回家时看见路边停着一辆摩托车，一见四周无人，一个朋友撬开锁，让我把车给开走了。后来，那朋友盗窃时被逮住，送到了派出所，供出了我。结果我被判了刑。刑满后我四处找工作，处处没人要。没办法，经朋友介绍我才来到厦门。不管咋说，现在咱得珍惜，得给公司好好干。"

谁知道，没过两天，公司人事部突然宣布王广林为业务部副经理，许军调出业务部，另行安排工作岗位。

## ■ 守住秘密，防止"祸从口出"

每个人都有自己的秘密，都有一些压在心里不愿为人知的事情。这些隐私就是一个人的底线，别人不知道你的底线在哪里，也就无从伤害你。

既然秘密是自己的，无论如何也不能对别人讲。在保护一份神秘感的同时，也能保护自己不因"祸从口出"而受害。

事后，许军才从人事部了解到是王广林从中捣的鬼。原来，在候选人名单确定后，王广林便来到总经理办公室，向总经理谈了许军曾被判刑坐牢的事。不难想象，一个曾经犯过法的人，老板怎么会重用呢？尽管你现在表现得不错，可历史上那个污点是怎么也擦洗不干净的。

知道真相后，许军又气又恨又无奈，只得接受调遣，去了别的不怎么重要的部门上班。

德国作家让·保·里克特曾说："一个人泄露了秘密，哪怕一丝一毫，就再也得不到安宁了。"如果还想过宁静的生活，如果不想成为别人眼中的透明人，那就别把心里的话全都说出来，把该保守的秘密坚定地保守下去。

## 善用"欺骗之举"，无往不利

《围炉夜话》中指出："为人循矩度，而不见精神，则登场之傀儡也；做事守章程，而不知权变，则依样之葫芦也。"精通谋略的人总是能够积极动脑，及时"制造出"急需的东西，以解燃眉之急。

北宋年间，朝廷遣能征惯战的将军狄青领兵南征。当时朝廷中主和、妥协派的势力颇强，狄青所部亦有些将领怯战，有的甚至散播谣言，说什么"梦见神人指示，宋兵南征必败"。军中不少有迷信思想的官兵尽皆惶然，笃信此次南征"凶多吉少，难操胜券"，一时军心涣散。狄青一再训说："我军乃正义之师，战必胜，攻必克。"无奈官兵迷信思想极重，收效甚微。

为此，狄青和几员心腹大将十分的忧虑。大军途经桂林，恰逢大雨滂沱，一连数天，乌云蔽日，无法行军。此时军中谣言更甚，都说出师不利，天降凶雨，旨在回师。

这天黄昏，狄青带领几员偏将冒雨巡视。路经一座古庙，见冒雨进香占卜者不少，便进庙询问。庙中和尚说，都说这座庙神佛灵验，有求必应，所以终年拜佛占卜者络绎不绝。

狄青听罢，心中顿生妙计。次日清晨，他全身披挂，领将士入庙拜佛，虔诚地供香跪拜后，便对将士们说："本帅当众占卜一卦，欲知南征凶吉。"说毕，他请庙祝捧出百枚铜钱，说明一面涂红，一面涂黑，然后当众合掌祈祷："狄青此次出兵南征，如能大获全胜，百枚铜钱当红面向上！"只见他将铜钱一掷，落地有声，果然全都是红色。将士们惊异万分，兴高采烈，奔走相告，一时士气大振。

狄青当即下令不准再动铜钱，以免冒犯神灵，同时令心腹将士取来百枚长钉，把铜钱牢钉在地，然后对全军说道："此战必胜，这是上天助我！等到班师之日，再来感谢神灵取钱吧！"

第二天雨过天晴，宋军士气高昂，直压边境。两军对阵，宋军将士无不奋勇当先，所向披靡，直把安南入侵者杀得丢盔弃甲，溃不成军，乖乖地立下了降书，自称永不敢再犯大宋边境。

宋军班师回朝，狄青高兴地带领一班将校到古庙谢神还愿，拔钉取钱时，一位偏将忽然惊呼："奇怪，奇怪！这百枚铜钱怎么两面都是红色？"

狄青哈哈大笑道："此举绝非神灵，其实是本将军借神佛之灵，鼓舞士气罢了！"此时大家才恍然大悟，原来狄将军私下和几位心腹将士暗中将铜钱两面都涂成红色，故弄玄虚，利用将士们的迷信心理，化厌战情绪为勇战情绪，一鼓作气战胜了侵略军。

以上故事深有启发，只要我们开动智慧的头脑，抓住人们的心理，利用契机进行正面的暗示，就一定能唤起大家的力量，让我们无往不利。生活中，为了达到良好的目的，不得不用到一些善意的欺骗，只要初衷是好的，不妨一试。

## ▋撒个小谎，保护自己

面对一些事情，我们不一定非讲实话，因为实话有些时候对人、对己、对事都无益。既然真话会伤害别人、伤害自己，那么我们为什么一定要说真话呢？

其实，制造一些谎言，在很多时候都是有益的，它是保护自己、处理好人际关系的重要法宝，可以使你周围的环境更加安全，使你的生活少很多阻挠。

## 谎言被重复一千遍，就变成了真理

假作真时真亦假，善于把谎言说成真理，只要细细体味真与假之间转换的奥妙之处，就能把这样一种武器为我所用。谎言被重复一千遍，就变成了真理。这话有一定的道理。在生活中，很多人都经不住谗言的反复攻击，以致把谎言当成真理。

战国时代，互相攻伐。为了使大家能真正遵守信约，国与国之间通常都将太子交给对方作为人质。魏国大臣庞葱，将要陪魏太子到赵国去做人质，临行前对魏王说："现在有个人说街市上出现了老虎，大王可相信吗？"魏王道："我不相信。"庞葱说："如果有第二个人说街市上出现了老虎，大王可相信吗？"魏王道："我有些将信将疑了。"庞葱又说："如果有第三个人说街市上出现了老虎，大王相信吗？"魏王道："我当然会相信。"庞葱就说："街市上不会有老虎，这是很明显的事，可是经过三个人一说，好像真的有了老虎。现在赵国国都邯郸离魏国国都大梁，比这里的街市远了许多，议论我的人又何止三个。希望大王明察才好。"魏王道："一切我自有主意。"庞葱陪太子回国后，魏王果然没有再召见他。

街市是人口集中的地方，当然不会有老虎。说街市上有虎，显然是造谣、欺骗，但许多人这样说了，如果不是从事物真相上看问题，也往往会信以为真的。在这方面，即使是曾子的母亲那么明智的人，也常常会受别人的迷惑。

在孔子的学生曾参的家乡费邑，有一个与他同名同姓也叫曾参的人。有一天他在外乡杀了人。顷刻间，"曾参杀了人"的风闻便席卷了曾子的家乡。

第一个向曾子的母亲报告情况的是曾家的一个邻人，那人没有亲眼看见杀人凶手。他是在案发以后，从一个目击者那里得知凶手名叫曾参的。当那个邻人把"曾参杀了人"的消息告诉曾子的母亲时，曾母听了邻人的话，一边安之若素、有条不紊地织着布，一边斩钉截铁地对那个邻人说："我的儿子是不会去杀人的。"

没隔多久，又有一个人跑到曾子的母亲面前说："曾参真的在外面杀了人。"曾子的母亲仍然不去理会这句话，照常织着自己的布。

又过了一会儿，第三个报信的人跑来对曾母说："现在外面议论纷纷，大家都说曾参的确杀了人。"曾母听到这里，害怕这种人命关天的事情要株连亲眷，因此顾不得打听儿子的下落，急忙从僻静的地方逃走了。

以曾子良好的品德和慈母对儿子的了解、信任而论，"曾参杀了人"的说法在曾子的母亲面前是没有市场的。然而，即使是一些不确实的说法，如果说的人很多，也会动摇一个慈母对自己贤德的儿子的信任。

但是，从另外一个方面来说也可以利用这种把谎言说成真理的手段来办自己的事，通过舆论的力量为自己造势，以假乱真，轻松地达到自己的目的。做人不能拘泥于道德礼教之中的条条框框，必要时也得诈一诈。只要不超出道德和伦理的底线，懂得适度"无中生有"也是允许的。

## 适度保守个人隐私，不要做个透明人

如果你把你所有的想法和心思都暴露出来，那在别人看来，你不过是个透明人，是个傻瓜。可见，做人、待人不能毫无"心机"。要懂得掩藏自己，尤其是那些容易触犯众怒的地方。

西方有本书上曾这样说："如果对方无法接受毫无掩饰的我，未尝不是好事。"其实，从对人性的洞察来看，这就是一件好事。因为，在现实社会中，除了禽兽和野蛮人，正常人哪里会是毫无掩饰的"玻璃人"呢？

现代社会是复杂多变的，做人更要学会保护自己，要适度保留个人的隐私。具体到上班族，以下两条金科玉律，相信会帮你处理好复杂的人际关系：

### 1. 随时注意保护自己

蓝领与白领不同的地方之一，是蓝领升迁的机会不多。因此，蓝领工人打的是正规战术，集体讨价还价，争取共同的利益。而白领阶层则大多都有个别拼搏的机会，获得升迁是单打独斗的结果，这种生存竞争环境，犹如深入敌后、孤军作战的游击队。是游击队，就得打游击战！游击战的最高原则是"保存自己，消灭敌人"。许多力争上游的白领，很注意将对手打倒，却往往不善于保护自己，这是不足取的。《厚黑学》认为：一方面要友好竞争，另一方面更要在众人的竞争中保存自己。在势孤力弱的情况下，就要夹紧尾巴，千万不要露出自己全力拼搏、一心往上爬的野心，以免成为众矢之的。

俗语说，"不招人忌是庸才"，但在一个小圈子里，招人忌者是蠢材。精明而有"心机"的人，往往在积极争取往上前进的同时，还能很自然地摆出一副"只问耕耘，不问收获"的超然态度。

### 2. 别替人背黑锅

在任何一个单位里，做事的好坏对错，很多时候是由上司主观决定的。如果上司意志强，下属多少都要努力工作；上司若自以为是，下属便会唯唯诺诺。但有一些上司只是向他的上司交功课而已，工作敷衍了事，得过且过。在这样的环境之下，最重要的事情就是不要出事，一切如常，就不会勾起上司的雷霆之怒。但如果出现差错，上司为了向他的上司交代，就会抓住一个人做替罪羊。这种情况，俗话叫作"背黑锅"。虽然说有的时候替上司背黑锅，能够换来更大的回报，但大多数情况下，替别人背黑锅是非常划不来的蠢事。

要使自己不背黑锅，就不要冒险、不马虎，事事有根据，白纸黑字，即使错了也有充分的理由解释。另一方面，一件事的对错，错的大小，应否追究，以及应该如何处罚，往往都是上司决定的。大事化小或小题大做，都在主管上司的一念之间。因此，在这种情况下，人缘好，特别是与上司的关系不错，就会较少获罪。

## 在单位里不可随便与人交心

要是同事能将自己的隐私信息告诉你，那说明你们之间的友谊肯定要超出别人一截，否则她不会将自己的私密全盘向你托出。

要是同事在别人嘴中听到了自己的秘密被曝光，不用说，他肯定认为是你出卖了他。被出卖的同事肯定会在心里不止千遍地骂你，并为以前的付出和信任感到后悔。

敏感和细腻是女性的特质，运用得当，会为自己的人际关系起到润滑的作用，可若过于主动介入同事的隐私并加以评点，就会引起人们的厌恶感。

## 适度"自污"，巧使对方放松警惕

有时候功高震主，容易遭到猜忌。如果能故意给自己造出一些"污点"，倒容易消除上级的戒心。

战国末年，秦王准备吞并楚国，继续他统一中国的大业。出兵之日，秦王亲率文武百官到灞上为王翦摆酒送行。饮了饯行酒后，王翦装出一副惶恐的样子说："请大王恩赐些良田、美宅与园林给臣下。"秦王听了有些好笑，说："王将军是寡人的肱股之臣，日下国家对将军依赖甚重，寡人富有四海，将军还担心贫穷吗？"

王翦却又分辩了几句："大王废除了三代的裂土分封制度。臣等身为大王的将领，功劳再大，也不能封侯，所指望的只有大王的赏赐了。臣下已年老，不得不为子孙着想，所以希望大王能恩赐一些，作为子孙日后衣食的保障。"秦王哈哈大笑，满口答应："好说，好说，这是件很容易的事，王将军就为此出征吧。"自大军出发至抵秦国东部边境为止，王翦先后派回五批使者，向秦王要求：多多赏赐些良田给他的儿孙后辈。

王翦的部将们都认为他老昏头了，胸无大志，整天只想着替儿孙置办产业。面对众人的不理解，王翦说："你们说得不对，我这样做是为了解除我们的后顾之忧。大王生性多疑，为了灭楚，他不得不把秦国全部的精锐部队都交给我，但他并没有对我深信不疑。一旦他产生了疑念，轻者，剥夺我的兵权，罢免我的官职；重者，不仅灭楚大计成为泡影，恐怕我和诸位的性命也将难保。所以，我不断向他要求赏赐，让他觉得，我绝无政治野心。因为一个贪求财物、一心想为子孙积聚良田美宅的人，是不会想到要去谋反叛乱的。"

秦王果然因此而相信王翦没有异心，放心让他指挥60万大军，发动灭楚战争。仅用了一年多时间，王翦就攻下了楚国的最后一个都城寿春（今安徽寿县），俘虏了楚王熊负刍，兼并了秦国最大的对手楚国。

王翦为打消秦王的疑心，不惜自损其名，伸手向秦王要求赏赐，使部将以为他老昏了头，却使秦王更加深信他不会造反，从而全力支持他对楚作战，使王翦无后顾之忧，一举灭楚。

"众人皆浊我独清"是一种非常危险的状态，没有人乐意让一个"异己"长久地立于身侧。以"自污"来做障眼法，能让对方安心，使自己安全。有实力者如果太过"高尚""自敛""清正"，就会让领导或竞争者觉得不安。适度"自污"，告诉他们自己也只是个贪一时之财的小人物，对方自然会放松警惕。

## 太老实就是愚笨，灵活机变助你路路畅通

那些实话实说的忠直的人，有时会让人觉得他做得太过分了。在特定的场合用委婉的话表达，是很有必要的。但是如果太过，不仅会刺伤别人，也会损伤自己。有这样一个故事，也许会对我们有所启示：

从前，有一个爱说大实话的人，什么事情他都照实说。所以，不管到哪儿，他总是被人赶走。最后，他来到一座修道院，希望能被收容。修道院院长见到他，问

明了原因以后，认为应该尊重那些"热爱真理，说实话"的人。于是，让他在修道院里安顿了下来。

修道院里有几头牲畜，已经不中用了。修道院院长想把它们卖掉，可是他不敢派手下的人到集市去，怕他们把卖牲口的钱私吞。于是，他就叫这个爱说实话的人把两头驴和一头骡子牵到集市上去卖。

这个人在买主面前只讲实话，说："尾巴断了的这头驴很懒，喜欢躺在稀泥里，有一次，长工们想把它从泥里拽起来，一用劲，拽断了尾巴；这头秃驴特别倔，一步路也不想走，他们就抽它，因为抽得太多，毛都秃了；这头骡子呢，又老又瘸，如果干得了活儿，修道院院长干吗要把它们卖掉啊？"

结果买主们听了这些话后都走了。这些话在集市上一传开，谁也不来买这些牲口了。于是，到了晚上这人又把它们赶回了修道院。院长问是怎么回事，这个人将他在集市上的话说了一遍。

## 要学会"顺情说好话"

俗话说："顺情说好话，耿直讨人嫌。"著名相声演员牛群曾说过一段相声，强调"生活中有时需要谎话"，博得了观众的认可。其实，现实生活中经常见到"说谎"的人，大人物也不例外。

修道院院长发着火对这个人说:"朋友,那些把你赶走的人是对的。不应该留你这样的人!我虽然喜欢实话,可是,我却不喜欢那些跟我的腰包作对的实话!所以,老兄,你滚开吧!你爱上哪儿就上哪儿去吧!"就这样,这个人又被修道院赶了出来。

其实,故事中的"诚实人"在现实生活中也有很多。

人无论处在何种地位,也无论是在哪种情况下,都喜欢听好话,喜欢受到别人的赞扬。每个人都希望自己的努力得到他人和社会的承认,这也是人之常情。会为人处世的人,即使觉得别人干得不好,也不会直言相对。生性油滑、善于见风使舵的人,则会阿谀奉承、拍马屁。那些忠直的人,此时也许要实话实说,这就让人觉得你太过莽直了。

怎么做才能既表达出我们的真实感受,又不伤害别人呢?正确的思路是,要把握一定的原则。

讲谎话一定要注意原则,切不可从私利出发,颠倒黑白、混淆是非,否则会遭受别人的唾弃。

任何时候都不能为了个人利益而放弃诚实。那些经常为私利而不诚实的人是不会获得成功的。如果一个人想要就他一生中所处的地位、达到目的的前景,以及他的不足之处等问题欺骗人们并且一直欺骗下去,是绝对不可能的。

在生活中要做一个真诚的人不容易,因为它来不得半点虚假和功利,需要实实在在地付出、奉献。真诚待人、克己为人的人,也许偶尔会被欺诈,但他们才是真正受人欢迎的人。

## 第三章

# 灵活博弈，处处皆赢

## 有一种策略叫作"借"——智猪博弈

在一个股份公司中，股东都承担着监督经理的职能，但是大小股东从监督中获得的收益大小不一样。在监督成本相同的情况下，大股东从监督中获得的收益明显大于小股东。因此，小股东往往不会像大股东那样去监督经理人员，而大股东也明确无误地知道不监督是小股东的优势策略，知道小股东要搭大股东的便车，但是他们别无选择。大股东选择监督经理的责任、独自承担监督成本，是在小股东占优选择的前提下必须选择的最优策略。

上面讲的，就是一种智猪博弈。它是一个不同期望值之间的博弈，如果各方的期望值都相同，那么就会陷入谁都无法实现期望的僵局；如果有一方的期望值低于另一方的期望值，且这种期望值也容易实现，那么另一方就大可做那只坐享其成的"智猪"。在这个博弈的过程中，小的一方就相当于"小猪"，大的一方就相当于"大猪"。

事实上，在这个博弈过程中，那些客观事实都为那些"小猪"提供了一个十分有用的成长方式，也可以说是"借"。

清政府的官场中历来是要靠后台的。军机大臣左宗棠从来不给人写推荐信，他说："一个人只要有本事，自会有人用他。"他有个知己好友的儿子，名叫黄兰阶，在福建候补知县多年也没候到实缺。黄兰阶想到父亲生前与左宗棠很要好，就跑来找其为自己写推荐信给福建总督。不料，左宗棠没给写就把自己打发走了。

黄兰阶又气又恨，便闲踱到琉璃厂看书画散心。忽然，他见一个小店老板学写左宗棠的字十分逼真，于是想出一个妙计。他让店主写柄扇子，落了款，得意地回了福州。

参见总督的时候，黄兰阶手摇纸扇，径直走到总督堂上。总督见了很奇怪，问："外面很热吗？都立秋了，老兄还拿扇子摇个不停。"

黄兰阶得意地把扇子一晃："不瞒大帅说，外边天气并不太热，只是这柄扇是我此次进京，左宗棠大人亲送的，所以舍不得放手。"说完还故意将扇面上的题字呈给总督看。

## 借势,人生的终极智慧

如果自身的力量太薄弱,势力太弱小,这个时候就要"借势",借他人的力量、金钱、智慧、名望甚至社会关系,用于扩充自己的关系,增强自身的能力。

**良师之势**:一个人如果能得到良师益友的鼎力相助而形成一个团结的团体,那么要成就大业就易如反掌。

**朋友之势**:"多个朋友多条路",一个人如果能得到朋友的帮助,就如雪中送炭。

**亲戚之势**:俗话说:"是亲三分近",平常与亲戚保持密切的联系,在困难时期,亲戚才会对你鼎力相助。

总督吃了一惊，心想，我以为这姓黄的没有后台，所以候补几年也没任命他实缺，不想他却有这么个大后台。左宗棠天天跟皇上见面，他若恨我，只消在皇上面前说个一句半句，我可就吃不住了。看那题字，确系左宗棠笔迹，一点不差。总督闷闷不乐地回到后堂，找到师爷商议此事，第二天就让黄兰阶做了知县。

　　黄兰阶不几年就升到四品道台。一次总督进京，见了左宗棠，讨好地说："您的门生黄兰阶，如今在敝省当了道台了。当真是少年才俊，前途不可限量啊！"

　　左宗棠笑道："是吗！那次他来找我，我就对他说：'只要有本事，自有识货人。'老兄就很识人才嘛！"左宗棠万万没有想到自己早已成了黄某人的靠山，助他攀上高枝，直上青云。黄兰阶能够官拜道台，是以左宗棠这个"超大猪"为背景的，这一招实在是高。当然，欺世盗名，瞒天过海，并非我们所鼓励的，但黄兰阶这只"小猪"借助外界力量为己所用的博弈策略却值得我们学习。

　　从积极的角度看，借"大猪"之力快速成长并不卑鄙，相反，还是一种难能可贵的博弈智慧。"大猪"的引荐和提拔往往就是强有力的敲门砖，能够为自己赢得更多的机会和广阔的舞台，充分地释放自己的才华，做到"怀才有遇"，从而为自己进一步实现人生价值奠定基础。

　　生活中，我们随时都会与人展开一场博弈。为了应对这些不期而至的博弈，与其凭借自己单薄的力量一条路走到黑，不如借那些"大猪"的光彩与热量，为我们打开一条平坦的通道。这既可减少痛苦摸索的时间，也将大大减轻碰壁带来的创伤。可供"小猪"借助的力量很多，譬如，名人的效应、媒体的力量甚至对手的力量等。

## 找出隐匿信息，摆脱逆向选择旋涡——信息博弈

　　在这个飞速发展的信息时代，无论怎样强调信息对于博弈的重要性应该都不为过。现实的博弈中，除去信息因素，大家赢的机会均等，而此时，谁能提前抓住有利的信息，谁就能稳操胜券。这就是经典的信息博弈理论。

　　事实上，很多时候我们都会产生一种"不识庐山真面目，只缘身在此山中"的尴尬。就是说某一方所知道的信息并不为对方所知晓的情况，于是就产生了信息不对称。而信息不对称所造成的逆向选择，又使我们失去了很多本来属于我们的东西。所以，要想摆脱逆向选择的困境，我们必须最大限度地挖掘隐匿信息，做到知己知彼。

　　A集团公司的业务蒸蒸日上，但是最近老总却陷入烦恼中。公司准备投资一项新的业务，已经通过论证准备上马了，但是几位高层在事业部总经理的人选上产生了很大的分歧。一派认为应该选择公司内部的得力干将小王，而另一派主张选用从外部招聘的熟悉该业务的小李，大家各执己见，谁也不能说服对方，最后还是需要老总来拍板。那么，究竟哪一种选择更好呢？

就经验而言，小王显然要丰富得多，小李到此工作属于空降，而小王更具有本土优势，对业务也十分熟悉，但人事这一块，应该还是外聘较好吧。因为老总觉得自己公司活力不足，应该填充些新鲜血液。最终老总拍板，决定用外聘的小李。小李开始正式走马上任。小李的优势很明显，美国著名高校的MBA，完全的洋式经营理念。而小王不过中专毕业，是从底层一步步熬上来的。老总对小李寄予厚望，小李也很努力，开始认真地对公司的人力资源进行诊断，并煞有介事地挑出了一堆毛病。老总一看，心里开始担忧，这些毛病要整改完成，自己公司将会垮掉！时间一久，小李只知道挑毛病，却没有对公司进行任何实际操作，弄得公司人人自危，怨声载道。老总一看，这样不行，于是迫不得已又把小李辞退了，而此时的小王却因为没有得到老板的重视，已经跳槽去别的单位了。A集团花费了大量的时间、精力和金钱，最终不但没有给公司带来效益，反而使公司发生了危机。

A集团所碰到的就是典型的逆向选择。正是因为彼此的信息是不对称的，老板不知道小李的实际操作能力，只看到了小李的海外镀金背景，结果弄得自己很狼狈。要解决这种逆向选择问题，其实老板应该给小王和小李每人一段试用期，在试用期内了解他们的隐匿信息，也即实际的工作能力，从而判断谁更适合总经理的职位。

在当今社会上，谁掌握了隐匿信息，谁就掌握了整个世界。如果信息闭塞，那么你就会陷入逆向选择的困境。

例如，你用很少的钱买了一箱银元，你觉得自己占了便宜，那么此箱银元是真是假的判断就至关重要。一旦是赝品，哪怕它被铸造得再逼真，你也彻底赔掉了。在信息不对称的情况下，也就是大家对银元都不知道真假，都没有判断银元真假的技术的情况下，这箱银元便会在市场上流通。如果你碰见一个技术高手或者碰见一个检察机关的工作人员，那么你就可能赔了夫人又折兵。这就是因为你对交易信息没有全面而深刻的把握和了解，没有找出它的隐匿信息。

所以，隐匿信息在逆向选择中起着关键作用。如果你能及时掌握全面的信息，就能防止逆向选择的发生。即使在逆向选择表现得最为突出的保险领域，信息的优势，一样可以尽量避免逆向选择。如果你事先了解了投保人的情况，知道他之所以投保是因为出事的概率比较大，你就可以要求他增加保费或加上其他的附加条款以减少自己的损失。而找出这些隐匿信息的途径只有一个——实地调查。

## 必要时候，需要与狼共舞——猎鹿博弈

在生物漫长的进化历程中，人类也与其他生物一样，接受着自然的选择。从远古人的合作狩猎，到现代人的共同灾后重建，无一不体现着合作的强大力量。

要知道，我们每个人的能力都是非常有限的，尤其在这个充满竞争的时代，独立生存有时往往会很艰难。因此，最能有效地运用合作法则的人生存得最久，这也

是猎鹿博弈所要告诉我们的道理。

西方有句古谚说："狮子和老虎结了亲，满山的猴子都精神。"意思是说：与强者建立互利的伙伴关系会产生焕然一新的景象。这句话在博弈中同样成立，但在博弈论中，强强联合更多的是出于策略的思考，即通过大家的共同推动，实现共赢的结局。

金龙鱼是嘉里粮油旗下的著名食用油品牌，最先将小包装食用油引入中国市场。多年来，金龙鱼一直致力于改变国人的食用油健康条件，并进一步研发了更健康、营养的二代调和油和 AE 色拉油。

苏泊尔是一家以炊具制造为主，多元发展的企业集团。多年来，苏泊尔在不断

## 与强者合作，实现共赢

加大科技投入的同时，加大了资本运作的力度，先后在玉环、杭州、武汉和东莞等地建有四个生产基地。

苏泊尔是中国炊具第一品牌，金龙鱼是中国食用油第一品牌，两者都倡导新的健康烹调观念。如果两者结合在一起，岂不是能将"健康"做得更大？

就这样，两家企业策划了苏泊尔和金龙鱼两个行业领导品牌"好油好锅，引领健康食尚"的联合推广，在全国800家卖场掀起了一场红色风暴。

"好油好锅，引领健康食尚"活动在全国36个城市同步举行。活动期间（2003年12月25日—2004年1月25日），顾客凡是购买一瓶金龙鱼二代调和油或色拉油，即可领取红运双联刮卡一张，刮开即有机会赢得新年大奖，包括丰富多样的苏泊尔高档套锅（价值600元）、小巧动人的苏泊尔14厘米奶锅、一见倾心的苏泊尔"一口煎"。同时，凭红运双联刮卡购买108元以下的苏泊尔炊具，可折抵现金5元；购买108元以上的苏泊尔炊具，还可获赠900ml金龙鱼第二代调和油一瓶。同时，苏泊尔和金龙鱼还联合开发了"新健康食谱"，编纂成册送给大家，并举办健康烹调讲座，告诉大家怎样选择健康的油和锅。

活动正值春节前后，人们买油买锅的欲望高涨。此次活动，不仅给消费者更多让利，让购物更开心，更重要的是，教给了消费者健康知识，帮助消费者明确了选择标准。通过优质的产品和健康的理念，提升了国人的健康生活素质。所以这一活动一经推出，立刻获得了广大消费者的欢迎。不仅苏泊尔锅、金龙鱼油的销售大幅上涨，而且其健康品牌的形象也深入人心。

可以看出，这次合作苏泊尔、金龙鱼在成本降低的同时，品牌和市场都得到了进一步的提升：金龙鱼扩大了自己的市场份额，品牌美誉度得到进一步加强；苏泊尔进一步强化了中国厨具第一品牌的市场地位。这正是强强联合带来的双赢局面。

不仅在经营领域，在生活的各个方面，与狼共舞式的强强联合，都要远远胜于在羊群里独领风骚。

如果你想在生活事业上取得成功，实现于人于己都有利的共赢结局，就必须学会与狼共舞。

当然，与狼共舞并不是一件容易的事，需要你找准与他们的利益交汇点。若无利可图，谁也不会和你合作。合作的本质就是在公平的基础上达到互惠互利。

## 找对众人心，成功就得鹤立鸡群——酒吧博弈

据《史记·货殖列传》记载："战国初，魏文侯任用李悝为相国，厉行改革，加强统治。"他实行保护农民利益和发展农业的"平籴"法。所谓"平籴"，就是国家在丰收年用平价买进粮食，到荒年时以平价卖出，使粮价保持稳定。这样，就促进了封建政治和经济的发展，使魏国成为战国初期的强国之一。

李悝的经济改革,尤其是所实行的"平籴"法,使一个名叫白圭的商人受到启发。经过反复思考,他想出了一种适应时节变化的经商致富的办法,这就是"反向行之"。

这个办法说起来也很简单,找出大家都在做的事,然后做与他们相反的事。

按照这个办法,在丰收季节,农民收的粮食很多,大家都不要,价钱也就便宜下来,他就大量买入粮食。这时,粮价虽然很低,但蚕丝、漆等因不是收丝或割漆的季节,没有大量上市,价钱自然很高,他赶紧把这些货物卖出去。到了收丝时节,蚕丝大量上市,价钱便宜下来,而粮价却高了起来。这时,他就收进蚕丝,卖出粮食。就在这买进卖出之间,牟利致富。

我国古人虽然没有明确提出酒吧博弈一类的名词,但其原理远在战国时期就被商人白圭很好地运用了。

酒吧博弈理论是美国经济学家阿瑟(W.B.Arthur)于1994年提出的,其理论模型是这样的:

假设一个小镇上总共有100人很喜欢泡酒吧,每个周末均要去酒吧活动或是待在家里。这个小镇上只有一间酒吧,能容纳60人。并不是说超过60人就禁止入内,而是因为设计接待人数为60人,只有60人时酒吧的服务最好,气氛最融洽,最能让人感到舒适。第一次,100人中的大多数去了这间酒吧,导致酒吧爆满,他们没有享受到应有的乐趣,多数人抱怨还不如不去。于是第二次,人们根据上一次的经验认为,人多得受不了,决定不去了。结果呢?因为多数人决定不去,所以这次去的人很少,他们享受了一次高质量的服务。没去的人知道后又后悔了:这次应该去呀。

问题是,小镇上的人应该如何做出去还是不去的选择呢?

小镇上的人的选择有如下前提条件的限制:每一个参与者面临的信息只是以前去酒吧的人数。因此只能根据以前的历史数据归纳出此次行动的策略,没有其他的信息可以参考,他们之间也没有信息交流。

在这个博弈过程中,每个参与者都面临着一个同样的困惑,即如果多数人预测去酒吧的人数超过60,而决定不去,那么酒吧的人数反而会很少,这时候做出的预测就错了。反过来,如果多数人预测去的人数少于60,因而去了酒吧,那么去的人会很多,超过了60,此时他们的预测也错了。也就是说,一个人要做出正确的预测,必须知道其他人如何做出预测。但是在这个问题中每个人的预测所根据的信息来源是一样的,即过去的历史,而并不知道别人当下如何做出预测。

这就是著名的"酒吧博弈"。酒吧博弈的核心思想在于,如果我们在博弈中能够知晓他人的选择,然后做出与其他大多数人相反的选择,我们就能在博弈中取胜。上面的案例中的白圭商人就成功地运用了这个博弈,从而在经商中取胜。

酒吧博弈给我们的启发很大,比如我们要取得成功就要走不寻常的道路。下面的这个案例也会给我们启示。

## 酒吧博弈——反其道而行

在一些商场拼命打价格战，搞促销的时候，有些商家反其道而行，推出一些高价产品，反而会勾起人们的好奇心。

2007年7月26日，北京太平洋百货引进了一种产自日本的大米——日本新县的"越光"牌大米和宫城县的"一见钟情"牌大米。两种大米均为两公斤包装，售价分别高达198元和188元。

这种比国内普通大米价格高出20倍的日本大米居然得到了消费者的热烈追捧，还引来很多专门冲着大米来的客人。结果，不到20天，12吨的"天价大米"竟然在北京销售一空。

你出低价我反而不信任你的质量和品质，你出高价我却从不质疑物有所值。这就是反其道而行，出奇制胜。

在北京市海淀区的一条大街上，依次排列着十几家餐馆，大部分的餐馆无论是格局，还是服务给人的感觉都差不多，一样的白色墙壁，一样的四方桌，一样的菜单，一样的服务方式。但有一家小餐馆却与别家不同，不但餐馆的外墙刷了与众不同的浅绿色，而且服务也与众不同。这里的老板与员工招呼客人、点菜、报菜名，感觉完全就是说笑话、讲评书，而且每个很普通的菜都有一个很另类的"雅号"。

比如有四位客人走到门口，负责招呼客人的员工就扯起嗓子大吼："英雄四位，雅座伺候！"点菜时，客人点两个卤兔脑壳，员工转身对厨房喊："来两个'帅哥'客人点'猪拱嘴'。"到员工那里就成了"相亲相爱"。这些别致的另类菜名，让来店里吃饭的各路"英雄"莫不捧腹、喷饭！因此，客人来这里吃饭、喝酒，完全是一种超质的精神享受。

当客人们酒过三巡之后，店家免费给每桌"英雄"送一份"迟来的爱"——一盘普通的泡菜！客人酒足饭饱之后呢？店家还会给每桌的"英雄"们奉送几根"抠门"——牙签！

就是因为有这么多的与众不同，这家餐馆的生意一直都出奇的火爆。

在我们的生活中，很多人不论是找工作、创业，还是投资股市，都奉行见机行事，最好不要打破既有的现实和规律，反其道而行之，否则只能一败涂地。而拥有酒吧博弈智慧的人却有他们独特的深谋远虑，当其他人都争先恐后地涌上所谓的"热门行业"时，他们却反其道而行之，在冷门处寻找成功。

古人云："与人相对而争利，天下之至难也。"

其实，所谓的冷门或热门并无严格意义的区分。今天的冷门或许明天就成了热门，而今天还风风火火的热门，说不定明天就无人问津。国人都有跟风的爱好，看到哪个行业红火便都蜂拥而上。考学如此，找工作如此，创业如此，炒股也是如此。殊不知，这样一来，竞争将更加惨烈。因此，在大家都疯狂地拥向热门行业时，我们不妨做个冷静的旁观者，悄悄向冷门处进军，往往会有意想不到的收获。

## 你好、我好、大家好——正和博弈

在发生矛盾和冲突时，如果人们能从对方的利益出发，能从良好的愿望出发，便能使人际交往达到互利互惠的正和博弈状态。就是说，在人际交往中，要达到利益最大化，就不能以自己的意志作为和别人交往的准则，而应该在取长补短、相互谅解中达成统一，达到双赢的效果。

夫妻之间的互利互惠，可以使彼此间的感情更亲密。

曾有一对夫妻，妻子腿脚不好，丈夫是聋哑人，在外人看来他们很不幸，但他们却生活得很幸福。譬如他们要去镇上买一些日用品，由于丈夫不会说话，当然不好交际。所以，去镇上买东西的时候，这个聋哑丈夫一定会骑着三轮车，让妻子坐上。到了要买东西的地方,妻子便坐在三轮车上谈价钱、购货物。更可贵的是,他们从来没有因为某件事情而发生过争吵,为什么呢?这倒不是因为他们有多大本领,而是因为他们能互相弥补彼此之间的缺陷:妻子走路不方便,丈夫却有强健的身体;丈夫不会说话,妻子却有很好的口才。由于他们能取长补短,所以他们在一起仍生活得十分美满。

这种在交际中能互利互惠的情况,便是正和博弈。

有这样一对夫妇,他们一生都没激烈地争论过,更不用说吵架了,在生活中他们更是默契、和谐。他们有一个共同的习惯,就是每天都要煮鸡蛋吃。不过,奇怪的是妻子在煮鸡蛋时,每次都是自己先吃了蛋白,而把蛋黄留给丈夫;而丈夫每次煮鸡蛋时,便吃了蛋黄,把蛋白留给妻子。这似乎成了习惯,直到丈夫去世前,说自己想吃鸡蛋时,妻子便煮好了鸡蛋,首先剥掉了蛋白,将蛋黄给了丈夫。丈夫说,他想吃一次蛋白。妻子说:"你不是喜欢吃蛋黄吗?"丈夫摇摇头说,其实他并不喜欢吃蛋黄,只是看妻子爱吃蛋白,所以才每次都吃蛋黄的。这时,妻子也告诉了丈夫,其实,她本来爱吃的是蛋黄,只是因为见丈夫每次都愿意吃蛋黄,所以她才每次都吃蛋白的。

这个故事的确很美,读后让人为夫妻间的相敬如宾而动容。其实,在交际中,如果遇到与交际对象发生冲突的时候,互相之间若能为对方着想,采取一种双方合作的态度,那么,就一定能避免交际中的对抗性博弈发生。

所以,为了短期胜利,建立共同利益;为了长远成功,建立良好关系。也就是拥有博弈中的双赢思维,拥有平等、互惠的思想,采取合作的态度。这样才能使人际关系呈现"正和"状态,并向着健康的方向发展,从而收到良好的交际效果。

## 放下了面子,就自然走出了困局——斗鸡博弈

斗鸡场上,两只英勇好战、实力又旗鼓相当的公鸡狭路相逢。在这种情况下,每只公鸡都有两个行动选择:一个是退下来,另一个是进攻。

如果一方退下来,而对方没有退下来,对方获得胜利,这只公鸡就会很丢面子;如果对方也退下来,双方则打个平手;如果自己没退下来,而对方退下来,自己则胜利,对方则失败;如果两只公鸡都前进,则两败俱伤。

因此,对每只公鸡来说,最好的结果是,对方退下来,而自己不退,但是这种结果很难实现,而且情况并不在自己的掌握之中。

如果两只公鸡均选择"前进",结果是两败俱伤,两者的收益是-2个单位,也就是损失为2个单位;如果一方"前进",另外一方"后退",前进的公鸡获得1个单位的收益,赢得了面子,而后退的公鸡获得-1的收益或损失1个单位,输掉了面子,但没有两者均"前进"受到的损失大;两者均"后退",均输掉了面子,获

得-1的收益或1个单位的损失。

由此可见，斗鸡博弈有两个纳什均衡：一方进另一方退。但是，我们无法据此预测斗鸡博弈的结果，因为无从了解谁进谁退，谁输谁赢。这也是博弈论的一个理论模型。它描述的是两个强者在对抗冲突的时候，如何能让自己占据优势，力争得到最大收益，确保损失最小。

斗鸡博弈之所以成为僵持不下的困局，原因有二：一是实力相当，一是双方都不愿丢面子。如果其中有一只公鸡愿意不要面子退下来，找无人处勤学苦练，积蓄力量，那么它终有一日能够让自己的实力超过对手。君子报仇，十年不晚，这时的它再回到斗鸡场上，必定会令对方刮目相看。如果再进行新一轮的较量，此公鸡胜

## 破解斗鸡博弈——放下面子

在斗鸡博弈中，参加博弈的双方会陷入僵持不下的困境。造成这种局面出现的原因有两个：

双方势均力敌，实力相当

不能先认输，多没面子。

决不能让他看不起。

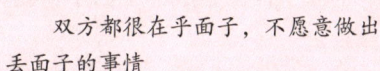

双方都很在乎面子，不愿意做出丢面子的事情

设想一下，假如有一方肯放下面子，主动退出，然后找个地方拜师学艺，勤学苦练，等到学有所成再找对手决斗，那么打败对手的概率一定会大大增加。这也正是破解斗鸡博弈的关键所在。

出的概率也就增大了。

这就是破解斗鸡博弈的关键。在这一困境中，只要有一方退下来，就会实现最好的结果。问题的关键在于，现实中的人们能否做到这一点。实际情况是，很多人都没能做到。他们不明白面子只是一个小问题，丢面子不会给人带来实质性的损失，死要面子则活受罪。

有一个博士被分到一家研究所，成为学历最高的一个人。有一天，他到单位后面的小池塘去钓鱼，正好正副所长在他的一左一右，也在钓鱼。他只是微微点了点头，这两个本科生，有啥好聊的呢？不一会儿，正所长放下钓竿，伸伸懒腰，噌噌噌从水面上如飞地走到对面上厕所。博士吃惊得眼镜都快掉下来了。水上漂？不会吧，这可是一个池塘啊！正所长上完厕所回来的时候，同样也是噌噌噌地从水上漂回来了。怎么回事？博士生又不好意思去问，自己是博士生哪！过了一阵，副所长也站起来，走几步，噌噌噌地漂过水面上厕所。这下子博士更是差点昏倒：不会吧，到了一个江湖高手集中的地方？博士生也内急了。这个池塘两边有围墙，要到对面厕所得绕十分钟的路，而回单位上又太远，怎么办？博士生不愿意问两位所长，憋了半天后，也起身往水里跨：我就不信本科生能过的水面，我博士生不能过。只听"咚"的一声，博士生栽倒在水里。两位所长将他拉了出来，问他为什么要下水，他问："为什么你们可以走过去呢？"两位所长相视一笑："这池塘里有两排木桩子，由于这两天下雨涨水正好在水面下。我们都知道这木桩的位置，所以可以踩着桩子过去。你怎么不问一声呢？"

上面的这个例子十分经典。一个人过于爱惜面子，难免会流于迂腐。"面子"是"金玉其外，败絮其中"的虚浮表现，刻意地张扬面子，或让"面子"成为横亘在生活之路上的障碍，终有一天会吃到苦头。值得一提的是，一个人随着学识、地位等因素的改变，思想里会有越来越多的"围墙"限制自己的言行和作为。在许多限制中，固守面子难免会让我们身受其害。

这就像正在博弈的两只公鸡，都认为自己走进了一个无法突破的困局，这困局是因为面子问题才得以成立。它们陷入的只是一个面子怪圈，放下了面子，就自然走出了困局。

## 逐步解决问题是最有威力的博弈武器——稻草原理

往一匹健壮的骆驼身上放一根稻草，骆驼毫无反应；再添加一根稻草，骆驼还是丝毫没感觉。一直往骆驼身上加稻草，当最后一根轻飘飘的稻草放到了它身上后，骆驼最终会不堪重负瘫倒在地。在社会学里，有人把这种现象的原理称为"稻草原理"。稻草原理在我们生活中具有很大的指导意义，我们来看下面一个故事：

流浪汉手里拿着一块石头，敲开了一户富人的门，请求女主人借锅给他用一下，因为他想煮"石头汤"喝。女主人无法拒绝这样简单的要求，而且也很想见识一下这种从未听说过的奇怪的石头汤。于是，在女主人家的灶火上，流浪汉开始煮石头汤。当锅里的水烧开以后，流浪汉又请求女主人再给他一点点盐。这样简单的请求，女主人无法拒绝。之后，流浪汉用汤勺把汤放到嘴里尝了一下，似乎很满意，但又有些美中不足。他又请求女主人给这个汤加"少许"胡椒粉，因为这会影响汤的味道。

最后，流浪汉再一次请求女主人给这个汤加一点"微不足道"的肉末，"这会使神奇的石头汤的味道更加鲜美"。汤煮好了，流浪汉把锅里的石头捞出来丢到一旁，而后邀请女主人和他一起享用锅里的肉汤。

这个故事告诉我们，如果逐个提出要求，可实现被要求者本来不想答应的目的。这里面的"逐个"，既可以理解为进程的一个个步骤，也可以理解为与逐个对手进行博弈。流浪汉很好地运用稻草原理，逐步逼近，步步为营，最终达到目的。

我们再来看下面的案例：

在大多数的出租车车队里，出租车经常是由调度员派给司机的。车队里当然既有好车，也有年久失修的"坏"车。调度员可以利用他的调度权向每个司机收取一点贿赂。谁若是拒绝行贿，就一定会得到一部不好用的车，而那些对调度员进行贿赂的司机往往能够分到好车，然后凭借这辆好车多赚钱。

这么一来，调度员的腰包鼓了起来，但是整个司机群体面对的其实还是同样的汽车。假如司机们联合起来，也许可以结束这种被迫行贿的日子，但这几乎是不可能的，因为车队中总会存在一些不肯合作的人。问题的关键不是调度员能从行贿者那里得到多少好处，而是他可以惩罚那些不肯行贿的人。

调度员取得"成功"的关键在于：他没有将车队所有司机这一整体设定为博弈对手。而是面对单个的司机来逐个进行博弈，司机们无法实现合作，便只能被动地任由"潜规则"摆布。

这个故事告诉我们：如果博弈的一方尝试逐个地解决问题，对于对手具有相当大的危险性。

在现实生活中，此种情况普遍存在。很显然，对于个人来说，应该竭力避免让自己成为被动者。如果对方尝试着以逐个或逐级攻克的方式向你提出某种不合理的要求，你必须在他的要求到达"临界点"之前表示拒绝。这样你才不会像那个女主人一样，被一个要"煮石头汤"的乞丐牵着鼻子走。

## 时刻保持对风险的"痛觉"——思维博弈

北极的因纽特人利用当地的气候条件，发明了一种独特的捕狼方法：

方法其实很简单，就是在冰原上凿一个坑，把一把尖刀的刀柄放进去并略做固定，往刀子上洒上一些鲜血，然后用冰雪把刀子埋好。不一会儿，寒冷的天气就把小雪堆冻成了一个冰疙瘩。最后，他们再往冰堆上洒一点血，就大功告成功了，剩下要做的只是到时候来收获猎物。

在冰原上四处觅食的饿狼闻到血腥味后，就会来到这个冰疙瘩前，它以为里面会有一只受伤倒毙的小动物。狼于是开始用自己的舌头舔冰堆上的血迹，并希望将冰堆舔开，以美餐埋在里面的食物。不多会儿，它就舔到了刀尖。但这时，它的舌头因为舔了半天的冰块，已经被冻得麻木了，没有了痛觉，只有嗅觉在告诉它：血腥味越来越浓，美味的食物已经马上就要到口了。

于是，饥饿的狼继续用舌头在刀尖上舔来舔去。它自己的血越流越多，血腥味又刺激着它更加卖力地舔下去，最终，失血过多的狼倒在冰雪地里，成为因纽特人的美食！

对善良的人来说，这是个残忍的故事，狡猾而残忍的人，可怜而愚蠢的狼。在这场狼与人的博弈中，人用了一点点计谋就让狼丧失了对风险的警惕性，从而"乖乖"躺在了地上。这就提醒我们，在博弈的过程中，要时刻保持对风险的"痛觉"，莫做刀口舔血的狼。

曾有人说，生存本身就是一种风险。在我们生活的世界里，风险就像空气般充斥在我们的周围；街道、家里、办公场所，时时刻刻都隐藏着许多我们无法预知的风险。每一场风险的应对都是我们与他人展开的一场博弈，但更是我们与自身的风险意识的博弈。譬如，有一则广告上说："你汇款10块钱，就能得到赚1000块钱的最佳方式。"一位读者按地址汇去了钱，他得到一封回信，信中只有一句话："找100个像你这样的傻瓜。"

再如，一位民工模样的人在街上拦住你，说他挖到了古物而无法出手，以低廉的价格卖给你，你一倒手就能赚多少，你心中暗喜，以为发财的希望就在眼前。可知道真相后才懊悔，他既然能挖到古物，想必他的文物知识比你丰富多了，他无法高价出手，你就能吗？

但就是有很多人掉进了这种显而易见的圈套，为什么？就是因为我们在与这些骗子进行博弈的时候采取了错误的策略性思维，尝到一点甜头，甚至一点甜头还没尝到就丧失了风险意识。

其实，他们的智商不见得有多高，手法也没有多先进，但他们绝对都是利用人性弱点的专家和好演员，他们绝对了解你的心理。

人的一生中，风险无处不在。在应对每一场风险的时候，我们都要采取正确的策略性思维，时刻保持对风险的"痛觉"，而不要被"血腥味"刺激得有进无退。要知道，"血腥味"最浓的时候，就是风险最大的时候。

第五篇

# 用点智慧,做一枚人际磁石

## 第一章

# 顾全面子，给人台阶

### 不要让对方没面子，否则你会更没面子

俗话说："人有脸，树有皮。"此话道出了人性的一大特点：爱面子。

保留他人的面子，这是一个何等重要的问题！而我们却很少会考虑到这个问题。我们常喜欢摆架子、我行我素、挑剔、恫吓，在众人面前指责孩子或雇员，而没有多考虑几分钟，讲几句关心的话，为他人设身处地地想一下，所以才造成许多不愉快的场面。

### 看住对方的面子，等于守住彼此的融洽关系

每个人都有一道最后的心理防线，一旦我们不给他人退路，不给他人台阶下，他只好使出最后的一招——自卫。因此，当我们遇事待人时，应谨记一条原则：别让人下不了台阶。

每给别人一次面子，就可能增加一个朋友；每驳别人一次面子，就可能创造一个敌人。

既然你不给我面子，我也不用对你客气了。

如果你是个对"面子"无所谓的人，那么你必定是个不受欢迎的人；如果你是个只顾自己面子，却不顾别人面子的人，那么你必定是个总有一天会吃暗亏的人。

刘明谈到了发生在他们公司的一段插曲：

有一次开生产会议的时候，副总裁提出了一个尖锐的问题，是有关生产过程中的管理问题。由于他气势汹汹，矛头指向生产部总督，一副准备挑错的样子，为了使自己不在同事面前出丑，生产部总督对问题避而不答。这使副总裁更为恼火，直骂生产总督是个骗子。

再好的工作关系，都会因这样的火爆场面而毁坏。凭良心说，那位总督是个很好的雇员。但从那天开始，他再也不能留在公司里了。几个月后，他转到了另一家公司，据说表现很不错。

的确，在社会中，"面子"是一件很重要的事。为了"面子"，小则翻脸，大则会闹出人命！

中国人很奇妙，可以吃闷亏，也可以吃明亏，但就是不能吃"没有面子"的亏。要在人性丛林里求生存，必须了解到这一点。这也就是很多老于世故的人不轻易在公开场合说一句批评别人的话的原因。宁可高帽子一顶顶地送，既保住了别人的面子，别人也会如法炮制，给你面子，彼此心照不宣，尽兴而散。这种情形在官场上尤其常见。

年轻人常犯的毛病是，自以为有见解，自以为有口才，逮到机会就大发宏论，把别人批评得脸一阵红一阵白，他自己则大呼痛快。其实这种举动正是在为自己的祸端铺路，总有一天会吃到苦头的。

事实上，给人面子并不难，也无关道德。大家都是在人性丛林里谋生，预留些退路，给人面子其实就是一种互助。尤其是一些无关紧要的事，你更要会给人面子。至于重大的事，就可以考虑不给了。你不给，对方也不敢对你有意见！他若强要面子，就有可能在最后失去面子！因此，做人最明智不过如此，为自己预留些分寸，也为他人留点面子，自己未来的路将会更顺利，更好走一些。

## 诙谐地说"不"，让被拒绝的人有面子

当你不得不拒绝别人时，也要讲究礼貌，让被拒绝的人有面子。人都是有自尊心的。一个人有求于别人时，往往都带着惴惴不安的心理，如果一开口就说"不行"，势必会伤害对方的自尊心，引起对方强烈的反感。而如果话语中让他感觉到"不"的意思，从而委婉地拒绝对方，就能够收到良好的效果。所以掌握好说"不"的分寸和技巧，就显得很有必要。

有人认为受人请托，倘若拒绝，面子上过不去，若不拒绝又实在无能为力。如此一来，只好勉强答应，结果发生后悔的情形就相当常见了。

事实上，那些顾于面子不敢说"不"的人，其实是自己意志不坚。他们通常认为断然拒绝对方的请求未免显得太过无情，而若是在答应后方觉不妥，且又力不从

心难以履行诺言时，再改变心意拒绝对方，显然已经太迟。因为，等无法做到允诺的事情，再提出拒绝，给人的印象更糟。甚至需要付出相当的代价去弥补缺失或兑现承诺。如果这件事只限于个人的烦恼，还称得上不幸中的大幸，而如果因为拒绝产生怨恨甚至敌视，演变成双方人际关系上的对立与冲突，岂不更得不偿失？

在与人交往的过程中，我们经常会遇到很多自己不愿意做的事。这时，只要我们轻易地说出一个"不"字，也许就能轻松、坦然了。但有些人就感觉这个"不"一字千金，憋足了劲也说不出口。结果苦了自己，也苦了别人。所以，该说"不"时，我们要毫不犹豫、斩钉截铁地说"不"。

敢于说"不"的人，是果断的人，做事情不会拖泥带水、犹豫不决；敢于说"不"的人，是有主见、有魄力的人。当然随意说"不"的人也可能是轻率而怕负责任的人。我们需要的是在慎重考虑以后，权衡利弊以后的断然否决。敢于说"不"是需要勇气的，很多不敢说"不"的人往往缺乏勇气，顾虑太多。敢于说"不"能给自己树立一个硬朗的形象，这是一种人格魅力。

美国总统富兰克林·罗斯福在就任总统前，曾在海军部担任要职。有一次，他的一位好朋友向他打听海军在加勒比海一个小岛上建立潜艇基地的计划。罗斯福神秘地向四周看了看，压低声音问道："你能保密吗？""当然能。""那么，"罗斯福微笑地看着他，"我也能。"他的朋友明白了罗斯福的意思，就不再打听了。

敢于说"不"是对自己的负责，也是对别人的负责。应该说"不"的不外乎两种情况：一种是对无理的要求，另一种是对自己无能为力的要求。对于无理的要求，当然应该断然拒绝，否则可能既害自己又害别人。面对一个输红了眼，要你从银行挪用10万元的赌徒，如果你抱着侥幸心理再加上同情心和哥们义气，满足他的要求，结果必然是一同被绳之以法。对于自己无能为力的要求，也应该婉言拒绝。否则，会给自己的生活带来麻烦，而且因为最终满足不了别人的要求，不光影响自己的信誉，也可能让人产生误解。有时，说"不"利己也利人。

很多人担心的就是由于人情关系、利害关系，而很难开口说个"不"字。这时候，你可以采用婉拒。

要拒绝、制止或反对对方的某些要求、行为时，你可以利用某个人的原因作为借口，避免与对方直接对立。比如："今晚打几圈麻将吧！""下班后一起到××餐厅喝一杯吧！"当你面对这些请求时，该如何拒绝呢？

在这种情况下，我们可以用亲人作为"挡箭牌"，你可以这样说："抱歉，母亲在等我回家呢！""说实在的，我妻子……""小孩今天身体不舒服，我得赶回去。"这样，别人就不好强求了。

还可以以工作或功课为理由来拒绝对方。有位朋友，如果有人对他说："今晚去喝一杯吧！"他总是回答："今晚我必须到××教师家学习外语。"

还有位司机常有同事邀请他一同参加他们的聚会，由于这位司机不太习惯那种场合，总是尽力推辞。从他的工作性质来说，每天很忙，所以也往往以此为理由，对他们说："我明天要早起出车，今晚必须要早点休息。"就这样轻易地将聚会推辞了。

用拖延来表示拒绝，也是一种方法。比如你不想去参加某人的宴会，可以对他说："谢谢，下次我有空一定去，可今晚我不去了。"表面上并没有拒绝对方的邀请，只是改个日期而已，但这个"下次"是没期限的，聪明人一听就知道这是一种委婉的拒绝。当然，这比"没空，不去！"更容易让对方接受。

## 顾及对方尊严，让他有面子地被拒绝

自尊之心，人皆有之。因此在拒绝别人时，要顾及对方的尊严。通常的规律是，尊之则悦，不尊则哀。

哪个更好？

在社交场合上，无论是举止或是言语都应尊重他人，即使在拒绝别人的时候也要顾及对方的尊严。也只有这样，才能赢得别人的尊重。

对一般人说"不",就已经很难了。如果对朋友说"不",就更是难上加难。这主要是因为碍于情面,怕伤了情分。找一个看似合情合理的借口,让朋友觉得遭到拒绝是必然的,并非有意。比如有朋友向你借钱,你可以把责任推到太太身上。"太太管家"是一般的家庭规则,相信朋友也不好再开口了。

## 诙谐对待他人的错,也是在让自己过得去

不知道你是否发现,大度诙谐更多时候比横眉冷对更有助于问题的解决。对他人的小过以诙谐的方法对待,实际上就是一种糊涂处世的态度。

20 世纪 50 年代,台湾的许多商人都知道于右任是著名的书法家,于是他们纷纷在自己的公司、店铺、饭店门口挂了署名"于右任"的招牌,以示招徕。其中确为于右任所题的极少,半真半假的居多,完全假的也时有所见。

一天,于右任的一个学生急匆匆地来见老师,说:"老师,我今天中午去一家平时常去的羊肉泡馍馆吃饭,想不到他们居然也挂起了以您的名义题写的招牌。青天白日,明目张胆地欺世盗名,您老说叫气不可气!"正在练习书法的于右任"哦"了一声,放下毛笔,然后缓缓地问:"他们这块招牌上的字写得好不好?"

"好个啥子哟!"学生叫苦道,"也不知道他们在哪儿找了个书生写的,字写得歪歪斜斜,难看死了。下面还签上老师您的大名,连我看着都觉得害臊!"

"这可不行!"于右任沉思道。

"我去把那幅字摘下来!"学生说完,转身要走,但被于右任喊住了。"慢着,你等等。"

于右任顺手从书案旁拿过一张宣纸,拎起毛笔,刷刷刷地在纸上写下些什么,然后交给恭候在一旁的学生,说:"你去把这幅字交给店老板。"

学生接过宣纸一看,不由得呆住了。只见纸上写着笔墨流畅、龙飞凤舞的几个大字,"羊肉泡馍馆",落款处则是"于右任题"几个小字,并盖了一方私章。整个书法,可称漂亮之至。

"老师,您这……"此学生大惑不解。

"哈哈!"于右任抚着长髯笑道,"你刚才不是说,那块假招牌的字实在是惨不忍睹吗?我不能砸了自己的招牌,坏了自己的名声!所以,帮忙帮到底,还是麻烦你跑一趟,把那块假的给换下来,如何?"

"啊,我明白了,学生遵命。"转怒为喜的学生拿着于右任的题字匆匆去了。这样,这家羊肉泡馍馆的店主竟以一块假招牌换来了大书法家于右任的真墨宝,喜出望外之余,未免有惭愧之意。

面对矛盾,一般最直接的做法就是用强去争,争来争去,互不相让,结果就不那么妙了。实际上,在聪明人看来,低头不单是缓和矛盾,也能化解矛盾,强争只

有在极端的情况下才能解决矛盾,而在多数情况下只能是激化矛盾。在很多事情上,糊涂一点,包容一些,不但自己过得去,别人也会过得去。产生矛盾的基础不复存在了,矛盾自然就化解了。彼此能够相安,岂不更好?

人生苦短,生活更是不容易。我们在争取拥有的同时,也要懂得适时糊涂,适当地包容。有时候看似糊涂的做法,诙谐对待他人的错,不仅是让别人过得去,往往也是在让自己过得去。

## 巧妙暗示,远胜当面指责

生活中的很多事,起因复杂,因此办起事来更复杂。许多时候我们清楚,真理是站在自己这一边的,但这并不意味着有了真理就可以把事办成。

莫比尔是一所大学的老师。一天,有一个学生因非法停车而堵住了学院的入口。莫比尔知道后,冲进教室,以一种非常凶悍的口吻问道:"是谁的车堵住了车道?"当车主回答时,这位老师吼道:"你马上去给我开走,否则我就把它绑上铁链拖走。"

这位学生是错了,车子不应该停在那儿。但从那一天起,不止这位学生对莫比尔的举止感到愤怒,全班的学生都尽量地做些事情以造成他的不便,使得他的工作更加不愉快。

他原本可以用完全不同的方式处理的。假如他友善一点:"车道上的车是谁的?"并建议说,"如果把它开走,那别的车就可以进出了。"这位学生一定会很乐意地把它开走,而且他和他的同学也就不会那么生气了。

在做事的过程中,即使自己完全是对的,别人绝对是错的,我们往往也会因为没有用对方法让别人丢脸而毁了一切。

卡尔·兰福在佛罗里达州奥兰多市当了许多年的市长。他时常告诉他的部属,要让民众来见他,他宣称施行"开门政策"。然而他市区的民众来拜访他时,都被他的秘书和行政官员挡在门外了。

最后,这位市长找到了解决的办法。他把办公室的大门给拆了,他的助手们知道了这件事,也只好接受了。从此之后,这位市长真正做到了"行政公开"。

有些人面对直接的批评会非常愤怒。这时,就要间接地让他们去面对自己的错误,往往会产生非常神奇的效果。

纽约的玛丽女士巧妙运用暗示的方法,使得一群懒惰的建筑工人在帮她盖房子之后清理干净了现场。

开始请工人干活的时候,玛丽女士下班回家,发现满院子都是锯木屑。她不想去跟工人们抗议,因为他们的工程做得很好。所以等工人走了之后,她跟孩子们把这些碎木块捡了起来,并整整齐齐地堆放在屋角。次日早晨,她把领班叫到旁边说:"我很高兴昨天晚上草地上这么干净。"从那天起,工人每天都把木屑捡起来堆好放在一边,领班也每天都来看看草地的状况。

与人交往、相处、合作的时候,如果别人做事的方法不符合你的要求,你不能当面指责,否则只会引起对方的反抗,容易把事搞砸。而巧妙地暗示对方注意自己的错误,则可以轻松地把事情处理好。

## 巧妙地暗示对方的错误好过当面指责

安托安娜·德·圣苏荷依写过:"我没有权利去做或说任何事以贬抑一个人的自尊。重要的并不是我觉得他怎么样,而是他觉得他自己如何。伤害他人的自尊是一种罪行。"

一家大超市的经理每天都到他的连锁店去巡视一遍。有一次,他看见一名顾客站在台前等待,没有一个售货员对她稍加注意。

他不说一句话,亲自招呼那位女顾客,然后把货品交给售货员包装,接着他就走开了。售货员当然看到了这个情况,很是惭愧,从此以后再也没有发生过类似的情况。

这位经理没有直接指责员工的不负责,而是亲自去为顾客服务,让员工自己意识到自己的失职,间接地纠正了员工的错误。

## 给批评裹件"糖衣",让他在甜蜜中改过

批评别人,直话直说容易激起别人的愤恨,而且他们往往不会被你的直言直语所打动。我们都清楚,小孩子吃药片时,加点儿糖水一起送入口中,他们便会欣然服用。批评别人亦是同理。你若能给自己的语言裹上一层"糖衣",别人将会在享受你的甜蜜的过程中,更容易改过。

晏子是齐国的一位善谏的大臣。他死了17年后,齐景公有一次请大夫们喝酒。景公射箭射到了靶子外面,满屋子的人却众口一词地称赞他。他听后变了脸色,并叹了一口气,把弓丢在一旁。

这时,弦章进来了。景公说:"弦章,自从我失去晏子到现在已经有17年了,从来没有听到别人对我的过失的批评。今天我射箭射到了靶子外,他们却众口一词赞美我。"

弦章说:"这是那些大臣不好。他们本身素质不高,所以看不到国君哪些地方不好;他们勇气不够,所以不敢冒犯国君的尊严。但是,您应该注意一点,我听说:'国君喜欢的衣服,那么大臣就会拿来替他穿上;国君喜欢的食物,大臣就会送给他吃。'像尺蠖这种虫子,吃了黄颜色的东西,它的身体就要变黄。吃了绿颜色的东西,它的身体就要变绿。作为国君,大概总会有人说奉承话吧!"

弦章的话在景公听来颇有道理,明白了奉承者不过是投自己所好。如果自己对奉承话深恶痛绝的话,就很少会有人来自讨苦吃了。弦章虽未直接批评景公喜欢听奉承话,才造成如此局面,但景公已深刻领悟到了这一点,事实上,若弦章再画蛇添足地批评景公一番,效果反而不好。

与之类似,在伏尔泰身上也发生过一个类似的例子。

伏尔泰曾有一个仆人,有些懒惰。一天,伏尔泰请他把鞋子拿过来。鞋子拿来了,但布满泥污。于是伏尔泰问道:"你早晨起来怎么不把它擦干净呢?""用不着,先生。路上尽是泥污,两小时以后,您的鞋子又和现在一样脏了。"

伏尔泰没有讲话,微笑着走出门去。仆人赶忙追上说:"先生慢走!钥匙呢?食厨上的钥匙,我还要吃午饭呢。""我的朋友,还吃什么午饭?反正两小时以后你又和现在一样饿了。"

伏尔泰巧用幽默的话语,批评了仆人的懒惰。批评别人的时候往往气氛会比较紧张,如果能使用富有哲理的故事、双关语、形象的比喻等幽默的话语,则可以缓解对方被批评时紧张的情绪,启发被批评者思考,从而增进相互间的感情交流。这样的批评方法,不但能达到教育对方的目的,而且还会创造出轻松愉快的气氛。

总之,批评他人之时,如果语气委婉,被批评者就会容易接受。因为对方认为你的委婉是给了自己"面子",感激之余,就会积极地改正。反之,如果批评者语气

生硬，对方就会认为你伤了自己的"自尊"，而心生反感，这样就不会达到批评、教育人的目的。

## 保住失败者的面子，不给自己树立死敌

有"心计"的人在与人交往时，为自己争得面子的同时，也不会忘了给别人留些尊严，包括他的死敌。

1922年，土耳其在同希腊人经过几个世纪的敌对之后，下决心把希腊人逐出土耳其领土，土耳其最终获胜。当希腊的迪利科皮斯和迪欧尼斯两位将领前往土耳其总部投降时，土耳其士兵对他们大声辱骂。但土耳其的总指挥凯墨尔却丝毫没有显现出胜利的骄傲。他握住他们的手说："请坐，两位先生，你们一定走累了。"他以对待军人的口气接着说："两位先生，战争中有许多偶然情况。有时，最优秀的军人也会打败仗。"

这使两位败军之将都十分感动，并没有因吃了败仗投降而产生沉重的羞辱感。后来希腊和土耳其两国之间也并没有大的怨隙，更没有因打仗而绝交。凯墨尔将军一番得体的话让敌人保住了面子，也赢得了发展友谊的可能性。试想，倘若凯墨尔也像士兵那样羞辱那两位投降的将军，使他们心怀怨恨。那么，可想而知，不但友谊无从谈起，战事在将来也会不可避免。

1977年8月，几名克罗地亚人劫持了美国环球公司从纽约拉瓜得机场至芝加哥奥赫本的一架班机，在与机组人员僵持不下之时，飞机兜了一个大圈，越过蒙特利尔、纽芬兰，最终降落在巴黎戴高乐机场。在这里，法国警察打瘪了飞机的轮胎。

飞机停了3天，劫机者同警方僵持不下，法国警方向劫机者发出最后通牒："喂，伙计！你们能够做你们想做的任何事情，但美国警察已经到了。如果你们放下武器同他们一块儿回美国去，你们将会判处不超过2年至4年的徒刑。也可能意味着你们将在10个月左右即被释放。"

法国警察停顿片刻，目的是让劫机者将这些话听进去。接着又喊："但是，如果我们不得不逮捕你们的话，按我们的法律，你们将被判处死刑。那么你们愿意走哪条路呢？"劫机者被迫投降了。

劫机者一方面因为机组人员的抗拒和警方的追捕而无法达到预定目的，另一方面由于不清楚警方的态度而不敢轻易放下武器，陷入进退两难的痛苦局面。法国警察在劝说中给足了劫机者面子，明确地向对方指出了两条道路：投降或者顽抗。投降的结果是10个月左右的徒刑，而顽抗的结果只能是死刑。面对这两条迥异的道路，早已心慌意乱的劫机者肯定识相地选择弃械投降了。

中国人最大的特点就是爱面子，我们无论做什么事都会考虑到自己的面子。面子说白了就是尊严，被人重视，被人尊重。因此，有"心计"的人在与人交往时，

为自己争得面子的同时,不要忘了给别人也留些尊严。爱护别人甚至死敌的面子,这一点非常重要。

世界上任何一位真正伟大的人,都善于保住失败者的面子,而不会得意忘形地去陶醉于个人的胜利。虽然不一定与对手成为朋友,但只要不使敌人颜面尽失,产生不共戴天的仇恨,一般情况下是不会成为"死敌"的。

### 为了别人的面子,看破他的心思也不要点破

人非圣贤,有时难免做一些不适当的事。在这种情况下,你就要把握好指责他人的分寸,看破别人的心思也不要点破。要保留对方的面子。

在交际中,一般应尽量避免触及对方的敏感区,避免使对方当众出丑。心理学的研究表明,每个人都不愿自己的错误或隐私在公众面前"曝光"。一旦出现这种情况,就会感到难堪或恼怒。必要时可委婉地暗示对方的错处或隐私,避免给他造成心理压力。

魏王的异母兄弟信陵君,在当时名列"四公子"之一,知名度极高,因仰慕信陵君之名而前往的门客达三千人之多。

有一天,信陵君正和魏王在宫中下棋消遣,忽然接到报告,说是北方国境升起了狼烟,可能是敌人来袭的信号。魏王一听,便打算召集群臣共商应敌事宜。坐在

### 看破也不要说破,守护别人的面子

若不慎做了错误的决定或说错了什么话,如果别人直接指出或揭露他的错误,无疑是向他的权威挑战,会让他很没面子,会损害他的尊严,刺伤他的自尊心。

别人错了的时候,也要维护他的尊严。要选择合适的时候或场合,采取合适的方式,以免自讨没趣。

一旁的信陵君则不慌不忙地说:"先别着急,或许是邻国君主行围猎,我们的边境哨兵一时看错,误以为敌人来袭,所以升起烟火,以示警戒。"

过了一会儿,又有报告说是邻国君主在打猎。

魏王很惊讶:"你是怎么知道这件事情的?"信陵君很得意地回答:"我在邻国布有眼线,所以早就知道邻国君王今天会去打猎。"

从此,魏王对信陵君逐渐地疏远了。后来,信陵君失去了魏王的信赖,晚年沉溺于酒色,终致病死。

任何人知道了别人都不晓得的事,难免会产生一种优越感。对于这种旁人不及的优点,我们必须隐藏起来,以免招祸。

而隰斯弥知晓这一点,所以不会走上信陵君那样的一条路。

齐国一位名叫隰斯弥的官员,住宅正巧和齐国权贵田常的官邸相邻。田常为人深具野心,后来欺君叛国,挟持君王,自任宰相执掌大权。隰斯弥虽然怀疑田常居心叵测,不过依然保持常态,丝毫不露声色。

一天,隰斯弥前往田常府第进行礼节性的拜访,以表示敬意。田常依照常礼接待他之后,破例带他到邸中的高楼上观赏风光。四周风景一览无遗,唯独南面视线被隰斯弥院中的大树所阻碍,于是隰斯弥明白了田常带他上高楼的用意。

隰斯弥回到家中,立刻命人砍掉那棵阻碍视线的大树。

正当工人开始砍伐大树的时候,隰斯弥突然又命令工人立刻停止砍树,他道出了其中的奥妙:"能看透别人的秘密并不是好事。现在田常正在图谋大事,就怕别人看穿他的意图,如果我按照田常的暗示砍掉那棵树,只会让田常感觉我机智过人,对我自身的安危有害而无益。不砍树的话,他顶多对我有些埋怨,嫌我不能善解人意,但还不致招来杀身大祸。"

在人际交往中,有的事不必弄得太明白。即使心里明白,也不一定非得说出来。适时地糊涂一把,有百益而无一害。

能透视对方的内心,只不过是使你得到一种有利的武器罢了,更重要的是,你要懂得如何使用抓在手中的这把利器。如果胡言乱语,到处宣扬,很有可能伤害到自己。

所以即使看破别人的心思,也不要去点破,这是在社会中生存的法宝。因为你不去点破他人的心思,充其量是落得他人的埋怨,但不至于造成生存危机。

## 把话语权让给对方,引导对方多说

有一个年轻人,去向大哲学家苏格拉底请教演讲术。为了表示自己有好口才,他滔滔不绝地讲了许多话。最后,苏格拉底要他缴双倍的学费。年轻人惊诧地问道:"为什么要加倍呢?"苏格拉底说:"因为我得教你两样功课,一是怎样闭嘴,另外才是怎样演讲。"

成功的人大多是社交专家,然而出色的社交专家并不是我们所认为的口若悬河。真正懂交往之道的都是运用语言的大师,他们深谙人们的心理,了解人人都有表现欲,于是让对方多开口成了一条金科玉律。

## "设问"是引导别人多说的一大秘诀

设问,即原本没有疑问而自提自问,是明知故问。设问用得好,能引人注意,诱人思考,把谈话内容变得更加吸引人。

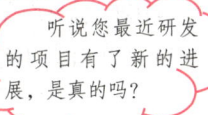

联邦自动售货机制造公司的业务部要求所有的推销员去从事业务时,都带上一块两英尺宽、三英尺长的厚纸板。当推销员与顾客见面时,就打开纸板铺在柜台或者合适的地方,引起顾客的注意与兴趣。

明知故问也不是瞎问,你要问那些让对方感兴趣的、引以为豪的。比如他辉煌的业绩、成功的经验等。

如果你想在你的生活与工作中,与需要建立关系但又很难相处的人交往,你可巧妙地设问,让他们多多谈论自己。人们在谈论自己的时候,总是高兴的、投入的。

著名的成功学大师卡耐基先生曾经说过:"最出色的沟通艺术,是会听而不是会讲。"

从前,有个小国的人到中国来,他向皇帝进贡了三个看起来一模一样的小金人。小金人金光灿灿,把皇帝的大殿映照得金碧辉煌。这下可把皇帝给高兴坏了。

但这小国的人却故意刁难,还带来一道很奇怪的题目:这三个小金人哪个最有价值?皇帝把珠宝匠请了过来,可无论是做检查、称重量、看做工,都是一模一样的,根本就没有区别的东西又怎么能判断出价值的高下呢?皇帝又问了很多大臣和民间的智者,大家都不知道这个问题怎么回答,皇帝束手无策了。

怎么办?使者还等着回去汇报呢!泱泱大国,不会连这个小事都不懂吧?

终于,有一位老大臣站了出来,说他有办法。

皇帝将使者请到大殿,老臣胸有成竹地拿着三根稻草,插入三个小金人的耳朵里。第一个小金人耳朵里的稻草从另一边耳朵出来了,第二个小金人耳朵里的稻草从嘴巴里出来了,而第三个小金人,稻草从耳朵里进去后掉进了肚子,什么动静也没有。老臣说:"第三个小金人最有价值!"使者默默无语,大臣答对了。

实际上,所有人在心底都重视自己,喜欢谈论自己,以及自己所关心的事,没有人愿意听你唠唠叨叨地在那儿自吹自擂!

谈论自己太多,而让别人说得太少,是许多人人际关系不够好、人际网络不够宽的重要原因。如果一个人说得太多,别人说话的时间就少了,你就无法知道什么对他是重要的,赢得他人好感的办法是什么。只有自己少说,引人多说,才能激发别人与你互动的兴趣,才能与之建立良好的关系。

## 善待别人的尴尬,你会因此而得到更深的友谊

在一次家宴上,小周一直在抱怨水煮鱼不好吃:"要是让姨妈做就好了,她做这道菜是很有名的。"姨妈在旁边微笑不语。弟弟白了小周一眼:"这菜是姨妈今天特地做给你吃的。"小周大惊之下,知道自己出言不慎,一时不知如何解释,脸一下子红了。

姨妈笑着对小周说:"不用难为情嘛!这菜不好吃是事实,我把盐放多了。明天姨妈重做,让你们尝尝并提意见,让我这手艺更加有名。"

一位朋友曾经在商店把一位短发的售货员当作男同志招呼,当她转过身,他才发现人家分明是黛眉朱唇的小姐。

小姐看到他难为情的样子,便打趣说:"明天,看来我只得穿裙子来上班了,不然恐怕连我的男朋友从背后也认不出我了。"小小的玩笑,显示出了她的善解人意和风趣,也让那位朋友的尴尬烟消云散。

这类事情在生活中也常碰到,别人会因为无意中伤害到你而感到羞愧万分,左

右不是，这时你不妨用恰当的言辞宽容待之。

邓老师前几天与爱人吵架，今早刚刚和好。不知从哪儿听说女儿受了委屈的丈母娘，一早便气势汹汹地到学校找女婿评理。见此情景，一位年轻老师赶快打圆场说："伯母，怎么您来时没碰到您的女儿啊？她说到商场给邓老师买套西装，还要买些肉请您老人家吃饭呢！"别的老师也随声附和，老太太一听，知道女儿女婿已经和好，也不好意思再闹下去，乐呵呵地走了。事后，邓老师真的请岳母吃了饭。

## ■ 化解对方的尴尬，会更讨人喜欢

金无足赤，人无完人。别人有错的时候要故作不知，事后自圆其说，把别人的错揽在自己身上，帮助别人化解尴尬，就会更讨对方喜欢。

没多久，那个小伙子被提升为公关部经理，叫黄烨的那个员工则被解雇了。作为下属，有什么必要当众纠正呢？如果这个叫黄烨的员工当时应答，事后再巧妙地纠正就不会伤害董事长的面子。

因此，在你能够帮上忙或是为别人做出解释的情况下，你应当尽可能地帮助他走出进退两难的尴尬境地，而千万不要在旁边幸灾乐祸。

让人尴尬的事总是突如其来，不管你与他是素不相识，还是相知好友，在别人突然陷入尴尬境地的时候，你都该尽可能地伸出援助之手，帮他解围。

在别人出洋相的时候发出笑声，是极不礼貌的举动，也可以说是对别人的侮辱。尽管你在笑时，并不存什么恶意的讥讽，但在别人看来会认为是对自己出丑的嘲弄，而感觉受到侮辱。

在日常生活中，马路上不小心跌倒、大庭广众下说句错话或是衣服扣子突然崩掉等，都是很平常的事，应尽量做到见惯不惊，不要贸然发笑，应该给人留下一个好印象。

在别人尴尬的时候，如你实在不便插话帮忙解围，那么最好的办法就是视而不见，暂时离开，让别人能够无所顾虑地处理这些意外，对自己的难堪也就能够心平气和了。

把别人的尴尬事情当作故事、笑话四处张扬，这是不道德的。中国人特别看重面子，自己的难堪事越少被人知道越好。如果你在这方面不注意的话，就肯定会招致别人的反感。

在生活中，每个人都有过面红耳赤、非常难堪的时候，这时，我们不妨以宽容待之。

## 第二章

## 知晓方圆，精明处世

### 虚心接受别人的批评，赢得好感和尊重

喜欢赞美，厌恶批评指责是人之常情。面对赞美，我们往往笑容可掬，颇有风度。而一旦面对负面指责时，就千人千态了。

其实，身处逆境，在面对批评的时候，在摸透对方心里底细的前提下，要善于知错就改。这样，别人也就不好伸手打笑脸人了，从而避免使自己陷入更加难堪的境地。

人都本能地喜欢听表扬，不愿听批评的话。有的人一听到批评，就面红耳赤、暴跳如雷、恼羞成怒，或者是表面接受，心里怨恨，寻衅回击。这种负面回应批评的态度，是极不明智的表现。

李升由打杂工一跃而成为一家建筑公司的工程估价部主任，专门估算各项工程所需的价款。有一次，他的一项结算被一个核算员发现估算错了2万元。经理便把他找来，希望他以后在工作中细心一点。

李升反而大发雷霆："那个核算员没有权力复核我的估算，没有权力越级报告。"老板问他："那么你的错误是确实存在的，是不是？"李升说："是的。"

经理见他如此态度，本想发作一番，念及他平时工作成绩不错，便小事化无，不再说什么了。

不久，李升又有一个估算项目被查出了错误。经理把他找来，刚说他的错误，李升就立刻翻脸："好了，好了，不用因为以前的事怀恨于我，现在特地请了专家查我的错误，借机报复。"

经理等他发泄完了，便冷冷地说："既然如此，你不妨自己去请别的专家来帮你核算一下，看看你究竟错了没有。"

李升果然请别的专家核算了一下，发现自己确实错了。

经理对李升说："现在我只好请你另谋高就了。我们不能让一个不许大家指出他的错误，不肯接受别人批评的人，来损害我们公司的利益。"

负面回应批评反映了一个人不良的做事态度，会严重影响他的人际关系和自我提升能力。

缺点、错误是一个人成功的大敌，而批评的作用就在于指出缺点，引起你的警觉。如果不能善待别人的批评，那你的缺点就永远无法改正。

一个人要想成功，就要把批评当镜子，用这块镜子来照照自己，看自己到底存在哪方面的问题，并加以改正。虚心接受别人的批评，往往可以赢得别人的好感和尊重，这对你事业的成功不无好处。

## 微笑接受他人的批评，伸手不打笑脸人

失误和缺点是在所难免的，每个人都会遇到，但是当面对别人的批评时，会办事的人就善于掌握火候，真诚接受人家的批评并马上改正。

面对这位营业员诚恳的微笑，并听到他真诚地说了"对不起"，那位顾客还能说什么呢？她又重新换了一袋，旁边的几个顾客也夸营业员的服务态度好，食品店以后的生意更加红火起来。

## 不懂不是错，不懂装懂错上错

每个人都有不懂的事情，在你不懂的事物面前，要勇于承认，不要自作聪明。勇于面对自己的无知，才是真正的聪明。换言之，即使你真有两下子，也不要太出风头，要藏而不露、大智若愚。也就是说，在为人处世中，不要卖弄自己的小聪明。有个小杂志社的社长不管在什么场合都喜欢装腔作势，并且故意降低自己的音调来表现庄重的样子。不但如此，他还总是一副无所不知的样子，这种姿态让人觉得他

好像在自我宣传。然而，无论他怎么装腔作势，夹着再多的暗示性话语，他出版的杂志或周刊也上不了台面。他所出版的刊物总是被人批评为现学现卖、肤浅的杂学之流。承认自己也有不知道的事并不丢人，为了要自抬身价而不懂装懂，一旦被对方看穿，反而会令对方产生不信任感而不愿与你交往。

那么，在生活和工作中，我们怎样做才能不暴露出自己的无知呢？就是要学会随众。要在生活细节问题上学会随众，萧规曹随，跟着别人的步伐前进。美国的艾伦·芬特在《小照相机》一书中有过这样的心理测验：

一个人走进一家医院的候诊室，他向四周一看，感到非常惊讶：每个人都只穿着内衣内裤坐着等候，他们穿着内衣内裤喝咖啡、阅读报纸杂志、聊天等。这个人起初非常惊奇，后来判断这群人一定知道一些他所不知道的内情。于是20秒钟之后，这个人也脱下外衣，仅着内衣内裤，坐着等候医生。

这种随众附和的做法，至少有两大实际目的：

第一，社会上的群居生活，需要大家互相合作。

第二，在某些情况下，当你茫然不知所措时，你该怎么办？当然是仿效他人的行为与见解，从而发掘正确的应对办法。

另外，为人处世不要把别人都看成是一无所知的人。其实，我们周围的人都各有主张。多数人都不喜欢采纳别人的主张，因为这往往会被认为有失身份、有损体面。如果将别人都看成是庸才，认为只有自己有真知灼见，随意发表自己的主张，被采纳的百分比恐怕是最低的，而且很可能是最先被淘汰出局的人。

世上没有一个人敢说自己是无所不懂的，这是因为懂是相对的，是对某一具体方面、具体情况而言的。你在一方面懂得很多，在另一方面懂得却很少。所以，聪明并不是什么做人的资本，反而是没有心机的表现，根本不值得卖弄。

## 层层释疑，让对方放下心理包袱

无论是求人办事，还是想进一步发展彼此的交情，赢得他人信任，是成功交际必不可少的基本条件。因为人的思想是复杂的，有时会对某些事情感觉不是很有把握，或对某一事物不理解、想不通，于是疑虑重重，这些往往是不可避免的。

想从根本上解决这一问题，就要求我们善于以情定疑，把道理说透。一旦消除了这些疑虑，自然就能够赢得对方的信任。不过，消除别人的疑虑并不是一件很容易的事情，而需要一点一点地，层层递进，穷追不舍，把道理讲明白、讲透彻，这就是层层释疑的方法。

1921年，美国百万富翁哈默听说前苏联实行新经济政策，鼓励吸收外资，恰巧当时苏联正缺粮食，而美国粮食大丰收，就打算去前苏联做粮食生意。此外，前苏联有美国需要的毛皮、白金、绿宝石。如果让双方交换，是一笔不错的交易。哈默打定了主意,来到了前苏联。

哈默到达莫斯科的第二天早晨,就被召到了列宁的办公室,列宁和他进行了亲切的交谈。粮食问题谈完以后,列宁对哈默说,希望他在前苏联投资,经营企业。由于西方对前苏联实行新经济政策抱有很深的偏见,搞了许多怀有恶意的宣传,以致哈默听了列宁的话,心存疑虑,默默不语。

聪明的列宁当然看透了哈默的心事,于是耐心地对哈默讲起实行新经济政策的目的,并且告诉哈默:"新经济政策要求重新发展我们的经济潜能。我们希望建立一种给外国人以工商业承租权的制度,来加速我们的经济发展。"经过一番交谈,哈默弄清了苏维埃政权的性质和前苏联吸引外资企业的平等互利原则,于是很想大干一番。但是不一会儿,他又动摇起来,想打退堂鼓。为什么呢?因为哈默又听说苏维埃政府机构,人浮于事,手续繁多,尤其是机关人员办事儿拖拉的作风,令人吃不消。

当列宁听完哈默的担忧时,立即又安慰他道:"官僚主义,这是我们最大的祸害之一。我打算指定一两个人组成特别委员会,全权处理这件事,他们会向你提供你所需要的帮助。"除此之外,哈默又担心在前苏联投资办企业,苏联只顾发展自己的经济潜能,而不注意保证外商的利益,以致外商在前苏联办企业得不到什么实惠。当列宁从哈默的谈吐中听出这种忧虑时,马上又把话说得一清二楚:"我们明白,我们必须确定一些条件,保证承租人有利可图。

商人不都是慈善家,除非觉得可以赚钱,不然只有傻瓜才会在前苏联投资。"列宁对哈默的一连串的疑虑,逐一进行释疑,一样一样地都向他说清楚,并且斩钉截铁,干脆利落,毫不含糊,把政策交代得明明白白,使得哈默的心好像一块石头落了地。没过多久,哈默就成了第一个在前苏联租办企业的美国人。

假如当初列宁不是很巧妙地解开哈默的疑问,那么哈默很有可能就不会在前苏联投资了,那样无论对哪一方都将会是一种损失。

因此,在交际中当对方心存疑虑时,你若是想赢得对方的信任,最好采用层层释疑的方法,巧妙解开对方的疑团,让对方放下心理包袱,那么彼此间的交往就会变得顺畅多了。

## 会说场面话,不听场面话,此乃交际智者

爱尔兰剧作家萧伯纳曾说过:"我开玩笑的方法,就是编造真实。编造真实乃是这个世界最有情趣的玩笑。"会说场面话,不听场面话,你就能够成为交际场上的智者,游刃有余,八面玲珑。

要知道,生命不会从谎言中开出灿烂的鲜花,但说些无伤大雅的场面话却是你在这个变幻莫测的社会中生存下去所不得不学会的一种本领。一个人不可能完完

全地在别人面前表现出最真诚的一面，正如一个人不能把别人说过的每一句话都信以为真一样。场面话，总是可说不可信。一旦你违背了这条原则，善良便会退化为愚钝，真诚也会成为伤害自己又危及他人的利器。

俾斯麦35岁时，担任普鲁士国会的代议士，这一年是他政治生涯的转折点。当

## "场面话" 听听就好

人一踏入社会，应酬的机会自然就多了，这些应酬包括做客、赴宴、会议及其他聚会等。不管你对某一次应酬满不满意，"场面话" 一定要讲。

对于拍胸脯答应的"场面话"，则只能持保留态度，以免希望越大，失望也越大。

要知道对方说的是不是场面话也不难，事后求证几次，如果对方言辞闪烁、虚与委蛇，或避不见面、避谈主题，那么对方说的就真的是"场面话"了！

时奥地利是德国南方强大的邻国,曾经威胁德国如果企图统一,奥地利就要出兵干涉。俾斯麦一生都在狂热地追求普鲁士的强盛,他梦想打败奥地利,统一德国。他是个热血沸腾的爱国志士和热爱军事的好战分子。他最著名的一句话就是:"要解决这个时代最严重的问题并不是依靠演说和决心,而是依赖铁和血。"

但是令所有人惊异的是,这样一个好战分子居然在国会上主张和平。其实这并不是他的真实意图,他连做梦都想着统一德国。他说:"没有对于战争的后果清醒的认识,却执意发动战争,这样的政客,请自己去赴死吧!战争结束后,你们是否有勇气承担农民面对农田化为灰烬的痛苦?是否有勇气承受身体残废、妻离子散的悲伤?"

在国会上,他盛赞奥地利,为奥地利的行动辩护,这与他一向的立场简直是背道而驰。俾斯麦反对这场战争有别的企图吗?那些期待战争的议员迷惑了,其中好多人改变了主意。最后,因为俾斯麦的坚持,终于避免了战争。

几个星期后,国王感谢俾斯麦为和平发言,委任他为内阁大臣。几年之后,俾斯麦成了普鲁士首相。这时他对奥地利宣战,摧毁了奥地利帝国,统一了德国。

袒露之心犹如在众人面前摊开的信,那些胸有成竹的人总是懂得潜藏隐秘。他们所说的话大都只是些场面之言,"说者无意听者有心"。如果你把别人的这些话都当真了的话,那就只能证明你太天真和幼稚了。

张文在一国有单位任职,十几年没有升迁。于是通过朋友牵线,拜访一位经管调动的单位主管,希望能调到别的单位。因为他知道那个单位有一个空缺,而且他也符合条件。那位主管表现得非常热情,并且当面应允,拍胸脯说:"没问题!"

张文高高兴兴地回去等消息,谁知半个月、一个月、两个月过去,一点消息也没有。打电话去,不是"不在"就是"正在开会";问朋友,朋友告诉他,那个位子已经有人捷足先登了。他很气愤地问朋友:"那他又为什么对我拍胸脯说没问题?"他的朋友也不知如何回答才好。事实上,那位主管只不过说了一些应景的"场面话",而张文却天真地相信了这些话,并开始守株待兔起来。

"场面话"是社交场合常见的现象之一,而说"场面话"也是一种生存智慧。在社会里进出过一段时日的人都懂得说,也习惯说。这不是罪恶,也不是欺骗,而是一种"必要"。"撇开道德的标准,谎言就是一种智慧"。所以,有时,说说一些无碍于原则与是非标准的场面话,也是一个人在纷纭复杂的社交场所立足的一种本能。

俗话说得好,"蜜比醋更能吸引苍蝇"。在社交场合,我们要学会说点场面话,给别人一点甜头,但万不可做被别人的场面话所吸引的"苍蝇"。轻信别人的一句"戏言",有时不只是一种善良,更是一种愚钝。

## 营造良好的交际氛围，以增强自己的吸引力

为了丰富学生的课余生活，某大学专门邀请一位著名教授举办了一次讲座，但由于临时改变地点，时间仓促，又来不及通知，结果到场的人很少。教授到了会场才发现只有十几个人参加。

他有点尴尬，但不讲又不行，于是他随机应变，说："会议的成功不在于人多人少，中共第一次党代会才到了十几人，但意义非同小可。今天到会的都是精英，我因此更要把课讲好。"

这句话把大家逗得开怀大笑。这一笑，活跃了气氛，再加上教授讲课充满激情，使得那一次讲座非常成功。

人际交往就如同舞台上的演出，为了演出的成功，不仅需要很好的台词、演技，还需要一种看不见、摸不着，却必不可少的——氛围。就像电影中，要有背景音乐来渲染气氛一样。在人际交往的场合，也往往需要营造点氛围，就像交际的润滑剂，使交际能顺利地进行下去。

在日常生活当中，个人的情绪体验是受多种因素影响的，如光线、气温、噪声以及卫生条件等都会左右我们的情绪，而这些情绪反应又影响到人际吸引力。梅(May)和汉密尔顿(C. V. Hamilton)的实验研究就证明了不同的音乐背景对人际吸引力的影响。

他们以女大学生为被例，首先测定她们最喜欢和最不喜欢的音乐，然后请她们评定一些陌生男性的照片，在评定过程中播放不同的背景音乐。结果发现，当碰到她们喜欢的音乐作为背景时，对照片中的人物评价较高；当用她们不喜欢的音乐作为评价背景时，对照片中的人物的评价往往较低；而在没有音乐背景配合时，评价介于上述两种情况之间。

个体的体验不仅受物理环境的影响，同时还受个人的知识、经验、个性等因素的影响，带有强烈的个人主观色彩。在人际交往中，我们应当看到个体的主观体验，会影响我们对一个人的评价。当我们作为社交活动的组织者或主导的一方时，应当注意环境布置的细节问题，使客人们能在清洁舒适、平等友好的场合中畅所欲言。同时，在具体的交往场合中，我们自己又要发挥理智的、能动的调节作用，尽量客观地评价交往对象，不要受环境氛围的困扰和迷惑。

在和谐、融洽的交际氛围中，在平等、自由等具有安全感的人际情境中，我们更愿意进行主动的交流与沟通。因而，在人际交往时，我们要善于通过环境、幽默的言谈等营造良好的交际氛围，以增加吸引力。

## 有所问，有所不问，博取别人的好感

与别人交往时，总离不开"问"。在这个过程中，最关键的是要把握好一个度，做到有所问，有所不问。有时候该问的，要明知故问，对方会认为你很关心他，所以对你很有好感。他可能会接着你的话题，滔滔不绝地说下去，并且有可能说得心花怒放。

明知故问，就是明明知道也要问。比如，问对方最得意的事，问对方最想让大家知道的事，问对方不便说的事，只能借你的口说出的事。这样，你就可以赢得别人的好感，增进彼此之间的友谊，使双方的心更贴近。

### 在人际交往中，我们应该注意以下几点

1. 对方不知道的问题不宜问。
如果你不能确定对方能否充分地回答你的问题，那么你还是不问为妙。

2. 有些问题不宜刨根问底。
这么简短的回答那你就不宜问下去了。如果对方高兴让你知道，他一定会主动地说出，而且还会说"欢迎光临"之类的话。

3. 不要问同行的营业情况。
同行相忌，这是一般人的心理。在激烈竞争的社会里，往往谁都不愿意把自己的营业情况或秘密告诉一个可能的竞争对手。即使你问到这方面的问题，也只能自讨没趣。

但在日常交际中，有些不该问的东西，即使你想问，也不要去问，诸如："你今年多大啦？""为什么还不结婚呀？"等。这些话题，有时对方不便做答，自然而然会对你的问话很反感，会因此而讨厌你，对你敬而远之。无事不问式的交际情境在生活中形式各异、变化无常，其中有同龄人的问话，有不同年龄人之间的问话，有较为熟悉的人之间的问话，还有结识不久的人之间的问话。

有些人是无事不问，他们最喜欢探问别人的私事及秘密新闻。有时为了增加他闲谈的资料，有时仅仅是为满足好奇心。即使与自己无关的事，仍然喜欢追问到底。如果对方是适当的关心，会令人觉得舒心，但若整天喋喋不休，则十分令人厌烦了。这种看似微不足道的事，往往具有不可估量的杀伤力。

人到了一定的年龄而不结婚，似乎就变成了"众矢之的"。经常有人关心，甚至"严重关切"。遇到认识的人时，总被问道："你怎么还不结婚？""什么时候请喝喜酒啊？"没结婚，其实是个人的问题。但别人却表现出"极度关心"的样子，有的人还偷偷打听："他长得也不错，怎么还不结婚？是不是有什么问题，有什么毛病？"这种问题伤及了他人的自尊，往往会被毫不客气地驳斥回来。这类不该问的问题还包括女性的年龄和婚姻，女人最忌讳别人问她的年龄。在西方，这被视为不尊重女性，是不懂得礼貌的表现。"青春永驻"是每个女人的梦想。

每个人内心深处都有一种本能的维护自己内心秘密的情绪，遇到别人不得体的询问，就可能自然产生逆反心理，这就造成一种有时问者尚不经意，被问者常常不由心生厌烦，厌烦这种交际方法，甚至厌烦这个问话的局面。

无事不问会使自己变得浅薄庸俗，也不可能获得真正的朋友。与别人交谈时，有些话题是不宜问的。在与别人交际中，为了避免引起别人的不快，一定要避免提问对方的隐私。比如：

"哪年出生的？""你一个月挣多少钱？""你为什么还不结婚？""你是不是在外面有份兼职？"

打听这些个人隐私的问题，容易惹人反感，甚至导致"战争"爆发。

在你打算问对方某个问题的时候，最好先在脑中过一遍，看这个问题是否会涉及对方的隐私。如果涉及了，要尽可能地避免。这样对方不仅会乐意接受你，还会因你在应酬中得体的问话与轻松的交谈而对你产生好印象，为继续交往打下良好的基础。

在人际交往过程中，不该问的想问也不要问。凡对方不愿意让别人知道的事情都应避免问。要时刻记住一点，交往的目的是引起对方的兴趣，不是使任何一方感到没趣。

## 刺猬哲学需要我们拿捏最佳的社交距离

你要坐公交车出去玩，上车后你发现只有最后一排还有几个座位，走在你前面的一位大爷坐在了中间，旁边还有两个座位，这时，你会坐在哪里呢？一般情况下，你多半会坐在两边靠窗户的座位上，而不会紧挨着那位大爷坐下。这是因为人与人相处需要一定的距离。

叔本华曾经讲过一个"刺猬哲学"：一群刺猬在寒冷的冬天相互接近，为的是通过彼此的体温取暖以避免冻死，可是很快它们就被彼此身上的硬刺刺痛，相互分开了；当取暖的需要又使它们靠近时，又重复了第一次的痛苦，以至于它们在两种痛苦之间转来转去，直至它们发现一种适当的距离使它们能够保持互相取暖而又不被刺伤为止。根据叔本华的这一比喻的延伸，人与人之间也应有一定的距离，即"身体距离"和"心理距离"。"身体距离"即"私人空间"，"心理距离"即"孤独感"。

所谓"私人空间"，是环绕在人体四周的一个抽象范围，用眼睛没法看清它的界限，但它确确实实存在，而且不容他人侵犯。无论在拥挤的车厢还是电梯内，你都会在意他人与自己的距离。当别人过于接近你时，你可以通过调整自己的位置来逃避这种接近的不快感；但是挤满了人无法改变时，你只好以对其他乘客漠不关心的态度来忍受心中的不快，所以看上去神态木然。

在车站、公园供人休息的长凳上，通常坐两端的人多。一旦两端位置都有人占据，几乎很少有人会主动去坐中间的位置。我们通常能够看到这种现象，最多能坐4个人的一排长凳，先来的人坐在凳子的正中，后来的人会坐在长凳的一边，而正中的人则会挪到长凳的另一端。于是，原本可以坐4人的长凳，两个人就"客满"，难怪现在公园、车站都已改为长排单只座位。

人与人之间需要保持一定的空间距离。任何一个人，都需要在自己的周围有一个自己把握的自我空间，它就像一个无形的"气泡"一样为自己"割据"了一定的"领域"。而当这个自我空间被人触犯的时候，就会感到不舒服、不安全，甚至恼怒起来。

一位心理学家做过这样一个实验：在一个刚刚开门的阅览室里，当里面只有一位读者时，心理学家就进去拿椅子坐在他或她的旁边。实验进行了整整80人次。结果证明，在一个只有两位读者的空旷的阅览室里，没有一个被试能够忍受一个陌生人紧挨自己坐下。当心理学家坐在他们身边时，被试不知道这是在做实验，于是很快就默默地远离到别处坐下，有人则干脆明确表示："你想干什么？"

就一般人而言，交往双方的人际关系以及所处情境，决定着相互间自我空间的范围。美国人类学家爱德华·霍尔博士划分了几种区域或距离，各种距离都与双方的关系相称。

### 1. 个人距离

这是人际间隔上稍有分寸感的距离，较少有直接的身体接触。个人距离的近范围为 1.5～2.5 英尺（约 46～76 厘米）之间，正好能相互亲切握手，友好交谈。这是与熟人交往的空间。陌生人进入这个距离会构成对别人的侵犯。个人距离的远范围是 2.5～4 英尺（约 76～122 厘米），任何朋友和熟人都可以自由地进入这个空间。不过，在通常情况下，较为融洽的熟人之间交往时，保持的距离更靠近远范围的近距离（2.5 英尺）一端，而陌生人之间谈话则更靠近远范围的远距离（4 英尺）一端。

人际交往中，亲密距离与个人距离通常都是在非正式社交情境中使用，在正式社交场合则使用社交距离。

2. 社交距离

这已超出了亲密或熟人的人际关系，体现出一种社交性或礼节上的较正式关系。其近范围为 4～7 英尺（约 1.2～2.1 米），一般在工作环境和社交聚会上，人们都保持这种程度的距离。

社交距离的远范围为 7～12 英尺（约 2.1～3.7 米），表现为一种更加正式的交往关系。公司的经理们常用一个大而宽阔的办公桌，并将来访者的座位放在离桌子一段距离的地方，这样与来访者谈话时就能保持一定的距离。如企业或国家领导人之间的谈判、工作招聘时的面谈、教授和大学生的论文答辩等，往往都要隔一张桌子或保持一定距离，这样就增加了一种庄重的气氛。

3. 公众距离

这是公开演说时演说者与听众之间所保持的距离。其近范围为 12～25 英尺（约 3.7～7.6 米），远范围在 25 英尺（约 7.6 米）之外。这是一个几乎能容纳一切人的"门户开放"的空间，人们完全可以对处于空间的其他人"视而不见"，不予交往，因为相互之间未必发生一定联系。因此，这个空间的交往，大多是当众演讲之类。当演讲者试图与一个特定的听众谈话时，他必须走下讲台，使两个人的距离缩短为个人距离或社交距离，才能够实现有效沟通。

人际交往的空间距离不是固定不变的，它具有一定的伸缩性，这依赖于具体情境、交谈双方的关系、社会地位、文化背景、性格特征、心境等。

我们了解了交往中人们所需的自我空间及适当的交往距离，就能有意识地选择与人交往的最佳距离；而且，通过空间距离的信息，还可以很好地了解一个人的实际社会地位、性格以及人们之间的相互关系，更好地进行人际交往。

## 不要把好事一次做尽，否则别人会疏远你

小惠有位很好的朋友小莉。小莉的家庭生活并不幸福，她在家经常与婆婆产生摩擦，从而导致了与丈夫的关系也不和谐，夫妻俩经常吵架。小惠每次听小莉声泪俱下地控诉完婆婆与丈夫的不是之后，感觉到小莉那份难以启齿的难受时，小惠的

心中也一样难受万分，可是却没有办法来解决。眼看自己帮不了好朋友的忙，小惠也闷闷不乐，心情差到极点。

小惠也曾在心里一遍遍劝诫自己：小莉有困难她自己会解决的，自己没必要也跟着痛苦不堪。然而，一遇到小莉有什么事，小惠却又烦躁不安。

这种过度为他人操心和受他人影响的心理情绪，在心理学上称为"心理卷入程度过高"。

心理卷入程度过高是指个人在心理上与环境信息的关联程度过高。例如，在人际交往中，有人会过分地关心朋友的事情。朋友遇到困难了，他比朋友还忧心忡忡；朋友办事出现失误，他比朋友还内疚和自责。

心理卷入程度过高的人，很容易受到外界环境影响，总是把自己和周围环境联系在一起，导致情绪波动大，行为控制不当，进而出现心理问题或人际关系障碍。

### ■ 解决心理卷入程度过高的问题

一是要信任别人，相信别人能为自己的事负责，能解决好自己的问题，不要越俎代庖，负自己不该负的责任。

二是加强自信和独立性，有自我价值观与生活支撑点。只有在心理上消除对他人的依赖，才能驾驭自己的生活和情感。

造成心理卷入程度过高的原因，主要是因为当事人不自信，比如特别在乎别人的议论，担心遭到别人的否定和排斥。此外，由于个体心理独立性发展不完善，个人的状况和心理状态易受环境和他人的影响。再者，是因为缺乏必需的社会知觉和人际交往技巧，不会恰当地判断事件与自己的关联程度以及自己的行为可能给对方造成的影响。

许多初涉社交圈中的人常犯的一个错误就是"好事一次做尽"，以为自己全心全意地为对方做事会使关系融洽、密切，事实上并非如此。因为人不能一味地接受别人的付出，否则心理会感到不平衡。"滴水之恩，涌泉相报"，这也是为了使关系平衡的一种做法。如果你总是在帮别人，使人感到无法回报或没有机会回报的时候，愧疚感就会让受惠的一方选择疏远。因而，留有余地，好事不应一次做尽，这也是平衡人际关系的重要准则。

"过度投资"，不给对方喘息的机会，会让对方的心灵窒息。留有余地，彼此才能自由畅快地呼吸。如果你想帮助别人，而且想和别人维持长久的关系，那么不妨适当地给别人一个机会，让别人有所回报，不至于因为内心的压力而疏远了双方的关系。

## 方圆有道，原则性问题绝不能让步

人与人之间的矛盾，如果以平等互利的方式来解决，都是可以化解的。但是，如果矛盾涉及了原则性问题，那么就必须站稳脚跟，寸步不让，即使是细节也不能让。方圆之人懂得，如果原则性的问题也要让步，等于失去了做人的方向。

人们所说的原则性问题主要有两种，一是尊严，一是应得的利益。尊严是精神上的原则性问题。一个人格健全的正常人是不能允许别人轻易冒犯自己的尊严的，尊严受到损害有时比物质利益的损失更能让人感到痛苦和难以忍受。一个人的素养越高，越看重自己的人格与尊严，所谓"士可杀不可辱"，正是这个意思。

我们说在尊严问题上，必须寸步不让，但在很多情况下是自己的尊严已被人严重地侵犯了，却还不知如何申辩，结果只能白白地受气。

其实，别人侮辱我们的人格，并不就意味着他的人格有多高尚，如果我们能够了解对方，稍稍使用一点"心机"，以其人之道，还治其人之身，往往可以收到良好的效果，从而为自己讨回尊严。

在某大城市的一户人家里，有一位乡下来的小保姆，由于性情实在，干活利索，给女主人的印象颇佳。但是，生性狐疑的女主人还是担心这位乡下姑娘手脚不干净，于是在试用期的最后几天想出个办法来试一试她。

一天早晨，小保姆起床要去做饭，在房门口捡到一元钱，她想肯定是女主人掉下的，就随手放在了客厅的茶几上。谁知第二天早晨，小保姆又在房门口捡到了张五元的钞票，这让她感到很奇怪。"莫非是在试探我吗？"小保姆产生了这样的疑问。但她又很快打消了这个念头，因为女主人是位刚从科长位子上退休的体面人，怎么会做出这样侮辱人的事情呢？这样想着，她就把钱放进了茶几底下，但心里面还是留了个心眼。

到了晚上，小保姆假装睡下，从卧室的窗户窥看客厅中的动静。正当她困意袭来，准备放弃这一念头时，女主人竟真的悄悄到茶几前取钱来了。小保姆彻底惊呆了，怒火冲上了她的心头：怎么可以这样小看人！她咬了咬嘴唇，下定了一个决心。

次日早晨，小保姆又在房门口发现了一张钞票，这次是十元钱。她笑了笑，把钱装进了自己的口袋。到了傍晚，她在女主人下楼去练气功之前把这十元钱悄悄地放在了楼梯上，准备也测试女主人一番。果不出小保姆所料，女主人之所以怀疑别人手脚不干净，正是因为她自己是一个自私而贪心的人。她在下楼时看见了那十元钱，当时就眼睛一亮，然后趁着左右没人把钱塞进了口袋里。这一幕，全都被暗中偷窥的小保姆看到了。

当晚，女主人就像科长找科员谈话一样找到了小保姆，严肃而又婉转地批评她为人还不够诚实。如果能痛改前非，还是可以留用的。小保姆故作懵懂地问："你是不是说我捡了十元钱？""是呀！难道你不觉得自己有错吗？"小保姆摇了摇头："不，我不认为我做错了什么，因为我已经将那十元钱还给您了。"女主人一脸诧异："咦，你啥时啥地还我钱了？"小保姆大声回答："今天傍晚，公共楼梯……"女主人一听到"楼梯"两个字，顿时像触了电一样浑身一颤，狠狈得一句话也说不出来了。

聪明的小保姆利用一些"心机"，为自己找回了面子，女主人自然也不该再侮辱她的人格和尊严了。试想一下，如果她正面反击，不讲策略，又会是什么效果呢？使用一点"心机"，就可以方圆有道，一劳永逸。可见，做人还是需要有技巧的。

## 慎谈他人忌讳的话题，否则会导致交际的失败

常言道，当着矬子，不说矮话。朋友中有一个"秃"顶，就不能对着人家说什么"秃头"或"光头"；如果家里来了个客人，体形又矮又胖，就不能说"矮子""胖子"，否则会挫伤人家的自尊心。言谈中，淫词秽语、不健康的口头禅更应禁忌。见到青年女子，一般不应问对方年龄、婚否。径直询问别人的履历、工资收入、家庭财产等私生活方面的问题，易使人反感。切莫对心情惆怅的人说得意话、得意事。

若对方曾犯过错误或有某种缺陷，言谈时要避免使用刺激性的话语。对别人不愿回答的问题不要追问，不要刨根问底。如果一旦触及，应立即表示歉意，巧妙地转移话题。

人都是有自尊心的，都希望得到别人的尊重，谁都不愿意人家触及自己的憾事、缺点、隐私和使自己感到难堪的事，这也是一般人所共有的心理。因此，在现实的交际生活中，一定要注意尊重别人，交谈时千万不要涉及别人所忌讳的问题，不然就会使人际关系恶化，导致交际的失误。

生活是复杂的，由于种种原因，有时说话还非要涉及别人忌讳的话题不可。在这种情况下，就要讲究语言技巧了。要尽量把话说得委婉、含蓄些，在遣词造句时，要避免那些带有直接刺激感官的字眼，这样就有可能取得比较好的效果。

例如一位较胖的顾客去布店买花布做衬衫，在选择大花图案还是几何图案上拿不定主意，售货员根据顾客的特点，帮她选择了几何图案的花布，并且介绍说："这种大花图案带有扩张感，适合瘦人穿，你穿不太合适。这种几何图案花布艺术大方，颜色也好，一尺才8元，这种布做成衬衫穿能使人显得年轻、瘦。"胖顾客听了就很舒服。

## 探望病人时忌讳的话题

探望病人，是每个人都要碰到的事，这完全是出于对病人的关怀，这时更要注意病人的忌讳，否则会好心办坏事。

探视病人时，当看到病人面容憔悴时，切不可问："你的脸色怎么这么难看？"之类的话。否则，除加重病人的思想负担外，没有其他任何用处。

## 无论对方是何类人,一定记住"过犹不及"

古人云:"恩不可过,过施则不继,不继则怨生;情不可密,密交则难久,中断则有疏薄之嫌。"意思是说施恩不可以过分,因为过分的施恩是不能永远持续下去的,一旦中断施恩就会有怨恨产生;交情不可以过于密切,因为密切的交往是很难保持永久不变的,一旦中断,就让人有了疏远冷淡的嫌疑。

从中我们明白,任何事情都要讲究一个"度"。无论交际对方是何类人,一定记住"过犹不及"。至于如何能做到中庸,实在是一门博大精深的学问。

有一次,孔子的弟子子贡在跟孔子谈论师兄弟们的性格及优劣时,忽然向孔子提了个问题:"先生,子张与子夏两人哪一个更好些呢?"子张是孙师,子夏是卜商,两人都是孔子的得意弟子。孔子想了一会儿,说:"子张过头了,子夏没有达到标准。"子贡接着说:"是不是子张要好些呢?"孔子说:"过头了就像没有达到标准一样,都是没有掌握好分寸的表现。"这就是"过犹不及"的出处。

有一回,孔子带领弟子们在鲁桓公的庙堂里参观,看到一个特别容易倾斜翻倒的器物。孔子围着它转了好几圈,左看看,右看看,还用手摸摸,转动转动,却始终拿不准它究竟是干什么用的。于是,就问守庙的人:"这是什么器物?"

守庙的人回答说:"这大概是放在座位右边的器物。"孔子恍然大悟,说:"我听说过这种器物。它什么也不装时就倾斜,装物适中就端端正正的,装满了就翻倒。君王把它当作自己最好的警戒物,所以总放在座位旁边。"孔子忙回头对弟子说:"把水倒进去,试验一下。"子路忙去取了水,慢慢地往里倒。刚倒一点儿水,它还是倾斜的;倒了适量的水,它就正立;装满水,松开手后,它又翻了,多余的水都洒了出来。

孔子慨叹说:"哎呀!我明白了,哪有装满了却不倒的东西呢!"子路走上前去,说:"请问先生,有保持满而不倒的办法吗?"孔子不慌不忙地说:"聪明睿智,用愚笨来调节;功盖天下,用退让来调节;威猛无比,用怯弱来调节;富甲四海,用谦恭来调节。这就是损抑过分,达到适中状态的方法。"

子路听得连连点头,接着又刨根究底地问道:"古时候的帝王除了在座位旁边放置这种器物警示自己外,还采取什么措施来防止自己的行为过火呢?"

孔子侃侃而谈道:"上天生了老百姓又定下他们的国君,让他治理老百姓,不让他们失去天性。有了国君又为他设置辅佐,让辅佐的人教导、保护他,不让他做事过分。因此,天子有公,诸侯有卿,卿设置侧室之官,大夫有副手,士人有朋友,平民、工、商,乃至干杂役的皂隶、放牛马的牧童,都有亲近的人来相互辅佐。有功劳就奖赏,有错误就纠正,有患难就救援,有过失就更改。自天子以下,人各有父兄子弟,来观察、补救他的得失。太史记载史册、乐师写作诗歌、乐工诵读箴谏、大夫规劝开导、士传话、平民提建议、商人在市场上议论、各种工匠呈献技艺。各种身份的人用不同的方式进行劝谏,从而使国君不至于骑在老百姓头上任意妄为,放纵他的邪恶。"

子路仍然穷追不舍地问:"先生,您能不能举出个具体的君主来?"

孔子回答道:"好啊,卫武公就是个典型人物。他九十五岁时,还下令全国说:'从卿以下的各级官吏,只要是拿着国家的俸禄、正在官位上的,不要认为我昏庸老朽,就丢开我不管,一定要不断地训诫、开导我。我乘车时,护卫在旁边的警卫人员应规劝我;我在朝堂上时,应让我看前代的典章制度;我伏案工作时,应设置座右铭来提醒我;我在寝宫休息时,左右侍从人员应告诫我;我处理政务时,应有瞽、史之类的人开导我;我闲居无事时,应让我听听百工的讽谏。'他时常用这些话来警策自己,使自己的言行不至于走极端。"

众弟子听罢,一个个面露喜悦之色。他们从孔子的话中明白了一个道理:在任何情况下,人们都要调节自己,使自己的一言一行合乎标准。不过分,也不要达不到标准。

中庸,在孔子和整个儒家学派里,既是很高深的学问,又是很高深的修养。追求恰到好处、适可而止,这是做人处事的一种境界,一种哲学观念。比如吃饭,餐餐最好吃到恰到好处,每顿饭不要因饭菜不好而饿肚子,也不要因饭菜特好而把肚皮撑得鼓鼓的。适可而止,就能永远保持健康的胃口。

值得说明的是,孔子讲的中庸,绝不是无谓的折中、调和,而是指为人处世应该慎重选择一种角度,一种智慧。有一些人认为孔子讲的中庸就是不讲原则,那是对"中庸"思想的误解,其本质是过犹不及、适可而止,这也正是我们游刃于人脉之间的一条重要法则。

## 同谁都合得来,保证谁都喜欢你

人性的细节,一旦发挥过分,就会讨人嫌恶,就无法圆融为人,就不能得到某些人的喜爱。圆融为人,就不要过分地亲近或疏远任何人。

既不要过于亲近比你地位高的尊贵的人,也不要过于疏远那些地位比你低的人。尽管人们的社会角色和社会地位不同,但每个人都需要受到尊重,维护面子的精神需求是一致的。

如果你忘记这一事实,与他们交际时,对"重要人物"谦卑有加,而对其他人却毫不在意,则会刺伤后者的自尊,失去一大批人。日后有什么要求人家帮忙的,就要付出更大的代价,这样的做法是不值得的。

圆融处世时,不能过分亲近权势。亲近权势大的、疏远权势小的,等于从中挑拨,必导致两势相争。两者取其中,"公事公办",不搞拉拉扯扯那一套,也不要把精力和心思花费在研究某某"背景"之上。

# 人际交往心理学

以权势视其关系亲疏，实则亲一时，疏一世。凡是这样"套"来的亲，没有长久的。真正做到不以权势为标准来决定亲疏远近，十分了不起，那是真正"禅"透了，想开了，那才是圆融为人之道。

汉代有一位非常有名的清廉又重义的人，叫朱晖。他在读书的时候偶然结识了一位大官张堪，恰是他的同乡。张堪很器重他，但朱晖却因为自己只是一介书生，不敢与之来往太密。

有一次，张堪对朱晖说："你真是一个自持的人，值得信赖，我愿以身家子妻托付于你。"朱晖因为张堪是一位德高望重的前辈，对此重言不晓得做什么反应，只是恭敬地拱手相应。

后来，张堪死了，身后没有留下什么丰厚的遗产。朱晖其时早已与张堪无甚交

## ■ 不要"好使"者亲，无能者远

善于广交朋友，这未必不是好事，说明此人有公关能力。但专拣有权的、有用的交，这就势必夹杂了功利目的。

像这样的宴席，男主人眼里只有领导，而慢怠他人，使同事们的自尊心和面子受到损伤。

亲疏只要带上尊卑功利色彩，肯定就会出现悲剧。假如人际关系中专以"好使"论亲疏，最终必然会导致弱肉强食，恃强凌弱。

往，但闻讯之后，感于张堪的知遇，竟千方百计地济以钱粮，前去嘘寒问暖。

朱晖的儿子对他说："父亲，我们以前并不曾听到你与张堪有什么深厚的交情，你为何如此善待他的家人？"

朱晖回答说："张堪生前，曾对我有知己相托之言，我当时已有备于心。做人不能分其尊卑欺骗别人，更不能欺骗自己。"

尽管人们在社交中需要分清主次，有轻有重，不可能平均用力，等齐划一，但圆融为人的人，在保证"重点"的时候，绝不忽略"一般"。比如，去某单位办事，恰巧遇见了三个都认识的人，都好久未见了，其中一位正是自己急于寻找求助办事的，你怎么对待呢？是抓住一人，不计其余，还是逐个关照，热情寒暄一番，然后和其他人说明情况，保证重点？这就需要一个技巧。

在当今社会，人际交往中流行一句口头禅："好使不？"即：有用吗？尊者，有用、好使则亲；卑者，没用、不好使则疏远。这里的"好使""不好使"和权势固然有密切联系。趋炎附势者，都想直接从权势者那里获取一些功利。"好使"则亲，完全是急功近利，实用主义。人们议论某人有实用主义作风，往往说他"尽拣有用的交"，就是这个意思。

# 第三章

# 借力打力，坐收渔利

## 主动结交成功的人，可以少走弯路

懂得为自己的未来打算的人，具有长远眼光的智慧，这种智慧并非每个人都具备。主动结交成功的人是走向成功的一条捷径，可以少走些弯路。

事业成功的人，有赖于比自己优秀的朋友，不断刺激自己力争上游。因为优秀的人就是一个更高的平台，帮助你一步步登上事业的顶峰。主动结交成功者，可让你少走弯路。

要和优秀的人相识，并不像通常所想象得那么困难，即使要结交地位较高的人也如此。尤其是年轻人更需要具备未来意识，把握能与地位较高的人亲近的机会。

美国少年亚当在杂志上读了某些大实业家的故事，很想知道得更详细些，并希望能得到他们对后来者的忠告。

有一天，亚当来到纽约，也不管几点开始办公，早上7点就到了威廉·亚斯达的事务所。在第二间房子里，亚当立刻认出了面前的那个人就是自己所要拜访的人。亚斯达开始时觉得这少年有点讨厌，然而一听少年问他"我很想知道，我怎样才能赚得百万美元？"时，他的表情便柔和并微笑起来，两个人竟谈了一小时。随后亚斯达还告诉他该去访问的其他实业界的名人。

亚当照着亚斯达的指示，遍访了一流的商人、总编辑及银行家。

在赚钱这方面，他所得到的忠告并不见得对他有所帮助，但是能得到成功者的知遇，却给了他自信。他开始仿效他们成功的做法。

过了两年，亚当成为他当学徒时所在的那家工厂的所有者。24岁时，他是一家农业机械厂的总经理。不到5年，他就如愿以偿地拥有百万美元的财富了。

亚当活跃在事业界多年，总结出了自己成功的一个信条就是多与优秀的人结交，建功立业的前辈能带给你一个改变命运的机遇。

杰克是美国印第安纳州小乡镇上的铁道电信事务所的新雇员。16岁时他便决心要独树一帜。27岁时他当了管理所所长。后来，他成为俄亥俄州铁路局局长。

他给刚进校门读书的儿子的忠告是："在学校要主动和一流人物结交，有能力的人不管做什么都会成功。"

萨加烈也说了同样的话："如果要求我说一些对青年有益的话，那么，我就要求你时常与比你优秀的人一起行动。就学问而言或就人生而言，这是最有益的。学习用正确的方法尊敬他人，这是人生最大的乐趣。"

不少人总是乐于和比自己差的人交际。这的确可以得到自慰。因为，在与这些人交际时，能产生优越感。可是从不如自己的人当中，显然是学不到什么的。而结交比自己优秀的朋友，能促使我们更加成熟。

结交朋友虽出于偶然的机会认识，但朋友对个人的影响却是很大的。因此，在交朋友时，要善于考虑并选择比你更优秀的人，这种意识可使你离成功更近一步。

## 没时间也得将这十种贵人纳入囊中

你是否工作很忙，几乎没有时间跟任何人打交道？

你是否每天都加班到深夜，根本没有时间跟朋友打个电话或者一起聚聚，到餐厅里喝杯咖啡？

是的，你确实很忙。每个人都很忙。然而，问一下自己——你真的忙得连跟朋友打声招呼的时间都没有吗？

人脉投资是一种长期投资。你一定要懂得如何在忙碌的生活中抽出时间来联系朋友。否则，长此以往，你的身边恐怕只剩下你养的宠物了！

我们无论如何也不能怠慢人脉。然而，即使认识了人脉的重要性也是急不得的。我们必须在平时就让自己为人脉添柴加炭，只有不动声色地微火慢炖，人脉才会成熟起来，朋友才会纷至沓来，这个时候，人脉的回报率将会是惊人的。

在我们投资人脉的过程中，并不能仅仅限于本领域、本专业。有这么几种人是我们必须与之相交相通、时时联络的。哪怕你再忙、再紧张、再疲于应对，也得让自己腾出精力和时间来，将这几种力量纳入手中。

**1. 关键时刻能为你提供门票类票据的人**

你正在求助的某个人或者你人脉中的某个重要角色，无意间提起他急欲观看某场重要的比赛，可是偏偏票却售完了，问过所有的票务公司都说没票可售了。此刻，你应当急人之所急，拍着胸脯说："没问题，这事包在我身上了！"你的朋友一定大为高兴。

但是，前提是你答应的事一定能办成。假如你正好认识票务公司的某某人，而且弄两张票对他来说只是小意思，你的这个人情算是做到了。然而，你首先得认识能为你提供门票类票据的人。这样，关键时刻才能胸有成竹，事事不惧。

**2. 银行内部的工作人员**

在经济发展为主导的社会，银行起到了越来越重要的作用。你的工资发放，你的投资理财，你的税款缴纳，你的奖金福利等，都可能要跟银行扯上关系。所以，认识几个银行内部的工作人员是极其必要的。这样当你的资金出现了任何问题，你就知道该向谁咨询，该向谁求助了。

**3. 猎头公司的人虽然不受欢迎，但不妨认识一下**

可能你常接到猎头公司的电话，而且频繁得令你感到厌烦。这时，你不应冷言冷语地拒绝，不妨随便聊聊，记一下联系方式。要知道，你现在不需要不代表你将来不需要。如果你哪一天不幸落马了，猎头公司便能帮助你。永远记得这条真理：在口渴前挖井，什么时候都是有水喝的。

**4. 多与旅行社打交道**

身在职场，免不了会出差办事。出差离不了远行工具，你可能需要搭乘飞机。同一架飞机，10名旅客就可能会有10种不同的价格。如果你认识旅行社里的人，也许你的机票价格将是这10种价格中较为低廉的。一张本值400美元的机票，别人花了500美元才能买到，你仅花了300美元就买到了，是不是很得意？这就得益于你认识这个旅行社里的朋友。

**5. 当地的警务人员你避无可避**

也许你见了警务人员，心里会冷不丁地犯怵。其实，只要你没做犯法的事，完全没有必要。要知道，警务人员的作用是很大的，例如，子女就学、户口迁移、家庭安全、突遇盗窃等事，都会有警务人员的涉入。所以，跟几个警务人员搞好关系是有百利而无一害的。

**6. 名人、大腕尽量多结交**

人人都知道，大树底下好乘凉，应尽量多地去认识那些名人、大腕。也许你会想，他们怎会放下架子来结交我们这些普通人呢？其实，你要知道，高处之人往往不胜其寒，很多名人其实比你想象的要容易接近得多。关键在于你要开动脑筋，多想方法靠近他们，用你独有的魅力去引起他们的关注。

另外，你还可以采用一些小技巧，例如，你可以专门去访问那些名人常光顾的律师、医生、会计师等；你还可以去他们常去的餐厅、舞会、展览会等，创造一些与名人、大腕相遇并相识的机会。

**7. 多向金融和理财专家请教**

金融、理财，两个貌似高深的词语，现在却与每一个人都丝丝缕缕地扯上了关系，我们每个人都有很多这方面的事务需要处理。但是，并不是我们每个人都可以成为这两方面的专家。这时，我们就可以向这方面的专家请教，向他们请教比较科学的方法来引导我们的生活和事业。

**8. 律师**

我们不得不承认，现实的社会是复杂多变的。很简单的问题也许因为有太多的因素而变得扑朔迷离，甚至有人抱怨，就算是两袖清风地走在大街上，都有可能灾祸上身。因此，最明智的选择就是采取法律手段，按照法律程序来解决。这时，我们免不了会跟律师打交道。

律师一般都是法律通，他们熟识法律知识，通晓法律技巧。有律师的帮助，你的麻烦就会减少很多。

### 9. 维修人员

日常生活中的麻烦实在太多，家里的锁锈得打不开了，煤气罐漏气，下水道堵塞，半旧的汽车突然罢工，诸如此类的麻烦实在让人心情很糟。这时，如果你突然想起某个精通维修的朋友，一个电话过去，你的朋友便在最短的时间内帮你将这些烦心事解决得彻彻底底，而你需要付出的费用也是在合理的范围之内。有这样的朋友，真的会让人心情很好。

### 10. 媒体工作者

你的公司新研发了一种产品，这时，自然少不了宣传。要宣传自然就要跟媒体工作者打交道。所以，无论从集体的利益出发，还是从个人的利益出发，不论你对记者等媒体工作者持怎样的态度，与他们之间的关系你还是要处理好。

媒体往往有这样的作用，它能使你绯闻缠身，也能使你在短时间内人气大涨。如果你处理得好，媒体真的能成为你最好的宣传助手。

不管你属于哪个领域、哪个专业，都很有必要结识上面这十种人，让他们作为我们急需时的"秘密武器"。

这些人就好比我们日常出行必须用到的交通工具一样，没有他们我们可能很难完成最基本的事。结识他们虽然看似平常，有时作用也不是很突出，但是如果能运用得当、巧妙安排，他们就能发挥出事半功倍的效果。

## 与同学多联络感情，为成功铺就更宽的路

人是有感情的动物，人人都难逃"情"字。同学之间的交往在利益关系以外多了一层相知与沟通，可以在人情世故上多一份关心，多一份关照。哪怕遇到了不顺利的情况，也要互相体谅，正如俗话所说："生意不成人情在。"

同学关系有的时候常常会在关键时刻帮你一个大忙。可是需要注意的是，平常要注意与同学培养感情。只有平常联络，同学之情才不会疏远，同学才能甘心情愿地帮助你。

若你和同学分开以后从来都没有联络过，去求同学办事的时候，一些十分重要的关乎同学利益的事情，他自然不会帮助你。

许多人说："同学之情就那么几年，若缘尽则情也尽了，没有什么可留恋的。"事实上，这是非常错误的看法。

不管从实用主义，还是从情感价值的角度去衡量，同学之谊都值得你去保持与维系。

## 恰同学少年，该靠就要靠一把

除了应该重视亲戚关系，同学之间也是最能相互帮助、相互协作的，如果你善于运用同学关系，就会收到事半功倍的效果。所以，千万别把这种宝贵的人际关系资源给白白浪费了。

那么，我们该如何利用同学关系呢？

主动加深关系，让同学主动帮忙办事

在一些较无关紧要的场合中，自己吃些小亏，做些让步，送个人情给对方。

平时多烧香，关键时刻大显灵

与同学相处，就如同烧香拜佛一样，绝不可嫌平日里烧香是浪费财力、浪费时间。

同学资源确实是个人人脉资源中重要的一项，必须有效加以珍惜与利用，让每个同学都成为你生命中的贵人吧！

三国时代蜀国君主刘备的一段经历就告诉了人们这个道理。

刘备读私塾的时候，因为他讲义气、聪明，所以成为同学中的首领。在这几年里，刘备常常帮助其他同学，和同学的关系处得很好。后来刘备长大了，同学们都有各自的道路要走，刘备和要好的同学便各奔东西了。

尽管同学们分开了，但刘备却非常注重和同学保持联系。有一个叫石全的人，是刘备读书的时候最谈得来的朋友。石全读完书以后，回家供奉老母亲，以尽孝道，以打柴卖字画为生。

刘备没有嫌石全清贫，常常邀请石全到家里做客，共同探讨时事，这样的聚会每次都非常成功。刘备和石全的关系不断地加强，情同手足。

后来，刘备为了实现理想，就拉起了一支队伍参与了东汉末年的军阀混战。开始的时候，刘备军事实力非常小，只好依附于其他人。

在一次战斗中，刘备率领的兵马被全部歼灭，只有他一人逃了出来，被同学石全给藏了起来，逃过了一死。

看来，同学关系有的时候在危急时刻能帮上大忙，能够起到排忧解难的作用。可是，要记住的是，这中间的好处来自于你的努力。若在你和同学分开以后没有交往，那么关系之好又从何处谈起呢？从中受益更是一纸空文了。因此，只要你拥有这份情，真诚地维持分开以后的同学关系，那么你的人际面就会更加广泛，路子会比别人多出几条来。

## 以静制动，让诤友充当自己的镜子

你是否发现，朋友中总是有这样一些人：他们从不给你甜如蜜般的奉承，也从不给你不切实际的打击，但又总是实话实说，直陈你的过失。他们，就是我们一生中不可或缺的朋友——诤友。拥有诤友是生命的幸运和福气，因为他们能像镜子一样帮你认清自我。他们对我们直言不讳、肝胆相照，既给予我们真诚的关心，又会直言指出我们的盲区和瑕疵，帮助我们获得快乐、成功。

在这个纷繁芜杂的世界里，只有乐于结交诤友的人，才能改正错误、避免失误，不断取得进步。唐太宗李世民在历史上是一位以善于纳谏而闻名的帝王，他在结交诤友方面有许多有趣的逸事。

传说有一次，唐太宗闲暇无事，与吏部尚书唐俭下棋。唐俭是个直性子的人，平时不善逢迎，又好逞强，与皇帝下棋却使出自己的浑身解数，架炮跳马，把唐太宗打了个落花流水。

唐太宗心中大怒，想起他平时种种的不敬，更是无法抑制自己，立即下令贬唐俭为潭州刺史，不甘休，又找了尉迟恭来，对他说："唐俭对我这样不敬，我要借他而诛自官。不过现在尚无具体的罪名可定，你去他家一次，听他是否对我的处理有

## 如何更好地对待批评

### 1.想一想到底是不是自己的错

先把利己主义抛到一边,如果朋友批评得有道理,就要客观地倾听他们的看法,并切实了解清楚,接下来应该想想如何解决问题。

### 2.不要寻找替罪羊

不要试图争辩、迁怒他人或是矢口否认,以为事情能就此淡化。解释往往会被看成借口或否认。

### 3.要合作,不要对抗

即使因为并不相干的事情受到了批评,也不一定非要选择对抗性的做法,不要给人留下"小家子气"的印象,多一些容人之量,和对方一起找到真正的问题,才是解决之道。

怨言。若有，即可以此定他的死罪！"

尉迟恭听后，觉得太宗的这种做法太过分，所以当第二天太宗召问他唐俭的情况时，尉迟恭不肯回答，反而说："请陛下好好考虑这件事，到底该怎样处理。"

唐太宗气极了，把手中的玉笏狠狠地朝地下一摔，转身就走。尉迟恭见了，也只好退下。

唐太宗回去后，一来冷静后自觉无理，二来也是为了挽回面子，于是大开宴会，召三品官员入席，自己则主宴并宣布道："今天请大家来，是为了表彰尉迟恭的品行。由于尉迟恭的劝谏，唐俭得以免死，使他有再生之幸；我也由此免了枉杀的罪名，赐尉迟恭绸缎千匹。"

唐太宗能够拥有尉迟恭、魏征这样的谏友是作为一位帝王最大的荣幸，他也确实依靠这些诤友的力量开创了中国历史上难得的盛世局面。

要知道，缺点、错误是一个人成功的大敌，而诤友的作用，就在于指出缺点，引起你的警觉。如果不能善待诤友的批评，那你的缺点、错误就永远无法改正。

不要把诤友的善意批评，想象成对自己的人身攻击；切忌把诤友的意见，误会为给自己难堪。善意的批评是人生中不可缺的，是我们增长见识必须付出的代价。

请不要怀着敌意来看待批评，因为忠言逆耳，你要仔细聆听，了解诤友的批评是否具有建设性。它能让你变得足智多谋、沉稳成熟。

若懂得冷静聆听批评，既能保持情面，又对加深友谊具有积极效益。即使有些批评是尖酸刻薄，你也要淡化处理，这样诤友才会越来越喜欢给你以忠言和卓见。

其实，在诤友的批评面前，反击、争辩或是无礼都无济于事，对这样的批评进行无关紧要的纠正，只会演化成严重的问题。要学会把诤友的批评当成宝，乐于接受建设性的批评并且遵照执行。

## 把朋友分等级：认清真正的朋友

给朋友分类是必要的。首先，每个人的精力都是有限的，必然和一些朋友亲近一些，和另一些朋友疏远一些。

其次，每个人的性情不同，有的人能为朋友两肋插刀，有的人只有在不损害自己利益的前提下才会帮助朋友，有的人甚至会为了自身利益而背叛朋友。再次，朋友不仅是精神交往的伙伴，而且许多时候有朋友，好办事。因此，要分清不同种类的朋友。

《一个半朋友》这个小故事，正说明了朋友是有分别的。

从前有一个仗义广交天下豪杰的武夫。他临终前对他的儿子说："别看我自小在江湖闯荡，结交的人如过江之鲫，其实我这一生就交了一个半朋友。"

儿子纳闷儿不已。他的父亲就贴近他的耳朵交代一番，然后对他说："你按我说的去见我的这一个半朋友，朋友的意义你自然会懂得。"

儿子先去了父亲认定的"一个"朋友那里，对他说："我是某某的儿子，现在正被朝廷追杀，情急之下投身你处，希望予以搭救！"这人一听，毫不思索，赶忙叫来自己的儿子，喝令儿子速速将衣服换下，穿在这个并不相识的朋友的儿子身上，而让自己的儿子穿上朋友的儿子的衣服。

儿子明白了：在你生死攸关的时候，那个能与你肝胆相照，甚至不惜割舍自己的亲生骨肉来搭救你的人，可以称作你的一个朋友。

他又到了父亲的那"半个"朋友家里，说："我是某某的儿子，现在正被朝廷追杀，情急之下投身这里，请予以搭救！"此人听了忙说："孩子啊，我这里也不保险，你还是赶快跑吧。这里是一些盘缠，足够路上吃用。我保证不会告发你。"

原来，在你最危急的时候，能给你提供一些帮助，但以不损害自己为前提的人，是可以称作半个朋友的。

某地有个很成功的商人，朋友无数，三教九流都有。他曾逢人就自夸，说他朋友之多，天下第一。后来有人问他："你朋友这么多，谁都同等对待了吗？"

他沉思了一下说："当然不可能同等对待，要分等级的！"他说虽然自己交朋友都是诚心的，但别人来和他做朋友却不一定都是诚心的。在他的朋友中，人格清高的朋友固然很多，但想从他身上获取一点利益，心存二意的朋友也不少。"对方有恶意，不够诚恳的朋友，我总不能也对他推心置腹吧！"这位商人说，"那只会害了我自己。"

所以，在不得罪"朋友"的情况下，他把朋友分了"等级"，有"刎颈之交级""推心置腹级""可商大事级""酒肉朋友级""嘻嘻哈哈级""保持距离级"等。他根据这些等级来决定和对方来往的亲密度。

"我过去就是因为把人人都当作好朋友，受到了不少伤害，不仅有物质上的伤害，还有心灵上的伤害，所以今天才会把朋友分等级。"很明显，"刎颈之交级""推心置腹级"和"可商大事级"的朋友，是可以交往的好朋友。

具体说来，朋友可以分为以下几类：

1. 知己

他们是我们人生中很难找到的极少数朋友，他们可以诚意地接纳我们的优点，也会接纳我们的缺点，处处忠诚地为我们着想。他们像面镜子，能给予我们劝勉和鼓励；又像影子，永远对我们信任、支持，是维持我们精神健康的支柱。

不过，对于知己我们也有义务不断地付出，同样舍己地为别人的利益着想。去接纳、支持、聆听和帮助，是知己的责任。需要切记的是不要滥用知己的权利——知心朋友不等于"黏身"朋友，更不能要求对方完全同意自己、迁就自己。

2. 死党

他们多是一些来往密切，与自己生活圈子很接近的朋友。彼此有相同的思想，

## 冷静客观地把朋友分等级

朋友相处，重要的是双方在感情上的相互理解和遇到困难时的互相帮助，心灵应该是贴近的，人生路上互相搀扶的。

要十分客观地将朋友分等级是十分困难的，但面对复杂的人性，你非得勉强自己把朋友分等级不可。

心理上有分等级的准备，交朋友就会比较冷静客观，可把伤害减到最低。

另外，也要根据对方的特性，调整和他们交往的方式。但有一个前提必须记住，不管对方智慧多高或多有钱，一定要是个"好人"才可深交，也就是说，对方和你做朋友的动机必须是纯正的。

相同的遭遇，故而很容易谈得来。在行动上有默契地成为一伙，组成小圈子活动。

"死党"是我们日常生活的好伙伴，可驱除孤单感，增加自信心，为生活添加色彩和热闹，是有需要时最好的支柱。

但若要整个"死党"能相处愉快，就需要大家彼此迁就，不执意独行，有合群的性格，才能发挥联合的力量。"死党"有事求助我们时，要挺身给予援手，常加鼓励，看作是自己的事情。不过，可不要仅陶醉在这个"小圈子"里，完全排斥外界的朋友；否则，可能会失去很多宝贵的友谊。

### 3. 老友

他们是与我们很熟悉、相识多年的老朋友，如老同学、一起长大的玩伴等。虽然大家见面的机会未必很多，但彼此熟悉，每次相逢都能天南地北地亲切交谈。他们不是知己，有困难时未必会想到我们；大家的性格也未必接近，不过友谊倒是经得起考验的，值得我们去珍惜和主动、自然地表示关心。不要因为彼此来往少而让友谊中断。

### 4. 来往密切的朋友

因为活动圈子相同，我们可能交到一些接触密切的朋友，如上司、同事、老师、同学，等等。他们很熟悉我们的生活细节，但未必是那些互相了解，可倾诉心事的人。

对于这些朋友，虽然大家每日共事，但不能对他要求太高，因为彼此都没有什么承诺和默契。但起码相处应不忘礼貌，言行一致，态度真诚，因为他们正是最能看透我们言行、工作能力和态度的人，不要老摆出外交式的笑容和虚假的态度。

### 5. 单方面投入的朋友

有些人可能对我们很着迷和信任，常把心事向我们倾诉，但我们没有那种共同推心置腹的感觉。也有些时候，我们对某人特别崇拜倾慕，而对方却未必有热烈的反应。这种不平衡的关系多产生在一些不同身份的朋友之间，如老师与学生、班长与同学、偶像与追星族等。不过，有时普通朋友间也有这种不平衡的现象。

当受人仰慕的时候，可不要轻看和玩弄别人的友情，或表示讨厌和高傲的态度，应该尽力去助人成长，给予中肯意见，鼓励他发展独立精神，认识其他朋友；当我们倾慕别人的时候，也不要成为他人的累赘，不要对别人盲目崇拜，过分倚赖他人，而应该积极地从他人身上学习长处。

### 6. 普通朋友

这类朋友占了我们朋友圈子的大部分。他们可以和我们扯东扯西，谈些无关痛痒的话题，不过交情上可是谁也不欠谁，不会令彼此牵肠挂肚。虽说是普通朋友，也可成为游乐时的好玩伴；有难事，也可向有专门知识的个别朋友请教。这些来自不同背景的朋友能充实我们的知识，令我们感受到"相识遍天下"的温暖感觉。

### 7. 泛泛之交

大家的友谊仅止于认识的阶段，是点头之交，连普通话题也未必有机会聊上。

大家若能做到见面时打打招呼，保持礼貌距离，已是很不错的了。千万别对人随便过分信任，否则误交朋友，后悔时就太迟了。

给朋友分类，也要选对时机。如果你目前平平淡淡或失意不得志，那么不必太急于把朋友分等级，因为你这时的朋友不会太多，还能维持感情的朋友应该不会太差。但当你有成就了，手上握有权和钱时，那时你的朋友就非分等级不可了，因为你这时的朋友有很多是另有所图的，不是真心的。

## 鸡鸣狗盗，小人物也能救命

营造人脉，不可忽视身边"小人物"的作用，有"心计"的人深谙此理。在许多领导身边的"小人物"都发挥着举足轻重的作用。

清朝雍正皇帝在位时，按察使王士俊被派到河东做官。正要离开京城时，大学士张廷玉把一个很强壮的属下推荐给他。到任后，此人办事很老练，又谨慎。时间一长，王士俊很看重他，把他当作心腹使用。

王士俊任期满了准备回到京城，这名属下忽然要求告辞离去。王士俊非常奇怪，问他为什么要这样做。那人回答："我是皇上的侍卫某某。皇上叫我跟着你，你几年来做官，没有什么大差错。我先行一步回京城去禀报皇上，替你先说几句好话。"王士俊听后吓坏了，此后一想到这件事就两腿发软。幸亏自己没有亏待过这人，多吓人哪！要是对他有不善之举，可能命就保不住了。

这个例子告诉我们，千万不可轻视身边的那些"小人物"，跟他们搞好关系非常重要。这些人平时不显山不露水，但是到了关键时刻，说不定就会成为左右大局、决定生死的"重磅炸弹"。

历史上许多老于世故的政客都深谙此理，即使在公事公办之际，也不忘了与这样的人拉上关系。一旦交情确立，他就能够从中得到源源不断的好处。

戴笠当军统头子时，逢年过节，都要派人出去送礼，这礼并非是送给达官显贵的。他手下的人把汽车停在国府路（今南京长江路）附近，到了黄昏人静的时候，就会有人过来问："戴局长有东西交给我吗？"然后接过红包悄然离开。这些人，都是总统府里的听差、门房、女仆或是文书，虽然地位卑微，绝不可能参与军国大事，但他们毕竟天天在蒋介石身边。戴笠并不能时时刻刻跟随在蒋介石身边，而这些人的职业就是侍候蒋介石。蒋介石的行为、情绪的变化，也瞒不过这些人的眼睛。

然而对戴笠而言，这些信息的作用还不是最重要的。公文积压在官场中是常事，有的一搁就是一年半载，有的只要搁上十天半月。即使批下来，也是另一种结局了。军统上报的公文，耽搁在蒋介石那里，戴笠是不敢催办的。可是清洁女工就有这样的便利，她清扫蒋介石的办公室时，只要顺手在文件堆里把军统的公文翻出，放在上面就万事大吉了。戴笠的部下再神通，也不敢随意进蒋介石的办公室，要完成这件事非她莫属。

在官场上也许这是小事一桩，但由此不难使我们看出，越是"小人物"越是得罪不得。现今泛滥成灾的送礼风，敢下手的，连一些虾兵蟹将也不放过，因此才出现了处长见到部长秘书的爹也要热情地嘘寒问暖的情形，当然局长见到县长的司机也要礼让三分，似乎也就不足为怪了。

所以，平常无论是说话还是办事，一定要记住：把鲜花送给身边所有的人，包括你心目中的"小人物"。不要总是时时处处表现出高人一等的样子，要知道，再有能力的人也不可能把所有的事情都办好，再优秀的篮球运动员也不可能一个人赢得整场比赛。

在经营管理中，人的因素至关重要。有了人，才会有事业，有情义，同时也会带来效益。俗话说："不走的路走三回，不用的人用三次。"说不定，有一天，你心目中的"小人物"会在某个关键时刻成为影响你的前程和命运的"大人物"。

可见，"小人物"的力量汇在了一起，足以推翻任何一个"大人物"。所以一般不要轻易得罪"小人物"，不要与他们发生正面冲突，以免留下后患。要学会与"小人物"交朋友。俗话说，多一个朋友多一条路。不要用实用主义的观点去处理与"小人物"的关系，不要平时不烧香，临时抱佛脚，等到"有事才登三宝殿"时就晚了。所以应记住：你平时花在"小人物"身上的精力、时间都是具有长远效益和潜在优势的。在不远的一天，也许就在明天，你将得到加倍的报答。

上面列举了这么多例子，绝不是说要我们也学他们的样子，干一些收买、拉拢、腐蚀的勾当，但人在屋檐下，怎敢不低头？所以，要想说好话、办好事，还应对"宰相家奴七品官"这句话给予新的理解，即不要轻视你身边的任何人。有道是"深山藏虎豹，田野隐麒麟"，更何况一百个朋友不算多，冤家一个就不少，越是小河沟子越可能翻大船。在芸芸众生之中，有着无数能够在关键时刻大显神通助你成功的"贵人"，或置你于死地的"小人"。所以，要营造广阔的人脉，就要随时随地广泛交往，重视身边的"小人物"，多结善缘。

第六篇

# 智慧深藏，等待时机以厚积薄发

# 第一章

## 韬光养晦,深藏不露

### 韬光养晦,永远是颠扑不破的真理

大到国家,小到个人,韬光养晦都是一条颠扑不破的真理。

小华是一个化妆品公司的职员,他的公司几次想与另一个化妆品公司合作都未如愿。经过小华的不懈努力,该公司终于答应与他的公司合作,但有一个要求:要在其化妆品广告词中加上该公司的名字。

小华公司的老总却不同意,认为这是花钱替别人打广告,协商又陷入僵局,合作公司限小华的公司两天内回话。小华听到这个消息,直接找到老总,让他赶紧答应,否则会错失良机。老总不乐意地说:"我坚决不妥协,他们这是以强欺弱。"

小华认为把产品和一个著名的品牌绑在一起是有利的。经他的劝说,老总终于同意了合作的条件。事情正像小华预料的一样,公司的生意蒸蒸日上,销售额直线上升,小华也因此被提升。

小人物是这样,大人物也不例外。

埃及前总统萨达特是1952年埃及"七·二三"革命的组织者和发起者之一。在革命成功以后,领导者之间相互争权夺利,十分激烈,只有他不图大权,恬淡自若。对于大权在握的纳赛尔,他非常尊敬。在日常工作中,萨达特不露声色,表现也是平平常常。对于内政问题和外交大事,他从不拿出主见,偶尔自己的公开态度稍有出格,他就会立刻纠正过来,与纳赛尔的一批信徒保持一致。

在1967年的第三次中东战争以后,纳赛尔想隐退,将扎克里亚·毛希丁提名为继任者。但是,权衡再三,纳赛尔出人意料地选了萨达特为继任者。埃及军方也支持萨达特。

1970年9月纳赛尔去世,埃及开始了一场激烈无比的权力之争。后来基于政治妥协,平日不起眼的萨达特被捧上了总统的宝座。

当萨达特继任总统以后,却大刀阔斧地进行了一系列改革。他自然是先排除异己,把毛希丁、萨布里等潜在对手革职或者降职,以稳固自己的权力和地位。接着,他又进行了政治上实行民主、经济上实行改革的政策。特别是在外交方面,1972年7月,他下令驱逐了在埃及的两万名前苏联专家;1973年10月,向以色列发起了

"十月战争",打破了中东"不战不和"的僵持局面;1974年6月与美国恢复了外交关系;1977年11月亲自访问以色列,打破了埃及、以色列关系的僵局;1978年与美国、以色列签订戴维营协议,由此获得"诺贝尔和平奖",等等。

这一系列的外交上的惊人之举,使他一跃而成为20世纪70年代世界政治舞台上叱咤风云的大人物。

## 如何做到韬光养晦

如果对方没有安全感、怕人谋害,那么就向他表示最大的忠诚和善意;

如果对方怕有人威胁到他的位置,那么就向他表示自己淡泊名利的态度;

如果对方害怕失去权威,那么就向他表达最大的敬畏与尊崇!

正是萨达特深知"木秀于林，风必摧之"的道理，他才韬光养晦，后来终于登上了总统宝座，表现出了非同常人的"心机"和智慧，值得胸有大志的人学习和借鉴。做人处事，最难修炼的就是心机。无能之能是聪明的"退"，是弱者的保护色。真正成大事的人善于韬晦心机、隐藏智慧，一方面和旁人维持和谐的关系，避免受伤害；一方面等待各方面的条件成熟了，自然便可英雄大显身手了。韬光养晦无论是对一个国家还是对一个人来说，都是一种智慧的体现。

物竞天择，适者生存。在自然界中，当相对弱小的动物受到强大对手的攻击时，它们往往会以假死来蒙骗敌人、保护自己。人类社会的发展也一直都处在一种竞争状态，为了维持生存，每一个人都有自己独特的生存本领。聪明的人懂得韬光养晦，实际上这也是一种类似动物界假死的行为。他们在有功的时候都会收敛锋芒，避免"树大招风""功高震主"，这是生存发展的策略。

此外，韬光养晦还包括谦卑的意思，就是甘愿让对方处在重要的位置，让自己处在次要的位置。《易经》中的"谦"卦说，谦卑是指人因为虚心，所以能进入对方的心，被别人接纳。而在沟通时彼此接纳是很重要的，因此谦卑作为一种品格也非常重要。如果你不谦卑，就不能够被别人接纳。不被别人接纳，你就无法与别人沟通。无法与别人沟通你就什么事也别想做！

如果人与人之间能够相互谦卑、互相尊重，那关系就会很好。大家团结一致，就没有做不成的事情。所以，无论你有如何出众的才智或高远的志向，都要时刻谨记：心高不可气傲，不要把自己看得太了不起，不要把自己看得太重要，必须审时度势，尽量收敛锋芒，韬光养晦，以免惹火烧身，影响前程甚至危及生命。

## 隐藏自己的实力，别让那一枪打到强出头的你

人要想得到别人的认可，就得善于表现自我，但是过分表现会遭到别人的反感，让自己寸步难行。因此，适度地隐藏自己的实力是明智之举。

张伟是某政府机关的办公室主任，一谈起新人在单位急于表现的话题，他就摇头叹气。他说，有一年招了一个中文系的毕业生，人是很用功，但劲总是使不到点子上。

毕业生来上班的第三天，看见张伟桌上有一份领导发言稿，他觉得文章结构不够合理，于是，也没问过张伟就自己把稿子拿回去改了。改完以后，还直接把稿子交到了领导手里。

那篇稿子的初稿是张伟写的，已经给领导看过了，并根据领导的意思做了修改，文章的结构也是领导惯用的。

开会时，领导读起稿子来很不顺，因为跟他习惯的风格相去甚远。会后，领导对张伟大发雷霆。

事后，张伟把毕业生叫到办公室。那位毕业生不但不觉得自己做错了事，而且还辩解说是为领导好，最后导致办公室里大家都讨厌他。

无论是刚从校门走进社会的毕业生，还是在跨国公司间跳槽的资深职业经理人，到了一个全新的工作环境，总会希望尽快展现自己的才华，以求得到别人的了解与认同。急于显露自己的能力，是很多新人的通病，也是人之常情。

对于刚来的新人，上司对他的工作表现一般都会比较宽容。虽然他们与新人见面时，都会谈及公司的不足，并说些鼓励的话，比如"希望你的到来能为公司注入新的活力"之类。实际上，他们不会指望新人一进公司就能马上出成绩，他们会通过一些小事来观察新人的为人、品性、工作态度等，据此形成一个基本判断。这个判断会影响上司将来对这位新人的使用。此外，作为上司，他们并不希望新人的到来一下子就打破原有的平衡，就算他们计划用新人来替代原来的员工，也希望能平稳过渡。

现在很多年轻人，都有大干一番事业的豪情壮志，所以到了新单位，干什么事都想冲在前面，希望给别人留下好印象。实际上，这样高调张扬的表现反而容易弄巧成拙。要做一个有心人，在刚开始接手某件事情的时候，要学会低调，适当地隐藏自己的实力，韬光养晦，才能一鸣惊人。

## 不前不后，明哲保身

不前不后是一种处世哲学，更是一种处世技巧，它的根本点就在于明哲保身。这种策略可以保证你在一个群体之中四平八稳、步步为营地向前推进。

我们在观看一场马拉松比赛时，通常会看到跑在第二位置稍后一点的队员却在更多的时候夺取了桂冠，这与人与人之间的社会性竞争和相处何其相似。

人生的奋进过程其实就是一次马拉松比赛，只有恰到好处地保持不前不后的位置，把握不前不后的分寸，才有可能更多地获得成功。

那么，在工作中，在与同事交往的过程中，应该怎样隐藏自己，把握不前不后的分寸呢？

首先，必须认清自己在工作中的位置和在单位中的角色。属于自己工作职责范围内的事情，则责无旁贷，必须尽心尽力去完成，做到在其位谋其职。自己工作以外的事情，则以"多一事不如少一事"为原则，不该涉及的尽量不去涉及，尤其不要以"内行人""明白人"或者其他居高临下的姿态去对待同事、领导。即使人家请你去帮忙，也应以谦逊的态度待人。

其次，在名誉、利益面前，不要表现得过于热衷。即使有所追求，也应该在表面上含而不露，应该通过为人与处世的技巧去赢得同事和领导的认同，以避免成为众人妒忌、排挤的对象。要知道，很多事情的成功，正如在沙场上作战一样，迂回包抄要比正面直接进攻有效得多。

不前不后是欲望控制的结果，是理智的化身。它要求你在工作办事过程中沉着、稳定，不以情绪支配言行，不以心理蛊惑欲望。"淡泊明志，宁静致远"，正是这样不前不后处世态度的体现。

任何事情都是一分为二的，不前不后只是说在同事之中，在利益与荣誉面前，不过分张扬自己，不踩着别人的肩膀向上攀登。不前不后是一种过程，但这种处世的态度带来的结果往往是赢得同事和上司的认同，最终在人群中脱颖而出。到那时，其情势将不是"木秀于林，风必摧之"，而是"众星捧月""众望所归"。这正是恰当地把握不前不后的分寸，为自己的事业赢得人缘与机缘。

## 不要过早暴露野心，需要循序渐进

凡成大事者都有惊人的野心，但智者知道如何控制勃勃野心，在条件不具备时不轻易显露。唯有在一切都水到渠成之时，野心才能真正实现，所以凡事不必操之过急，要遵守循序渐进的发展规律。

武则天本是唐高宗的爱姬。公元683年，唐高宗死后，继位的唐中宗毫无主见，凡事都唯母亲武则天做主，这样大权渐渐落入武则天之手。

昔日唐高宗在位时，因患有头眩病，所以自公元660年起，便把大小政事多半委托给武则天处理，自己落得个清心养性，武则天也渐渐掌握了朝中大权。高宗一死，继位的又是她的儿子，要想废黜只是一句话而已。这样，武则天便不觉野心萌动，想要尝试一下当女皇帝的滋味。

然而，在一个夫权为上的男性社会里，传统的男尊女卑的观念早已深入人心，要想撼动又谈何容易。中宗被废后，武则天曾故意试探性地问群臣："此后应由何人承续帝位？"宰相应声答道："就立豫王李旦为帝。"李旦是武则天和唐高宗所生的最小的儿子。其他人也都众口一词，没有一个人会想到座上的女人正蠢蠢欲动，想要过一把皇帝的瘾。群臣的意见让武则天的心凉了半截，但也给她打了一针清醒剂。她知道，自己现在做皇帝还不是时候。

无奈，她只好暂立豫王李旦为唐睿宗，做了挂名皇帝。然而即使这样，仍有不少大臣屡屡站出来劝谏，要武则天尽早把权力下放给挂牌皇帝李旦。大唐李敬业甚至招集十余万兵马，发誓要杀掉这个要篡夺大唐江山的女子。大文豪骆宾王也挥毫抒愤，写出了力透纸背、千古名扬的《讨武檄》，追随李敬业麾下，兵败而不知所终。之后仍有许多州县的一大批刺史起兵讨武面对如此强大的反对力量，武则天心里明白，虽然此时在朝中说句话她就能坐上皇帝的宝座，但众人不服，民心不稳，这样的女皇不会做长久，也可能在历史上留下恶名。于是，她放远眼光，决定费些时间大造声势，设法改变人们的观念，改变民众对女人尤其对她这个不一般的女人的敌视态度。

首先，武则天表面上装作归政于李旦，暗地里却让李旦写表坚决推辞，而自己则好像是迫不得已才临朝掌握皇权的。

接着，她又让侄子武承嗣派人在石头上刻上"圣母临人，永昌帝业"八个大字，涂成红色，扔进洛水，再由雍州人唐同泰取来献给朝廷。武则天亲祭南郊，告祭神灵，称此石为"授圣图"，改洛水为永昌水，封洛水神为显圣侯，给自己加号圣母神皇，封唐同泰为游击将军，并举行了声势浩大的拜洛受瑞仪式，使人以为她当皇帝乃是奉循上天的旨意。

而后，她又暗使高僧法明杜撰了《大云经》四卷，遍送朝廷内外。《大云经》中在醒目的位置称武则天本是弥勒佛的尘世化生，理当代为主宰唐朝。武则天令两京诸州官吏，使百姓大读特读，并专门建寺珍藏。

此外，她又令侍御史傅游艺率关中的百姓九百余人，来朝廷上表，恳请武则天亲临帝位。武则天佯装不答应，却马上把傅游艺提升为给事中。如此升官捷径，哪个不会效法？于是，百官宗戚、远近百姓、四夷酋长、沙门道士竞相仿效傅游艺，上表奏请武则天当皇帝。有一次，上表者竟多达六万余人。

如此大造舆论，众人都觉得武则天做皇帝已是上应天意、下顺民心，势所必然。百官群臣也乐得顺水推舟，请求武则天早日登基，就连挂名皇帝李旦竟也认为自己这个皇帝是抢了母亲的位，亲自上表请求改姓武。时机成熟之后，武则天才废了李旦，亲自登基为帝，反对者声息皆无。

武则天有雄心，但她不急于行动，而是借助方方面面的力量为达到自己的真实意图摇旗呐喊，顺水推舟坐稳了自己的宝座。

树大招风，过早地暴露自己的野心会成为众矢之的，让你的目标不得实现。有志成事的人懂得人心之妙，隐藏自己的心思，然后再一步步水到渠成地实现目标。

## 软弱和退缩胜过任何硬性的进攻

一天,乌龟和刺猬在河边玩耍,被一只老狼看见了。那老狼馋得直流口水,心想,这两个小东西,真是不错的餐前小点心。老狼悄悄爬到它们的身后,然后猛扑上去。乌龟吓得把头、脚和尾都缩进了壳里,刺猬吓得把身体缩成一团。

老狼先向乌龟扑去,它抱起乌龟狠狠地咬了一口。"哎呀!好硬啊!"老狼的牙齿被崩掉了一颗。它捂着嘴,痛得直蹦。

老狼一转身,又向刺猬扑去。刚抓起刺猬,它的爪子就被刺猬刺伤了。老狼痛极了,瘸着腿走了。

### 软弱的风平浪静好过强硬的两败俱伤

我们在为人处世时要学会忍耐,学会等待时机。在为自己争得面子的同时,也给别人面子,不要总像刺猬那样把刺扎向别人。针尖对麦芒,只会使仇恨深化。

**像乌龟**
那样把头脚缩进壳里,用硬壳的保护化解对方的挑衅,减少不必要的误会和麻烦,直到对方倦了、腻了,无功而返,甚至"化敌为友"。

**而拥有**
刺猬式性格的人,就算击退了有敌意、恶意的人,也可能在厮杀中遍体鳞伤,成为一个他人"敬而远之"的孤独者。

显然,做乌龟好过做刺猬!软弱和退缩是一种无形的力量。只懂进攻而不懂退缩,只会强硬而不会示弱,即使胜出,也可能是一位遍体鳞伤的胜者。

"物竞天择，适者生存。"要生存就必须具备求生的本领，既要觅食，又要自卫。在自我保护方面，有两种动物——乌龟和刺猬的习性最有代表性。乌龟遭遇外力干扰，受到威胁时，会把头脚缩进壳里。它不会反击，只求自保。而刺猬呢，一受到外力干扰，就会竖起全身的刺，"人若犯我，我必犯人"。同是自卫行为，乌龟和刺猬所采取的方式是如此不同。乌龟不会伤人，但刺猬会伤人。

在社会生活中，竞争激烈、残酷，人的世界比动物界要复杂得多，人们自然难免遇到外来的侵害，这就需要进行自我保卫。自卫方式是多种多样的，不同的处理方式会导致不同的人际效应。

需要强调的是，人际纷争不是谁吃谁那么简单，多一点忍让和迟钝也许就风平浪静了，就像乌龟，缓慢、迟钝，自卫而不伤人。乌龟的行为和性格特征，在心理学中有个相对应的名词——钝感，它与"敏感"意思相对，词性相同。而日本著名作家渡边淳一的以《钝感力》为书名的杂文集告诫我们，"钝感"相对"敏感"而言，由于生活节奏的加快，现代过于敏感往往就容易受到伤害，而钝感虽给人以迟钝、木讷的负面印象，却能让人在任何时候都不会烦恼，不会气馁，钝感力恰似一种不让自己受伤的力量。

在各个领域中取得成功的人士，其内心深处一定隐藏着一种绝妙的钝感力。他还表示自己早在二三十岁时就感到了钝感力的重要："这个世界不过是一场生存游戏，所以必须要有顽强的意志。而要保持或者加强自己的生存能力，钝感力又是必不可少的。与其有锐利的敏感度，不如对于大多数事物不要气馁，这股迟钝的顽强意志，就是得以生存在现代的力量，也是一种智慧。"

## 做人要善于隐匿：看似没有，实则充满

自古成大事者都谨小慎微，"心眼"胜人一筹，善于隐藏自己，看似没有，实则充满。《三国演义》中有一段"曹操煮酒论英雄"的故事。

当时刘备落难投靠曹操，曹操很真诚地接待了刘备。刘备住在许都，在衣带诏签名后，为防曹操谋害，就在后园种菜，亲自浇灌，以此迷惑曹操，放松对自己的警惕。

一日，曹操约刘备入府饮酒，谈起以龙状人，议起谁为当世之英雄。刘备点遍袁术、袁绍、刘表、孙策、刘璋、张绣、张鲁、韩遂，均被曹操一一贬低。曹操指出英雄的标准——"胸怀大志，腹有良谋，有包藏宇宙之机，吞吐天地之志"。刘备问："谁人当之？"曹操说，只有刘备与他才是。

刘备听闻，竟吓得把匙箸也丢落在地上。恰好当时大雨将到，雷声大作。刘备从容俯拾匙箸，并说："一震之威，乃至于此。"巧妙地将自己的惶乱掩饰过去了，从而也避免了一场劫数。

刘备在煮酒论英雄的对答中是非常聪明的。刘备藏而不露，人前不夸张、显耀、吹牛、自大，装聋作哑，不把自己算进"英雄"之列，这办法是很让人放心的。他的种菜、他的数英雄，至少在表面上收敛了自己的行为。一个人活在世上，气焰是不能过于张扬的。

孔子年轻的时候，曾经受教于老子。当时老子曾对他讲："良贾深藏若虚，君子盛德，容貌若愚。"即善于做生意的商人，总是隐藏其宝货，不令人轻易见之；而君子之人，品德高尚，却显得愚笨。其深意是告诫人们，过分炫耀自己的能力，将欲望或精力不加节制地滥用，是毫无益处的。

这个世界上才能高的人很多，但有"心眼"的人却不是很多。同样一部《三国演义》，死于曹操手下的才高八斗之士数不胜数，如孔融、祢衡之流。皆因他们不善于隐藏自己，才命丧黄泉。所以，无论才能有多高，都要善于隐匿，要能达到这样的境界。

## 隐匿锋芒，伺机而动

中国旧时的店铺里，在店面是不陈列贵重的货物的，只有遇到有钱又识货的人，才告诉他们好东西在里面。

不仅是商品，人的才能也是如此。俗话说，"满招损，谦受益"。才华出众而喜欢自我炫耀的人，必然会招致别人的反感，吃大亏而不自知。

## 适时贬一贬自己，学会低调做人

当你听到对方说"我前天做了一件丢脸的事情"时，想必你会浮现出微笑，并心情轻松地听他继续说下去。因为炫耀自己会引起他人的反感，而谈及自己的失败经验，不但会增强对方的自尊心，更能因此打开对方的心扉，让他坦然地接受你。

在某些时间、场所，我们不便坦然对他人说出礼貌性的赞美。在这种情况下，不妨换种方式来表达，效果是同等的，甚至会超过所期望的效果。这个诀窍就是适当地贬低自己。适当地贬低自己，也就相对地捧高了对方。即使是不善言辞、不善于称赞的人，也能轻而易举地使用这种方法，达到捧高他人的目的。

比如说，当我们参加某店铺开张的庆祝会时，即使那是一家不怎么样的店铺，我们也要依场合不同来为庆祝增添一些喜气。我们可以贬低自己，捧高对方，说："这店铺看起来真不错，室内的装潢也很考究。不像我经营的那家店，门没做好，窗户也是一大一小的。"这样将对方和自己做具体的比较，并有技巧地批评自己略逊一筹，对方将因被人高抬而唤起优越感，心中的舒坦自是不言而喻。相反，如果以轻视的口吻对主人说："店铺的柜台再宽一点会比较好，你们下次再整修时，可要记住啊！"对方在庆祝会上听到这样毫不客气的批评，一定会大感不快，从此对你产生敌意，这就是不谙人情世故所要承受的恶果。

须知谦虚会让别人觉得轻松。知道了这一点，在平常的交往中，我们就不妨适当地运用一下贬低自己的诀窍，来捧高对方的地位，达到感情投资的目标。如此，成功便离你不远了。

## 低调做人，适当地贬低自己

适当地贬低自己，也就相对地捧高了对方。在某些情况下，贬低自己来捧对方，不只是为了抬高他人，也是低调做人的方式。

适当地运用这种方法，可以避免在一些场合下过分展露锋芒，从而给自己带来不必要的麻烦。低调做人，低姿态处世，在某些情况下适当地贬低自己，这才是明智之举。

## 第二章

# 柔弱之中,暗藏机锋

### 弱势时打张情感牌,更易被对方认可

"问世间情为何物?"或许答案有风情万种,但从本质上来讲,它就是能激起人们内心涟漪的绝佳法宝。

正所谓"以情动人","情"最能开启人的心扉,真正唤起别人的共鸣和认同。在现实世界里,聪明的人往往善于打情感之牌,尤其在弱势的时候,这样更容易被他人认可、得到帮助。

曹丕和曹植都是曹操的儿子,均能辞赋。在文学史上,父子三人合称"三曹"。曹操被汉献帝封为魏王后,在诸子中选立自己的继承人。长子曹丕虽被立为太子,但觉得自己的地位很不稳固,认为二弟曹植是自己强有力的竞争者,曹植也未放弃希望。于是,两人都想方设法争宠于曹操。

次子曹植,能文能武,胸有大志,才思敏捷,比曹丕有过之而无不及。曹操筑铜雀台,率诸子登台,令他们各自作赋。曹植当时年仅十九岁,援笔立成,文辞通达耐读,曹操很是惊异。每当曹操问及军国大事,他都能应声而答,因而备受曹操的宠爱。当时曹操身边有名的谋士杨修、丁仪、贾适、王凌等人,都倾向于立曹植为太子,并为曹植应付曹操的考察出谋划策,使曹操认为曹植比曹丕更有能力。

长子曹丕也与一帮亲信官吏积极谋划。他虽然文才不如曹植,但在政治斗争的经验上却胜曹植一筹。他笼络的都是些明于政略而且在朝中掌握实权的官僚人士。出于打击曹植的目的,曹丕经常派人探听弟弟的活动,并收买曹植府中的下人,让他们到曹操那里告密,使曹操知道了杨修等人为曹植出谋划策的事情,引起了曹操的疑心。

面对曹植争立的威胁,曹丕问深有谋略的太中大夫贾诩,如何才能巩固自己的地位。贾诩说,要宽厚仁德,奉行仁人志士简约勤勉的精神,朝夕兢兢业业,不要违背做长子的规矩。曹丕听了他的话,时时注意修养,深自砥砺,使曹操对他的印象越来越好。

有一次,曹操要率大军出征,曹丕与曹植都前去送行。临别时,曹植作了一篇洋洋洒洒的散文,极力称颂父王的功德,并当众朗诵得声情并茂,使得曹操和他的左右文武大臣万分高兴,曹植也因此受到众人的夸奖。曹丕怅然若失。这时,他的

谋士吴质悄悄建议他做出流涕伤怀的样子。等到曹操出发时,曹丕什么话也不说,只是泪流满面,趴在地上,悲伤不已,表示为父王将要出生入死而担忧。他一边哭着一边跪拜,祝愿父王与将士平安。曹操及左右将士都大为叹息。

这样一来,形势大转。曹操和左右大臣都认为曹植虽能说会道,但华而不实,论心地诚实仁厚远不如曹丕。一番考察和鉴别之后,曹操最终把曹丕定为了太子。

所以,想得到别人的认可或帮助,尤其在自己弱势的时候,不妨使用眼泪等"情饰"的策略,这样往往更容易实现目的。

## 营销中的情感牌

拿当今的营销来说,情感服务非常盛行。商家通过借助情感包装使"情"的投射穿过消费者的情感障碍,让消费者受到强烈的感染或冲击,从而激发消费者潜在的朦胧的购买意识。

例如,孔府家酒以巩俐的"孔府家酒,叫我想家",贵州青酒厂也请香港明星刘青云以一句"喝杯青酒,交个朋友"为情感广告的全部诉求点,颇受消费者的青睐。

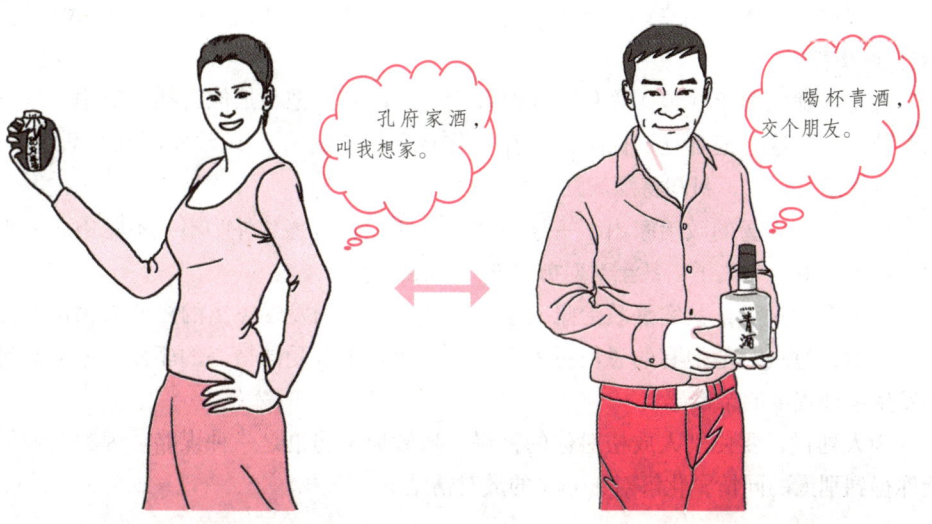

## 主动示弱,伪装自己,克敌制胜

会做事的人善于示弱求怜,这是一种上上之策。因为并不是实力不强,只是强而示之弱罢了。如果能把实力隐藏彻底,就能取得意想不到的效果。

南唐广陵人徐铉、徐锴兄弟和钟陵人徐熙,号称"三徐",在江南名声卓著。三人都以学识渊博、见多识广、通达古今闻名于北宋朝廷,其中又以徐铉的声望最高。有一次恰好江南派徐铉来纳贡,照例要由朝廷派官员去做押伴使。满朝文武都因为自己的辩才不如徐铉而生怕中选。宰相赵普也不知究竟选谁为好,就去向宋太祖请示。太祖说:"你暂且退下,朕亲自来选择。"

过了一会儿,宦官命令殿前司听旨,要他写出十个不识字的殿中侍者的名字送来。殿前司写好后,宦官将名单送给太祖,太祖御笔一挥,随便点了其中一个人的名字,并说:"这个人就可以。"这使在朝的官员都大吃一惊。赵普也不敢再去请示,就催促那人赶快动身。

一上船,徐铉就滔滔不绝,词锋如云,周围的人都为他的能言善辩而惊讶。那位侍者当然无言以对,只一个劲点头称是。一连几天,那人却不与徐铉论辩。徐铉说得口干舌燥,疲惫不堪,再也不吭声了。

其实宋太祖也是用的不战而使敌人屈服这个兵家之上策,宋太祖派遣殿中侍者,是以愚困智。以智者去对付愚者,愚者无法理解;以智者与智者较量,谁也不会服谁。

曾有一位记者去拜访一位政治家,目的是获得有关他的一些丑闻资料。然而,还来不及寒暄,这位政治家就对想质问的记者制止说:"时间还长得很,我们可以慢慢谈。"记者对政治家这种从容不迫的态度大感意外。

不多时,仆人将咖啡端上桌来,这位政治家端起咖啡喝了一口,立即大嚷道:"哦!好烫!"

咖啡杯随之滚落在地。等仆人收拾好后,政治家又把香烟倒着插入嘴中,从过滤嘴处点火。这时记者赶忙提醒:"先生,你将香烟拿倒了。"政治家听到这话之后,慌忙将香烟拿正,不料却将烟灰缸碰翻在地。

平时趾高气扬的政治家出了一连串洋相,使记者大感意外。不知不觉中,原来的那种挑战情绪消失了,甚至对对方怀有一种亲近感。

这整个的过程,其实是政治家一手安排的。当人们发现杰出的权威人物也有许多弱点时,过去对他抱有的恐惧感就会消失,而且由于受同情心的驱使,还会对对方发生某种程度的亲密感。

为人处世,要使别人放松对你的警惕,巧妙地示弱也是一种谋略。因为示弱能让你得到别人的同情,化解对方心里的敌对情结。

## 假痴不癫，轻松达到自己的目的

有时人们明知自己处于不利的环境，也知道对手的意图，但无力反击。这时就不得不以假象扰乱对手的视听，掩盖自己的真实意图，等待反击的时机。假痴不癫即麻痹敌手、待机而动的计谋。

据《世界智谋故事》中介绍，在距今很久很久之前，有两个弟兄，各自置办了一些货物，计划好后想出远门去做生意。他们不辞辛苦，来到一个国家，这个国家的人都不穿衣服，世人称为"裸人国"。

小事糊涂、大事聪明的弟弟盘算着如何才能把生意做成，赚大钱，而对这个国家的风俗习惯却感到与自己国度不一样，应该怎么办呢？他本着小事糊涂、大事聪明的原则同哥哥商量："这儿与我国的风俗完全不同，要想在这儿做好买卖，实在不易啊！不过俗话说'入乡随俗'，只要我们小心谨慎，讲话谦虚，照着他们的风俗习惯办事，想必问题不大。"哥哥听了之后自作聪明地说："无论到什么地方，礼仪不可不讲，德行不可不求。难道我们也光着身子与他们往来吗？这可太伤风败俗了。"

弟弟接着据理力争说："古代不少贤人，虽然形体上有了变化，但行为却十分正直。所谓'殒身不殒行'，这也是戒律所允许的。"哥哥就是不听弟弟的劝说，固执己见。裸人国的风俗之一是，每年正月初一、十五的晚上，大家用麻油擦头，用白土在身上画上各种图案，戴上各种装饰品，敲击着石头，男男女女手拉着手，唱歌跳舞。弟弟也学着他们的样子，与他们一起欢歌曼舞。裸人国的人，不论是国王，还是普通百姓都十分喜欢弟弟，相互关系非常融洽。国王把他带去的货物全部买下来了，并付给他十倍的价钱。

而他的哥哥来到裸人国之后，看到弟弟按当地风俗习惯行事，生气地说："不做人，要照着畜生的样子行事，这难道是君子应该做的吗？我绝不能像弟弟那样做。"不仅如此，而且满口仁义道德，指责裸人国的人这也不对，那也不是，引起国王及人民的愤怒。大家抓住了他，狠揍了一顿。他的全部财物都被抢走了，全亏了弟弟说情才把他救了。

学猫头鹰，睁一只眼，闭一只眼。你以为我傻，其实我不傻。有点"心眼"适时地"装傻"，既能有效地保护自我，又能客观地观察形势，达到自己的目的。

《孙子兵法·九论》上说："能愚士卒之耳目，使之无知；易其事，革其谋，使人无识；易其居，于其途，使民不得虑。"意思是说，通过蒙骗和迂回等办法，使对手无法推测你的真正意图。在环境不利于自己的情况下，为了避敌锋芒，保护自己，可以采取装疯卖傻、装聋作哑、将错就错等糊涂的方式蒙混过关。

在为人处世中也是一样，该糊涂时要难得糊涂。这样不仅可以减少敌意，更有利于团结协作。

## 遇到强手就要避敌锋芒，侧面而行

说话办事、与人交往、职场商战等各种场合都会遇到双方博弈的局面，而且会经常遇到强大的对手，他们在某一个方面似乎无懈可击。这个时候你是拼命和别人比优势，还是避开敌人的锋芒，侧面回击呢？

印度的帕特尔振兴尼尔玛化学公司在与对手竞争的时候，用从侧面打击对手的方法，最终取得了胜利。创业之初，帕特尔利用自己的专长，在自己的厨房里用简陋的设备，生产出一种成本极其低廉的洗衣粉，并且把这种洗衣粉命名为尼尔玛。为了打开销路，帕特尔开始四处奔波，试图为他的洗衣粉在竞争激烈的市场上分得一杯羹。

但是根据印度传统的经营理论，城市富裕的家庭主妇的钱袋是大多数产品销售的唯一来源，而在当时这一巨大的财源几乎被印度制造业的跨国公司——印达斯坦·勒维尔公司独占着。

它所生产的冲浪牌洗衣粉，在印度洗涤市场上一直占据着统治地位。作为刚刚起步的帕特尔公司，可以说根本没有力量与勒维尔公司正面交锋。

帕特尔看清了这一点，他决定寻找另一条出路。帕特尔针对勒维尔公司只注重城市富裕的家庭主妇的钱袋，而忽略了广大中下层人民的需要这一弱点，开始做文章。他绕开与勒维尔正面交战的战场，把注意力放在了无力购买高价洗衣粉的广大中下层人民身上。他相信这是一个潜力巨大而又无人涉足的广阔市场，并制定了灵活的销售策略。他坚持薄利多销，并且在产品上做文章，不断推出新产品，先后推出块状洗衣皂和香皂。

当这两种产品投入市场的时候，购买者趋之若鹜。为此，公司迅速增大了产量，显示出其广阔的发展前景。在正确的战略指导下，到了1988年，公司生产的尼尔玛牌洗衣粉，销售达到50万吨。而这时，它的主要竞争对手——勒维尔公司已经被抛在了后面，他们生产的冲浪牌洗衣粉，只售出了20万吨。

自此之后，尼尔玛公司以产品的良好信誉、优良质量和低廉价格深入人心，终使尼尔玛公司在洗衣粉市场上后来居上，独领风骚。

帕特尔的胜利为我们提供了处世的经验：当与对方不得不交手的时候，在正面无法取得胜利的时候，就要灵活多变，迂回到对手的后方和侧面采取积极的行动。

## 适时选择投降，给自己东山再起的机会

当你处于弱势地位的时候，不要为了所谓的荣誉而争斗，而要适时选择投降。投降会给你时间以东山再起，卷土重来；投降会给你时间让征服你的人感到烦恼，让他们受到来自于你的刺激；投降会给你时间去等待征服者的力量逐渐消失。

## 第六篇
⊙ 智慧深藏，等待时机以厚积薄发

春秋时期最后一个霸主——越王勾践，是一位著名的政治家和军事家。

勾践刚刚即位的时候，吴王阖闾趁越国政局不稳之际兴兵伐越，勾践起兵抵抗，打败吴军，阖闾受箭伤死于回国途中。其子夫差即位后，时时不忘杀父之仇，用了两年多的时间练兵。

勾践听说吴王夫差日夜练兵，打算抢先讨伐吴国。谋臣范蠡劝他不要仓促行事，勾践不听，率军攻吴。吴王亲率精兵反击，越军大败。勾践带着剩下的5000人逃至会稽山，被吴军包围。勾践非常后悔，这时范蠡为他出了个主意，让大夫文种贿赂吴国宰相伯嚭，向夫差请求称臣纳贡，暂时投降。夫差答应了勾践的请求，但要勾践夫妇到吴国为他服役。

勾践抵达吴都，夫差有意羞辱他，要他住在阖闾坟前的一个小石屋里守坟喂马，有时骑马出门还故意要他牵马在国人面前走过。勾践忍辱负重，小心伺候，做到百依百顺，胜过夫差手下的仆役。夫差生病，勾践前去问候，还掀开马桶盖观察夫差刚拉的大便，体贴夫差的病情。

3年过去了，由于勾践尽心服侍，再加上伯不断在夫差耳边为他求情，夫差认为勾践已真心臣服，决定放他们回国。

勾践回到越国后，为了激励自己不忘报仇雪耻，卧薪尝胆。为使国家富强，勾践采纳了范蠡、文种提出的"十年生聚，十年教训"之策，要范蠡负责练兵，文种管理国家政事，推行让人民休养生息的政策。国家奖励耕种、养蚕、织布，尤其鼓励生育，增加人丁。勾践与百姓同甘共苦、同心同德，越国迅速恢复生机，国力日渐强盛。

同时，勾践又采取了许多办法麻痹吴国，造成吴国内耗。勾践年年月月按时给吴国纳贡，使夫差始终相信他是真心臣服；并派出奸细刺探吴国的消息，散布谣言以离间君臣关系，使夫差杀害忠良；勾践又以越遇灾害为由，不时向夫差借粮，使吴国粮食储存减少，而越国则储备充足；探知夫差要建造姑苏台，勾践派人运去特大木料，说是"神木"，夫差非常高兴，扩大了姑苏台的设计，使吴国更加劳民伤财；勾践又施美人计，为夫差献上美女西施。夫差得到西施，极其宠爱，甚至言听计从。

吴国日渐衰败，勾践认为时机已经成熟，于是趁夫差率精锐部队北上黄池会盟的机会，率5万大军攻打吴国，吴军大败，太子阵亡。这时，夫差打败齐国，正约晋、卫、鲁等国在黄池(今河南封丘县西)会盟，当上了霸主。接到消息，十分懊丧，只好派伯嚭向越求和。勾践和范蠡认为吴国还有实力，一时消灭不了，就答应了讲和，退兵回国。

不久勾践乘吴国大旱、国内动荡的机会，再次攻吴。吴王夫差被越军长期围困，力不能支，派使节袒衣膝行向勾践求和。勾践于心不忍，正要应允，范蠡上前说："大王您忍辱受苦20余年，为了什么？现在能一旦抛弃前功吗？"转头又回绝使节说："过去是上天把越赐予吴国，你们不受；今天是上天以吴赐越，我们不敢违背天命而听从你们的请求。"吴王夫差见大势已去,自刎而死。

在战场上,为了打胜仗,往往要先避敌锋芒,退避三舍。有的时候,暂时的投降也是一种麻痹敌人的有效策略。在敌人放松警惕的时候赢得一个保存实力、积蓄力量的机会,这是一种生存智慧,也是一种战场艺术。暂时的投降让勾践扭转劣势,并最终击溃吴国。我们为人处世也是一样,成功的人生时时都离不开适时的"投降"。

### 适时吃眼前亏,只为以后不吃更大的亏

做人要有"心机",有时候因环境所迫,我们必须要吃"眼前亏",否则可能要吃更大的亏。

一天,狮子建议9只野狗同它一起合作猎食。它们打了一整天的猎,一共逮了10只羚羊。狮子说:"我们得去找个英明的人,来给我们分配这顿美餐。"

一只野狗说:"一对一就很公平。"狮子很生气,立即把它打昏在地。

其他野狗都吓坏了,其中一只野狗鼓足勇气对狮子说:"不!不!我的兄弟说错了。如果我们给您9只羚羊,那您和羚羊加起来就是10只,而我们加上一只羚羊也是10只,这样我们就都是10只了。"

狮子满意了,说道:"你是怎么想出这个分配妙法的?"野狗答道:"当您冲向我

## 好汉有时要吃点眼前亏

自古以来,我们的老祖先常说,"好汉不吃眼前亏",可是寓言中说的则是好汉要懂得在不利于自己的形势之下吃点亏。

假设这样一种情况:你开车和别的车擦撞,对方只是"小伤",可是对方车上下来四个彪形大汉,围住你索赔,请问:你要不要吃"赔钱了事"这个亏呢?

如果你不能说又不能打,那么看来也只有"赔钱了事"了。因为,"赔钱"就是"眼前亏",你若不吃,换来的可能是更大的损失。

的兄弟，把它打昏时，我就立刻增长了这点儿智慧。"

当一个人实力微弱、处境困难的时候，也就是最容易受到打击和欺侮的时候。在这种情况下，人们的抗争力最差，如果能避开大劫也算很幸运了。此时面对他人过分的"待遇"，最好是"退一步海阔天空"，先吃一下眼前亏，立足于"留得青山在，不怕没柴烧"，用"卧薪尝胆，待机而动"作为忍耐与发奋的动力。

汉朝开国名将韩信是"好汉吃得眼前亏"的最佳典型。乡里恶少要韩信爬过他的胯下，韩信二话不说，爬了。如果不爬呢？恐怕一顿拳脚，韩信不死也只剩半条命，哪来日后的统领雄兵，叱咤风云？他吃点亏，为的就是保住有用之躯。留得青山在，不怕没柴烧啊！

所以，当你碰到对你不利的环境时，千万别逞血气之勇，也千万别认为"士可杀不可辱"，宁可吃吃眼前亏。

## 生气不如争气，翻脸不如翻身

己不如人时，当面翻脸、发泄怒火只会自取灭亡。懂得适时弯曲，暗中发力才是求胜之道。

南北朝时的高洋就是一个懂得适时弯曲的人。高洋在尚未称帝时，政权在其兄长高澄的手里。高洋的妻子十分美艳，高澄暗加艳羡，而且心里很是不平。高洋为了不被高澄猜忌，做出一副朴诚木讷的样子，还时常拖着鼻涕嘿嘿傻笑。高澄因此将他视为痴物，从此不再猜忌高洋。

高澄时常调戏高洋的妻子，高洋也假作不知。后来高澄被手下刺杀，高洋为丞相，都督中外诸军，录尚书事，袭封齐王。朝中大臣素来轻视高洋，而这时高洋大会义武，谈笑风生，与昔日判若两人，顿时令四座皆惊，从此再不敢藐视。高洋篡位后，初政清明，简静宽和，任人以才，驭下以法，内外肃然。

当时西魏大丞相宇文泰听到高洋篡位，借兴义师的名义，进攻北齐。高洋亲自督兵出战，宇文泰见北齐军容严整，不禁叹息道："高欢有这样的儿子，虽死无憾了！"于是引军西还。

在今天的现实生活中，已不存在这种不忍让就会动辄丢性命的屈伸之道了，但适时弯曲是必需之策。弯曲时更容易看清彼此更多的东西，更有利于沟通和进步。

一个名叫拉升·彼德的男士在海军服役两年后，回到了美国首都华盛顿。之前服务的那家广播公司正等待他继续去做播音工作，但是换了个新上司。由于某种原因，这位新上司好像不大喜欢他。

他憋着劲儿要在各个方面和他的上司见个高低，于是他冷静、谨慎地工作着。新上司对他主持的节目时间重新安排以后，他按捺不住了。他一直是和老搭档主持某个喜剧节目的，而新安排的时间差得不能再差了——将近午夜。他怒火中烧，准备和上司干一场，但是为了饭碗他还是忍了下来。

搭档和他接受了这个倒霉的时间安排，兢兢业业地工作。终于在三年后，成为华盛顿首屈一指的节目。一天，新上司主动邀他参加电台的聚会，这次是躲不掉了。晚会上，他遇到了上司的未婚妻。她是个聪颖、活泼、务实的姑娘。像她这样的姑娘怎会喜欢一个没有什么可取之处的人呢？通过上司的未婚妻，他对上司的看法有了转变。随着时间的流逝，他的态度转变了——上司的态度也转变了。后来，他们成为好朋友。他仍在全国广播公司工作，并在全国一档著名电视节目中主持气象预报。

生气还是忍下这口气对自己更有利，翻脸还是适时弯曲对自己更有利，这是不言自明的。

## 适时弯曲，才不会被压垮

在人生的旅途中，弯曲无处不在，无处不需。弯曲并不意味着妥协，而是战胜困难的一种理智忍让。弯曲并不等于倒下，而是为了更好、更坚韧地挺立。

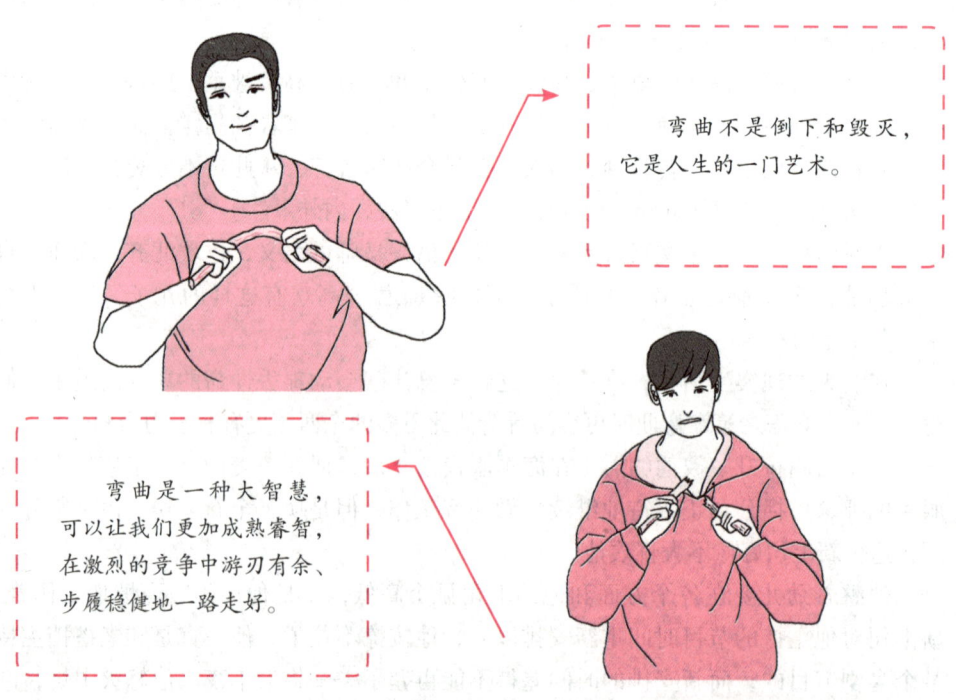

弯曲不是倒下和毁灭，它是人生的一门艺术。

弯曲是一种大智慧，可以让我们更加成熟睿智，在激烈的竞争中游刃有余、步履稳健地一路走好。

## 不可时时做烂好人——人可以温和，但不可以软弱

为人不能太善太软，否则会给人以软弱可欺的感觉，自然而然会常受到他人言谈举止的戏弄与伤害。人可以温和，但不可以软弱，就如下面这则故事中的花猫一样，要软硬兼施。

从前有座山，山上有个村，村里住着许多的小动物，有千里马、花猫、黄狗、乖乖兔，等等。它们幸福美满地生活在这个应有尽有、世外桃源般的村子——幸福村里。

这儿的村民就数黄狗、花猫最为有名，它们一个以没教养著称，一个以有教养而著称。有趣的是它俩还是邻居。

黄狗每天上街就寻衅滋事，动不动就骂人，因此村民们对它深恶痛绝，能躲即躲。相反，花猫则不同，它上街总是处处为人着想，见到村民总是笑容满面地打招呼。别人有困难的时候，它就会伸出自己的友谊之手。因此它曾多次荣获"助人为乐积极分子""幸福村优秀青年"等称号。

一天，在这儿发生了一件奇怪的事，有教养的花猫向没教养的黄狗寄去了一封邀请函，说是请它第二天到自己家去庆祝生日。奇怪就奇怪在花猫不请其他人，就只请黄狗一人。一些人就来打听了，千里马疑惑地问："花猫，你怎么叫黄狗呢？"乖乖兔问："你不是不明白，它可是没教养的，你这是为什么呢？"花猫听了，神秘地说："秘密，无可奉告！"

第二天，黄狗如期而来，还没进门，嗓子就咿呀咿呀地扯了开来："你奶奶的，还没准备好吃的，想饿死老子，不想活啦！"任凭黄狗的言语是多么的难听，花猫都毫不介意，只是默默地准备佳肴，它一直在进行着它的计划。就这样，在黄狗的骂声之中，午餐结束了。

当吃晚饭时，黄狗又来了。与中午不同的是，花猫不再忙活了，而是在吃鱼。黄狗刚想骂，突然听到平日里彬彬有礼的花猫今天也破口大骂："好你个黄狗，到我家给我过生日，却不带礼物，还骗吃骗喝，你算什么意思！"黄狗听了不由一愣，改口道："我专程前来，却遭你这样对待，这算哪门子道理？""哟，生气了，看不出，别人对你不好，你生气；可你对别人无礼，别人又怎么样呢？远的别说，就今天上午你如此待我，我都没吱声。你想到什么时候才改掉你这没教养的坏毛病呢？"

听了这话以后，黄狗顿时脸红了。

小花猫以其人之道，还治其人之身，教训了黄狗。

做人不可时时都做烂好人，要学会软硬兼施，这才是我们应当学习的处世哲学。软与硬，作为一种策略，或者作为一种交际手段，无论何种结合都不可偏颇。

## 成全对方的好胜心，保全自己

人人都有自尊心，人人都有好胜心。若要联络感情，应处处重视对方的自尊心。要重视对方的自尊心，必须抑制你自己的好胜心，成全对方的好胜心。

下面这个例子讲的就是名相萧何如何成全刘邦的好胜心而保全了自己。

汉初良相萧何，泗水沛（今江苏沛县）人。曾任沛县主吏掾、泗水郡卒吏等职，持法不枉害人。秦末随刘邦起兵反秦，刘邦进入咸阳，萧何把相府及御史府的法律、户籍、地理图册等收集起来，使刘邦知晓天下山川险要、人口、财力、物力的分布情况。项羽称王后，萧何劝说刘邦接受分封，立足汉中，养百姓，纳贤才，收用巴蜀二郡的赋税，积蓄力量，然后与项羽争天下。为此深得刘邦信任，被任为丞相。他极力向刘邦举荐韩信，认为刘邦要取得天下非用韩信不可。

后来韩信在楚汉战争中的才干证明萧何慧眼识人。楚汉战争中，萧何留守关中，安定百姓，征收赋税，供给军粮，支援了前方的战斗，为刘邦最后战胜项羽提供了物质保证。

西汉建立后，刘邦认为萧何功劳第一，封他为侯，后被拜为相国。萧何计诛了韩信后，刘邦对他更加恩宠。除对萧何加封外，刘邦还派了一名都尉率五百名士兵作相国的护卫。

当天，萧何在府中摆酒庆贺。有一个名叫召平的人，穿着白衣白鞋，进来对萧何说："相国，您的大祸就要临头了。皇上在外风餐露宿，而您长年留守在京城。您既没有什么汗马功劳，又没有什么特殊的勋绩，皇上却给您加封，又给您设置卫队，这是由于最近淮阴侯在京谋反，因而也怀疑您了。安排卫队保卫您，这可不是对您的宠爱，而是为了防范您。希望您辞掉封赏，再把全部私家财产都捐给军用，这样才能消除皇上对您的疑心。"

萧何听从了他的劝告，刘邦果然很是高兴。同年秋天，英布谋反，刘邦亲自率军征讨。他身在前方，每次萧何派人输送军粮到前方时，刘邦都要问："萧相国在长安做什么？"使者回答，萧相国爱民如子，除办军需以外，无非是做些安抚、体恤百姓的事情。刘邦听后总默不作声。使者回来后告诉萧何，萧何也没有识破刘邦的用心。

有一次，偶然和一个门客谈到这件事，这个门客忙说："这样看来您不久就要被满门抄斩了。您身为相国，功列第一，还能有比这更高的封赏吗？况且您一入关就深得百姓的爱戴，到现在已经十多年了，百姓都拥护您。您还在想尽办法为民办事，以此安抚百姓。现在皇上之所以几次问您的起居动向，就是害怕您借关中的民望而有什么不轨行动啊！如今您何不贱价强买民间田宅，故意让百姓骂您、怨恨您，制造些坏名声。这样皇上一看您也不得民心了，才会对您放心。"

萧何说："我怎么能去剥削百姓，做贪官污吏呢？"门客说："您真是对别人明白，对自己糊涂啊！"萧何又何尝不知道这个道理，为了消除刘邦对他的疑忌，只

## 成全别人的好胜心

> 一个有涵养的人在生活中，往往会以低调深沉处事，不与人计较，从而赢得更多人的尊重。

成全别人的好胜心，会让别人更加喜欢你，获得良好的人际关系。

与有自卑心理和戒备心的人初次见面时的会谈是很困难的。首先让对方树立"自己不比别人差"的观念，这一点很重要。

> 人人都要好胜心，在人际交往中，我们何不适当地"糊涂"点，在彼此的交往中成全别人的好胜心，成人之美，皆大欢喜。

得故意做些侵夺民间财物的坏事来自污名节。

不多久，就有人将萧何的所作所为密报给刘邦。刘邦听了，像没有这回事一样，并不查问。当刘邦从前线撤军回来时，百姓拦路上书，说相国强夺、贱买民间田宅，价值数千万。刘邦回长安以后，萧何去见他时，刘邦笑着把百姓的上书交给萧何，意味深长地说："你身为相国，竟然也和百姓争利！你就是这样'利民'啊？你自己向百姓谢罪去吧！"刘邦表面让萧何自己向百姓认错，补偿田价，可内心里却窃喜，对萧何的怀疑也逐渐消失了。

刘邦身为开国皇帝，自是不希望臣子的威信高过自己。萧何采纳了门客的建议，成功地保全了自己。人们在人际交往中也是如此，每个人都有好胜心，何不成人之美，皆大欢喜。

## 掩饰弱点，显露优点，以此来迷惑对方

人都是具有弱点的，而把弱点掩饰起来，才能让别人更尊敬你。一个成功者其实就像自然世界的凶悍野兽一样，把自己的弱点掩饰起来，而把自己的强势显露出来。

一位科学家研究出了克隆人技术。有一天，这个科学家得知死神正在寻找他，便利用克隆技术复制出了12个"自己"，想在死神面前以假乱真，保住性命。科学家的克隆技术堪称完美，面对13个一模一样的人，死神一时分辨不出哪个才是真正的目标，只好悻悻离去。但是没过多久，对人性的弱点了如指掌的死神，想出了一个识别"猎物"的好办法。死神又找到了那13个一模一样的科学家，对他们说："先生，您的确是个天才，能够克隆出如此近乎完美的复制品，但很不幸，我还是发现你的作品有一处微小的瑕疵。"话音未落，那个真的科学家暴跳起来，大声辩解道："这不可能！我的技术是完美的！哪里有瑕疵？""就是这里。"死神一把抓住那个说话的人，把他带走了。

竞争是需要智慧的。每个人都有他致命的弱点，找出对方的致命之处给予有力地回击，是致对方于死地的关键点。不过，一般人都善于隐藏自己的弱点，不被对手发现和利用。因为我们都知道，一旦暴露了自己的弱点，就会失去很多优势。然而，只要懂得了心理学诡计，发现他人的弱点就是一件轻而易举的事情了，只要找到对方最关注的事情就可以了。

科学家是聪明的，他能够克隆出12个"自己"，但科学家又是骄傲的，他自信地认为自己的技术毫无瑕疵。这正是他最在意、最关注的事情，也恰恰正是他的弱点。死神抓住了他的弱点，一句话就让科学家上了当，将他带走了。隐藏自己的弱点，不让对手抓住把柄，是保护自己最有效的方法。

第七篇

# 小心防范,识破他人的诡计

# 第一章

## 揭示真相，巧妙应对

### 经常恭维你的，多数是你的敌人

朋友之间相互欣赏，可能会时不时地说出几句赞美的话，但是那些经常用好听的话恭维你的人，背后往往是一颗不怀善意的心。对此你一定要小心，否则会在不经意之间被其所伤。须知，明辨别人的恭维，才能躲过明枪暗箭的攻击。

饥饿的狮子看到肥壮的公牛在地里吃草。"要是公牛没有角就好了，"狮子馋涎欲滴地想，"那我就能很快地把他制服了。可他长了角，能刺穿我的胸膛。"

后来，狮子想了个主意。他鬼鬼祟祟地侧着身子走到公牛身旁，十分友好地说："我真羡慕你，公牛先生。你的头多么漂亮呀，你的肩多么宽阔、多么结实呀！你的腿和蹄多么有力量呀！不过，美中不足的就是有两只角，我不明白你怎么受得了这两只角，这两只角一定叫你十分头痛，而且也使你的外貌受到损害，不是吗？"

公牛说："你这样认为吗？我从来没有想过这一点。不过，经你这么一提，这两只角确实显得碍事，还有损我的外貌。"狮子溜走了，躲在树后面看着。公牛等到狮子走远了，就把自己的脑袋往石头上猛撞。一只角先撞碎了，接着另一只角也碎了，公牛的头随之变得平整光秃了。

"哈哈！"狮子大吼一声，跳出来大声说道，"现在我可以摆平你了。多谢你把两只角都撞掉了，我之前没有攻击你，正是这两只角妨碍了我啊！"

每个人都爱听恭维话，这是人的共性，也是人的弱点。听到别人的赞美与恭维，许多人都会沾沾自喜，甚至会飘飘然。然而，许多人只顾得自我陶醉，并没有弄清对方赞美的真正含义。发自内心的真诚赞美是对方对你敬佩之情的自然流露，对此要表示真心的感谢；无关痛痒的客套话可一笑了之；裹着糖衣的不怀好意的恭维，其背后隐藏着不可告人的目的，对此一定要辨识清楚，以免被笑容背后的毒刺所伤。

憨厚的公牛没有抵御住狮子糖衣炮弹的攻击，把狮子别有用心的赞美当成是对它的欣赏，迫不及待地把角撞碎了，以迎合狮子所说的美，最终却命丧狮口。对于心里不设防的人来说，美丽的语言可能比凌厉的攻击更有威力。公牛在夸赞声中兴奋得丢掉了自我，落入了狮子设的陷阱中。

## 赞美之言进耳就好别进心

人贵有自知之明。对于别人的赞美，我们要有清楚的分辨能力，不要为虚伪的客套话所迷惑，这是一种欺骗。

我对你来说完全没有威胁性啊，论能力和影响力，你肯定是总经理！

公司拟定了两个总经理候选人：老王和老张。老王总是恭维老张，夸奖老张。老张工作开始懈怠，而老王却暗中努力，暗暗较劲。

上面的人看到了老张的浮夸，见识到了老王的踏实；下面的人看到了老张的嚣张跋扈，看见了老王的平易近人。总经理的位置当然是老王的了。

别人的恭维只是绽放的焰火，焰火渐渐熄灭的时候，我们的心要归于平静。铸就抵制花言巧语的盾牌，才能不被坏人所利用。

## 小心最了解你的人，有时他是最危险的

最好的朋友，为什么往往是最危险的敌人？因为他最了解你，而你也最信任他。做错事，再怎么严重，也不过是一件事，总还有弥补的机会。信错人，则是一辈子都没有办法挽回的遗憾。因为他可能在你最失意的时候补上一脚，让你跌入永世不能翻身的深渊。其实信错了人，不只是"人"出了问题，最大的问题在于错估了

"人性"。

公元前 353 年，庞涓和孙膑原本都是鬼谷子的学生，两个人的感情很深厚。庞涓准备先离开鬼谷子，施展抱负。他离开鬼谷子之前，告诉孙膑自己愿意尽最大的力量让他也能功成名就，庞涓的一席话让孙膑感动不已。

庞涓是魏国人，先到魏国晋见魏惠王魏罃。魏惠王见庞涓很有大将风范，马上封庞涓为大将。庞涓受到魏罃重用，在魏国的权势如日中天。他想起当初对孙膑的承诺，取得魏罃的同意后，写了一封信给孙膑，邀请孙膑到魏国共同协助魏惠王。孙膑到了魏国，魏罃原来想让孙膑担任庞涓的副军师，协助庞涓处理一些军务。但是庞涓却向魏罃极力推荐，让孙膑担任客卿（首席顾问）的职务。庞涓这个举动，让孙膑感动不已。

经过一段日子，庞涓才发现自己离开鬼谷子后，鬼谷子传了一部兵法给孙膑，使得孙膑的能力比自己强了许多。他一方面害怕孙膑受到魏罃重用，会让自己失去权力，逐渐感到恐惧，但是另一方面又想得到孙膑脑中的兵法。

于是他找了一个机会，问孙膑是否还有家人，孙膑回答说自己有两个哥哥，但是早就失去联络，音讯全无了。庞涓想再试探一下孙膑，问孙膑"还想念故乡吗？有没有回齐国的打算"？孙膑表示虽然想念故乡，不过现在已经在魏国服务了，一切都应该以魏国为重。

庞涓知道孙膑还惦记着哥哥，就派手下伪装成齐国人，给了孙膑送来了家书。孙膑看到书信，激动得流下眼泪，以为哥哥目前仍在齐国，立刻写了一封信给哥哥。庞涓将孙膑的回信呈给魏罃，检举孙膑有通敌叛国的意图。魏罃看了书信后，认为孙膑只不过是思念家乡，还谈不上通敌叛国。

庞涓见魏罃愈来愈相信孙膑，心里头更加恐惧。他于是提醒魏罃，万一孙膑提出回齐国的要求，就证明孙膑有叛国的意图，请将孙膑交给他处理。魏罃同意了庞涓的请求。

庞涓离开王宫，直接去探望孙膑，他问孙膑："听说你的家人派人送来了家书，真的有这样的好消息吗？"

孙膑一点都没有隐瞒，把信中哥哥希望他能够回去扫墓祭祖的事情，完全坦白地告诉了庞涓。

庞涓说："兄弟们离开这么久了，互相思念也是人之常情。你为什么不向魏王请一两个月假，回去扫墓祭祖，顺便和兄弟们团聚一下呢？"

孙膑回答："齐国是魏国的仇敌，恐怕魏王会怀疑我回去的动机，应该不会答应吧！"

庞涓拍着胸脯保证："不试试看，怎么知道呢？你放心吧！我一定会向魏王担保，这件事应该不成问题！"

孙膑对庞涓的"真情对待"，感激到了极点。

第二天，孙膑立刻向魏王请一个月假回齐国扫墓。魏罃看了奏章，大为恼火，认为孙膑果然通敌叛国，立刻下令捉拿孙膑，交给庞涓处理。庞涓先假装吃了一惊，告诉孙膑愿意代他向魏罃陈情，为他洗刷冤情。

庞涓说完，立刻进宫告诉魏罃，只要砍断孙膑的双腿，让他回不了齐国，孙膑就没办法叛变了。魏罃已经没有心思再管这件事了，一切就都交给了庞涓去处理。

庞涓回来告诉孙膑："魏王原来打算赐你死罪，经过我苦苦哀求，才答应免除死罪，改为膑刑。"

## 小心最温柔的人，有时他是最危险的

> 虚伪面孔下的歹意就像一支暗箭，在骗取你的信任之后，会在你没有觉察的时候伤害到你。不要轻信善良的面孔，时刻保持警惕，才不会让阴谋得逞。

> 对于陌生人，千万不可以貌评判，而是要时刻保持警觉，全面观察其言行举止，找到可能潜藏的虚伪丑恶。唯有这样，才不会上当受骗。

孙膑除了接受处罚外，对这个帮助自己解决困难的好友，感激得五体投地，答应要将兵法默写出来送给他，作为回报。

直到有一天，庞涓府中的家人看不过去，将真相告诉了孙膑，孙膑才知道他遭到了陷害。而陷害他的，正是他最信任的朋友——庞涓。

## 特别能忍让的人很危险，你不得不防

1805年奥斯特利茨战役和1807年弗里德兰战役中，俄军被法军打得大败，实力大大减弱。刚登基的亚历山大一世重整旗鼓，与拿破仑展开了新的较量。与以往不同的是，这次他使用了新的"壮举"，卑躬屈膝地讨好对方，处处表现出退让的姿态，以屈求伸。

1808年，拿破仑决定邀请亚历山大在埃尔特宫举行会晤。这次会晤中，拿破仑为了避免两线同时作战，用法俄两国的伟大友谊威慑奥地利。

亚历山大认为目前俄国的力量还不足以对抗拿破仑，必须佯装同意拿破仑的建议，并向他"献媚取宠"，争取准备的时间，妥善做好准备，时机一到，就从容不迫地促成拿破仑垮台。有一次看戏，当女演员念出伏尔泰《奥狄浦斯》剧中的一句台词，"和大人物结交，真是上帝恩赐的幸福"时，亚历山大一脸真诚地说："我在此每天都深深感到这一点。"这使拿破仑非常满意。

又一次，亚历山大有意去解腰间的佩剑，发现自己忘了佩戴，而拿破仑把自己刚刚解下的宝剑赐赠给亚历山大，亚历山大装作很感动的样子，热泪盈眶地说："我把它视作您的友好表示予以接受，陛下可以相信，我将永不举剑反对您。"拿破仑对他也彻底消除了戒备。

1812年，俄法之间的利益冲突已经十分尖锐了。这时亚历山大认为俄国已做好准备，于是借故挑起战争，并且打败了拿破仑。

亚历山大总结经验教训时说："拿破仑认为我不过是个傻瓜，可是谁笑到最后，谁就笑得最好。"亚历山大伪装自己，使拿破仑放松了警惕，又暗中壮大自己的势力，最终打败了对方。拿破仑被亚历山大的"忍让"迷惑了，终于失掉了自己的帝国。

很多时候，忍让并非是出自真心，而是在暗中积蓄力量。如果你没有看到它背后的企图，到时，吃亏的一定是你。"忍耐"可以让权力转换在瞬间完成，那些看似波澜不惊的退让会使你在几个回合之后，失掉自己的优势。

在中世纪的欧洲，国王的权力来自教皇，君权神授，神权高于君权。

1076年兵荒马乱时，德意志帝国皇帝亨利与罗马教皇格里高利争权夺利，斗争日益激烈，最后发展到了势不两立的地步。

亨利首先发难，召集德国境内各教区的主教们开了一个宗教会议，宣布废除格里高利的教皇职位。格里高利则针锋相对，在罗马拉特兰诺宫召开了全基督教会的会议，宣布驱逐亨利出教，不仅要德国人反对亨利，而且要在其他国家掀起反亨利浪潮。

一时间德国内外反亨利力量声势震天，特别是德国境内大大小小的封建主都兴兵造反，向亨利的王位发起挑战。

亨利面对危局，被迫妥协。1077年1月，他身穿破衣，骑着毛驴，冒着严寒，翻山越岭，千里迢迢前往罗马，向教皇忏悔请罪。

格里高利不予理睬，在亨利到达之前躲到了远离罗马的卡诺莎行宫。亨利没有办法，只好又前往卡诺莎拜见教皇。教皇紧闭城堡大门，不让亨利进来。为了保住自己的皇帝宝座，亨利忍辱跪在城堡门前求饶。

当时大雪纷飞，地冻天寒，身为帝王之尊的亨利屈膝脱帽，整整在雪地上跪了三天三夜，教皇才开门相迎，宽恕了他。

亨利恢复了教徒身份，保住了帝位。当他返回德国后，集中精力整治内部，将曾一度危及他王位的内部反抗势力逐一消灭。在阵脚稳固之后，他立即发兵进攻罗马，以报跪求之仇。

在亨利的强兵面前，格里高利弃城逃跑，客死他乡。

从这里，我们看出亨利"含辱负屈的卡诺莎之行"是别有用心的。在他与教皇对峙、国内外反对声一片，特别是内部群雄并起、王位岌岌可危的情况下，他利用苦肉计取得和解，赢得喘息时间，然后重整旗鼓，再和教皇较量。教皇没有看到他的险恶用心，最后客死他乡。

一时的"胯下之辱"或者表面的"负荆请罪"都会让我们以为对方有真心诚意，但实际上，会咬人的狗都是不叫的，大多能忍奇辱之人，日后必有过人之处。这是我们最应该防范的。

## 别人的花言巧语和满脸堆笑或许暗藏杀机

生活中有很多时候，并不如看见的那样风平浪静。很多人在表面上微笑和善，但暗地里却在谋划自己的事情。就像《孙子兵法》中写道："信而安之，阴以图之；备而后动，勿使有变。刚中柔外也。"全句意为：表面上要做得使敌人深信不疑，从而使其安下心来，丧失警惕；暗地里我方却另有图谋。要做好充分准备，然后再采取行动，不要使得敌方发生意外的变故。这就是外表上柔和，骨子里却要刚强的谋略。

所以，花言巧语、满脸堆笑地对人，极有可能是内藏杀机的外在表露。说得好听的，唱得好听的，一切都未必出自真心。或许，他们正在计划怎样害你。外表看来显得很温和谦恭，面带微笑，很是大度；但实际上并非如此，其中有气量狭小的，有喜欢猜忌的，有阴险狠毒的。

总之，有些人利用此计，目的是想让对手服从自己，在自己设计好的圈套里行事，以此达到自己繁荣昌盛、发财的真正企图和目的。

春秋时代，郑卫公打算吞并胡国（在今安徽省），但他军事装备差，条件有限，不敢直攻，就把自己漂亮的女儿嫁给了胡国国君为妻。这样，郑胡二国联姻，结成了亲家。这仅仅是开头。为了进一步使胡国丧失警惕，制造假象，郑卫公召集大臣商议，他问："我打算用兵兴国，你们看，攻打哪个国家最有利？"大臣们纷纷发表议论。关其思坦率地说："依愚之见，攻打胡国最合适！"卫公一听，马上脸色一沉，愤怒地说："啊！你居然建议向已经同我们结亲的兄弟国家胡国动武，这是什么意思？"就把关其思给杀了。胡国国君知道此事后，认为郑国对自己非常亲善友好，就再也不对郑国有什么戒心了。可是，就在此后不久，郑国对胡国发动了突然袭击，胡国警戒很松，没有做什么抵抗，就被灭亡了。很长一段时间里，郑国都是势力强盛的国家，直到公元前37年才被韩国灭掉。

不难看出，"笑里藏刀"的特点是，以表面上的友好、善良和美丽的言辞、举止

## 刀藏于笑，将其杀于无形之中

生活中很多人在表面上微笑和善，但暗地里却在谋划自己的事情。那些花言巧语、满脸堆笑地对人，极有可能是内藏杀机的外在表露。

"笑里藏刀"的特点是，以表面上的友好、善良和美丽的言辞、举止作为假象，掩盖阴险毒辣的用心和企图。

最可怕的人，并不是面目凶恶的人，而是那些笑里藏刀的人。平时和你"甜哥哥""蜜姐姐"地叫着，待到你放松戒备的时候，在暗处狠狠地捅你一刀。

作为假象，掩盖阴险毒辣的用心和企图。传说在楚王身边，也发生了一个有些类似的故事。

魏王送给楚王一位美人，楚王非常宠爱。楚王的夫人郑袖知道楚王喜欢这位新来的美人，于是也装出十分喜爱这位美人的样子，待她犹如亲姐妹。无论是衣服玩物、居室卧具，都选最好的给她，甚至有时还表现出爱她胜过爱楚王的意思。

看到这些，楚王对郑袖非常满意，他高兴地说："妇女侍候丈夫，是靠美色，有时妒忌，是因为爱情。现在郑袖知道寡人喜欢美人，于是爱她还胜过爱我。犹如教子之所以事亲，忠臣之所以事君啊！"

郑袖一看时机已到，有一天便以很体贴关怀的口吻对那位美人说："大王对你的美赞叹不已，但有一点美中不足的是，他觉得你的鼻子不太漂亮。如果你以后和大王在一起时，略微掩饰一下子就好了。"

于是，这位美人听从郑袖的建议，每次一见楚王，便用袖子掩住自己的鼻子。

楚王觉得奇怪，便问郑袖说："美人为什么见到我，总爱掩住鼻子呢？"

郑袖面有难色地说："我知道其中的原因，但是，我不能说出来。"楚王更加迷惑："有什么事，居然连我都不想告诉？"郑袖故意压低嗓子，凑近楚王说："她是讨厌大王身上的臭味。"

楚王一听，气得七窍生烟："真是太可恨了，把她的鼻子割掉，我不想再见到她了！"

可怜这位美人，至死都没有明白她遭此厄运的原因，是那位待自己亲如姐妹的郑袖的妒忌。

## 免费的午餐里大多有"毒药"

世上没有免费的午餐，也没有白来的利益。任何抱着不劳而获、侥幸心理的人，都会被空幻的利益牵着鼻子走，最终陷入别人挖好的陷阱。

古时有个读书人叫张生，博学、口才极好，本来是可以有所作为的，但他很爱占小便宜，被一个骗子骗去了一大笔银子。张生自然又气又恨，想到各地去漫游，希望能抓住那个骗子。事有凑巧，忽然有一天，他在苏州的阊门碰上了那个骗子。不等他开口，骗子就盛情邀请他去饮酒，并且诚恳地向他道歉，说是上次很对不起，请他原谅。过了几天，骗子又跟张生商量说："我们这种人，银子一到手，马上就都花了，当然也没有钱还给你。不过我有个办法，我最近一直在冒充三清观的炼丹道士。东山有一个大富户，和我已经说好了，等我的老师一来，就主持炼丹之事，可我的老师一时半会儿又来不了。你要是肯屈尊，权且当一回我的老师。从那富户身上取来银子，我们对半分，作为我对你的赔偿，而且还能让你多赚一笔，怎么样呢？"张生听说有好处，就答应了那个骗子的要求。于是这个骗子就让张生伪装成

# 人际交往心理学

## 警惕这几种常见的骗局

街上常见的几种骗局，警醒大家提高警惕，切勿上当。

### 第一 古董骗局

一人蹲路边，故意装扮成民工，面前摆一个泥块包裹着的玉龟，声称自己种地挖出来的。

### 第二 车站乞讨

很多人会在车站发现有人在向乘客乞讨，声称自己钱丢了，或者车票就差2块钱了之类的，他们要的钱一般不多，就几块。

### 第三 假手机

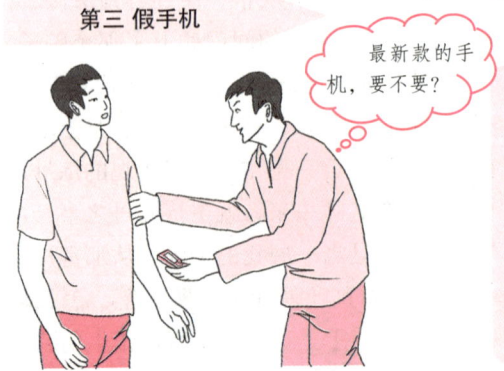

一般骗子都说是偷的，低价卖给你，你看了，确实是真的，骗子故意催促你快点付钱，以极快的手法就把你原先看过的真机换成了个模型机。

道士，自己伪装成学生，用对待老师的礼节对待张生。那个大户与扮成道士的张生交谈之后，深为信服。两人每天只管交谈，而把炼丹的事交给了骗子。大户觉得既然有师父在，徒弟还能跑了？不想，那个骗子看时机成熟，就携大户的银子跑了。于是大户抓住"老师"不放，要到官府去告他。倒霉的张生大哭，然而等待着他的，却是一场牢狱之灾。

张生是那种一有好处便昏了头脑的人，甚至连多考虑一下也等不及，便答应了骗子的要求，竟然为了一点钱财与骗子一起干起行骗的勾当。他没有想到，骗子许下的承诺根本不可能兑现。

抱着侥幸心理，企盼拥有免费的午餐，就会像张生一样被人利用，无法脱身。

我们应该在诱人的利益面前，低声问问自己："这种好事怎么会落在我头上？"多一分小心谨慎，才能少一些危险和磨难。

凡事有利必有害，而"免费的午餐"背后更可能隐藏着大害。自古至今，只有能明是非、辨利害的人，才能不会身受其害。

## 用理智避开机遇中的陷阱

商场，表面上看风平浪静，实际上，暗自波涛汹涌。很多看不见的机关，陷阱都敞开着口，笑着等你进去。我们会面临很多现实诱惑，在极度膨胀中，飘飘然起来，失去理智，丧失分析问题的理性和谨慎，在盲目中跌入别人预先设置好的陷阱当中。

我们经验不足，履历单薄，难免在创业道路上摔跟头。跌倒是难免的，但是避免跌倒也是可能的。面对一些我们不曾遇到的困难，不能确定的东西，千万不要想当然地在自信中贸贸然就草率下定论。因为机会和机遇只是一念之差，前途却大不一样。草率只会让自己轻易地跌进别人早就布置好的陷阱中。

李耀祖，是一位技术上的天才。他凭借自己的技术、智慧和努力，创建了宏达软件公司，后又成为捷丰集团董事，是一个深受员工爱戴的老板。但就是这样一个阅人无数、久经沙场的"老江湖"却"一招失满盘皆输"，如今，已经是一个一无所有的人了。

20世纪90年代，软件市场在国内是最有发展潜力的市场。当时，国内软件公司都把精力投入到了政府和国企市场这两块肥肉上，并未重视正在迅速发展的合资企业，而国外软件公司的产品价格又过于昂贵，便出现了一个市场缝隙。李耀祖敏锐的嗅觉很快嗅到了这一不可多得的好机会，机不可失，失不再来，他决定要抓住此良机，迅速填补这个市场空白。

李耀祖是一位印度华裔人士，早在1990年，就在新加坡创办了宏达集团，主做商用软件研发。1995年，他到中国淘金时，发现了中国市场的潜力，决定在中国发展。于是他很快注册了厦门宏达商用软件有限公司，主做ERP。但是公司规模不大，能力有限，李耀祖决定扩大规模，加快发展。

不久，李耀祖便找到了一家名为捷丰的上市公司，打算洽谈合作的问题。双方的收购合同中写道："捷丰集团以亿元人民币收购厦门宏达商用软件开发公司，李耀祖出任捷丰集团董事。收购方式为股权置换，厦门宏达商用软件开发公司以100%的股份置换捷丰集团价值亿元的人民币股份权。"

李耀祖心里隐隐觉得有点不对劲，却说不出来哪里不对。在急着想抢占这一市场空白的心理作用下，李耀祖既没有暗自调查这家公司的背景和实际经营状况，也没有仔细思考和分析这一合作细节。面对疑惑却轻易相信对方的回答，犯了兵家之大忌。

李耀祖问道："捷丰集团公司的业绩似乎有问题，为什么公司规模这么大，股价这么高，却一直没有赢利呢？"对方向他解释："这是资本市场，大家看的是你以后发展的'潜力'，股价跟赢利之间没有必然的关系。我们的合作准没错，赶快签合同吧。"

似乎也有道理。李耀祖没有细想，在急着进军大陆，尽快开始软件开发计划的心理作用下，他大笔一挥，在合同上面签下了自己的大名。之后，双方交接得都很顺利。但是，令李耀祖意想不到的是，捷丰集团一直以来都是由一些黑势力所控制。在过去几年中，其股价被内行人称为"妖股"，股价呈现一种过山车似的起伏状态。然而，即使现在他知道这些也迟了。

宏达公司的销售账款一到，就被原捷丰派驻在宏达的财务总监即刻转走了。不到两个月，捷丰集团的股价也跌到了几分钱一股，成了地地道道的垃圾股。就这样，无论是宏达公司还是捷丰集团都成了空壳子。李耀祖原本看好的商机，却变成了巨大的陷阱，使得他一无所有。

谁都想抓住现有的机会，一举成功。但是世上没有"天上掉馅饼"的好事，太过于顺利的事情，千万不要轻易相信，因为隐藏在机会后面的很有可能就是陷阱。

如果我们过于自信，变成自负，让"一定会成功"的心理定式左右我们的判断，混淆我们的视听，或者听不进不同的意见或反面意见，结果只会让自己在扬扬得意中掉进别人早给你挖好的"陷阱"里。

## 工作中的好心人未必都有好心肠

对你和颜悦色、笑脸相迎的人未必是出自真心地对你好，俗语说"会咬人的狗从不叫"。乔治·凯利和鲍尔同在爱德尔大酒店餐饮部掌厨。鲍尔在公司人缘极好，他不仅手艺高超，而且总是笑脸迎人，待人和气，从来不为小事发脾气，和同事和谐相处，乐于帮助别人。同事对他的评价很高，都称他为"好心的鲍尔"。

一天晚上，乔治·凯利有事找经理。到了经理室门口时，听到里面正在说话，并且依稀有鲍尔的声音。他仔细一听原来是鲍尔正在向经理说同事的不是，平日里很多小事都被鲍尔添油加醋地说出来，像汤姆把餐厅的菜单拿给他做餐馆生意的叔叔啦，还有玛丽平时工作不认真，好在工作时间给朋友打电话，并且还说到自己的坏话，借机抬高他本人。乔治·凯利不由心生一阵厌恶。

从此以后，乔治·凯利对于鲍尔的一举一动，每一个表情，每一句话都充满了厌恶和排斥感。无论他表演得多好，说任何好听的话，乔治·凯利都对他存有戒心。同事也从乔治那里看出了些什么，对鲍尔也敬而远之了。

办公室里的人际关系错综复杂，没有一双"慧眼"是不可能很好地生存的。在强敌如林的竞争者当中，不乏冷若冰霜的自私者、趾高气扬的傲慢者，但更可怕的是笑里藏刀的"好心人"。这些好心人往往有着不错的人缘，很好的口碑，能够在各种大事小情里发现他们的身影。他们往往口蜜腹剑，戴着友善的面具，赢得上司的信赖和同事的敬重，却在背后干着损人利己的勾当。他们的可怕之处在于让你找不出谁是使你蒙受不白之冤的幕后黑手，谁让你置身于不仁不义的两难境地，分不清谁是敌、谁是友。因此，只要擦亮双眼，提高警惕，仔细观察，谨慎处世，那么无论多么狡猾的"好心人"，终有一天是会露出尾巴，现出原形的。

对于在办公室中生存的雇员们，职场的游戏规则告诉我们：这里没有无缘无故的爱，也没有无缘无故的恨。当我们被别人的花言巧语、阿谀奉承所蛊惑时，千万要保持清醒的头脑和提高我们对事情的分析识别能力，并不是每一个对你横眉冷对、不愠不火的人都是你的敌人，也并不是所有对你热情周到、称兄道弟的人都是你的朋友。

在工作中，有一种人整天面带笑容，见人十分客气，表现得特别友好。暗地里，却使出手段造你的谣，拆你的台。这种戴着面具的"好心人"，往往容易让你吃了亏还不知道是怎么回事，因为许多人压根儿就不知道这一巴掌正是他打来的。所以，此类人看来异常谦卑恭敬，礼貌周到，且热情友善绝不难于相处，新职员往往有如沐春风之感，可是背后他们做的事你却一无所知，即使开怀畅饮后他们也难有半点口风露出。这种人通常在任何时间、场合、处境，面对任何人物，都会笑面迎人，亲热非常，原因是笑对他来说是一种工具，一种与人沟通的媒介，故眼神往往能与说话相配合，以达到其不可告人的目的。

对这种戴着面具的"好心人"，一定要特别当心。这类"好心人"的特点是，上下班总是主动和你打招呼，表现出过分的热情，甚至对你称兄道弟。为了博取你的欢心，往往他还会顺着你的话滔滔不绝地说下去。

另外，这种人如果和同事发生了利害冲突，他会不顾一切地去争取他那一份微小的利益。这时候，他的伪善面具自然就会脱落，露出真实的面目。

在日常工作中，我们与人相处不能只注意表象，也不能仅从某事来判断一个人。

## 生活中的好心人未必都有好心肠

通常情况下，我们有一些自己不能办的事会主动请求别人帮忙。但有一些人会主动向你伸出援助之手，当遇到这种"热心人"时，一定要加倍小心，所谓"防人之心不可无"。

你或许会因为一时的感激涕零而失去防范之心。这样，一些别有用心的人就会乘虚而入，在假意给你提供帮助的时候顺手窃取财物。

所以，我们在接受别人的热情帮助时，切不可掉以轻心让他人有机可乘。信任别人本是无可厚非的，但是不防人却是大错特错。

很多伪善和假象常欺骗我们的眼睛，我们只有仔细观察，多方求证，时间长了才能看清一个人的真面目。在此之前，待人接物，一定要加倍小心，谨防职场上的"好心人"。

我们对于戴着面具的"好心人"的认识的确需要一个过程。要在观察、了解中分析，才能揭开他的虚假面具，使他的真面目暴露在众人面前。进而，在心理增设一道防线，防止他对自己造成伤害。

你要小心提防，千万不能把他们当成知己好友，而把自己的心事轻易地告之。否则，不但会惹来对方的轻视，还会成为别人的笑柄。

同时，你也不能得罪他。因为，如果引起他的反感，他对你的评价就会影响周围人对你的印象，那你不是自讨苦吃吗？当然，只要留心观察，同事中的这类人还是不难辨认的。

## 不断向你提问，其实是想阻止你提问

当我们对某个问题感到不耐烦的时候，总会找出对方问题中的破绽而进行反问，以达到阻止对方说话的目的。

问与答本来是很自然的事情，然而过多的问，尤其是无理而又毫无意义的问，会将一个人的耐性削减到最低，从而导致不愉快的事情的发生，那么怎么阻止这种无谓的提问呢？反问，将一些问题反抛给对方，对方自然会闭上嘴巴。

在电视或杂志上我们不难看到某位明星常常被媒体追问得没有办法回答，这个时候，明星们会采取一种回避的办法或者从记者问题中找出破绽给予回击，达到迫使其闭嘴的目的。

喋喋不休地问问题确实令人厌烦，然而当我们无奈又迫不得已必须回答的时候，怎么办呢？自然会采取上述的方法。

因此在与人交往中，一旦发现别人表现出了这样的方式，我们就应该立即意识到别人是不想回答我们的问题，或者是对整个回答问题的过程感到厌倦了，也可能是厌烦了某一类问题了。这时候我们就应该深入挖掘他人的意图，倘若别人真的不想回答了，我们就要适可而止。倘若是因为某一类问题难以回答的话，我们就可以找寻那些他所感兴趣的话题继续进行提问，切不可死追着一个问题不放。那样即便是脾气再好的人，也会给你脸色看的。

我们应该切记：在向他人问问题时，千万不要将别人问烦，否则我们很难走入他人的内心，获得他人的好感。

## 听到"一见如故",就要提高警惕,保持距离

一见如故固然是幸运的,但是有的时候也是不幸的开始。"一见如故"是很多初见面的人习惯使用的一句话,意思是,虽然是初见面,可是彼此的感觉就好像已经认识很久了那般。的确是有"一见如故"的情形发生,这是很难用科学来解释的现象,只能说这彼此"一见如故"的人上辈子有过约定!能碰到"一见如故"的人是人生中的一种幸运,因为彼此可以少掉"试探"这个过程,而直接进到"交心"的层次。"一见如故"固然是"幸运",但有时却也是"不幸"的开始。

人会呈现他的多面性。在不同的时空,善与恶会因不同的刺激而以不同的面貌出现。也就是说,本性属"恶"的人,在某些状况之下也会出现"善"的一面;本性属"善"的人,也会因为某些状况的引动、催化而出现"恶"的作为。而何时何地出现"善"与"恶",甚至人自己也无法预测及掌握。例如,一辈子循规蹈矩的正人君子有可能因为一时缺钱而忽然浮现恶念,这是他过去所无法想象的事,但就是发生了,连他自己都感到不解。

因此,当一个人和你初见面,并且热情地说和你"一见如故"时,你可以不必拒绝他的热情,甚至也可回他一句"一见如故"!但你一定要理性地看待这句话,思索这句话的真正意义。因为这可能纯粹是一句客套话,也有可能是一颗裹上糖衣的毒药——他是要用温情来拉近和你的距离,好从你的身上获得某些利益。如果这是一句客套话,你的热切响应不但无法对对方产生效用,自己也会因为对方随之而来的冷淡而"受伤";还有可能暴露了自己,反而给有心人以可乘之机;而最有可能的是,你把对方吓跑了!如果对方真的另有所图,你的热切响应,正好自投罗网,结果也就不用多说了。

当然,如果双方"一见如故",也都理智地"各取所需",那就另当别论了!

不过,有些人不说"一见如故",却直接用行动表示,这种人你也应该和他保持距离。

你最应该提防的是,"一见如故"中,有心者常会掺杂很多奉承、拍马的语言,这很容易迷乱一个人的判断,也最难抗拒!因此,当听到这类话语时,你就要提高警觉了!

# 第二章

## 创变通达,趋利避险

### 细节决定成败,不要把避免灾害寄托在侥幸上

所谓侥幸心理,是指无视事物本身的特征,违背事物发展的根本规律和原则,根据自己的需要或者好恶来行事,希望事情能够按照自己的愿望发展,直至取得希望的结果。但很多时候,侥幸心理反而成了许许多多失败、丑陋、悲惨生活的罪魁祸首。

当然,每个人都可能存在侥幸心理,这很正常。但是,存在侥幸心理要看是对什么事情。

寒号鸟的故事就向我们展示了侥幸心理带给我们的伤害。

山脚下有一堵石崖,崖上有一道缝,寒号鸟就把这道缝当作自己的窝。石崖前面有一条河,河边有一棵大杨树,杨树上住着喜鹊。寒号鸟和喜鹊面对面住着,成了邻居。几阵秋风,树叶落尽,冬天快要到了。有一天,天气晴朗。喜鹊一早就飞出去,东寻西找,衔回来一些枯枝,忙着垒巢,准备过冬。寒号鸟却整天飞出去玩,累了就回来睡觉。喜鹊说:"寒号鸟,别睡觉了,天气这么好,赶快垒窝吧。"寒号鸟不听劝告,躺在崖缝里对喜鹊说:"你不要吵,太阳这么好,正好睡觉。"冬天说到就到了,寒风呼呼地刮着。喜鹊住在温暖的窝里。寒号鸟在崖缝里冻得直打哆嗦,悲哀地叫着:"哆哆哆,哆哆哆,寒风冻死我,明天就垒窝。"

第二天清早,风停了,太阳暖烘烘的。喜鹊又对寒号鸟说:"趁着天气好,赶快垒窝吧。"寒号鸟心里想:"天气这么好,严寒应该不会来了吧。等天气真正冷下来的时候,再垒窝也不迟。"抱着这样的侥幸心理,它又凑合着过了几天。

寒冬腊月,大雪纷飞,漫山遍野一片白色。北风像狮子一样狂吼,河里的水结了冰,崖缝里冷得像冰窖。

就在这严寒的夜里,喜鹊在温暖的窝里熟睡,寒号鸟却发出最后的哀号:"哆哆哆,哆哆哆,寒风冻死我,明天就垒窝。"天亮了,阳光普照大地。喜鹊在枝头呼唤邻居寒号鸟,但是可怜的寒号鸟在半夜里已经被冻死了。

正是存有侥幸心理,寒号鸟才最终失去了性命。所以说,在现实生活中,我们千万不能抱有侥幸心理。不要错误地认为一个小细节对整个命运起不了什么作用,

"千里之堤，溃于蚁穴"，不及时把小洞修复了，等其发展成为大洞的时候，造成的损害可能就来不及弥补了。

生活中的很多事情都是侥幸心理在作怪，有些人把成功寄托在侥幸上，最后得到的却是失败；有些人把避免灾害寄托在侥幸上，终没有避免灾害；有些人说"要是知道会出这样的事，我当时肯定不会这样做了"，究其原因还是侥幸。只有避免侥幸，才能避免灾难，才能少些后悔。

## 关键时刻避免侥幸，才能避免灾难

学生考试时可能抱有侥幸心理，最差的结果就是不及格重修；酒后驾车抱有侥幸心理，则可能会让你失去生命。

酒驾一般就是因为存在侥幸心理——高估自己的车技，低估交警的"敬业"精神。其实，不要庆幸于每次的"侥幸逃脱"，长期的侥幸正是酿成惨剧的根源。

## 逢人只说三分话，保护自己，也能试探他人

《增广贤文》里有这样一句话："逢人且说三分话，未可全抛一片心。"把话说得太满，就无法保证每一句话都说得滴水不漏，从而在交际场上招来误会，为自己留下隐患。

## 第七篇
⊙小心防范，识破他人的诡计

清朝光绪皇帝载继位时年仅四岁，由两宫皇太后垂帘听政。慈禧常单独召见廷臣，有事不与慈安太后商量，慈安太后颇为不满。1881年初，慈禧忽然得了重病，征集中外名医治疗都没有效果。后来用产后疏导补养的药治疗，竟"奏效如神"。于是慈安太后知道慈禧失德不检，便以庆贺慈禧康复为名，在钟粹宫摆下酒席，和慈禧共饮。

酒过三巡，慈安太后让左右的人下去后，就谈起咸丰晚年的事来，说："20多年来两宫相处还算好，有一件事早想和妹妹说了，请妹妹看一件东西。"慈安说着起身从一个匣子里拿出一卷黄绫纸来。原来是咸丰帝临终时写给慈安太后的手谕，大意说若此后那拉氏不安分，可出示此诏命让大臣把她除掉。慈禧听后脸色大变。

慈安太后出于好心告知慈禧此事，想借此遗诏规劝慈禧今后处处须检点。为了不使慈禧猜忌，慈安当场将遗诏在蜡烛上烧了，说："此纸已无用，焚之大佳。"慈禧表面上感激涕零，暗中却心怀鬼胎。不久，慈安太后患感冒，当晚就死了，据传是被慈禧毒死的。

俗语说："祸从口出，言多必失。"言语谨慎对一个人立身处世具有深刻的意义，花开得太盛则败，话说得太满则会招致祸患。因此，老于世故的人，只说三分话。说话本来有三种限制，一是人，二是时，三是地。非其人不必说；非其时，虽得其人，也不必说；得其人，得其时，而非其地，仍是不必说。非其人，你说三分真话，已是太多；得其人，而非其时，你说三分真话，正可以给他一个暗示，看看他的反应；得其时，而非其地，你说三分真话，正可以引起他的注意，如有必要，不妨择地长谈，这才叫通达世故。

当然，话又说回来，逢人只说三分话，并不是叫你硬生生地话说三分就闭口，这样很生硬，也会令人不满和戒备。其实，在社会交往的时候，可以灵活发挥，既不至于把话说得太满而失了回旋的余地，又可以让人觉得你真诚坦率——这就得看个人的功力如何了。

威尔逊刚就任俄亥俄州州长之时，在一次宴会上，宴会主席向在座众人介绍，说威尔逊是"未来的美国总统"，这只是主席对威尔逊的称颂罢了。

威尔逊在即兴发言时，给大家讲了一个故事："在加拿大有一群垂钓的游客，其中一个叫作强森的人，大胆地试饮某种有危险性的酒。强森喝了酒后，便和其他同伴欲搭火车回去，但是，他却不搭北上的火车，反乘南下的火车。于是，大家急于把他找回来，就打电话给那班南下列车的车长：'请将一个叫强森的矮个子，送往北上的火车，他喝醉了。'不久，他们就收到车长的回电，表示：'请再详示其特征。本列车中有十三名醉酒的乘客。他们既不知自己的姓名，更不知目的地是何方。'"威尔逊笑着说，"而我威尔逊，确知自己的姓名，可是，却不能像你们的主席一样，确实知道我将来的目的地在哪里。"四座的人士听后都哄然大笑。

威尔逊用一个巧妙的故事补救了主席的"口误"，用"我不知道将来的目的地在哪里",给自己留下了余地,避免了日后可能产生的问题,还为在座众人留下了谦逊有礼的印象。

"马有失蹄,人有失言",把话说满了就无法保证每一句话都说得滴水不漏,从而在交际场上招来误会,为自己留下隐患。所以掌握好说话的艺术,当说则说,当止则止,这样才能为自己的发展提供帮助。

## ■ 看透而不说透,才是真正的明哲保身之道

"逞能"之时就是感觉最良好之时,因得意而无防备,危险就来临了。逢人只说三分话,看透而不说透才是智者之举。

## 给自己的隐私加把锁，免得以后吃亏

与人相处时，不要把自己过去的事全让别人知道，特别是那些不愿让他人知道的个人秘密，更要做到有所保留。向他人过度公开自己秘密的人，往往会因此而吃大亏。

世界上的事情没有固定不变的，人与人之间的关系也不例外。今日为朋友，明日成敌人的事例屡见不鲜。你把自己过去的秘密完全告诉别人，一旦感情破裂，对方不仅不为你保密，还会将所知的秘密作为把柄，到时后悔也来不及了。

马林因为不懂保护隐私，吃了大亏。他刚入职场时，怀着很单纯的想法，像大学时代对室友们无话不说一样，常将自己的一些经历及想法毫不设防地对同事讲。马林工作不久，就因出色的表现成为部门经理的热门人选。可他曾无意中告诉同事，他的父亲与董事长私交甚好。于是，大家对他的关注集中在他与董事长的私人关系上，而忽视了他的工作能力。最后，董事长为了显示"公平"，任命了一个能力和他差不多的职员为部门经理。如果马林保护好自己的隐私，也许就能得到这个升职的机会。老板们都欣赏公私分明的员工，敬业不仅意味着勤奋工作，更意味着以大局为重，不把私事带到工作领域中来。

每个人都有自己的过去，都存在一些不为人知的秘密。朋友之间，哪怕感情再好，也不要随便把你过去的事情、你的秘密告诉对方。

如果你是职场中人，你将你的秘密告诉你的同事，在关键时刻，他可能会拿出你的秘密作为武器回击你，使你在竞争中失败。他将你不光彩的秘密说出来，你的竞争力就会大大削弱了。

自己的秘密不要轻易示人。守住自己的秘密是对自己的一种尊重，是对自己负责的一种行为。

罗曼·罗兰说："每个人的心底，都有一座埋藏记忆的小岛，永不向人打开。"马克·吐温也说过："每个人像一轮明月，他呈现光明的一面，但另有黑暗的一面从来不会给别人看到。"

每一个人都有自己的隐私，一般总是那些令人不快、痛苦、悔恨的往事。比如恋爱的破裂，夫妻的纠纷，事业的失败，生活的挫折，成长中的过去这些都是自己过去的事情，不可轻易示人。

遇到情投意合的朋友，你心里自然十分高兴。随着时间的推移，你们的感情日益深厚。一天酒后，你把积藏在心底多年的秘密告诉了他，这充分显示了你的真诚。你相信他不会做出伤害你的事，也许还能帮助自己解决其中的部分疑难问题。可是不久，你们因为观点的分歧，而发生了争吵。要知道，秘密只能独享，不能作为礼物送人。再好的朋友，一旦你们的感情破裂，你的秘密将人尽皆知。受到伤害的人不仅是你，还有秘密中牵连到的所有人。

尽管对好朋友应该开诚布公，但这并不表明不能有自己的秘密。

不相信任何人和相信任何人都同样是错误的。不相信任何人，无疑是自我封闭，永远得不到友谊和别人的信任，而相信任何人则属幼稚无知，终会吃亏上当。当然，不要把过去的事全让人知道，并不等于什么都不说。有时有保留地跟朋友说说自己的过去也无妨，比如说说你小时候读书上学之类的无关紧要的事情，可以增进了解，加深感情。你对别人说说自己无关紧要的过去，别人也会向你说。你什么也不说，什么也不让人知道，人家想了解你也无从下手，又怎么会信任你。信任是建立在相

## ■ 心事烂在肚子里，不给长舌者露"谈资"

独自一人忍受心中的烦恼是痛苦的，有时我们需要找人倾吐衷肠。这种倾吐，有时是为了企求帮助，请对方出主意；有时只要能向人打开心扉就十分满足了。

把秘密和心事抛给了别人，你就失去了把关的能力。要把心事包严实一些，心事的倾吐会泄露一个人的脆弱面，这脆弱面会让人改变对你的印象，有的人欣赏你"人性"的一面。

有人却会因此而下意识地看不起你，最糟糕的是脆弱面被别人掌握住，会形成他日争斗时你的致命伤，这一点不一定会发生，但你必须预防。

互了解的基础上的。秘密只伴随自己，千万不要廉价地送给别人。因此，与人交往时，要避免自己的感情冲动和谈话时间过长，做好必要的防范。

## 隐藏自己的弱点，不让他人抓住把柄

在希腊神话中，有这样一个寓意深刻的故事：

阿喀琉斯是希腊神话中最伟大的英雄之一。他的母亲是一位女神，在他降生之初，女神为了使他长生不死，将他浸入冥河洗礼。阿喀琉斯从此刀枪不入，百毒不侵，只有一点除外——他的脚踵被提在女神手里，未能浸入冥河，于是"阿喀琉斯之踵"就成了这位英雄的唯一弱点。

在漫长的特洛伊战争中，阿喀琉斯一直是希腊人最勇敢的将领。他所向披靡，任何敌人见了他都会望风而逃。

但是，再强大的英雄也有弱点。在十年战争快结束时的时候，敌方的将领帕里斯在众神的示意下，抓住了阿喀琉斯的弱点，一箭射中他的脚踵，阿喀琉斯最终不治而亡。

"阿喀琉斯之踵"的故事告诉我们，人都是有弱点的，即使是被誉为希腊不败战神的阿喀琉斯也不例外。不过，最终令他丧命的，并不是因为对手多么强大，而是因为他没能隐藏并保护好自己的致命的弱点——那个常人都不注意的脚踝。

这正是心理学中木桶定律的一个典型写照。该定律指出，一只木桶盛水的多少，并不取决于桶壁上最高的那块木板，而恰恰取决于桶壁上最短的那块木板。

虽然不少人主张，人应把自己的弱点说出来并加以批评，以求得他人理解和谋求进一步更正。可是，在这个竞争激烈，处处需要角逐的社会里，我们很多时候必须学会把自己的弱点隐藏起来，既不能让他人知道，更不能让他人摸得一清二楚。

请你仔细想一想，在以前的经历中，自己有没有被别人利用弱点而占了便宜，有没有被别人引入弱点的范围而受了骗？想必，很多人都会有这种情况。

在现实的竞争世界里，如果我们一直是委曲求全、以和为贵，就很可能有人故意制造争端，引发吵闹，让我们不得不做出让步以求宁静。如果我们很容易感到内疚，就很可能有人装出一副自我牺牲的样子来对你进行感情敲诈，让你感到过意不去，从而在他"牺牲"之前使你抢先"牺牲"了。如果我们好面子，就很可能有人以非常冠冕堂皇的形式套走我们口袋里的苦汗钱，而我们自己，却"哑巴吃黄连，有口也难言"。

要知道，无论你是多么强大，你都会有弱点。在漫漫长路中，人人都会遇到各种各样的人。因为利益、名誉、权势等各方面的原因，这些人有的会成为我们的竞争对手，有的会成为我们的合作伙伴，有的只是萍水相逢的一面之交。然而，这一切关系都不是固定不变的，都是会随着时间和境况的变化而变化的。即使是合作者也会有人想把你排在他的后面，甚至想通过合作把你打败、征服。

所以，我们要懂得隐藏自己的致命弱点，不让他人抓住自己的把柄，这也是保护自身安全的一个极其重要的方面。因为在获得了基本的安全之后，我们才能获得以后的发展。否则，即使成了战无不胜的阿喀琉斯又能怎样？最后还是要败给自己的致命弱点。

## 在不了解对方的情况下，要适度防范

曾几何时，我们的善心落入了别人"恩将仇报"的陷阱，变成了社会"摇尾乞怜"的陪葬品。"人之初，性本善"，但我们的善心却常常得不到善报，使得现代版的《农夫和蛇》的故事不断重演。究竟是我们不该以善心待人，还是我们的善心施错了对象？

寒冷的冬天，一个农夫在农田里发现了一条冻僵的蛇。他觉得它很可怜，便把它拾起来，小心翼翼地揣进怀里，用暖热的身体温暖着它。蛇靠着农夫的体温，渐渐复苏了，又恢复了生机。等到它彻底苏醒过来，便立即恢复了本性，用尖利的毒牙狠狠地咬了农夫一口，使他受了致命的伤害。农夫临死的时候痛悔地说："我可怜恶人，不辨好坏，结果害了自己，遭到这样的报应。"

有人说，"怜悯恶人是一种不可饶恕的罪行"。因为，怜悯恶人有可能最后伤害自己或者伤害他人，本来想做好事，结果却造成了更多、更大范围的伤害，难怪是"不可饶恕的罪行"！善心反成了"恶行"，怜悯反成了"罪行"，似乎有点悲哀，世界当真颠倒黑白了吗？

2009年8月的一个晚上，肖某接到大学时的同窗好友曹某打来的电话，对方称自己刚来此地，身上带的钱都用完了，无处借宿，希望肖某能帮帮忙。肖某考虑自己住的宾馆正好还有一张空床，就让曹某到自己的住处来了。

次日一大早，肖某因有急事便早早出门了，留下曹某一人在宾馆睡觉。下午，肖某回到宾馆时发现自己价值万元的笔记本电脑不见了，而曹某的电话也联系不到。肖某想起曹某身上没钱，可能偷自己的电脑去当钱了。于是，他赶紧到曹某经常去的典当行。老板告诉他，上午，曹某确实拿着一台笔记本电脑到他的店典当，但是，由于曹某当时拿不出相关证据，被典当行的老板拒绝了。

无奈之下，肖某只好先向有关部门报了案。

肖某好心收留朋友，结果所谓的"朋友"却反过来"咬"了他一口。善心似乎就这样被践踏和踩躏了。其实不然，善行遭恶报的症结所在就是愚蠢的善行、盲目的仁慈和不分忠奸的善良，这样只能使自己走入迂腐的禁区。唐僧盲目仁慈，相信白骨精是好人，结果被绑架差点丢了小命，还逼走了孙悟空，让自己陷入困境。东郭先生救走了狼，可狼却恩将仇报要吃掉东郭先生。当我们在唾弃和鄙夷那些不善类或者恶者时，有谁思考过那些"施善者"的愚蠢和"无知的善良"！

拥有善良、正义之心是一件好事，但是不讲原则、盲目施善就是一件愚蠢的事情。盲目的仁慈，可能会被不法分子利用来牟取暴利。

要做一个好人，但不要让自己的"善良"被别人利用。我们凡事都要留个心眼，不要陷入心理误区。在没有清楚了解对方的品行和本质时，千万不要付出自己的真心。要警惕被对方的表面现象所迷惑，将恶人当善类，最终只能毒伤自己。我们不做恶人，不伤害其他任何人，但是我们要学会保护自己，善待自己，这才是真正的善待自己的同时善待他人。

## ■ 帮人忙时要懂得保护自己，以免惹祸上身

> 是是非非几乎存在于社会的每一个角落里。不管你是什么样的人，是非不要轻易招惹，等沾在了身上想甩也甩不掉。

> 社会形势复杂，在好心帮人的同时，说不定就会突然卷入什么是非以致招来横祸。这时候，聪明人采取的方法应当是不可留之地不能留，及早脱身离开，以免祸害。

## 向别人倾吐心事要慎重，提防他以后的攻击

随便向人倾吐自己的心事，就是把自己的心灵弱点向别人展示，授人以把柄，他日会成为别人攻击你的突破点。

早在安庆战役后，曾国藩部将即有劝进之说，而胡林翼、左宗棠都属于劝进派。劝进最用力的是王闿运、郭嵩焘、李元度。当安庆攻克后，湘军将领欲以盛筵相贺，但曾国藩不许，只准各贺一联。于是李元度第一个撰成，其联为"王侯无种，帝王有真"。曾国藩见后立即将其撕毁，并斥责了李元度。在《曾国藩》日记中也有多处戒勉李元度审慎的记载，虽不明记，但大体也是这样。曾国藩死后，李元度曾哭之，并赋诗一首，其中有"雷霆与雨露，一例是春风"句，潜台词仍是这件事。

李元度联被斥，其他将领所拟也没有一联合曾意，其后"曾门四子"之一的张裕钊来安庆，以一联呈曾，联说：

天子预开麟阁待；

相公新破蔡州还。

曾国藩一见此联，击节赞赏，即命传示诸将佐。但有人认为"麟"字对"蔡"字不工整，曾国藩却勃然大怒说："你们只知拉我上草案树（湖南土话，湘人俗称荆棘为草案权势）以取功名、图富贵，而不读书求实用。麟对蔡，以灵对灵，还要如何工整？"蔡者为大龟，与麟同属四灵，对仗当然工整。

还有传说，曾国藩寿诞，胡林翼送曾国藩一联，联说：

用霹雳手段；

显菩萨心肠！

曾国藩最初对胡联大为赞赏，但胡告别时，又遗一小条在桌几上，赫然写有："东南半壁无主，我公岂有意乎？"曾国藩见之，惶恐无言，便将纸条悄悄地撕了个粉碎。

左宗棠也曾有一联，用鹤顶格题神鼎山，联说：

神所凭依，将在德矣；

鼎之轻重，似可问焉！

左宗棠写好这一联后，便派专差送给胡林翼，并请代转曾国藩。胡林翼读到"似可问焉"四个字后，心中明白，乃一字不改，加封转给了曾国藩。曾阅后，乃将下联的"似"字用笔改为"未"字，又原封退还胡。胡见到曾的修见，乃在笺末大批八个字："一似一未，我何词费！"

曾国藩改了左宗棠下联的一个字，其含意就完全变了，成了"鼎之轻重，未可问焉！"所以胡林翼有"我何词费"的叹气。一问一答，一取一拒。

曾国藩的门生彭玉麟，在他署理安徽巡抚，力克安庆后，曾经遣人往迎曾国藩东下。在曾国藩所乘的坐船犹未登岸之时，彭玉麟便遣一名心腹差弁，将一封口严

密的信送上船来，于是曾国藩便拿着信来到后舱。但展开信后，见信上并无上下称谓，只有彭玉麟亲笔所写的十二个字：

东南半壁无主，老师岂有意乎？

这时后舱里只有曾国藩的亲信倪人皓，他也看到了这"大逆不道"的十二个字，同时见曾国藩面色立变，并急不择言地说："不成话，不成话！他还如此试我。可恶可恶！"

接着，曾国藩便将信纸搓成一团，咽到肚里了。

当曾国藩劝石达开降清时，石达开也曾提醒他，说他是举足轻重的韩信，何不率众独立。曾国藩黯然不应。

可见，在曾国藩的人生哲学中，有一套他独知的秘诀——自护。

有些心事带有危险性与机密性，例如你在工作上承担的压力与牢骚，你对某人

## 守好自己的隐私，防止祸从口出

每个人都有自己不想让人知道的那一部分小秘密，即所谓的隐私。

既然隐私有其"隐"的一面，我们在与他人相互闲聊或调侃时，哪怕感情再好，都不要把他人的隐私公布于众，更不能拿来当作笑料。

的不满与批评，你对某事的意见。当你痛快地倾吐这些心事时，有可能以后被人拿来当成和你竞争的有力武器，到那时你是怎么失败的，你自己也许都不知道。人在一生中，总免不了会遇到吃亏上当、摔跟斗的事。所谓"吃一堑，长一智"，在吃亏以后再吸取教训，深刻是深刻，代价未免大了些。

向别人倾吐心事一定要慎重。因为心事的倾吐会泄露一个人的脆弱面，这脆弱面会让人下意识地瞧不起你，最糟糕的是脆弱面被别人知道，会形成他日争斗时你的致命伤。虽然这种事不一定会发生，但你必须提防。

做人有许多要诀值得细究，其中如何不让人知道你的心思尤其是重点。世事复杂，人心多样，暴露心思一般都是会被人盯梢的！

## 莫被表面现象迷惑，以免他人以此制造骗局

"表面现象"经常可以蒙蔽人，因为人们习惯于"以貌取人"，往往看不见"金玉其外而败絮其中"，看不见表面平静而内心波涛汹涌，看不见表面善良而内心狡诈。

清朝时，河南境内的一个镇上有一家金饰店。有一天，店里来了一个跛脚的男子。尽管他走路不方便，却穿得十分体面。他一走进店内，就向店主人大发牢骚，说县令非常残暴，竟然为了一点小事，就把他打伤了，还一副气呼呼的模样说，他一定要报复，等等。

店主人忙着做他的事，听归听，做事归做事，并没有怎么注意他。这人说着说着，从衣袖里取出一片很大的狗皮膏药，就在打造金饰的炉边将药熏烤起来，似乎准备等膏药软化后，便用来贴敷身上的伤口。

这种借用店内炉火的事，在金饰店是常有的，算是给路人行个方便。尽管不认识这个人，但店主基于方便他人的心理，根本不疑有诈。谁知道膏药熔化后，跛脚汉竟然出其不意地将膏药往店主的脸上糊去。瞬间，店主人陷入一阵慌乱，本能地忙着处理被偷袭的头脸。那个跛脚男子却趁这个机会，将铺中几件贵重的金饰席卷而逃！等店主呼救后，跛脚汉已经逃得不见踪影了。

无独有偶，在江西某地区也发生过类似的事情。一户卖米的人家，在大门口放置了几个米袋。有一天，忽然来了一个跛脚大汉，挺着个硕大的肚子，一瘸一瘸地走了过来，然后，气喘吁吁地就坐在米袋上面休息。

附近有不少人都看到了，但工作的工作，闲聊的闲聊，没有人会去在意这种事情。毕竟方便过路人嘛，没什么大不了。

过了一些时间，大家在不经意之间，感觉那人似乎站了起来，而且一瘸一瘸地又走了。可是，没多久之后，这户人家却发现少了一袋米。

经过大家追查，才发现那人跛脚是假的，大肚子也是假的，不过是为了掩人耳

目，方便夹带米袋走人罢了！这真是本想做好人、行方便，却不小心丢了钱财。

以貌取人、以貌视物或许不是一项缺点，却是一项弱点。这种习惯成自然所养成的成见，虽然让人能够迅速辨别当下所见的事物，同时却也容易圈住人们的思考与判断，特别是在不经意的时候，最容易引起误判。

## 看清表面善良而内心狡诈的人

以貌取人、以貌视物或许不是一项缺点，却是一项弱点。容易圈住人们的思考与判断，特别是在不经意的时候，最容易引起误判。

这个年轻人主动将她扶上人行道，心会这么好？大妈摸摸口袋，才发现200多元钱"不翼而飞"了。大妈这时才恍然大悟，刚才那位"热心人"已经在扶她的过程中将她口袋里的钱掏走了。

我们在接受别人的热情帮助时，切不可掉以轻心让他人有机可乘，要看清那些表面善良而内心狡诈的人。信任别人本是无可厚非的，但是不防人却是大错特错。

## 勿打听别人的隐私，否则别人会把你定为危险人物

与人交往，并不是了解得越多越好。每个人都有不愿说出的秘密，有不想外人所知的隐私。知人不必言尽。当触犯了他人的隐私，他并不会将你当作朋友，反而会将你定为危险人物。所以，别人的秘密就是你的地狱，千万不要踏进去。

一只老虎登上了森林之王的宝座,许多动物都送来礼物祝贺。一只狐狸为了更好地巴结老虎,挖空心思,想办法弄来了一条十分珍贵的波斯地毯送给了老虎。老虎让狼铺在洞里,一看尺寸不多不少,大小正好合适。动物们纷纷称赞送礼的狐狸有眼光,想得真周到。狐狸自己也沾沾自喜,可是老虎心里却感到很不舒服。

原来,狐狸为了博得老虎的欢心,此前每次到老虎洞里来,都仔细观察洞的大小,并加以准确的目测。因此,它送来的地毯才会完全合适。

后来,老虎找了个借口把它杀了。为什么会这样呢?因为老虎感到狐狸的心机太深了,对自己洞的大小都能计算得如此准确,毫厘不差,那么它对自己其他方面的事情也一定了如指掌。老虎感到,把这样的狐狸留在身边实在太危险了。

每个人都有自己生活的空间,都有自己隐私的"秘密花园"。在自己的空间里,人们不希望被打扰。但是,我们中的一些人为了讨好某人,挖空心思地打探此人各方面的信息:家住哪里、家里有何人、他的喜好如何,等等,认为掌握了这些信息便可以投其所好。也有人认为,了解别人越多越深,与别人的关系就会变得越好越铁。殊不知,你掌握别人的消息越多,他越会感到不自在、不安全,越会将你定为危险目标。所以,了解别人一定要有度,千万不要误入别人的隐私禁区,突破别人的心理防线,否则会惹祸上身。

狐狸是聪明的,它为了赢得老虎的欢心,每次造访老虎都会仔细观察老虎的洞穴。其实,可能它的目的很单纯,只是想为老虎送一条合适的地毯。但是老虎不这么认为,它觉得狐狸可能掌握了其他的秘密,对它来说是一个威胁,所以就找个借口把狐狸杀了。狐狸的悲哀在于"成也聪明,败也聪明"。它不懂得老虎保护隐私的心理,为自己挖掘了坟墓。

事实上,不仅凶残毒辣的老虎不愿意别人了解自己的隐私,就是我们人类也有这样的心理。一位著名的文学家曾说:"每个人的心底,都有一座埋葬记忆的小岛,永远不向人打开。"每个人都不愿意暴露自己的隐私,都有权利把自己的隐私埋葬起来。所以对于别人的隐私,千万不要主动打听,也不要显得自己很清楚、很了解。有时候即使无意间碰巧看见或知道了,也应该装聋作哑,假装什么都没有注意到。

## 第三章

# 防微杜渐，免受其害

### 宁得罪君子，不得罪小人

得罪了君子，他要么会宽容地一笑了之，要么顶多骂几句、打两下泄愤；开罪了小人，他就会各种阴招暗箭不定时飞出，让人防不胜防。

从古至今，没有一个武将能像关羽一样，被上至帝王将相，下至黎民百姓，甚至草寇强盗共同顶礼膜拜。有人用"忠、信、勇、义"四个字概括关羽，今天，关公庙不仅遍及华夏大地，朝鲜、日本、越南等国家也处处可寻。这样的伟丈夫最终却败走麦城。酿成这一悲剧的不是敌军强大，而是自己阵营里出了叛徒——糜芳、傅士仁。

糜芳是糜竺之弟。刘备在徐州败于吕布之时，糜家兄弟助军资帮他渡过难关，并嫁妹于他，糜竺得封安汉将军，地位在军师诸葛亮之上。糜芳也被任命为南郡太守，护卫荆州。糜芳本事不大，但倚着国舅的身份，先言赵云长坂坡投敌，后又与关羽时有摩擦，关羽看在兄长刘备的面子上毫不介意。然而，关羽一失荆州，糜芳即投敌孙吴，气得关羽怒气充塞，疮口迸裂，气绝于地。

此前，关羽在风头正健之时，随军司马王甫曾提醒他说："糜芳、傅士仁两人恐不用心竭力。"关羽大大咧咧地说："汝勿多疑，只与坐烽火台去。"关羽温酒斩华雄，诛颜良杀文丑，过五关斩六将，临江亭单刀赴会，捉庞德擒于禁水淹七军，何等英雄豪迈，不料却栽在只会搬弄是非的小人手里。《唐书》里面记载着这样一个故事：

唐朝时候，有一位恶人叫丁谓，是跟郭子仪同时代的。这个人当时在朝廷里并不得志，地位并不高，是一个小官，心术不正。人很有才气，但是有才没有德。郭子仪那时却出将入相，何等威风！

有一次丁谓来拜访他，他把他的家人完全撤到后面去，自己整整齐齐地穿了朝服来见丁谓。等丁谓离开之后，家里人就问郭子仪："你接见人从来没有这样如临大敌一般，为什么对待这个人要这样恭敬？"

他就跟家人说："这个人心术不正，又很聪明、很会巴结人，不能得罪。万一将来他做了大官、得了志，我们得罪了他，他怀恨在心，会报复我们的。"

他的话果然应验了。后来，丁谓做了高官，朝廷忠良凡是触犯了他的，他都想

## 怎样识别小人

生活中如何明辨小人呢？毕竟小人没有特别的样子，脸上也没写"小人"二字，而且有些小人甚至长得既帅又漂亮，有口才也有文采，还一副"大将之才"的样子。

喜欢攀附权贵。谁有钱有势就依附谁，一旦失势马上一脚踹开，另寻他主，这是小人的一大特点。

喜欢落井下石。只要有人跌跤，他们会追上来再补一脚，在小人眼里，看别人跌跤是最快乐的事情。

喜欢踩着别人的鲜血前进。要么利用别人为其开路，而不在乎别人的牺牲；要么自己有错却死不承认，硬要找个人来当挡箭牌，做替死鬼。

事实上，小人的特点并不止这些，总而言之，凡是不讲法、不讲理、不讲情、不讲义、不讲道德的人都带有小人的性格。

方设法报复人家。郭子仪不曾得罪他，所以才得以保全！

可以说，郭子仪的一生能够平平安安地度过，与他"敬小人"的处世哲学是有很大关系的。

小人之所以"小"，是因其有小心胸、小聪明，善耍阴招。猛虎之爪或可躲过，黄蜂之刺防不胜防。俗话说：君子喻于义，小人喻于利。小人不讲道义、不遵章法、不惜一切，唯利是图，是我们人生路上万万不可得罪的。

## 切记，别用别人的错误来惩罚自己

希腊神话中有这样一个故事：

有一位名叫海格力斯的大力士英雄。一天，他在路上走着走着，感觉脚边有个什么东西在跟着自己，低头一看，是一个很难看的袋子。他便用脚踩了一下那个袋子，希望它能离开自己的脚，但是，那个袋子反而胀大了一点。

海格力斯很生气，就又使劲地踩了它一下，这个袋子又胀大了一些。海格力斯被激怒了，他找来一个棒子使劲地打着这个袋子，但是袋子不但没有小，反而越来越大，最后把路都堵死了。

海格力斯没有办法，仇恨地看着它。这时，一位圣者来到海格力斯面前说："你不要招惹它了，它叫'仇恨袋'。你越惹它，它就会越大。你放弃它，它就会小如当初。"

这个故事蕴含了丰富的哲理。在生活中，我们的怨恨不就像海格力斯遇到的袋子一样吗？开始的时候很小，当你的仇恨加深时，这个袋子就会越来越大。最后，弄得自己满心的仇恨，陷在仇恨之中不能自拔，可能受到更大的损失。如果你能将矛盾或者仇恨化解，它就会消失，你也就不会再受它的折磨了。

在日常生活中，我们也常见到这样的现象：邻里之间由于误会或者嫉妒，出现了矛盾，彼此都不让步，都在仇恨着对方。今天我让你损失点这，明天我让你丢点那，以此来达到出气的目的。如你家的小孩打了我家的小孩，明天我就毒死你家的一只鸡。反过来，那家也许会让你损失一只猪，就这样冤冤相报，最后可能会闹上法庭，成为永远的仇人。

但是事后想想，我们的仇恨让我们得到了什么呢，可能得到的是一时的解气，但是会损失更多，失去好邻里，失去好名声，依然要受怨恨的折磨。

当我们遇到"仇恨袋"时，最好不要去惹它。越是惹它，它就会变得越大，很可能给自己造成无法弥补的损失。反之，如果我们选择放弃仇恨，也许会给我们带来很多好处。

生活中，我们要学会用一颗宽容之心对待一切。不要因为一点的小事，就让仇恨充盈你的心里。当你被仇恨缠绕时，多想想这个人平时对你的好，这样就会让仇恨消失、化解。对别人的宽容也是对自己的原谅,给别人台阶下也是在为自己铺路。放下心中的仇恨,前面就是灿烂的阳光。雨果说:"世界上最大的是陆地,比陆地大的是海洋,比海洋大的是人的胸怀。"也就是告诉人们,我们的心胸要比我们想象得更宽阔。

面对别人的仇恨,不要冤冤相报。最有效的解决办法是放弃仇恨,不去理它,让它自生自灭,或者化干戈为玉帛。学会用我们的宽容之心去原谅别人的错误,千万不要拿别人的错误来惩罚自己。

## 不必和小人划清界限,避免成为他的攻击对象

小人不一定愿意做小人,只是有时也迫不得已。如果我们以仇视的心去对待小人,跟他们划清界限,弄不好,我们也会成为小人的攻击对象,成为别人眼中的"小人"。

### 轻易别得罪小人

小人每个地方都有，这种人常常是一个团体纷扰之所在。他们的造谣生事、挑拨离间、兴风作浪，很令人讨厌，所以有些人对这种人不但敬而远之，甚至还抱着仇视的态度。

仇视小人固足以显出你的正义，但在社会交往中，这并不是保身之道，反而凸显了你的正义的不切实际。因为你的"正义"，公然暴露了这些小人的无耻、不义。再坏的人也不愿意被人批评"很坏"，总要披一件伪善的外衣，这是人性。而你特意凸显的"正义"，却照出了小人的原形，这不是故意和他们过不去吗？君子不畏流言、不畏攻讦，因为他问心无愧。

小人看你暴露了他的真面目，为了自保，为了掩饰，他是会对你展开反击的。也许你不怕他们的反击，也许他们也奈何不了你，但你要知道，小人之所以为小人，是因为他们始终在暗处，用的始终是不法的手段，而且不会轻易罢手。你别说你不怕他们对你的攻击，看看历史的血迹吧，有几个忠臣抵挡得过奸臣的陷害？

所以，和小人保持距离就好了，不必疾恶如仇地和他们划清界限，他们也是需要自尊和面子的。何况你也不可能完全"消灭"小人，因为"小人"是一种人性现象，而人性是亘古存在的，因此不如和他们保持一种"生态"上的平衡。而且，有他们的存在，才能彰显你这"正人君子"的价值与可贵。另外有一点也必须了解，"小人"有时也会有一些"正义"，会不留情面地揭人阴私与不法，这对游走于法令边缘的人，未尝不是一种威胁，"小人"还是有某种存在价值的。

至于君子，你也不必去逢迎拍马。因为真正的君子一般都有洁癖，他们不喜欢这些非正道的行为。固然人都喜欢被奉承，喜欢被一群人把他捧得高高的，但真正的君子会自省。一旦发现你是故意在奉承他，他基于洁癖，反而会故意疏远你，甚至生起嫌恶之心。对你，这就弄巧成拙了。

所以，对真正的君子，保持你的不卑不亢就行了，这样君子反而欣赏你这种风格。在阴暗复杂的社会里，常令人不知如何举措，多听多看，谁是君子谁是小人，了然于胸矣！

## 你可以不做布局者，但不要成为别人的棋子

骗子总是善于抓住各种机会挑拨离间。如果不假思考，而是想当然地轻信，就很容易被人利用，成为别人获取利益的工具。不要随便听从别人的话，小心被人当枪使。

烈日炎炎，森林里的动物们都渴得四处找水喝。一只狐狸好不容易找到一眼清泉，正想饮个痛快，不料来了一头狮子，蛮横地把它赶跑了。

狐狸愤愤不已，一边走一边不甘心地回头看。忽然，它看见不远处有一头野猪，顿时有了主意。它立即迎上去对野猪说："野猪大哥，你也想喝水吗？前面正好有一眼清泉，可惜被狮子霸占了，它宣布清泉归它所有，谁也不准饮用！"

早已干渴难忍的野猪一听就火了,"噌噌"几下冲到狮子面前,大声嚷道:"狮子,别以为自己是兽王,就可以蛮不讲理。这清泉属于大家,我有权利喝点儿水。"狮子大怒:"住口!本大王的清泉,谁也别想喝!"

狮子见野猪竟敢不买自己的账,便走上前去,蛮横地把野猪推开,不让它喝水。野猪顿时火冒三丈,誓死要保卫自己的尊严,猛地向狮子冲过去,于是两个便扭打在一起。

可是,天气这么热,待着不动还热得让人受不了呢,更何况它们打得这么凶?

## 不听信谗言,防止小人坐山观虎斗

社会就像一座大森林,每天都上演着残酷的生存竞争游戏。有的人工于心计,为了达到某种目的,常常精心设下圈套,唆使别人出头露面去替他办事,自己则躲在一边坐收渔利。

玩弄心机者常常给我们玩一些假靶子的阴谋,用激烈的话语勾起我们对他人的仇恨,自己却躲在一边鼓掌,享受胜利的喜悦。

就像小人会激怒两只"老虎"互相打斗,他只需要两败俱伤的时候收获战利品就可以了。

小人的手段其实并不高明,上当受骗是因为我们盲目听从,没有冷静思考。很多事情并不像表面那样简单,背后往往有不可告人的目的。

不一会儿，它俩便气喘吁吁，于是决定休息一会儿再继续战斗。

这时，站在不远处的狐狸却一个劲儿地煽风点火："野猪大哥，加油呀！争口气，好好教训教训它！"受到鼓舞的野猪站起来和狮子又扭打成一团。

最后，狮子和野猪连爬起来的力气也都没了，狐狸则趁机在清泉边饮了个够。

狐狸利用野猪的头脑简单和急于喝水的心理，极力挑拨它和狮子的关系。憨厚的野猪没有看透狐狸的诡计，糊里糊涂地与错误的敌人进行了一场错误的战争。野猪这杆枪被工于心计的狐狸使了个痛快，最后却连口水也没喝上。对于野猪，我们也只能是哀其不幸，怒其不醒了。

## 忠奸分明，不给小人搬弄是非的机会

小人的一大特色便是喜欢搬弄是非，兴风作浪。我们在生活中难免会遇到不少"爱打小报告""无事生非"的人，要学会坚定自己的立场，让这类"小人"无机可乘。

武则天当政时期，曾下诏禁止天下屠杀牲灵、捕捞鱼虾，弄得王公大臣宴请宾客只能吃素席，不敢带有一点荤腥。

朝中有个叫张德的人，官为左拾遗，一贯受到武皇的信任。在他儿子出生后的第三天，亲友、同僚纷纷前去祝贺。张德觉得席上都是素菜实在过意不去，便偷偷地派人杀了一只羊，做了一些带肉的菜，并包了一些羊肉包子让大家吃。

也许是这些亲朋好友与同僚好久没有吃到荤腥味了，见席上有肉，便来了兴致，把酒临风，猜拳行令，好不热闹。三个时辰过去了，大家酒足饭饱，各自回去。张德心中自然也十分高兴。不料，在他的同僚中有个叫杜肃的，官拜补阙，见席上有肉，以为张德违犯了皇帝的诏旨，顿生恶意。临散席时，他悄悄将两个肉包子揣在怀中。散席之后，便去武皇那里告了黑状。

第二天早朝，武皇处理完政事之后，突然对左拾遗张德说："听说你生了个儿子，我特向你表示祝贺。"张德叩头拜谢。武皇又说："你那席上的肉是从哪里来的？"张德一听，吓得浑身哆嗦。他知道，违诏杀生是要犯死罪的，故连连否认道："微臣不敢！微臣不敢！"武则天见状，微微笑道："你说不敢，看看这是什么？"说着，便命人将杜肃写的告状奏章和两个肉包子递给了张德。张德一见，面如蜡纸，不住地叩头说："臣下该死！臣下该死！"此时告状的杜肃，站在一旁扬扬得意，专等封赏。武则天对这一切，早已看在眼中，稍稍一停，便对张德说："张德听旨：朕下诏禁止屠杀牲畜，红白喜事皆不准腥荤。今念你忠心耿耿，又是初犯，也就不治你罪了。"

张德听后高声喊道："谢主隆恩！谢主隆恩！"而杜肃却惊得瞪大了眼睛。

只听武皇又道："不过，张德你要接受教训。今后如再请客，可要选择好客人，像杜肃这种好告黑状的人，可不要再请了！"一时间，张德感激得痛哭失声，诸大臣见武皇如此忠奸分明，不信谗言，用人不疑，便一起跪倒在地，高呼："吾皇万岁！万岁！万万岁！"而那个告状的杜肃，在众人不屑一瞥的目光下，羞愧得无地自容，武皇"退朝"二字刚一落音，便赶紧溜走了。

杜肃向武皇告状，本是为了显示自己对主子的忠诚，维护武皇的威严，按理应得到封赏；张德违抗圣旨杀生，按理应当处以死罪。这本是铁板钉钉的事实。可当二人静声屏息等待宣判的那一刻，谁知武皇却幽了他们一默：告状者遭到痛斥，违旨杀生者得宽恕免死；一个被弄得灰溜溜的，一个被感动得痛哭流涕。于是一位忠奸分明、不信谗言、用人不疑的君主的高大形象便在众人心中牢固地树立起来了。

## 敬而远之，不给小人挑拨离间的机会

在我们的生活和工作中也会遇到小人，但是我们要忠奸分明，不给小人搬弄是非的机会，这样不但能树立自己的形象，更能保全自己。

在待人处世中如何与小人打交道，还真得有一套行之有效的方法才行。前人总结出两个要诀：其一，惹不起躲得起，尽量不与小人发生正面冲突；其二，惹得起也要躲。

避开小人完全是因为你根本不值得把太多的精力浪费在一些没有价值的争斗上，破坏你的正事，分散你的精力。

## 第八篇
# 悟透玄机，纵横职场

# 第一章

# 职场智慧,如鱼得水

## 穿上"傻瓜外套",做最容易生存的员工

有人说,"傻"员工总是小事上吃点亏,大事上被机会"缠住"。"傻人有傻福",的确是这样。在很多公司里,那些看起来并不出色,平时表现也很一般,既不善于交际,也不会拍老板马屁的员工,却往往容易得到上司的重用,不是加薪升职,就是委以重任。为何老板都对"傻"员工"情有独钟"?

其实,"傻"员工一点也不傻,他们中很多都是能说会道、能言善辩之人,他们知道做一个"傻"员工,更容易在职场这个复杂多变的环境中生存下去。"傻"人给人一种对人真诚、待人厚道、做事本本分分的印象,也许在许多方面他们表现得技不如人,有很多缺点,但是往往能获得比常人更多的帮助和青睐。他们做事本分,不投机取巧,所以能得到上司的青睐。

一个人如果表现得过于精明,喜欢人前人后显摆,事事想占先,好占便宜,耍小聪明,搞小动作,搬弄是非,自以为才高八斗,抱怨怀才不遇,往往会遭到同事的嫉恨,遭到上司的反感,到时可真是要怀才不遇,自找"亏"吃了。

赵梦是一个高职毕业生,她在一家本科生云集、研究生成群的大公司里从前台接待做起,三年内从一个貌不惊人的小职员迅速跻身为部门经理,创造了最快的升迁神话。当人们问她升迁秘密时,却意外地发现,赵梦的成功靠的不是别的,而是一股"傻气"。

公司规定,每到年末,员工们都要写一份年终述职报告,将自己全年的工作情况形成书面总结,既要总结经验,也要制定目标,提出建议。公司里近千名员工都把这个举动讽刺为最大的形式主义。

就是这样一个形式主义,赵梦却开始一个字一个字地敲键盘打自己的工作报告,很多老员工们对她说:"别傻了,从网上下个改改就得了。上千份报告摞起来比老总的个子还高,他会看吗?肯定最后卖了废纸。"

赵梦笑了笑,没有理会,继续敲打。因为她工作了一年,确实有很多感受,也想借此机会提出建议和设想。

于是,赵梦每天晚上下班回家,饭后第一件事就是冲到电脑前准备自己的工作报告,她要把自己对公司现状的看法和今后的发展建议详细的表现出来。她搜集整理各种材料，绘制图表。一周之后，一本制作精美的年终总结被送到了老板的办公室。彩色封面上是公司的标志和宗旨，扉页上有目录和提要。正文分为三个部分，分别是"我的工作""我的看法"和"我的建议"。每一部分都配备了详细的数据和直观的图表，还用漫画形式展示了公司存在的不良作风和浪费现象。从这份总结中不仅可以看出赵梦的用心和耐心，尤其是她态度诚恳的建议和充满激情的设想让老板感觉到一个员工对公司的主人翁心态。

三天后，老总把赵梦叫到办公室，说："无论是你第一次来应聘，还是这次写总结，都给我留下了深刻的印象。报告我看了四遍，你看问题很准，思路也很清晰，设想很有创意，但我更欣赏你对公司、对工作的那份责任感，你也许需要一个更合适的岗位，好好干吧。"

就这样，赵梦从一个傻乎乎的前台接待一跃成为部门经理，在自己的职场这条路上越走越宽。赵梦真的"傻"吗？毫无疑问，她比谁都更有能力，只是一直隐藏着自己的才能，默默地努力，踏实地做事，暗自找机会把自己的才能暴露给上司。

一个穿着"傻人外套"的员工，不会遭人嫉妒，不会惹上司生气，在自己前进的途中会少很多阻力。不仅更容易生存，还会生存得很美很灿烂。

## 晋升不能靠等待，要懂得抓住机会

对于职场中期待晋升的人士，最大的苦恼在于找不到一个晋升机会。其实机会不是仅仅靠等待就能得来的。常常听到人们感叹机会的难得，殊不知有些时候机会也要靠有心人去主动制造，但同时，机会一旦出现就要牢牢抓住，没有抓住的永远都不能叫作机会。要抓住机会，首先要拥有一双能够抓住机会的眼睛。机会常常改装打扮以问题的面目出现，如对某一重要问题的解决，本身就为某下级的晋升提供了良机。要抓住机会并获得机会需要我们用心去做，下面几点也许会让你有所收获：

**1. 上班不要发牢骚**

当你有艰巨的工作任务时，应尽力去做好，不要牢骚满腹，让别人觉得你没有能力应付这项工作，或觉得你根本不知从何做起。因为许多公司只会留意并晋升那些不嫌工作量多的人。

**2. 在办公室中别让老板等待**

任何人都不要忘记老板的时间比你的更宝贵。当他给你一项工作指标时，这项工作比你手头上的更重要。当他走近你的办公桌时，如果你正在与别人通话，让老板等待，哪怕是短短的十几秒，也是对老板欠尊重的表现。如果电话中是你的客户，当然不能即时终止对话，但你需要让老板知道你已知道他在等你，例如给他使个眼色，用口型说出"客户"或写张小便条给他。

### 3. 助老板一臂之力

当公司要考虑发展大计的时候，正是你显示才华的机会。如果你能花时间认真思考，提出一些颇有建设性的意见，老板自然会对你另眼相看，你被提升是预料中的事。

### 4. 处事不惊

## 抓住机会，在会议中表现自己

**选择会议室里显眼的位置就座**

如果情况允许，选择会议室里显眼一点的位置，不要等待发言机会，因为这机会未必存在，要在适当的时机争取发言。

**抓住机会发言**

职场中的你应该擦亮眼睛，看准时机，并主动把握时间，必要时创造机遇，做一个实实在在的"机会主义者"。

处事冷静的人很多时候会有好处，并得到称赞。老板、客户甚至其他同事会对处事不惊的人另眼相看。如果时常保持镇定，心理上可随时对付难题，自信心也会增强，晋升的机会自然大增。另一方面，一个行为举止闪烁和害羞的人，只会令人对其办事能力失去信心。处事不惊要讲究个人的素质和多临阵考验，所以要敢于去处理突发的难题，处理多了，你的应急能力便会加强，当然那个时候你就会处事不惊了。

5. 要有后备计划

不要以为所有事都如你想的那般顺利，无论何时都应做最坏的打算。准备一个随时可以实施的后备计划，届时就不会手忙脚乱了。此外，当老板要你跟随他出差办公时，替他想想是否有遗漏的物件或材料，而你自己也可以考虑一下主攻的目标是什么，他的实施方案是什么。多准备一些应变的方案，供他参考，这种未雨绸缪的做法可以换来老板对你的赞赏和信任。

6. 学会亡羊补牢

当一个重要的报告给客户后，你突然发现了错误，这时你应当快速地了解情况，查明问题所在，并设法补救。若采取鸵鸟政策，期望问题消失，只会令你更加狼狈。

## 故意在明显的地方留一点儿瑕疵

这一招运用到职场，就是要让对方看到你的小缺点。留一点儿瑕疵，让人一眼就看见"他连这么简单的都搞错了"。

这样一来，尽管你出人头地，木秀于林，别人也不会对你敬而远之。一旦他发现"原来你也有错"，反而会缩短与你之间的距离。

乔波在某钢厂宣传处工作。有一天，处长突然叫他整理一个劳动模范的先进事迹。据知情人士透露，这其实是一次考试，它将关系到乔波是否还能继续在机关待下去。本来对这样的材料，他并不感到为难，但有了无形的压力，便不得不格外用心。他熬了一个通宵，写好后反复推敲，又抄得工工整整。第二天一上班，就把它送到了处长的桌子上。

处长当然高兴，快嘛，字又写得遒劲、悦目，而且在内容、结构上也没有什么可挑剔的。可是，处长越看到最后，笑容越收紧了。末了，他把文稿退回，让他再认真修改修改，满脸的严肃，真叫人搞不清什么地方出了差错。乔波转身刚要迈步，处长像突然想起了什么似的说："对，对，那个'副厂长'的'副'字不能写成'付'，改过来，改过来就行了。"就这么简单！处长又恢复了先前高兴的样子，一个劲儿地夸道："写得快，不错。"考试自然过关，还是优秀哩！

原来，乔波怕自己写得太好，盖住领导的光芒，故意写了一个错别字，把"副"写成了"付"。

## 装傻充愣，把错误揽到自己身上

其实，在人们的潜意识里，没有人会喜欢跟比自己强的人待在一起。但那些看上去"傻里傻气"的人却会让别人感觉舒服，而且他时不时冒出来的"傻问题"，还会给大家增加笑料。

其实这两名员工的文件都交给了老板，老板不留神弄丢了，但身为老板又不能说自己不注意，把文件给弄丢了。如果你是老板，你会喜欢哪一名员工呢？

所以，不管在老板面前，还是在同事面前，特别是在职位比你低的同事面前，不妨装装傻，问一些你懂的问题，多向他请教请教，借此也可以跟他交流，这会让他觉得很高兴。

有时，人们要学会适当地犯一点无伤大雅的小错误，不要在同事、领导面前显得过于完美。比如说上级派你去办一件事情，在事情还没有办完之前，你就不能打包票说一切都没有问题。即便真是没有一点问题，你也要向上级说中间有一点点的小问题，在过程当中还是会遇到一点点的小困难等。否则，上级肯定会认为你在吹牛，降低他对你的信任度。

人不是上帝，都不完美，都会犯一些错误。为了不断地完善自己，你必须给人以批评你的机会。

安德烈耶维奇·法沃尔斯基是前苏联现代艺术家和写生画家，被誉为"苏联人民艺术家"。

他是现代木刻艺术学校的创始人，曾做过建造纪念碑的建筑和剧院美术指导。法沃尔斯基的作品的特点是含义隽永、形象鲜明，在木刻艺术上更是鬼斧神工，于1962年被授予列宁奖金。然而，每当法沃尔斯基给一本书画完插图后，他总是在其中一幅画的角上不伦不类地画上一只狗。毫无疑问，美术编辑一定要他把狗去掉，而法沃尔斯基却固执己见，非要保留这只狗。当争论达到白热化的程度时，法沃尔斯基就做出了让步，把画面上的狗涂掉。

到这个地步，一般来说，美术编辑的愤怒就烟消云散了，绝不会再提出什么挑剔的要求。因为编辑的自尊心得到了维护，也就心满意足了：编辑的任务无非是修改一下作品。但更满意的是法沃尔斯基本人，他的巧计成功了——画将以他所拟定的形式出版。如果没有编辑所诅咒的那条用作诱饵的狗，编辑还不一定要在画上改什么呢！

其实，在与他人相处时，适当地把自己安置得低一点儿，就等于把别人抬高了许多。当被人抬举的时候，谁还有放置不下的敌意呢？既然人不是上帝，那么适当地犯点小错，相信人人都能够谅解。并且，你的这些小错误也给了别人自尊心上的满足。这样，别人才不会因为嫉妒而攻击你。

表面上看来，犯错是不好的，但实际上却是给自己搭了一个获得好人缘的梯子。所以，在与同事、领导相处时，我们不妨恰当地暴露一下自己的缺点，在明显的地方留一点点瑕疵。

## 绝对不可当猛虎，否则会被赶出森林

不管你是不是猛虎，当你被人当成猛虎的时候，你就可能被赶出森林。

可以这样来比喻：一座宁静安详的森林，各种动物各安其所，各取所需，虽有小冲突，却也相安无事，彼此之间构成了一个稳定的生态圈。有一天，一头猛虎闯了进来，于是动物们不得不改变栖息地和觅食方式。由于猛虎的扑杀，某些动物逐日减少，于是生态圈受到破坏，并且进行改变、重组。

# 人际交往心理学

在一个单位里,经过长时间的互动,个人与个人之间,部门与部门之间,自然也会形成一个"生态圈",彼此共生共存,利益共享。他们安于这种环境,不想改变,也无力去改变。谁想改变,谁就会成为"公敌"。

若某人的才干使其他人相对显得"无能",这会使他们心里很不是滋味。如果他

## ■ 初到新的环境一定要谨记下列原则

——姿态放低。否则连工友都会找机会欺负你!

——才干暂隐。切勿初来乍到就自以为很行,应慢慢展露才华,消除他人的戒心,才不会引起抗拒!

——广结善缘。"人和"是此阶段最重要的一件事。和大家打成一片,不但可获助力,也可察知他们彼此之间的利害关系及矛盾。

切勿把自己当"猛虎",更不可让别人把你当成"猛虎"!动物对"猛虎"无可奈何,只能跑,只能躲。

的才干没有获得赏识，那么彼此就可相安无事；若获得赏识，那么势必引起生态圈的震荡，切断了他们的"食物链"，使得有些人丧失既得利益，甚至暴露出他们的不法行为！

此人才干，就犹如闯入森林的猛虎那般！

最好的方法，当然就是把此君赶走！

当然，赶不赶得走也得看当事人的态度，以及他有没有犯错。但无论如何，这种对"闯入者"施予"驱逐"手段的人性是绝对存在，而且是普遍存在的！

因此，不管你才干如何，初到新的环境，必须要有"莫扰乱该地生态圈"的认知，除非你有力量、有把握，也愿意面对这种人性现象。

## 不拉帮结派搞团体，上司才会欣赏你

职场中真正的聪明人、老实人，应凡事做到光明磊落、大大方方，拒绝拉帮结派。这样，你的上司才会欣赏你、喜欢你、重视你，你才可能在职场中有所发展。

家族、氏族、老乡、江湖义气等宗派主义观念在中国根深蒂固，人际关系在中国已经被很多人所重视。我们不得不承认，在旧体制下，由于产权关系混乱，这一套还有很大的市场，以前有一句名言反证了宗派主义的重要性："你有天大的本事，老子不用你，奈何？"但随着中国经济的发展，随着以产权明晰为首要特点的现代企业制度的建立，这一套陈旧的东西已经过时了。能人走到哪里都受欢迎，庸人到哪里都吃闭门羹。

但有些人，特别是那些对自己的能力不自信的人，观念很难与时俱进。不管到哪里，老是喜欢拉关系，找后台，抱大腿，拉帮结派。也许你短时间内可以如愿以偿，但这样的关系不可能长久，别人完全可能因为你的平庸而受到拖累，那么原本脆弱的友谊，也就顷刻间土崩瓦解了。

宗派主义兴风作浪，只会使人际关系复杂化，降低工作的效率。作为组织领导，要时刻警惕宗派主义，对于任何拉帮结派的苗头和企图，都要毫不手软地打压和扼杀。

王非是刚刚毕业的大学生，他自称自由派知识分子，比较超脱，乡族观念、宗派观念很淡漠，这主要和他在大学时同乡会中的境遇有关。本来远离家乡，老乡之间互相关照也没有大的过错，但他看不惯那种没有原则的交情，很多都蒙上了一层私利，甚至发生了"两眼泪汪汪，老乡整老乡"的事件。这一切和他的自由主义精神直接冲突，他以为人与人相处的前提应该是志趣和价值观，而不是地域和血缘。所以他对那些以此来和他套近乎的人保持着异常的警惕，接触一下，可以结交的结交，无法结交的就疏远。

他刚刚踏进一家报社的门，就敏锐地觉察到人事上的刀光剑影，各个部门内都分别以地域、学校等渊源划为几个派别，工作中处处磕磕绊绊，甲说东，乙偏要说西，并不是为了原则，而是为了"立场"，即纯粹是为了反对而反对！老总为了维持运转，只好找平衡。王非只求将本职工作做好，拒绝加入任何一方，成了双方都不欢迎的人。他同老总谈了一次，老总虽然也感到头疼，但由于体制的原因，他也无能为力。报社也在这样无休止的内耗中一天天衰败下去，他觉得不顺心，便离开了这家报社。

后来，他加盟一家私企后发现，这里面几乎就没有那种现象，老板根本就不会迁就任何搞宗派主义的人。任何事情都是对事不对人，公司业务发展得蒸蒸日上，如火如荼。于是，他便很顺心地在这家公司待了下来。

在组织里，由于你与几位同事合作比较密切，又比较谈得来，于是你们几个人便经常聚在一起。久而久之，你们的情谊越来越深，工作上也只为你们几个人的利益考虑，把组织利益放在一边，甚至为了你们的小集体的事而违反组织的规章制度。就这样，在组织里其他同事的眼中，你们形成了一个小帮派。

你可能还在为自己的好人缘而高兴，殊不知，你们此时已经使组织领导感到不舒服了。只要你仔细观察一下，就会发现领导不喜欢那些搞小帮派的人。如果你与他们走得太近，你可能就会受到牵连。你必须从小帮派中退出来，否则，一旦领导把你当成小帮派的一员打入黑名单，你后悔都来不及了。因为领导对小帮派总有不信任感，对小帮派里的人会有很多顾虑。他会认为小帮派里的职员公私难分，如果提拔了圈内的某个人，而与之关系好的"哥儿们"可能会得到放纵，对组织的发展不利，对其他职员也不公平。

另外，领导会担心小帮派里的人不忠诚，经常聚在一起的人脾气相投，若领导批评其中的某个职员或某个职员与其他同事发生冲突，这几个人会联合起来对付上司，影响组织团结。

## 想获得提升，早做准备是上策

在自然界里，静止是相对的，工作也是如此，因为工作就是向一个永远也不能彻底达到的目的接近。现实生活中，每个人都规划了自己的职业之路，都希望自己的职业生涯一片光明。

要想达到这个前景，每个人在规划自己的职业生涯时，需要考虑多方面的因素，而这些因素都将成为你晋升路上的"粮食"。只有早"下手"，晋升之梦才能早日实现。

作为职场人士，你可以享受到的待遇除了薪资优厚外，还有相对的各种福利，也就是工作的附加价值。或许你认为目前公司所支付的薪金根本不足以匹配你的身价，你也另有打算，想换个高薪的工作环境，但切记要三思而行。若仅有高薪而缺少应有的福利,比如公司不愿支付额外的生产补贴或是假期补助,劝你还是打消此念头。你要时刻为升职加薪做准备,循规蹈矩是不能创造升职机会的,因为天上不会掉馅饼。只有不断地寻找和创造机会,才能达到升职的目的。要想得到机会,首先要为机会做好一系列的准备。

当然,如果你是一个积极进取和自信的人,在一个理想的环境之下,遇到公司有高职位的空缺,如果你对这个职位有兴趣的话,也不妨按照以下的建议来做:

1. 了解该职位谁有资格胜任。所谓知己知彼,百战百胜。虽然了解别人并不一定必胜,但是最低限度。你能由此知道,需要拥有什么条件才能获得晋升,从而为晋升做好准备、打下基础。

2. 不妨让领导知道,你对该职位有兴趣,而且提出具体的论据,证明你有足够的资格胜任那个职位。实际上,不少领导为了选择合适的人大伤脑筋,而你这样做是在给他解决难题。正如毛遂自荐,你也需要具备一定的自我推销能力。过分含蓄和谦虚,在现代社会是不适用的,往往会成为前进路上的绊脚石。

3. 在平时要多为公司作贡献,而不是考虑晋升后能得到什么报酬,这一点很重要。领导最讨厌一味追求私利的人,他们觉得这种人过于自我钻营,实际上是华而不实,没有多少能力。假如把这种人提升到较高位置的话,会对公司的发展不利。因此,你应该让领导感到你是有很强的事业心和责任感的,让他觉得你之所以想得到较高的职位,是为公司的前途和利益着想,是为了实现自己的人生目标。

## 面对公司的"皇亲国戚",有理也要吃"哑巴亏"

志强是一家公司的人力资源主管,但是因为得罪了"皇亲国戚",受到领导冷落、同事孤立。于是,他将自己的苦闷通过信件的方式,向一位记者倾诉,以下是信件的内容:

Lydia:

你好。

最近实在太郁闷了,但又不知道该怎么排遣心中的抑郁。从一个朋友那里听到你对冷暴力的调查研究,冒昧给你写信,希望能得到你的帮助。

我之前一直在外企工作,来这家民营公司才三个月。公司里面有很多员工或是老板的亲戚或是经理的朋友,总之有很多人都不是靠本事来的,而是靠关系在这里当寄生虫。我十分反感和厌恶那种人,他们没什么真本事,但在公司里十分嚣张。公司的管理人员对他们也敬而远之。

作为人力资源部的主管,我一直都认为公正是最重要的,不公正的待遇对一些认真工作的员工而言是一种伤害,所以我在工作中力求做到公正。在年终绩效考核的时候,我按照章程实事求是地对那些"关系户"进行了考核。由于他们平时总是无所事事,并且无视公司的规章制度,经常迟到早退,有时候好几天都找不到人,更谈不上什么业绩了,所以我给他们的初步考评的成绩都很低,没有一个及格的。我自认为"秉公执法",没什么不妥。

但是,当我把考评结果拿给部门主管看的时候,他相当不满意,狠狠地批评了我一顿,并且责令我重新考评。我觉得非常委屈,我是按规定办事的,并没有什么错。但当时无法抗拒部门主管的要求,只好重新做了一份绩效考核。此后我的工作更加艰难,那些"皇亲国戚"不时给我难堪,同事对我也不像以前那么热情了,我

## ■ 如何和公司里的"王公贵族"相处

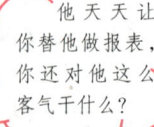

公司中难免会有一些潜规则,不损害"王公贵族"的利益,不与他们为敌,就是其中之一。这也是与公司里有背景的人交往的基本原则。

千万不要在言语上刺激他们,也不要在利益上与他们发生纷争,尤其不要为所谓"正义"而揭发他们。

要较为安全地避开他们这片雷区,不要轻视和怠慢他们,同时也不要与他们交往过于密切,保持一般的关系就可以了。

很苦恼。

志强是一个追求公正、按章程办事的人，按理说他没有什么过错。按照规章制度办事，看起来没有什么错误，但是在很多时候，很多问题并不能通过硬性的规章制度来解决。所以经常有人感慨：职场中人难做事，难做人。其实难就难在许多问题，特别是人际关系的协调上。不按制度办事觉得有违职业道德，按照制度办事又会给自己带来不少烦恼。因此，如何对待公司中有背景的员工是个很需要技巧的工作。对于这一点，刚走出大学校门或是长期在外企工作的人尤其应当注意。因为这一部分人往往对搞关系、私人权力超越公司制度等做法不以为然，他们相信绝对的公平，认为个人权力应该为公司的规章制度让道。这些人往往性格耿直公正，但是他们处理问题的态度和方式在很多时候并不能收到理想的效果，有时甚至还会让自己卷入人际关系的旋涡中。

公司中有背景的职员犹如企业中的"皇亲国戚"，是一个特殊的团体。他们与领导的关系非比寻常，常常仗着自己的特殊身份在公司中搞特例。

他们的存在往往给一般员工和中层管理者带来很大的困扰，有很多人对这种人心生埋怨、颇有微词。但由于他们跟领导有千丝万缕的关系，时常还能左右领导的决策，所以大家对他们敢怒而不敢言。还有的人想利用"关系户"与领导的特殊关系跟领导套近乎，为自己在公司的发展创造条件。他们会巴结讨好"关系户"，与他们形成利益联盟。

志强就是没有看清这里面的利害关系，得罪了这一类人。而且这还不是一个简单地损害一部分职员利益的问题，而是在一定程度上伤了老板的面子。因为那些"皇亲国戚"之所以能在公司工作，就是老板的意思。志强公然认为那些人没有在公司工作的资格，岂不是质疑老板的做法？在工作中能够按章程办事是一种美德，但有时候更需要变通。因为有很多规矩是不写入章程，但又必须遵循的，那就是人情世故的潜规则。

# 第二章

## 揣摩心理，巧妙迎合

### 投其所好，与上司成为"同道中人"

在《潜伏》这部电视剧中，吴敬中曾经对余则成描述他的官场心得："凝聚意志、保卫领袖，这八个字我研究了15年，从复兴社到现在。就是人不为己，天诛地灭。"这样的说辞很清楚地描绘了吴敬中私欲膨胀的形象。在这样的上司面前，你不用表现对党国事业的忠诚，表达跟他同样的想法才能博得他的信任。余则成就这样做了，还指挥翠平也跟站长太太套近乎，向她了解黑市交易的套路。如此一来，站长便会觉得余则成一家与他们都是"自己人"。

心理学家证明，人倾向于接近"与之相似"的人。这里的"相似"包括相同的性格、兴趣爱好、思维方式，等等。也可以归结为"同道中人会惺惺相惜"。所以，如果你和上司成为同道中人，他自然会对你青睐有加。余则成就是这么做的。相反，李涯却没有摸清站长的喜好。其实余则成的这个劲敌身上的确有可取之处。天津站里，只有他是最考虑"党国利益"的人。为工作废寝忘食、鞠躬尽瘁。只可惜他上司的视线在别处，完全忽略了他对党国的忠诚。

引申到现代职场上，我们就需要弄清楚上司的喜好、脾性，做到投其所好。

哈蒙曾被誉为全世界最伟大的矿产工程师。他从著名的耶鲁大学毕业后，又去德国佛来堡攻读了3年。毕业回国后他去找美国西部矿业主哈斯托。没想到哈斯托是个脾气执拗、注重实践的人，他不太信任那些文质彬彬的专讲理论的矿务工程技术人员。所以当哈蒙向哈斯托求职时，哈斯托说："我不喜欢你的理由就是因为你在佛来堡做过研究，我想你的脑子里一定装满了一大堆傻子一样的理论。因此，我不打算聘用你。"

听完哈斯托的话后，哈蒙并没有放弃，他想出了一个办法。只见他假装胆怯，对哈斯托说道："如果你保证不告诉我的父亲，我将告诉你一句实话。"哈斯托表示他可以守约。哈蒙便说道："其实在佛来堡时，我都没怎么在学校研究学问，尽顾着在外实习挣钱了。"

听完哈蒙的话后，哈斯托立即哈哈大笑，连忙说："好！这很好！我就需要你这样的人，你明天就来上班吧！"

我们谁也不能保证自己足够"幸运",刚好与老板持有相同的观念、看法。而这个时候,与其与他争辩不休,倒不如将你的意见暂时收敛一下,以迎合他的口味。当然这个迎合应该有明确的目的。

比如:余则成迎合吴站长,是为了博得他的信任,以方便他的潜伏工作;哈蒙迎合哈斯托,是为了得到这份工作。所以他们虽然迎合了老板,却不会丢失真正的自己。而如果你不顾缘由地一味附和,他会觉得你毫无主见,反而容易引起反感。如何拿捏就要靠你对境况的揣摩了,记住一点:不可完全反驳,不可完全赞同。

另外,对职场上的人来说,必须认清老板是你升职路上的主导者。职场上有一条金科玉律:给你发薪水的那个人永远是正确的。人世间没有无缘无故的爱,也没有无缘无故的恨。老板也不会平白无故地给你升职。

## 怎样和老板相处

### 1.维护老板的利益

老板的利益是非常广泛的,它包括很多方面的内容。作为公司的员工要能够帮助老板解决企业所面临的各种问题,解决企业的困难。

### 2.不要探听老板的"秘密"

如果你偶然发现了老板的不可告人的秘密,那么最好的做法就是保持沉默,装聋作哑,宁可把话全烂在心中也绝不能说出去。

### 保持经常性的接触更能取得老板的信任

与上司之间若缺乏联系,就会使双方愈来愈不信任,更重要的是会大大影响你升迁的机会。

即使你与上司互不欣赏,但只要处处表示你的支持,多少可以赢得上司对你的尊重。而且,你应多考虑以下的问题:上司最需要什么资料?怎样可以帮助他?你以往犯过什么错,将来可以避免吗?

与上司保持经常性的接触,以便保持良好的沟通,是取得信任并得以升迁的必不可少的工作。这种技巧十分微妙,给上司简洁、有力的报告,切莫让浅显、琐碎的问题烦扰他或浪费他的时间,但重要的事必须请示他。

有些时候,上司做出的决定与你的想法大相径庭,你可能会想不通。但是,即便有疑虑,你也必须首先去执行,因为上司的一切决策都有待于下属的拥护和支持。你可以私下里找上司交流一下思想,了解上司究竟是出于何种考虑、何种目的,才做出出乎你意料的决定。了解情况后,在工作中,你才能知道自己该怎样做,该如何做。

许多场合、许多情况都是你了解上司意图和想法的途径。如果你对此熟视无睹,那么上司想的到底是什么,你也就无从知晓。这样一来,你就无法配合上司协调工作,也就无法完成工作任务,实现工作目标。

不同的上司由于学历、修养、性格、兴趣和阅历的差异,决定了他们的工作方法和思维方式存在着这样或那样的不同。如果你不懂得经常与上司沟通,了解上司的性格与气质,不懂得与不同的上司相处要采取不同的方法,就难免会遭受一些阻碍。比如,如果上司是一个性格非常爽朗、不拘小节的人,而你总是在与他的谈话中,在一些小事上纠缠不清,他难免会对你产生一些看法。

与上司保持经常性的接触,绝不是让你去讨好他、奉承他,对他阿谀巴结。如果那样,往往不会给上司留下好印象。对上司只会顺从、维护,讨他的欢心,明知上司出了差错,也不去指出和纠正,是很难成就大事业的。

另外与上司要保持经常性的接触,但是也要注意与上司保持一定的距离,千万不要使关系过度私密。如果有过分亲密的关系,容易使他感到缺少应有的威严,这是非常冒险的举动。因为不同寻常的关系,会使上司过分地要求你,也会导致同事们的妒忌,可能还有人暗中与你作对。职场上因为和上司走得很近,而影响自己的职业发展的例子也不少。

吕霞与她的女上司柯敏然非常合得来,不光在工作上珠联璧合,就是个人爱好也惊人地相似。再加上都是女人,为此,两个人闲暇时间经常一同逛街购物,交流护肤心得。柯敏然年过四十,但是保养得当,于是吕霞经常戏称她是"老妖精",柯敏然也会笑称她是"小妖精"。

办公室本是多事之地,她们的亲密自然招致了别人的非议。柯敏然从此也就留了心,有意无意地慢慢疏远吕霞,可是吕霞却没有意识到这点。

一天,柯敏然在自己的办公室里接待一位客户。吕霞突然闯进来,以为没有别人,就冲着上司来了一句:"老妖精,今天晚上去看电影怎么样?我搞到了两张票。"柯敏然的脸色立即很不自然,回了一句:"你风风火火的像什么样子?这是在办公室。"吕霞愣了一下,这才发现在那张宽大的黑色沙发里,坐着一个穿黑风衣的瘦小的老者。不久,吕霞被调到市场部做统计,离开了这份自己十分喜欢的人事工作。

可见,与上司保持经常性的沟通是必要的,但是因此而建立起来的亲密关系如果处理不好,相反,有时会给我们带来负面影响,就像吕霞一样,不分场合,一味地让上司与自己"亲密无间",最后却因此离开了自己心爱的工作。

## 如何增加上司对你的信任

能够取得老板的信任除了要跟老板保持经常性的接触外,还要从这两个方面来增加上司对你的信任:

1.勇于接受任务。

信任分两种,一种是对人品的信任,一种是对工作能力的信任。勇于接受任务,从人格上讲,是一种积极、自信、有魄力的表现。

2.信守承诺或约定。

对于自己承诺过的事情,一定要认真履行。如果每次你都能保质保量地完成任务,上级就会对你另眼相待。

## 永远要记得一点：老板永远是对的

在公司里永远要记住一条准则：老板永远是对的。因为老板会给你发展才能的平台，给你薪水，给你展现才华的机会。老板永远都是老板，他时刻影响着你。

老板与员工的关系在某种层面上永远是不平等的，就像黑暗中的两条平行的铁轨，永远不会相交在一点。老板永远是对的，这是职场之中的不贰法则。士兵当着上级的面信誓旦旦地说自己以后要当将军，常常会得到褒奖，因为"不想当将军的士兵不是好士兵"。但是当着老板的面，你想当老板的想法不可轻易地暴露出来。因为这就意味着你的发展已经设限，没有一个老板会因为你的才能超过他而把自己的宝座拱手相让。这就是职场的现实，你应该保持一种敢于面对现实的态度。老板永远都不可能是你最真诚的朋友，丢掉幻想，少点天真。有时候可以说，老板和你就像猫和老鼠的关系一样。你不要以为花言巧语就能欺骗老板，在你犯错的时候，老板照样会按规矩办事。

一只涉世不深的小老鼠，以为只要讨饶，只要用花言巧语，就能感化那只死追它不放的老猫，放它一条生路。于是，它对老猫说："请饶我一命吧，一颗麦粒足够我吃饱，一个核桃能把我的肚子撑得圆鼓鼓的。再说眼下我很瘦，等过一段时间我长得肥一点，再给您当早点吧。"老猫对这只小老鼠说："你弄错了吧，这些话是说给我听的吗？你这不等于是说给聋子听吗？你想要一只猫而且是一只老猫饶你一条性命，这是不可能的！照规矩办事，你下地狱去，找死去吧！"老猫边说边把小老鼠咬死了。

这个寓言故事告诉我们，不要把你的老板当作上帝，也不要把你的老板想得太简单。老板就是老板，不管你的老板在你的心目中是怎样的人，你都得注意级别，不说老板坏话，维护他的权威，给他以尊敬，不要擅自为老板做主。

中国人讲究三纲五常，作为员工的你更要注意你和老板上下有别，不要和老板称兄道弟，更不要拍着老板的肩膀说话。在公共场合与老板说话更要注意，有不同意见时也不要在公共场合与老板争辩，特别是当着许多员工的时候。你可以选择与老板私下里交换意见，实在不行，你也可以选择离开。

你要学习中国古代的那些纵横家，在表现的时候讲究策略，千万不可意气用事。现代人的智商都是不相上下的，作为老板，他能走到今天，自然有他的过人之处。也许私下里，老板让你放松，不要紧张，不要太客套，这时候你就得更加注意了，往往错误就在此时发生。

你平时注意到了老板的权威，突然之间这种敬畏没了，你就会得意忘形，没了上下之分，忘了地位之别，这时候往往容易酿成你的错误。

## 满足上司的"尊重"需要,切忌私自定夺

上司永远是上司。即使多小的、多不重要的事,也要让他定夺。因为这里有你对上司的尊重和重视。

在不该说话的时候说话,不该做主的时候做主,是职场新人常犯的毛病。你必须知道,无论你帮老板管了多少事,也无论你的老板多糊涂,甚至可能依赖你到了你不在他连电话都不会拨的程度,但他毕竟还是你的老板,大事小情毕竟还得由他来做主。出了错,他承担;有面子,也该由他来卖。

这是一个让人深思的关于自作主张的故事:

有个杂志社给一个作家做了一期专访,等杂志出来以后,这个作家收到了一本。他想多要几本送给朋友,便打电话给这家杂志社的主编。

主编不在,杂志社里的一个小姐接了电话。"麻烦你转告一下主编,我希望多要几本这期杂志。""这个啊,没问题!您直接派人过来拿就成。"小姐爽快地说。

作家正打算驱车去拿杂志时,却接到主编的电话:"对不起!刚才我不在,杂志收到了吧?我刚才派人给您多送了几本过去。"停了一下,主编又说,"可是,对不起,我想知道是哪位小姐说您可以立刻过来拿。"

作家很奇怪,于是问道:"有问题吗?""当然没问题,您要十本都可以,我只是想知道,是谁自作主张。"

事情的结果可想而知,那位自作主张的小姐免不了受到上司的一番责备,上司一定会认为她目中无人,她在主编心目中的印象也肯定会大打折扣。

既然是别人点名找你的上司,作为下属就该转告,而不是替他做主。虽然只是一句话而已,但本来可以由上司卖出的人情,却被你无意挥霍了。想想看,像这位小姐的行为,上司能不为此反感吗?老板就是老板,下属就是下属,不要自以为聪明,就可以自作主张,真正的好下属要懂得什么时候该说,什么时候该做!

不自作主张,这是你在处理公司事务时起码要做到的,而要想在这一方面做得更好,你还需要做到遇事时多和上司商量,多让上司给你做主。

你有没有常常向上司询问有关工作上的事,或者是自己的问题?有没有跟他一起商量?如果没有,从今天起,你就应该改变方针,尽量详细地发问。部下向上司请教,并不可耻,而且是理所当然的。有心的上司,都很希望他的部下来询问。部下来询问,表示他的眼里有上司,尊重上司,尊重上司的决定。另一方面也表示他在工作上有不明之处,而上司能够回答,才能减少错误,上司也才能够放心。

如果员工假装什么都懂,一切事都不想问,上司会觉得"这个人恐怕不会是真懂"而感到担心,也会对你是否会在重大问题上自作主张而产生担忧。在工作上,做重大问题的决策时,你不妨问问上司,"关于某件事,某个地方我不能擅自下结论,请您定夺一下",或者"这件事依我看不这样做比较好,不知部长认为应该如

何"等。这样不管功过如何，都与你没多大关系。

其实，客观来说，仅就工作而言，下属自作主张带来的后果，往往都不会十分严重，也并非全都是消极的方面。可以想象，哪有那么多员工笨到不知轻重的地步，敢于擅自替上司做出关乎单位整体利益的主张？除非他真的是个没有自知之明的人。然而，这种自作主张所带来的对职场上的等级及人际关系常态的冲击，往往是十分明显的。

上司反感下属的自作主张，其实不在于他的擅自决定给工作带来的损失——通常说来，这种损失是微小的。上司心中真正在意的是下属越权行事的行为，以及这种做事风格所反映的下属心中对上司的态度。

因此，工作中多与上司沟通，让他为你出谋划策。假使你有迷惑不解的事、苦恼的事，诸如工作上的难题，家中的困扰，男女感情的苦恼，也可以尽量向上司提出，同他商量。尽管你并不会真正听从上司的意见，但是这样做却会使上司产生"他什么事情都听我的"的心态，认为你在什么问题上都会重视他的意见，在工作上也不会私自越权决策，可以为你以后犯一点小错误，打下信任的根基。

## ■ 职场上切忌越俎代庖

在职场上，你必须时刻牢记一条：上司永远是决策者和命令的下达者。

无论我们有多大的把握相信自己的判断力，无论你代替上司决定的事情有多细微，都不能忽略上司同意这一关键步骤。

否则，当上司意识到本应由自己拍板的事情，被属下越俎代庖时，他所产生的心理上的排斥感和厌恶感，以及对于下属不懂规矩的气恼，足以毁掉你平时小心经营、凭借积极努力所换来的上司对你的认同。

## 想对上司提"意见",出口要说提"建议"

前面我们讲了职场上不能功高盖主,但是,有时候,你为了把工作做好,与上司沟通,给上司提意见是非常必要的。那么你就必须要掌握一些技巧,以免"引火烧身"的时候还不知情。上司一般都不喜欢听意见,只喜欢听建议。聪明的下属,要学会巧妙地将"意见"转化为"建议"。

王凯在某企业负责工程项目很多年了,最近集团新来了一个空降的副总裁,而且非常能干。新官上任三把火,这个副总裁一上来就带来了一个巨大的难题,他指挥的第一个工程方案就让王凯暗暗叫苦。因为按照这种操作手法在这个公司是无法完成的,这个企业的员工的素质也是无法和原来副总裁的外企相比的,资源和硬件更是无法相提并论。

想到这里王凯斗胆地向副总裁进言并说出了自己的想法。不料副总裁很生气地对他说:"我在这行干了这么多年,经验是成形的。没有完不成的任务,只有想不到的思路。你就按照我的指挥去做好了,完不成任务、达不到目标就是领导指挥无方。"王凯的进言不仅没有起到实质性的效果,还受到了上司的训斥并把球抛回给了他。工作完成不了,责任反而要王凯担着。真是"乌龟卖鳖价——不合算"。职场之上的确有很多无奈,让你欲哭无泪。你必须随时保持警惕,认真揣摩对方的心理,三思而后行。因为可能你的一句话,一个小举动就会影响到你的升职加薪,影响到你在公司的去留。

那么应该怎样给上司提意见呢?我们总结了以下几条,以供参考:

### 1. 提意见一定要找个适当的时机

你的上司再能干也是一个普通人,所以你要照顾他的心情,选择合适的时机说。一般早晨刚上班,上司心情好,谈话效率很高。下班前,他忙碌了一天,心情极其烦躁,你千万别再火上浇油了。

### 2. 态度要诚恳,言语要适度

给上司提建议时,说话的态度一定要诚恳。要注意敬语的运用,委婉地把自己的意见表达出来。由于你的坦率和诚意,即使对方不完全赞同你的观点,也不会影响到他对你个人的看法。同时,在谈话中要学会察言观色,密切注意上司对你所说的话的反映。通过他的表情及身体语言所传达的信息,判断他是赞同还是反感你的观点,尽快调整自己的说话思路。

### 3. 跟上司套近乎

平时要经常和你的上司套套近乎,比如,开个玩笑,适当地唠唠家常,等等,还可以下班后一块儿吃饭、玩乐来拉近彼此的距离。当你准备提意见时,可以选择在下班后,找个轻松自在的地方,借吃饭之际或打高尔夫球之际,把自己的想法恰如其分地表达出来,这样反而能达到意想不到的效果。

**4. 站在上司的立场想问题**

不要总是想当然地站在自己或者自己这个圈子里想问题，一定要设身处地地站在上司的立场考虑问题。要让自己有全盘意识，学会通盘考虑问题，注意各种利益之间的"牵一发而动全身"的关系并恰当地处理好。不仅提出意见，更重要的是提出解决问题的方案。这样才能赢得上司的信任和赏识。

## 怎样应对有特点的上司

正确应对性情暴躁、自以为是的上司。

对性情暴躁、自以为是的上司，首先，要把自己的身份放低一点，说话中肯、谦虚一点。

正确应对聪明睿智的上司。

对于聪明睿智的上司，千万不要表现得比他强。提意见时要在恰当的时候蜻蜓点水地提一下，让他心领神会。

老板，提个意见可不准生气啊，喝得这么高兴。

## 徒弟变领导：服软才是硬道理

振国是公司里的老员工，工作兢兢业业，为人和善，人际关系良好，但最近他遇到了麻烦：徒弟变成了上司，这让他很不适应。

"7年了，我到这里7年了。人们常说'七年之痒'，我估计自己是痒起来了。我这个人，对当官不感兴趣，所以当别人为升职削尖了脑袋往前钻的时候我不动心，当别人因为没有竞聘上得意的职位而感叹时我也没感觉。

"我一直以来就享受着作为一名业务骨干的愉悦，与世无争，认真工作，与上司、同事都保持着平等而互相尊重的关系，我很知足，也很满意。可是前一段时间，段子瑞当上了我的顶头上司，这一切就改变了。他进公司还不到两年。刚进公司那会儿还是我手把手教他的呢，在业务上我算得上是他的师父。本来谁当上司我都无所谓，可那个段子瑞不是个省油的灯啊。自从当上了部门经理，就以领导自居了，一副了不起的样子。经常以命令的口吻指挥这个指挥那个，对老同志更是非常不尊重。我实在看不过去，就跟他说了两次，有一次还差点吵起来。

"前一段时间，我的工作出了点小错误，他竟然在开会的时候点名批评我，完全不留一点情面，弄得我相当尴尬。我知道他不过是借题发挥，表明他是领导，我要百分之百地服从和尊重他。我真的快受不了了！"

在公司里，人事任免往往会带来一些矛盾和情绪上的波动。振国就是因为曾经被自己指导过的"徒弟"当上了上司以后，对自己指手画脚而深受困扰。公司里的老员工，劳苦功高，往往需要更多的情感抚慰。一旦被曾经不如自己的小员工领导，心理就容易失衡。然而作为新上司，好不容易能扬眉吐气，手中握有一定的权力，自然希望下属都能服服帖帖，尊重他的意见，认同他的权威。这是矛盾的两个方面，每一方都从自己的利益、立场出发，都希望对方尊重自己。

这样的问题在外企还不是太明显，因为在那里能力凌驾一切，年龄并不是升迁的重点。年纪大又未获升迁的人，反而会变得谦虚。但是在传统或本土企业里，讲究职场伦理与年资，年轻上司与年老下属之间的矛盾也更突出。而且按照中国人传统的行事方式，如果上司年轻，公然批评年老的下属，老员工在面子上会挂不住，其他的人会认为这个上司不近人情，处理问题不讲究方法。这样使得年轻的上司总是被老员工牵制，最终导致能力无法施展。

新上司一般不敢贸然与老员工公开对抗，毕竟有失身份和形象，而且一旦公然对抗，自己的胜算也不会很大。于是，利用职权之便在工作上让老员工难受，便成了一些新上司常用的手法。如果对方不是那么桀骜不驯，那么他会用一些方式提醒对方："该收敛一点了，你要知道我是头儿。"如果对方是块难啃的骨头，根本不把他当回事，他会下手比较狠，表明："现在是我当家，你最好听我的。如果你不能忍受就走人好了，我不会挽留你的。"

为了避免新上司的冷冻大法，老员工千万不要倚老卖老，而应低调一点，多站在领导的立场上考虑，适时服软。即使在你看来你什么都比他强：经验比他丰富，业务素质比他高，看问题比他深入，眼光更独到也切忌心高气傲。你尊重他，他会加倍地尊重你；相反，如果你忽视他，那么他不能忍受的时候，也是你被冷冻的时候。凡事都要明智些，想开一些，一切都会好起来的。

## ■ 调整心态，职场就要练就扛骂功

"端人家的碗，受人家的管"，这是"打工一族"的心得体会。"受人家的管"，更具体和琐碎一些，就是要忍受上司的指责甚至谩骂。

能"扛骂"对你是有益而无害的。但最关键、最重要的在于对训斥的原因要认真进行反思，尽快改正错误，使自己不断进步，在"挨骂"中成长。

## 勇于向领导"秀"出自己，别让自己的努力白费

"老实做人，踏实做事"固然重要，但也要懂得表现，做好本职工作的同时也要让领导注意到自己，别让事情"白"做了。

一开始，东方朔在汉武帝面前并不受重视，于是他就哄骗宫中看守马圈的侏儒们说："皇上认为你们这些人对朝廷无用，耕田劳作体力不够，任职做官又不能治理政事，参军入伍也不会指挥作战，只会白白耗费衣食，如今想把你们全部杀掉。"侏儒们听说后十分害怕，哭了起来。东方朔又建议他们："皇上就要从这里经过，你们何不叩头谢罪？"

当汉武帝来到马圈时,侏儒们都跪在地上,一边磕头,一边痛哭。汉武帝问清怎么回事后,非常生气,派人把东方朔召来,责问道:"你胆敢编造谎言,该当何罪?"东方朔正等待着这个机会,于是振振有词地说:"我活着也要说,死也要说。侏儒身高三尺,俸禄是一袋粟,钱是二百四十;臣东方朔身长九尺多,俸禄也是一袋粟,钱也是二百四十。侏儒饱得要死,臣却饿得要死。如果臣的话可以采用,请用厚礼待我;不采用,请让我回家。"汉武帝听了哈哈大笑,赦免了他的罪过。不久,东方朔就被提升了官职。

很多人在单位里像老黄牛一样默默耕耘了很多年,但还是没有升迁的机会,有时不免抱怨上司太不够意思,没有多关照一下自己。其实,在这种情况下,也许应该问问自己,有没有做过什么特别的工作给老板留下深刻的印象?有没有说过令老板都惊奇的话?等等。如果没有的话,那就不用抱怨什么了,因为你从来就不敢在老板面前展现自己与众不同的一面。老板事情那么多,自然很少会关注到你了。如果能够像东方朔一样,善于抓住时机,在上司面前表现自己,情况也许就不一样了。

不想当将军的士兵,不是好士兵。要想出人头地,首先要让领导"注意"你,而后才会有可能"重视"你。晋升之路通过领导实现,有"野心"的你千万不要太默默无闻了,一定要选择合适的时机"秀"出自己。只有敢"秀",才会成功。

但是在秀出自己的时候,要把握好一定的原则,具体如下:

### 1. 推荐以对方为导向

在推荐自己的时候,注重的应该是对方的需要和感受,并根据他们的需要和感受说服对方,被对方接受。某重点高校的学生琳琳,个性外向,多才多艺。她听说一家知名刊物招聘记者,便立即前去面试。谁知由于准备工作不足,她对该刊物缺乏了解,回答此类问题时张口结舌。尽管她成绩很好,也很聪明能干,却没能赢得总编的好感。琳琳的自我表现因为导向错误,而归于失败。

### 2. 不要害怕失败

人有百号,各有所好。对人才的需求也是这样。假如你针对对方的需要和感受仍说服不了对方,没能被对方所接受的话,你就应该重新考虑自己的选择。但是不要因为一次失败,便失去了自我表现的勇气。你应该调整的是你的期望值,而不是自我表现的态度和方法。

### 3. 应知难而退

在表现自我时,如果发现时机不对或者对方无兴趣,就要"三十六计,走为上策"。这时候,表现要冷静,不卑不亢地表明态度,或者自己找个台阶下,给人留下明理的印象。

表现自己是一种才华、一种艺术。有了这项才华,你就一马平川了。因为当你学会了推销自己后,你就几乎可以推销任何值得拥有的东西了。所以,如果你想在职场中获得成功,就必须善于表现自己。

## 第三章

# 广结善缘，以静制动

### 不遭同事嫉妒是庸才，常遭同事嫉妒是蠢材

"嫉妒"一直以来似乎都是女人的专有名词。殊不知，它在职场上是所有男女的通病。当你为自己美好的未来不停地打拼、不停地卖力工作时，也许你已经被悄悄地送上了丧失工作的"断头台"，而送你上"断头台"的不是别人，正是"嫉妒"——那些在你身边嫉贤妒能、搬弄是非的同事。

Tom在一家中外合资公司工作，非常卖力。每天下班，其他同事都已回家，他却仍然留在办公室里自愿加班，希望用勤奋来证明自己的价值。

没错，他在工作中表现得非常出色，刚进公司不久就得到了上司的器重和赏识，并委以重任。可惜，好景不长，半年的试用期还没结束，他就被糊里糊涂地辞退了。而那些并不怎么卖力工作、业绩一般的同事，却稳坐"交椅"。原来，上司特别喜欢别人奉承。工作闲暇之余，那些会吹捧的同事总是投其所好，罗列出他的一大堆业绩来恭维他。但Tom却只知道自己埋头苦干，既不和领导进行沟通，也不与同事打好关系。

试想，那些同事怎能容忍一个比自己强的人在自己身边呢？那不是让自己的饭碗不保吗？于是，时不时地在上司面前说Tom的缺点和工作失误。常言道"众口铄金，积毁销骨"。那么多同事在身边吹耳旁风，上司炒掉Tom自然是"顺应民意的正义之举"了。

正所谓"枪打出头鸟，刀砍地头蛇"，职场上最忌毫无顾忌地"锋芒毕露"。作为同一家公司里的同行，人与人之间的竞争非常激烈。因为每个人都有一种嫉妒心理，即不能认可他人比自己强，陶醉于他人不如自己或者以他人的失利为满足的情感体验之中。

也许你会认为，自己只有表现得更加出色，比别人更强大的时候，别人才会闭上他们的嘴巴，心悦诚服地望着你。但是，职场上的游戏规则恰恰相反——不遭同事嫉妒的是庸才，常遭同事嫉妒的是蠢材。

别以为你做得更好就能升职、加薪，就能前途无限。你表现得过于出色、过于完美的时候，只能遭到同事的排挤和暗中给你"放冷箭"。就像前面例子中的Tom一样，有一天自己被辞退了，都不知道是为什么。

要适当地暴露自己的缺点和不足，必要的时候装傻，才是混迹职场的必杀技。我们每个人必须有缺点，必须在必要的时候隐藏自己真实的才能。因为只有这样，才能遮盖住完美，才能让别人放松警惕，获得对方的信任，才能防止别人在你背后放冷箭。所以，一个聪明的人要会"戴着面具跳拉丁"。在同事之间切勿肆无忌惮地谈论自己的收入和职务待遇等优势，更不要表现得鹤立鸡群，表现出众人皆醉我独醒的狂妄。否则，一旦激起同事们内心的嫉妒情绪，他们迟早会把你送进职场的牢房里。

## 不要过多了解同事的个人隐私

两人关系密切，但也应有恰当的距离，知道别人太多的过去，会让自己处于危险的境地。当很多同学还在为工作发愁的时候，小方已经稳稳当当地坐在这家大公司的某个小方格里开始他的职业生涯了。他受宠若惊而又异常兴奋，正是怀着对力荐他的顶头上司十二万分的感恩之心到新单位报到的。

小方暗暗发誓一定要好好干。他们组有个女孩，他们相处得非常好，工作上常能保持意见一致，他们的友情也不断加深，发展到了进入彼此的私交圈子的地步，对对方的男女朋友也都十分熟悉。

女孩有时会和小方的女朋友一起逛街，小方和她男朋友偶尔也会打打球，有时四个人还坐在一起搓麻将。公司里的其他同事都特别羡慕他们两个人能有这么好的关系。但这种融洽的关系在某一天出现了难以弥合的裂痕，起因是公司里新来的副总经理。女孩从见到他的第一眼起，就很不自然，副总经理也是，两人坐在那里，并不说话，却有一种微妙的气氛。下班时，女孩突然"消失"了，而平时女孩和小方都是一同坐车回家的。即便临时有事，也会先打个招呼。小方问了门口的大爷，说她是和副总经理一同出去的。

第二天，女孩红肿着眼睛来上班了。回家的时候，没等小方问，她就主动和盘托出了：

副总经理是她大学时的同学，他们曾经谈过恋爱，后来因为副总经理毕业后去了美国，两人断了往来。副总经理经过一次失败的婚姻，再见女孩，有了和她重温旧情的想法。说着说着，女孩忍不住掉起眼泪来。小方和这个女孩子就这件事情进行了亲密的交谈，但是没想到，那次之后，女孩和他渐渐疏远了，也许是后悔让他知道了这个秘密。终于有一天，她开始在同事面前放风，说小方做事常常偷懒，完不成的任务都要她帮他顶着。

上面的故事可能会引起很多人的深思。小方知道了女孩过多的秘密，让他吃到了苦头。因此，千万不要与同事有过密的交往。你对他知根知底，一旦风向有变，你立刻就会成为他的重点防范对象。

别人的伤心史，能不听就别听，更不要滥施情感。你同情他，说不定他转眼间就会为自己的一时脆弱而后悔，甚至转而恨起你来。因为人通常都需要在自己脆弱的时候寻找倾听对象，但是如果你知道太多别人的往事，那个人就会非常担心，还会找机会给你使绊，让你后悔莫及。因此与同事相处，最好停留在"今天天气不错"的水平上，这样才能保证你的安全。

## 软硬兼施，不让办公室的小人得逞

办公室有着人与人之间的利害关系的冲突。尽管你力图避免与人为敌，但你可能会发现你的身边有人在"捣鬼"，他们会从语言和行动上暗中破坏你的工作或毁坏你的声誉。一旦你发现有这么一个人的存在，就表明你的办公室里已经有小人盯上你了。你要与他为敌，针锋相对干一场吗？不！那样做只会令你沦为没教养的人物，亦妨碍你的事业进展。你要该强硬的时候就寸步不让，该退让的时候也留些余地，让对手输得心服口服，才能显现出你的智慧。

一天，柯小姐去机房上网，发现不知道是谁在那儿开了个黄色网页偏又忘了关闭，柯小姐不以为然地随手将之关闭了。可是，令她万万没有想到的是，第二天，整个公司竟然传开了她看黄色网页的谣言。谣言之下，懦弱的柯小姐不得不主动辞职，可是她即使在离开的时候，仍然背负着屈辱的龟壳。

相比之下，与柯小姐同一间办公室的梅小姐却要勇敢得多。一天早上，主任将梅小姐叫到办公室，口气严峻地说，他丢了份很重要的文件，最后这份文件一半在垃圾桶里，一半在梅小姐的抽屉里找到了。性格一贯温顺的梅小姐拍案而起，说："第一，我根本没有作案的时间和动机，这明摆着是陷害；第二，你有什么权利翻我的抽屉？"主任顿时面红耳赤。最后，梅小姐不仅没有被炒掉，反而从此没有人敢再陷害她了。

人们在告诫年轻后辈时常说："害人之心不可有，防人之心不可无！"的确，害人之心不可有。然而在办公室这个小社会圈子里，光是不害人还不够，还得有防人之心。

不过，明枪易躲，暗箭难防，别人要害你不会事先告诉你。例如，有人为了升迁，不惜设下圈套打击其他竞争者；有人为了生存，不惜在利害关头出卖朋友；有人走投无路，狗急跳墙。在职业生活的漫长岁月中，免不了会遇到出卖、敌意、中伤、陷阱等种种料想不到的事情。如果事先预料这些事的发生，并一一克服，便能使你的工作生涯一帆风顺。

在竞争愈演愈烈的社会中，同事之间，不可避免地会出现或明或暗的竞争。表面上可能相处得很好，实际情况却不是这样。有的人想让对方工作出错，自己就有机可乘，得到上司的特别赏识。你有时也许会有这样的困惑：上司对你印象不错，你自己的能力也不差，工作也很卖力，却总是迟迟达不到成功的顶峰，甚至常常感到工作不顺心，仿佛时时处处有一只看不见的手在暗中扯你的后腿。百思而不得其解之后，你也许会灰心丧气地颓然叹道："唉，也许是命运之神在捉弄我吧！"朋友，如果你真的遇到了这种困惑，也许那并不是命运之神，而是你的左右同僚，很可能是你与他们的关系出现了什么毛病。

要在复杂的职场中生存，就必须要练就一身的本领，软硬兼施，能文能武，才不会被险恶所吞，才不会被人莫名其妙地栽赃陷害。

## 识破口是心非的同事，为自己减少隐患

职场上也会有很多这样的人，他们表面上讲义气、够朋友，背地里却造谣生事、污辱诽谤、挑起事端，而识辨这种人需要一定的智慧。

这些人为什么会口是心非呢？究其原因，无外乎是嫉贤妒能，看到比自己优秀的同事便感到极不舒服，心生嫉妒，但是又不能跟对手"当面锣，对面鼓"地叫板，只好暗暗地设计破坏对方，让对方受挫，看到对方失败就会觉得开心。

"凭什么赵炜刚来3个月，就升为主管，我在这里熬了2年都没挪个窝，说什么我也不能让他这主管当舒服了"，"新来的领导，真会装模作样，连续几天邀请他一起吃饭，想拉拉关系，他都说没时间，这不明摆着不给面子吗"，"林强最近工作真卖力，看来他今年是想跟我争先进，我非得想办法让他分分心不可，这样就少了一个竞争对手"，等等。口是心非的人内心都很阴暗，甜言蜜语的背后隐藏的都是见不得人的龌龊心理。如果你和这样的人成了朋友，那么结果只能是无端地给自己增添了很多问题和烦恼，等真正看清"朋友"的本来面目时，恐怕自己已经伤痕累累了。面对这种同事，你与他们谈话时要泰然自若，抓住主动权不放，不让他们的阴谋得逞。

对于以前百般刁难，现在却又主动谄媚的人你可以这样问："很高兴我们能够化干戈为玉帛，正所谓不打不相识。可有一点我不太明白，以前我的哪些做法叫你不顺眼来着？"口是心非的同事本来就是虚情假意，当你认真问起言外之意时，他们就会不知所措、躲躲闪闪、含糊其辞，而且反过来责怪你曲解其意。

但你需要明确地向他表明自己并不像他们想象得那么软弱可欺，他们以后就不会再找你的麻烦了。你也争得了一份属于自己的安静的心境和工作环境。有的时候，口是心非的恭维话其实可能是一种幌子，用来掩饰说话者对你的怨恨或愤怒。

## 如何应对口是心非的同事

在交流中要注意区分赞扬与羞辱之意,对含沙射影的话不予理会,而要真心诚意对待赞扬和指正,以促进了解,共同进步。

## 可以抬高自己,但不要打压别人

在职场中,有些人为了抬高自己,整天盯着别人的缺点,一旦抓住了就要向领导反映。

结果,他们不仅得罪了同事,而且还会让领导反感,认为他把时间都用在了盯别人上,自己不可能有多大的成绩。

"动物王国"评选劳动模范,凤凰征求麻雀的意见:"你这里住着不少伙伴,能不能从中选出一个来?"

麻雀说:"喳喳,难!"

凤凰问:"燕子怎么样?"

麻雀掏出一个用树叶订成的笔记本,翻到一页念道:"喳,5月1日,它把一根羽毛丢到了房东的客厅里;3日,它将两根小草撒到了主人的院子里;6日,它又将一团泥掉在了房东的门槛上。它呀,不行,不行!"

"雄鸡可以吗？"凤凰又问。

"喳喳！它更不够格！"麻雀把笔记本翻了一页说，"6月7日，它早叫了0.01秒；6月9日，它迟叫了0.02秒。"

"那么，大黄狗呢？"凤凰耐心地问。

"喳喳喳！它的作风太粗暴啦！你瞧，"麻雀拍着笔记本说，"7月3日，它追小偷，把主人的黄瓜花踢掉了两朵；8月24日，它捉黄鼠狼，却把鸡吓得咯咯大叫。"

凤凰微微一笑说："照你这么讲，你们这里就选不出一个劳动模范来了？"

## 通过排挤别人往上爬的路行不通

还是经理的助理呢，字这么难看！

在工作当中，总有一些像麻雀这样的人，他们本身没有什么本事，也不想提高自己，一天到晚只想着通过贬低、排挤别人的方式来达到获利的目的。

我不需要一个通过贬低别人来抬高自己的人当助理！

我想我比小丽更适当您助理，她字难看，文学功底差，打字速度也慢，我什么都比她强！

事实上，这种通过排挤别人而妄图达到自己目的的人不是聪明，而是愚蠢，最终也不可能实现自己的目的。

麻雀慌忙否认:"不不不,谁说选不出来?"

"那谁够这个资格呢?"

"喳!我呀!"麻雀指了指自己的鼻子。

"你嘛,"凤凰沉吟了片刻,说,"我想向你请教一个问题,你把那么多的心思都用来找别人的缺点,哪还有工夫干正经事呢?"

"喳喳喳。"麻雀红着脸钻进了墙洞。

古人云:"金无足赤,人无完人。"每个人都会有一些缺点,从而造成一些失误。对于这些缺点与失误,固然需要加以改进,但也没有必要锱铢必较。

所谓"水至清则无鱼,人至察则无徒",你总是抓住别人的一些小缺点、小毛病不放手,别人必然会疏远你。

尤其是在工作当中,同事之间本来就有一定的隔阂,不像亲人、朋友那样随便,如果整天盯着别人的缺点,必然会让对方产生敌意,这样一来,你的日子也就不好过了。

## 越愤怒越平和,用幽默反扑"狙击手"的攻击

卡耐基认为,并非所有人都具有很强的攻击性,而有的人只不过是想要获得别人的注意。职场上,我们经常会遇到这样的情况,当你表现得很出色、很吸引人的时候,别的同事就喜欢拿你说事,喜欢拿你作为攻击对象,这时候你一定要分析清楚,不要贸然回击,以为他们是记恨你,对你恶意地攻击、诽谤以牟取自身利益。其实,有时候他们只是为了让别人发笑,得到赞美,所以,他们才会采用嘲弄的策略来引人注意。这被称之为"奚落的幽默"的做法,反而能增加彼此的友谊。让我们先来看下面一个实例:

达伦和杰伊同是工程师,而且又都在一家高科技公司任职。达伦的年纪比杰伊长五岁,在公司的工龄也比杰伊多三年,众人都认为达伦升迁的机会可能性大。但是杰伊为人随和,工作努力,做事主动,并且有丰富的创造力。后来,他的努力终于获得了上级的赏识而且得到了回报:他被提升为地区业务经理。

上任之后的一个星期,有一回杰伊在停了车走向新办公室的时候,看到整班的人马都围着达伦站在走道上,他们似乎对达伦所说的某句话很在意,而且笑得很开心。但是当杰伊走近这群人的时候,他们的笑声却"戛然而止",不过杰伊却可以清楚地听到达伦对他的恶毒的狙击。达伦注意到他的听众不再笑了,于是把头转过来,结果看到了杰伊狼狈的表情:"噢,原来是来了个大人物!"

"我怎么会遭到这样的待遇?"杰伊自问,而又想着对这位"狙击手"的攻击该怎样回应?狙击行为背后的动机各有不同。有些人对事情的发展感到愤怒,会对阻碍计划的人怀恨在心而采取狙击行为。有些人会利用狙击来打击任何可能阻碍他们

计划的人。有些人狙击的目的只不过是想引起喜爱的人的注意。

想要做完事情的人,如果遇到事情没有照计划进行,或是遇到受他人阻挠的情形,可能会通过狙击的手段来消除异己。为了避免遭人报复,狙击手常常会暗中采取行动。暗暗地使用一些无礼的批评、讽刺的幽默、尖酸刻薄的口气和运用眼神的流转等。狙击手也会说一些张冠李戴、风马牛不相及的话,使人摸不着头脑而出尽洋相。也就是说,他会把令人困惑当成是一种武器。如果有让狙击手愤怒的行为出现,"别发怒,但是要摆平!"以达伦和杰伊的例子来说,达伦生气的原因就是因为自己没有获得升迁,而且把这件事怪到了杰伊身上。

如果你不喜欢被嘲弄,而且容易受到狙击的伤害,那么其实你非常容易成为狙击手的目标。一旦这种个性被传出去,就会有人利用你的个性去狙击你了。如果你是那种无法忍受狙击的人,对方会利用你的弱点而变得毫无禁忌。

如果你还没有学会以幽默的方式来应对难缠人物所说的令人不快的事,那么结果一定会失败。因此你最好勇敢地面对狙击。要停止狙击,最好先学会与他们和平共处。因为如果你没有反应,狙击便变得毫无意义。

对付狙击手要先培养出好奇的态度,采取旁观者的姿态来看这样的行为。如果狙击手攻击你,不要把它当成是针对自己而发的,希望你有足够的好奇心,把注意力放在狙击手身上,而不是自己的身上。因为狙击行为的出现可能是缺乏安全感,你大可把头痛人物的行为看成是缺乏安全感的小学生的行为。

那么,下次再遇到狙击手时,你可以试用一下那两句对讽刺最好的反应:"我知道你是这样,而我呢?""我们两个半斤八两,那么骂我和骂你是一样的。"

## 男女同事交往,有距离才不会越雷池一步

异性同事间,除了性别的差别外,在交往中更要注意办公室里的流言蜚语。要时刻注意彼此之间的距离,谨防"授受不亲"。

同异性同事交往一个很重要的原则是对异性采取大方、不轻浮的态度,其中包括言语和行为两方面。以尊重对方是异性工作伙伴的态度来处理办公室中的一些事务,将会使某些复杂的事情变得简单。千万不要将办公室里的异性关系演绎成类似恋爱关系所期望的那种暧昧的结果,也不要与某个异性发展成比其他异性更为亲密的关系。做朋友是下班以后的事,但在办公室内千万要区分利害关系。

物以类聚,人以群分。同事中肯定有与你有共同语言、互有好感的人,如果你并没有意愿将这种关系发展为恋情,就应当将感情发展限制在友谊的范围内。即使很有好感,也不应过度地表露出来。如果对方真的射来丘比特之箭,也应巧妙地将其化解,千万不要给对方以默许和鼓励。

男同事有男同事的苦恼,女同事有女同事的担忧。他们可能会因为工作繁重而

忙得废寝忘食，可能会因为事业发展阻力大、停滞不前而眉头紧锁，可能会为家庭纠纷而闷闷不乐，大部分同事遇到这种情况会采取躲避的姿态。其实，只要你说出一句"需要我帮忙吗"的话语，同事可能就已经感激不已了。当他（她）有困难时，或者大家都不敢接近时，如果你能不计利害去帮助他（她），他（她）心中的感激是可想而知的。做任何工作都不应将性别摆在第一位，工作做得好才是真正有价值的。所以，男同事在与女同事相处时与其强调区分性别，不如教她学会和提高某项专门技艺，这更有助于赢得信任。

女同事大都有"因为我是女性"这样的撒娇意识，你要告诉她最好不要把这种意识带到工作中，尤其是有些话一定要注意说法，如"把东西给我拿来""送我回家"之类的话一定不要轻易对男同事说出口。因为同事毕竟是同事，都存在工作利益问题，因此不要过分依赖。与其让她说"这个我不会""你帮我做一下"之类的话，不如增强她的责任心，提高独立工作的能力。

对待一些爱发牢骚的女同事，就给她戴高帽。一些女性员工常不客气地说"讨厌加班""这样的工作干不了"等，并对自己的言行不负责任。对于她们的这些做法，不妨给她们戴戴高帽，"不，要是你，肯定能干好""请你一定要帮这个忙"，听到这样的奉承，她们的牢骚便会减少，还会对你产生好感。

如果女同事真的错了，那么训斥她也一定要注意方式。稍加责备，她们就噘起嘴来生气了，并认真地开始让你觉得不可思议的反攻。男人觉得最棘手的事情，也许就是女人这种歇斯底里的反攻。本来女性就比男性容易认真，又容易感情用事，所以责备她们时应注意以下几点：不在其他同事面前责备；不拿她与其他人比较，最好在其他人不在场的地方，冷静地告诉她："希望你仔细想一下这一点"。

## 第九篇

# 竞争有道,驰骋商界

## 第一章

# 能进能退,厚黑并用

### 巧妙识别对面那个"爱讲谎话的动物"

美国的一位心理学家经过长期研究指出,人是爱讲谎话的动物,而且比自己所意识到的讲得更多,平均每人每日最少说谎25次。麻省大学社会心理学家费尔德曼认为谎言有不同层次之分,而说谎的动机可归为三大类。第一类是正性谎言,指一些对生活造成有利影响的谎言。社会心理学家费尔德曼针对这类谎言解释道:"懂得在适当的时候撒谎或扭曲事实,是待人接物的技巧。"第二类是中性谎言,这些谎言很多不受意识支配,或者说了也不会对自己或他人造成不利。第三类是负性谎言,这类谎言会对自己或他人造成不利。

在商务交往和谈判中,谎言出现的频率极高。在初次见面的时候,对方说"久仰大名,如雷贯耳""你的这条领带真漂亮"就是一种正性谎言或中性谎言。当然,对于这些不会影响到谈判实质内容的东西,我们大可不必在意。那么,在谈判桌上,又该如何判断对方的话哪句是真、哪句是假呢?

心理学家研究发现,人在说谎时一般会出现下列症状:瞳孔扩大;声量和声调突变;笑容较少;眨眼太多;频频耸肩(主要指西方人);眼神接触增多或减少;说话中带有较多的停顿;假装清喉咙;中间穿插"嗯"等语气词;经常摸鼻子;频频吞咽等。

心理学家指出,识别谎言的一个关键线索就是面部表情。说谎人的面部很少表现真实的情感,更多的是为了掩饰内心的感情世界。

1. 对于绝大部分表情来说,突然开始和结束就表明人在有意识地运用这种表情。而只有惊奇例外,它一闪即过,从开始、保持到停止总的时间不会超过1秒。如果持续时间更长,他的惊奇就是装出来的。很多人能模仿惊奇的表情动作——眼眉上挑、嘴巴张大,但很少人能模仿惊奇的突然开始和结束。

2. 笑容来得太早或太迟都表明是一个欺骗的表情。例如,如果一个人说:"我不是已经和你说过这件事了吗?"然后才勃然大怒,这多半是装的,他的表情是矫揉造作出来的。面部表情和身体姿势应该同时发生,而不是先后出现。又如,一个人在摔完东西之后,才表现出愤怒的样子,这实际上是装腔作势,是在演戏。

3. 当一个人悲哀、苦恼、痛苦和有负罪感时，眉毛的内角挑起，前额向中间皱起。不到15%的人能装出这种表情。要装出恐惧和难过的表情更难，这些表情为：眉毛挑起，双眉皱在一起。这极易将秘密泄露，只有10%的人能装出这种表情。

在谈判中，我们一定要注意观察对方的面部表情，因为他的表情会告诉你他是否在说谎。

## 人在说谎时的假笑

在谈判时，仔细观察对方的面部表情，可判断对方是否说谎，更准确地分析对方的内心活动。

如果对方笑时只运用颧骨部位的肌肉，只是嘴动了动。眼睛周围的轮匝肌和面颊拉长，这就是假笑。

另外，假笑时面孔表情常常会有些许的不对称。习惯于用右手的人，假笑时左嘴角挑得更高；习惯于用左手的人，右嘴角挑得更高。

## 绵里藏针，柔中带刚

先说软的，可以在强敌面前取得进一步论辩的机会；再说硬的，可以显示一些威胁的力量。软的为绵，硬的为针，是为绵里藏针。"绵里藏针法"的运用常常跟喂小孩子吃苦药的道理一样，要用糖衣包着药片，或者就着糖水送服，招数因人而异，窍门却一通百通。

春秋时期的晋灵公奢侈腐化。某年下令兴建一座九层高的楼台，群臣劝说，他火了，干脆又下了一道命令，敢劝阻建九层楼台者斩首。这样一来便没人敢说话了。只有一个叫孙息的大臣很讨灵公喜欢。他就告诉灵公说他能把九个棋子摞起来，上面还能再摞九个鸡蛋。灵公听了，觉得这事儿挺新鲜，立即要孙息露一手让他开开眼界。孙息也不推辞，就把九个棋子摞在一起，接着又小心翼翼地把鸡蛋往棋子上摞，放第一个、第二个时，孙息自己紧张得满头大汗，战战兢兢，看的人也大气不敢出一口。如果孙息不能把鸡蛋摞好，就犯了欺君大罪，是会被杀头的。

这时，灵公也憋不住了，大叫："危险！"孙息却从容不迫地说："这算什么危险，还有比这更危险的事哩！"灵公也被勾起了好奇心："还有什么比这更危险？"

孙息便掂掂手中的鸡蛋，慢吞吞地说："建九层楼台就比这危险百倍。如此之高台三年难成，三年中要征用全国民工，使男不能耕，女不能织，老百姓没有收成，国家也穷困了。而国家穷困了，外国便会趁机打进来，大王您也就完了。你说这不比往棋子上摞鸡蛋更危险吗？"灵公吓得出了一身冷汗，立即下令停工了。孙息让晋灵公看了场不成功的杂技表演，更受了一次形象生动的批评，那味道确实是又甜又苦。

正在气头上的人，是难以与他正面争辩的。何况他还有无上的权威支持，那更是老虎屁股——摸不得。

然而，"绵里藏针法"每每在这样的关键时刻，都能起到逆转乾坤的作用。庄重显力量，风趣显风度。在论辩中做到既庄重又风趣，可以叫对方无力招架，自叹弗如。庄重为绵，风趣为针，是为绵里藏针。

## 巧用眼神，让谈判取得意想不到的良好效果

眼神能反映一个人的心理活动，特别是在商务交往和谈判中，眼神的巧妙运用会让谈判取得意想不到的良好效果。

2005年夏，海天集团的经理郭刚带着几位得力助手去广西与商业伙伴谈判。当谈判进行到一半时，突然陷入了僵局。会议室里的气氛变得紧张起来，双方代表团虽仍有人表现得漫不经心，但谁都在用眼神较劲。

对方代表团希望郭刚对谈判条件做一些让步，然而这与郭刚的预期相去甚远。

于是有将近五分钟的时间，没有人开口说话，会议室里一片死寂。突然，郭刚抬起头，眼神从对方所有人的脸上扫过，最后落在主要对手上，紧紧地盯着对方的眼睛。对方一开始露出深沉的微笑，但是，1秒钟、2秒钟随着时间的流逝，对方终于沉不住气了，说道："老郭，看你的眼神如此坚定，我想今天我再说什么也是徒劳。这样吧，我答应你们的条件，咱们先签一份合同，然后我请大家吃饭。老郭，你这个朋友我交定啦！"

## 眼睛的动作及其传达出的信息

1. 在谈判时，视线接触对方脸部的时间在正常情况下应占全部谈话时间的30%～60%。如不到这一平均值，可认为对谈话者对谈话内容不怎么感兴趣。

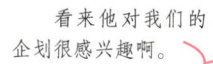

看来他对我们的企划很感兴趣啊。

2. 倾听对方说话时，几乎不看对方，那是企图掩饰什么的表现。

3. 瞪大眼睛看着对方，是表示对对方所说内容有很大兴趣。

在商务交往和谈判中，如果你想处于主动地位，那么就需要像郭刚一样善用眼神的力量。在商务交往和谈判中，运用眼神的技巧主要有：如果你希望给对方留下较深的印象，你就要凝视他的目光久一些，以表自信。如果你想在和对方的争辩中获胜，那你千万不要把目光移开，以示坚定。如果你不知道别人为什么看你时，你就要稍微留意一下他的面部表情和目光，便于应对。如果你和别人四目相对，觉得不自在，你就要把目光移开，减少不快。如果你和对方谈话时，他漫不经心且出现闭眼的姿势，你就要知趣暂停。

你若还想做有效地沟通，那就要主动地随机应变。如果你想和别人建立良好的默契，应该用60%~70%的时间注视对方，注视的部位是两眼和嘴之间的三角区域，这样传递的信息，会被正确而有效地理解。如果你想在交往中，特别是和在陌生人的交往中获取成功，那就要以期待的目光，注视对方，不卑不亢，只带浅淡的微笑和不时的目光接触，这是常用的温和而有效的方式。你可以在不同的场所运用不同的眼神，这样才可能在商场上立于不败之地。在商务交往与谈判中除了要巧妙地运用眼神外，还需要仔细观察对方的眼睛。因为眼睛是心灵的窗户，一个人的眼睛会告诉你他（她）的心里在想什么。

爱默生曾对眼睛做过这样的描述："人的眼睛和舌头所说的话一样多，不需要词典，却能够从眼睛的语言中了解整个世界，这是它的好处。"眼睛被誉为"心灵的窗户"，这表明它具有反映人的深层心理的功能，其动作、神情、状态是情感最明确的表现。

## 善用环顾左右、迂回入题的策略，降低对手的警觉心理

谈判开始时，虽然双方人员表面上彬彬有礼，内心却对对方存有戒备心理。如果这个时候直接步入主题，进行实质性谈话，就会提高对手的警觉心理。因此，谈判开始的话题最好是松弛的、非业务性的，要善于运用环顾左右、迂回入题的策略，给对方足够的心理准备时间，为谈判成功奠定一个良好的基础。

环顾左右、迂回入题的做法有很多，下面介绍几种常用且有效的入题方法：

### 1. 从题外话入题

谈判开始之前，你可以谈谈关于气候的话题。"今天的天气不错。""今年的气候很怪，都三、四月了，天气还这么冷。""还是生活在南方好啊，一年到头，温度都那么适宜。"也可以谈旅游、娱乐活动、衣食住行等。总之，题外话内容丰富，可以信手拈来，不费力气。你可以根据谈判时间和地点，以及双方谈判人员的具体情况，脱口而出，亲切自然，刻意修饰反而会给人一种不自然的感觉。

### 2. 从自谦入题

如果对方为客，来到己方所在地谈判，应该向客人谦虚地表示各方面照顾不周，

没有尽好地主之谊,请谅解等;也可以向主人介绍一下自己的经历,说明自己缺乏谈判经验,希望各位多多指教,希望通过这次交流建立友谊等。简单的几句话可以让对方有亲切的感觉,心理戒备也会很快消除。

### 3. 从介绍己方人员的情况入题

在谈判前,简要介绍一下己方人员的经历、学历、年龄和成果等,让对方有个大概的了解,既可以缓解紧张气氛,又不露锋芒地显示己方的实力,使对方不敢轻举妄动,暗中给对方施加心理压力。

### 4. 从介绍己方的基本情况入题

谈判开始前,先简略介绍一下己方的生产、经营、财务等一些基本情况,提供给对方一些必要的资料,以显示己方雄厚的实力和良好的信誉,坚定对方与你合作的信念。

### 5. 投石问路巧试探

投石问路是谈判中一种常用的策略。作为买家,由此可以得到卖家很少主动提供的资料,分析商品的成本、价格等情况,以便做出自己的抉择。投石问路是谈判过程中巧妙地试探对方。它在谈判中常常借助提问的方式,来摸索、了解对方的意图以及某些实际情况。

如当你希望对方得出结论时,可以这样提问:
"您想订多少货?"
"您对这种样式感到满意吗?"

总之,每一个提问都是一颗探路的石子。你可以通过了解产品质量、购买数量、付款方式、交货时间等来了解对方的虚实。面对这种连珠炮式的提问,许多卖主不但难以主动出击,而且宁愿适当降低价格,也不愿疲于回答询问。因此,在谈判中,恰到好处地使用"投石问路"的方法,你就会为自己一方争取到更大的利益。

## 论辩中巧设圈套,让对方主动入瓮

成语"请君入瓮"比喻用其人之道,还治其人之身。在论辩中,"请君入瓮"是指言在此而意在彼,先提出一个或几个问题,诱使对方说出或同意与你尚未说出的、准备坚持的观点相类似的观点,然后伺机运用类比、两难推理等方法,指出对方的行为与观点、前言与后语相悖谬之处,使对方陷入圈套之中而无法争辩。使其无言以对,俯首认输。

作为一种论辩技巧,"请君入瓮"的关键就在于巧设圈套和伺机点破,使对方"哑巴吃黄连——有苦说不出",无言以对,俯首认输。

英国文学家萧伯纳在一个晚会上,独自坐在一旁想心事。一位美国富翁非常好奇,便走过来说:"萧伯纳先生,我想出一块钱来打听你在想什么?"显然,这位富翁不但干扰了肖伯纳先生的思绪，而且还浑身散发着一股铜臭味。他的话不仅俗不可耐，而且完全是对肖伯纳的人格的侮辱。对富翁庸俗的做派，肖伯纳决定给予反击。他抬头看了富翁一眼，说："我想的东西不值一块钱。"这下更引起了富翁的好奇，他急不可待地问道："那么你究竟在想什么东西呢？"

肖伯纳笑了笑，叹了口气说："我想的东西就是你呀！"

肖伯纳的回答可谓典型的"请君入瓮"。富翁问他在想什么，如果他直接回答的话，必然兴味索然，达不到反击的目的。而他所说的"我想的东西不值一块钱"，自然勾起了富翁的好奇心，使他不知不觉地上了钩，非要对"不值一块钱"的"东西"问个水落石出不可。肖伯纳见"蛇"已"出洞"，便抓住玄机揭开"谜底"。于是道出了"我想的东西就是你"。语言虽然简短，却巧妙地给了富翁当头一棒。

使用请君入瓮这一论辩技巧，必须注意以下三个问题：

第一，圈套要设好

在揣摩对手心理状态的基础上，主动以进攻者的姿态发问，或假设其事，或虚言夸张，巧布疑阵，设好"口袋"，诱使对方上钩，为后面做好准备。

第二，反击要有力

一旦论敌已经进入"口袋"，就应不失时机地扎紧袋口，迅速出击，瓮中捉鳖，不给对方以回旋的余地。

反击时要配以类比、归谬、两难推理等方法，与前面设下的圈套遥相呼应，由此及彼，抓住要害，给予有力的反击。

第三，引诱要巧妙

可以采用障眼法，巧布疑阵，不露痕迹，以免被对方识破而功亏一篑。当对方不轻易上钩时，便辅之以激将等法，来诱使对方尽快进入你预先设好的圈套。这是诱敌入瓮的关键所在。

## 布下"最后通牒"的陷阱，让他不得不屈服

谈判中，有些谈判者支出架子准备进行艰难的拉锯战，而且他们也完全抛开了谈判的截止期。此时，你的最佳防守兼进攻策略就是出其不意，发出最后通牒并提出时间限制。这一策略的主要内容是，在谈判桌上给对方一个突然袭击，改变态度，使对手在毫无准备且无法预料的形势下不知所措。对方本来认为时间挺宽裕，但突然听到一个要终止谈判的最后期限，而这个谈判成功与否又与自己关系重大，不可能不感到手足无措。

由于他们很可能在资料、条件、精力、思想、时间上都没有充分准备，在经济利益和时间限制的双重驱动下，会不得不屈服，在协议上签字。

美国汽车王亚科卡在接管濒临倒闭的克莱斯勒公司后，觉得第一步必须先压低

工人的工资。他首先降低了高级职员的工资的10%，自己也从年薪36万美元减为10万美元。随后他对工会领导人讲："17元一小时的活有的是，20元一小时的活一件也没有。"

这种强制威吓且毫无策略的话语当然不会奏效，工会当即拒绝了他的要求。双方僵持了一年，始终没有进展。后来亚科卡心生一计，一日他突然对工会代表们说："你们这种间断性罢工，使公司无法正常运转。我已跟劳工输出中心通过电话，如果明天上午8点你们还未开工的话，将会有一批人顶替你们的工作。"

工会谈判代表一下傻眼了，他们本想通过再次谈判，从而在工薪问题上取得新的进展，因此他们也只在这方面做了资料和思想上的准备。没料到，亚科卡竟会来

## 发"通牒"时要注意的问题

这么一招！被解聘，意味着他们将失业，这可不是闹着玩的。工会经过短暂的讨论之后，基本上完全接受了亚科卡的要求。

亚科卡经过一年旷日持久的拖延战都未打赢工会，而出其不意的一招竟然奏效了，而且解决得干净利落。所谓"最后通牒"，常常是在谈判双方争执不下、陷入僵持阶段，对方不愿屈服以接受交易条件时所采用的一种策略。实践证明，如果一方根据谈判内容限定了时间，发出了最后通牒，另一方就必须考虑是否准备放弃机会，牺牲前面已投入的巨大谈判成本。

美国底特律汽车制造公司与德国谈判汽车生意时，就是运用了最后通牒策略而达到了谈判目标。当时，由于双方意见不一致，谈判近一个多月没有结果，同时，别国的订货单又源源不断。这时，美国底特律汽车制造公司总经理下了最后通牒，他说："如果你还迟迟不下定决心的话，5天之后就没有这批货了。"眼看所需之物抢购殆尽，德方不由得焦急起来，立刻就接受了谈判条件。于是，一场旷日持久的谈判才宣告结束。美国的这家公司使用的就是最后通牒法，迫使对方屈服。

可见，在某些关键时刻，最后通牒法还是大有裨益的。但是，该方法并非屡试不爽。一旦被对方识破机关，最后通牒的威力可能会反作用到自己身上来。这里有一个范例：

美国通用电气公司与工会的谈判中采用"提出时间限制"的谈判术长达20年。这家大公司在谈判开始的时候，使用这一方法屡屡奏效。但到1969年，电气工人的挫败感终于爆发了。他们料到谈判的最后结果肯定又是故技重演，提出时间限制相要挟。在做了应变准备之后，他们放弃了妥协，促成了一场超越经济利益的罢工。

## 警惕对方的心理战，避免被对方击垮

在商务谈判中，经常会遇到心理战。心理战是以折磨对手的心理为目的的，类似于"不战而屈人之兵"。通过心理战，使你心里不舒服，从而把你弄垮，使你潜意识里希望尽快完成谈判协议，并由此做出退让。

要摆脱这种束缚，必须做到：

**1. 慎重选择谈判环境**

由于谈判地点需引起心理压力的情况，你一定听过很多。对于一些很平常的问题，例如谈判是在你的或对方的或中立的地方举行，你应该保持警觉。在对方的地盘或势力范围内谈判，有时候于对方有利，他们比较容易对付你；但有时候又反而对你有利，因为这或许会使对方感到安适，更加乐意接受你的建议，而且一旦有必要，你也很容易离开谈判桌。

如果你已经允许对方选择谈判的地点和环境，那你一定得意识到自己会受何种心理影响，并做好心理准备。

## 别被威胁吓住

威胁是谈判中经常用的伎俩之一。威胁似乎很容易，只需说几句话，如果它起作用的话，就不必当真采取行动了。

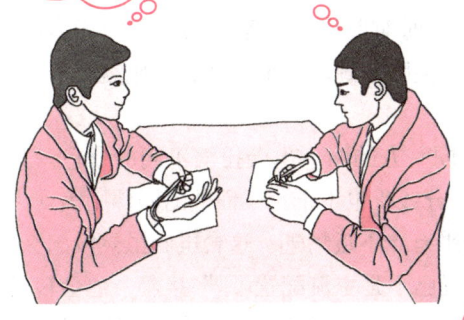

为了使对方的威胁失效，有时候你可以干扰其传达威胁的过程。你可以故意不理会对方的威胁，只将它视为未经授权的、匆忙说出的或与你不相干的信息。

你也可以向对方传达这种危险负有风险的信息。

高明的谈判者很少会诉诸威胁。他们不需要这样做，因为还有其他方法可以传递同样的信息。"警告"要比"威胁"更具合法性，并且不会招致对方的威胁。

首先要问问自己是不是感到紧张，如果是，应探究一下原因。如果房内太吵，如果温度太高或太低，如果没有可以私下跟自己一方的人协商的场所，那么你就必须意识到，这是为了促使你让步和迅速做决定而刻意安排的环境。

如果你发现谈判的环境不利于你，切勿犹豫，应尽快说出来。你可以建议调换座位，休息一会儿，或是干脆休会，改个时间和地点再谈。在任何情况下，你都要确认问题之所在，并将它提出来，然后根据客观和原则，与对方交涉安排新的谈判环境。

### 2. 警惕黑脸白脸的迷惑

有一种施加心理压力的方法是玩弄"白脸与黑脸的把戏"。这种方法常常出现在港台的警匪影片中。第一位警员威胁要对疑犯提出许多罪行的控诉，并把他置于强烈的灯光下恶狠狠地逼问。当这位粗暴的警员离去后，另一位"好人"警员进来，关掉强烈的灯光，给疑犯递上一根香烟，同时对前面那位粗暴的警察的行为道歉，并说他很想制止刚才那位警员的粗暴行为，但除非疑犯跟他合作，否则就无能为力。结果疑犯就把一切都抖出来了。

在谈判中，同样也会出现这种骗局。同一方的两人也会扮演不同的角色。其中一位态度强硬："这台电脑值5800元，少一分钱我也不干！"而他的同伴则表现出有点难过和尴尬，最后插嘴说："小王，你似乎有点不近情理。这台电脑虽然没怎么用，看上去挺新的，但毕竟是一年前买的，配置已不是主流配置了。"接着，他会转过头来很亲切地问对方，"你愿意付5400元吗？"这个让步并不大，但听起来好像他是在帮你的忙似的。

"白脸与黑脸的把戏"是一种心理操纵的伎俩。只要你能识破它，你就不会上当。当那个"好人"讨好你、替你说话时，你只需用问过"坏人"的问题去问他："我很感激你要设法合理化的美意，但我们想知道你为何认为那是一个合理的价格？你依据的原则是什么？你如果能使我相信5400元是个公道的价格，我愿意按这个价钱买下来。"

### 3. 谨慎对待对手的人身攻击

除了操纵环境之外，对方还可以利用语言或非语言的方式使你觉得不舒服。他们可能会对你的衣着或外表评头论足一番。"你看起来好像一夜没睡，是不是办公室里的工作不顺利？"他们可能让你久候，或是中止谈判而去与别人谈事情，以此来贬低你的地位；他们可能暗示你的无知；他们可能故意不听你说话，然后让你重说一遍；他们可能故意不正眼看你，不论在任何情况下，只要能识破对方的伎俩，就能使之失效；而明白地指出其伎俩，则能阻止其"故伎重施"。

对付心理战的办法，首先是让自己有良好的心理素质。只有这样，你才能在心理战中越挫越勇！

# 第二章

# 声东击西,用"心"取胜

## 发挥优势,强力打击,让对手没有还手之力

每家企业都有自己的优势。利用自己的优势攻击对方的劣势,并且硬下手腕连续进攻,让对方没有还手之力,是为胜利之法。

在零售行业中,凯马特是鼻祖。1979 年,凯马特拥有 1891 家零售店,每家店的平均收入高达 725 万美元。相比之下,沃尔玛公司则显得微不足道。当时的沃尔玛公司,只有 229 个零售商店,每家店的平均零售收入仅相当于凯马特商店的一半。在这种情况下,它很难与凯马特进行正面的竞争。

但是,沃尔玛的创始人山姆并没有退缩。尽管处于不利地位,他并没有忘记积极利用自身的优势。首先,沃尔玛对顾客的需要有求必应。

其次,沃尔玛将最大限度地为顾客创造购买优良物品的机会,包括便利店的店址和方便的时间,降低成本结构,推出最优惠价格的产品,等等。沃尔玛所具备的快速存货补给能力,保证它能达到上述的目标。

这种保证又被称作"送货不停"。沃尔玛公司严格要求做好这个环节的工作,要求将商品不断运送到沃尔玛的仓库,经过仔细地筛选和细致地包装,再分送到沃尔玛各家商店。沃尔玛的商品很少滞留在仓库中。它要完成一次配送过程,仅仅需要 48 小时。

通过这个不停的送货补给系统,沃尔玛获得了规模效益,增加了采购量,降低了存货成本及费用。

沃尔玛 85% 的商品都是依靠自己的仓储运输系统配送的。对于只有 50% 的商品能够依靠自身的配送系统配送的凯马特公司来说,这就是沃尔玛的一大优势。

而且,由于有低价销售的吸引,沃尔玛公司用不着花太多的时间去做太多的宣传广告。沃尔玛公司在广告上的经费的确不多,但就是因为这样,他们才能以更低价的商品回报顾客,让他们成为沃尔玛的回头客。

沃尔玛的运输成本也是同行业中最低的。每 1 美元的营业额只有 16 美分花在基本营运上,而其他公司要比他们多花将近 40% 的钱在这上面。

此外,沃尔玛公司还非常善于激起顾客的购买欲。在大力完善企业形象、加深顾客印象方面他们也做得非常好。

1976年，沃尔玛的强劲竞争对手凯马特突然向沃尔玛展开进攻，在沃尔玛经营最好的4个市镇开分店，同时也向其他区域性折扣百货连锁展开攻势。一时间，各公司都在讨论如何避免与凯马特直接竞争，而山姆却站出来声明沃尔玛将以攻对攻，决不退缩。当时凯马特已有上千家分店，沃尔玛只有150家。第二年，在小石城，凯马特发起价格战时，沃尔玛指示自己在当地的分店经理："任何商品都绝不能让他们的价格比我们的低。"而凯马特却不能降得更低，只好示弱，这场战争的获胜方是沃尔玛。

## 攻其一点，在对方最弱处下"锥子"

在武侠小说里经常这样描写"决斗"：弱者与强者较量，特别是弱者与绝顶高手较量，当弱者处于下风时，就会寻找对手的死门，找到死门重点攻击，最后取得胜利。同样，在商场中，即使再强的企业、再强的对手，只要攻击他的弱点，也能攻其不备、逆转情势。

俗话说："知己知彼，百战百胜。"无论在战场上，还是在商场中，这都是一条铁律。"知己"就是了解自己的优势在哪里，不足之处有哪些；"知彼"就是分析对手的特点，找出他的薄弱环节。

任何人都有弱点，和人竞争就要找到其弱点并进行攻击。只要我们用自己的优势攻击对方的弱点，胜利就属于我们。

2003年，淘宝网进入个人网上购物（C2C）市场。当时，易趣（易趣网后来和全球最大的C2C网站eBay合作）在中国C2C市场的占有率高达90%。那时没人看好淘宝，它被预言将在18个月内夭折。但3年后，淘宝将易趣打得一败涂地，成为中国C2C之王。它的主要成功秘诀是在提升客户价值上下苦工。

"是用户的抱怨启发了我们。一些易趣用户抱怨说：在易趣沟通实在太困难了，仅通过上网浏览，很难确定对方的货物质量是优是劣。"淘宝总裁孙彤宇回忆道，"这给了我们启发，用户需要，淘宝网就从这里入手，一定能找到易趣的死门。"于是，淘宝分别针对易趣的软肋准备了两大利器。

**利器一：交易免费，服务至上**

淘宝打出免费大旗，直取易趣的核心弱点。这吸引了大量的易趣卖家在淘宝上开店，卖家的心态是，反正免费，不妨试试，结果淘宝很快招揽了大量卖家。卖家节省的交易费用可以直接让利给买家，使得淘宝上的产品价格低于易趣，又吸引了买家。

有人会问，淘宝之前的雅宝也是免费的，都是"宝"，输赢的差距怎么会这么大呢？其实，免费只是一个能看到的因素，更重要的是看不到的服务。以前的雅宝，只是个纯粹的商品信息交流平台，假货、骗子难以识别，网上购物风险很大。而易趣由于收费，使不法分子行骗的成本提高，骗子大多是小本经营，无利可图自然就撤，因此易趣的信息质量比雅宝高得多，所以吸引了大量的买家，市场也越做越大。然而，淘宝推出以后，不仅交易免费，还雇佣了很多员工控制商品信息的质量。有人曾测试过，放错分类的商品 12 小时之内就会被归入正确的目录，而虚假商品信息往往不出 6 小时就被删掉了。

**利器二：支付安全，无后顾之忧**

免费为淘宝的发展奠定了基础，淘宝又重金打造了另一个杀手锏：网上交易安全支付体系——支付宝。易趣网创始人谭海音认为，信用体系是电子商务发展的命门所在。

# 要在对手的"软肋"上下手

事实证明，在对手的"软肋"上痛下杀手，能获得比正面迎击好千倍的效果。

要想找到对手的致命弱点或软肋所在，就要摸清他的底细，将其看个清清楚楚、明明白白。

没有底牌可出的对手是最脆弱的，在他们的要害处轻轻一击，就致命了。清楚他们的虚实，便会掌握他们的动态，从他们的弱点下手，被动的就不会是自己。

这个认识完全正确，但可惜的是，后来易趣的信用体系做得比淘宝晚，也比淘宝差。支付宝的操作流程是，网上购买商品后买家付款给支付宝，买家收到货物觉得满意，确认收货后支付宝才放款到卖家的银行卡号上。这就很好地解决了买家最担心的卖家的诚信和支付安全问题。2004年，支付宝处理的交易量以平均每月64%的幅度增长。自淘宝网推出支付宝之后，易趣在中国网络拍卖市场占有的份额持续下滑，其率先进入中国网络拍卖市场的领先优势也在不断缩小。

除了免费策略外，淘宝的使用方便性、信息可靠性、支付安全性都属于提升客户价值的措施，提升客户价值的回报是客户不断地从易趣转到淘宝，短短三年，易趣70%的市场份额都被淘宝夺走了。

在淘宝和易趣的PK案例中，淘宝之所以胜出，就在于孙彤宇看准了易趣的弱点——客户满意度，在其最薄弱处下了锥子。

## 适时透露虚假信息以蒙蔽对手

"用假信息牵着对方的鼻子走"一计，最早的使用者是古代兵家。在战争史上，向敌人透露假信息，而影响其决策，最终将其打败的例子不胜枚举。这里列出两个较为典型的战例：

南北朝混战时代，中国北方有东魏和西魏相互对峙。东魏大将段琛布兵于两国交界的宜阳（今河南宜阳西），派下属牛道恒招募西魏边民，以扩大自己，削弱西魏。牛道恒招募有方，使得大批西魏边民迁移到东魏来。西魏大将韦孝宽非常忧虑。后来，韦孝宽想出了一招"钩鼻计"。他先派人打入牛道恒的内部，获得了牛道恒的手迹。又命令手下擅长书法的人模仿牛道恒的笔迹，伪造出了一封牛道恒的信。信中写牛道恒对西魏如何向往，对韦孝宽如何崇拜，并表达了伺机投诚的心愿。信写好之后，故意抖落上一些灯灰在信上，以做到天衣无缝。然后利用间谍，把信转到了段琛的手中。段琛因此对牛道恒产生了怀疑，对他不再信任。这样一来，牛道恒对招募工作也就没劲了。

另有一例：1936年，四川发生旱灾，粮食紧张。各大粮商乘机囤积居奇，重庆粮价顿时一涨冲天。当时汉口粮价依旧平稳，但因为交通和社会治安问题，由汉口运粮至重庆出售，不但难以获利，弄不好还会亏本，所以重庆粮价一直居高不下。

面粉大王鲜伯良为解重庆之危，经过一番辛苦筹谋之后，带了3000包面粉亲自从汉口赶往重庆。

面粉大王抵达重庆之后，第二天便依常规去走访各大粮商。粮商见面粉大王亲临"寒舍"，当然喜出望外，热情备至。但在每一家粮商的客厅里，当面粉大王与粮商谈兴正浓的时候，总会匆匆跑来面粉大王的高级助理，递给一纸合约后，在面粉大王耳边神秘细语一番。

就这样，鲜伯良在轻描淡写中把重庆的头号特大新闻一字一句地灌进了每个大粮商的耳朵里：面粉大王将从汉口源源不断地运粮来帮助重庆渡过干旱之年。对粮商来说，这无疑是平地惊雷。

接着，鲜伯良开始将从汉口带来的3000包面粉低价出售。粮商们这一下更急了，争先恐后地放弃了囤积居奇的美梦，开始竞相减价抛售。

不多时，重庆复兴面粉公司的仓库里就堆满了低价粮食，而等到粮商们突然发觉自己手头无粮食了，而汉口并未向重庆运粮时，便赶紧亲自赶往汉口。不料，此时汉口的粮价竟比自己刚刚抛售的重庆粮价高得多了。而等到他们再次赶回重庆时，却又发现重庆复兴面粉公司已经开始高价售粮了。

## 瞄准对方的关键点，以一点击溃其全部

商场上劲敌如林，很多时候我们很难与之正面交锋。因为，有时候你越是跟强敌较劲，越能激发对方的凶猛攻势。最终，只能让自己丧失主动权，陷入无休止的被动，变得连喘口气的机会都没有。那么，应该如何对付强敌呢？"打持久战"是耗不起的，"打游击战"又没有那么多的"革命根据地"。所以，只能打"狙击战"，瞄准对方的关键点，一击即中，彻底粉碎敌方的"大本营"。

《三十六计》中说："不敌其力，而消其势，兑下乾上之象。"也就是说，要避其锋芒，攻其弱点，消除敌方生存之根本。那么对方自然会不攻而破，也就是"釜底抽薪"之意，是现代经商赚钱中不可不知的一计。

20世纪90年代中期，戴尔发现，许多竞争厂商有一半以上的利润来自服务器。更严重的是，虽然他们的服务器是很好的产品，却为了补贴业务上其他比较不赚钱的地方而必须抬高定价。事实上，由于他们服务器的定价高得超乎常理，所以等于是把额外的成本转嫁给了最好的顾客，从而暴露了自己的致命伤。1996年9月，戴尔公司以非常具有竞争力的价格，推出了一系列服务器，整个市场为之震惊。这项野心勃勃的行动，重新建立了其在服务器市场的地位，而戴尔公司现在已是全美第二大服务器供应商，占有20%的市场。

戴尔公司凭借掏空竞争者的利润来源，削弱了他们在笔记本电脑、台式电脑等市场上以价格和戴尔公司对抗的能力。

互联网也是另一个让戴尔公司和竞争者大玩柔道的绝佳方式。对戴尔公司来说，网络是直接模式的最终延伸。但对许多采取间接模式的对手而言，进入网络市场是个两败俱伤的主张。

对他们来说，直接交易终将导致通路上的冲突。他们的营运模式是以传统的产销者、代理商和经销商为基础的，而不是与顾客直接发生交易关系。一旦原本采取间接模式的制造商开始与使用者直接对话时，便会与本来为自己销售产品的经销商

产生竞争。这让戴尔公司很快就获得了更多的青睐。假想一下，如果顾客想直接向制造商购买，还有什么方法比向直接销售的公司购买更好呢？

戴尔之所以能在市场上谋得"一方水土"，能在竞争中崭露头角，靠的就是"釜底抽薪"，直接攻击对手的"供给线"——"利润"。商家利润要害如同蛇的七寸，掐断利润，也就相当于断了对方的"粮草"。所谓"兵马不动，粮草先行"，割断敌方的粮草，必然使之惊慌失措，敌人便不攻自破。

20世纪50年代，一个名叫鬼冢喜八郎的日本人，得知体育运动将会在世界范围内得到推广，便想从生产运动鞋上发财致富。然而，他一无资金，二无生产设备，如何与其他已有的运动鞋生产厂家竞争呢？

看来正面无法硬碰，只能另谋良策了。为了生产一双真正适合运动员穿的舒适的运动鞋，他走访了许多优秀的篮球运动员，与他们一起打球，并亲身验证了目前篮球鞋的缺点：容易打滑，止步不稳，影响投篮的准确性。怎样扬长避短，生产出独具特色的运动鞋呢？鬼冢喜八郎昼思夜想，终于从鱿鱼触足长着的一个三吸盘上受到启发，决定把平底改为凹凸底，以防止打滑。试验一举成功，鬼冢立刻申请了专利，并投入生产。一上市，这种新型球鞋马上排挤了所有厂家的同类产品，人们争相购买，产品备受欢迎。

## 抓住对手关键处，一点击破

弱势如果想跟强势争夺市场底盘，就要善于做一个狙击手，不断培养自己的敏锐触觉和目光，暗中瞄准劲敌的关键点，才能将之一击即中。

弱势还要不断提高自己在博取众家之长的基础上，不断创新，顺从消费者的需要生产，在千变万化的市场竞争中，使自己的产品保持销售旺势，永远立于不败之地。

## 后发制人，隐而有道，此乃商场不可无的智谋

后发制人不是后来居上，而是本身就有实力，故意隐忍，在最适合、最恰当的时候猛然爆发，一举击败对手，取得胜利。商场之上的争夺同样险象环生，要想取胜，除了实力，还要用智谋。

商场就是江湖。"打打杀杀""刀光剑影"，没有硝烟胜似硝烟。人们争夺的不是生死，却是同样至关重要的商场利益。在这里，有的人强势、锋芒毕露，震得对手一个个胆战心惊；有的人却收起羽翼，"甘为人后"，似乎是个胸无大志的人。没过多久，最初强势的人被他人群起而攻之，有的就此没落；"甘为人后"的人却在不声不响中慢慢崛起，创造了自己的辉煌。

曹操煮酒论英雄时，刘备一文不名。如果刘备当时不"韬光养晦"，将自己的才华隐藏起来，势必会引起曹操的戒心，甚至杀心，那刘备就没有日后的事业了。在经商中，有时为了保存实力，要学会"韬光养晦"，将自己的才华隐藏起来，伺机而动。在没有能力与对方正面竞争的情况下，暂时保存自己的实力，然后养精蓄锐，等待时机，出奇制胜。

在商海竞争中，实力雄厚、强劲的一方总是很傲、很狂，自以为"老子天下第一"。面对这种情况，千万不可在他们面前露出你的实力或者潜力，要使其欲与你竞争一番的思想慢慢放松下来，麻痹其思想，最终才能抓住机会，成就自己。

陈庆华就是这样的人。他在大学期间就在一家房地产公司当业务员，后来任董事长助理。两年后加盟另一家公司任开发部经理，积累了丰富的经验和人脉。不久与朋友合开公司，与此同时他又到另一家实力雄厚的公司担任总监。他一边经营自己的公司，一边在对手的公司打工，积蓄实力。2007年，他又成了某大型集团的员工，在那里可以与上层人物打交道，积攒自己的力量。

陈庆华的成功与他的个人能力不无关系，但如果不一路"隐"来，他就会成为对手的"眼中钉，肉中刺"，自己的发展就会受到阻碍。"隐"在别的公司让他学到了更多的经商智慧，避免走弯路，造就了他的成功。

一个商人，在经商过程中能够先发制人当然很好，而"步人后尘"者也不应视为落伍者。特别是对于事业刚刚起步的商人来说，他们在开发新产品时，由于受到资金、技术、市场等诸多因素的制约，新产品开发步履维艰，很难在短期内形成规模、产生效益，解决问题的最好办法就是紧跟领跑者。如果不顾自身的实际能力，也拼命地往前冲，就难免因为新产品开发没有形成气候，投入市场后存在这样或那样的缺点，结果自掘坟墓，使自己处于困境当中。

# 第三章

# 揣摩心理，以心赢心

## 慧眼识破"处理商品"，不入商家便宜"陷阱"

一到换季或者过年、过节，很多商场、超市、沿街店家就会打出各种旗号来招揽顾客，"打折""赠品""特价处理"等各种宣传标语和叫卖层出不穷。很多顾客在这种气氛和诱惑下，对这些商品趋之若鹜，不由自主地掏空自己的腰包。

但是很多人都有这样的经历，买了一大堆东西回家后才发现，有一大半是自己并不喜欢的，还有一些是自己根本用不着的，剩下真正用得着的却是一些质次价高、有各种问题的，绝大多数东西买了后才吃后悔药——后知后觉中才发现自己被商家和导购忽悠了。

本来以为是"掉馅饼"的事情，却不留神掉进别人挖的"陷阱"里。天下没有免费的午餐，一分钱一分货，不要相信哪个老板愿意自己掏腰包或者做赔本买卖。

相反，他们正是利用了消费者愿意买便宜货的心理，来诱使人们一步步走进商家摆的"迷魂阵"中。不信，请看这些迷阵后的陷阱：

**迷阵一：特价处理的商品大部分都是待处理的次品**

2006年年底，广州各大商场洋溢着浓厚的新年气息，到处都是"新年感恩回报，岁末狂甩减价""亏血大甩本"的旗号。黄女士周末逛街，在一家皮鞋专卖店门前看到这样的牌子后，禁不住走了进去，很快以298元的价格抢购了一双断码的真皮短靴。可是当天回家后仔细检查才发现，皮靴的两侧色质明显不同，鞋内侧还有轻微的破损。于是，次日上午，她找到商家，要求退货。但是得到的答复是："降价的'处理品'不退不换。"这位女士根本没有提防商家悄悄在发票上盖上了"处理品"字样的方章。

**迷阵二：处理商品是诱饵，用"没货"、自我批评、导购充当"自己人"，让你不知不觉中完成了一次超出预算的大消费**

据报道，某女士在一手机专卖场的宣传海报上，看中一款特价名牌手机。早就想换新手机的她，本打算问一下这款手机的基本资料，差不多就买下。哪知到柜台购买时，导购员却真诚地劝她："这款特价机功能单一，不实用，因为卖得不好，所以才打特价，我给你推荐一款性价比更高的吧！"导购员的"自我批评"一下子拉近了与该女士的心理距离,顾客面对真诚的人总是很容易产生信赖感,所以在这种心理的作用下,该女士最终比原来预算多花了500多元,买了售货员推荐的另一款手机。

## ■ 处理的商品很多都是快过期的商品

很多媒体报道,一些不负责任的商家,在时间将近时,常常将那些快变质或已经变质的商品,利用捆绑促销的形式推销给顾客。

比如,月底特价酸奶,一般把5盒或者10盒捆绑起来,价格算起来每盒比单买要便宜40%。但是如果你不留意日期的话很可能要自吞苦水,这批酸奶距离保质期的最后期限很可能只剩下四五天了。

我们应该擦亮自己的双眸,看清楚周围,识破那些奸计,不让自己上当受骗,不让自己陷入别人设下的"圈套"中。

可回家后她才回过味儿来,自己平时只接打电话,根本不需要那么多功能,干吗要舍弃便宜的名牌手机,买部功能不实用的杂牌机呢?

一直流传着这样一句话,"便宜没好货"。或许它不是真理,也不是针对所有的事情都是正确的。但是它绝对是亘古不变的古训,是前车之鉴,后事之师。

## 增强对抗"打折"的免疫力,不中"原价"的迷惑计

很多人在商场购完物结账时,从不看小票,等走在回家的路上才犯嘀咕——怎么花了这么多钱,商场不可能算错账啊,等拿出小票细看时,才发现很多商品的价格并非是自己原来在货架上看到的价格,并非是所谓的特价商品,这到底是怎么回事呢?

"打折"商品却按"原价"收费?到底是自己眼花了还是商家灌你"迷魂汤"了?现在就借你一双"火眼金睛",让你看清商家玩的那些"躲猫猫"的游戏:

### 1. "特价"商品照样按原价结算

明明是"特价"商品,怎么能还按原价结算,这不是故意欺诈吗?如果你发现得早,赶在结算之前,收银员会以"工作人员贴错标码了""货物放错货架了"或者"你看错了"等等为由来敷衍你;但是如果你发现得晚,过于相信电脑的零失误率,也不太留意结算时的电脑小票。等你反应过来下次去商场理论时,商家往往会以"特价活动已经结束,现已恢复原价,只是标价牌还没及时更换"为由拒绝返还差价。

### 2. 将原价商品故意标为"特价"出售

为吸引消费者注意,商家将一些原价商品故意标示为"特价"商品售卖,并以"特价商品概不退换"来制造假象,让消费者相信这是最省钱的"白菜价"了。你要不赶快抢这块"肥肉",很快就被别人捷足先登了。等你花了这"白菜价"后,你才发现其实这"白菜"水分太多,物所不值。但是商品一旦出售"概不退换",消费者是捡便宜还是吃亏了,难得糊涂一次吧!

### 3. 在"打折"区域中摆放原价商品来混淆视线

很多超市经常在醒目位置设置"特价"区域,堆放一些特价商品,但同时也将一些原价商品放入其中。消费者一般不会仔细查看每件商品的标签,等到结算时才发现所购买的"特价"商品其实是原价商品,但看看排了这么长时间的队等待结账,也只好自咽苦水地买下,谁让自己不仔细看清楚呢!

有些商家就是摸透了消费者的这些心理,借"打折""减价"之名,行"欺诈"之实,这对消费者非常有"迷惑性"。当我们兴高采烈地花着钱时,却不知不觉地投资了零售业、服装业,不知不觉地沦为一个商品奴。花了钱,我们是可喜呢,还是可悲呢?

## 商家的"打折"陷阱

节假日、换季时，各大商场的打折、优惠、购物抽奖的广告扑面而来，吹得你头晕目眩，吹得你直掏腰包捡"实惠"。

"买100送60""买300减100"、一折区、二折区、三折区……不少服装店贴满了各种醒目的"黄条"，告诉你他们在用此类的写法来达到促销的目的。打折是为了利润，减价实为涨价。

### "赠品"陷阱当提防，别为了"糖衣炮弹"吃一嘴沙

如今，商家为了促销，经常会附送一些赠品来吸引消费者。买冰箱赠微波炉，买彩电送VCD、饮水机，买杂志赠沐浴露，去游乐场还会得到一张再次光临的赠票……消费者真的这么幸运吗？如果是陷阱，它又到底在哪里？

不错，你问到点子上了。商家又没要你的钱，免费送给你的还不好吗？每个人都有贪小便宜的心理，几乎没有人会拒绝"免费"的东西，这正是商家变相促销的动机，而"赠品"正是商家利用人们的这种心理来敲开他牟取暴利的敲门砖。

很多商家这招可谓屡试不爽，有关调查显示，冲着商家有赠品去消费的顾客占了绝大多数。但实际上这些赠品并不是白送的，商家早就把赠品的折合价一起算到成品里让消费者掏过腰包了，也就是消费者花钱自己买了赠品。回头再看看这些赠

品，完全是噱头，没有什么实际价值。

不少亲身体验了赠品陷阱的人，曾这样述说过他们的不愉快的经历："我前不久买了一个电磁炉，商家还赠送了一个汤锅，回家做饭我就用赠送的汤锅做汤，没想到刚把锅放到电磁炉上，锅就冒起烟来。"

"我买过一个紫砂锅，商家赠送了一个锅铲，结果不到一个月就断掉了。"

"有一次，我在超市看到捆绑在一起的牛奶正在打特价，也没有留意日期，等回家后才发现再有四五天就过保质期了。"

当然也有些货真价实的赠品，但你以为你真的占到便宜了吗？李先生想买台笔记本电脑，为了买得实惠，他货比三家，转了很多家商场后，终于在一家商场"锁定目标"。这台笔记本电脑的价格是17500元，广告宣传正在搞活动，会赠送很多赠品，两个电池、两个电源、一个小音箱。李先生觉得价格适中，还可以得到实用的配件，一举两得，就爽快地买下了。

但是，他不知道的是"羊毛出在羊身上"，其实这些赠品本来就包括在产品里，是产品的附件，赠品的价格早就被商家加到家电产品上了。商家就是利用这种"挂着羊头卖狗肉"的手段，来诱使消费者高兴地掏腰包的。

买的永远没有卖的精，看似以免费为号召的赠品，其实后面有很多利润、很多陷阱。商家怎么可能不赚钱呢？越是提供赠品的，你越要睁大自己的眼睛看有没有掉进商家的温柔陷阱里，更要避免因为赠品而"捡了芝麻丢了西瓜"。

## 熟知"贝勃效应"和"尾数效应"，避免上价格的当

现代社会，商品成千上万，种类繁多。各种商品的质量、用途、款式不同，价格也就千差万别。即使同一种商品，价格也不是一成不变的，经常会上下浮动。同一种商品，标上不同的价格，会导致消费者完全不同的心理反应。

在生活中，最常见的两种价格心理效应包括"贝勃效应"和"尾数效应"。

有人做过这样一个实验：一个人右手举着300克重的砝码，这时在其左手上，放上305克的砝码，他并不会觉得左右手上的砝码有多少差别，直到左手砝码的重量加至306克时才会觉得有些重。如果右手举着600克，这时左手上的重量要达到612克才能感觉到重，后来就必须加到更大的量才能感觉到差别。

这种现象被称为"贝勃效应"。

"贝勃效应"在生活中到处可见。比如5毛钱一份的晚报突然涨到5块钱，那么你会觉得不可思议，无法接受。但是，如果原本100万的房产也涨了5块，甚至500块、1000块，你也会觉得价钱根本没有变化。这就说明，人们一开始受到的刺激越大，对以后的刺激就越迟钝。

有一个关于价格的心理学实验证明了这个效应。

如果你去商场购物，购买一个标价200元的商品。这时，你听说另外一个商场这个商品的价格是100元，你会如何？恐怕你会赶紧跑到另一个商场去买，不被这里宰割，是吧！

## ■ 为什么尾数定价法运用得如此广泛

1. 可以使消费者产生便宜的心理错觉。如198元一双的鞋要比200元一双的鞋好销。

198，有8啊，发发发，吉利。

2. 给消费者一种数字寓意吉祥的感觉，使消费者在心理上得到一定的满足。如"8"的粤语中念"发"，含发财致富之意。

了解了价格的这两种心理效应之后，但愿你在日后的消费中，多一分小心与谨慎，以免上了价格的当。

那么，如果你在这个商场购买的商品标价是20000元，而此时你听说另外一个地方的同样商品的价格是19900，比这里便宜100元，你是否会到另外一个地方去买？恐怕不会吧！

这个实验说明，同样是100元，由于人们前后受到的刺激不同，因而态度也就不同。仔细想想，在你的生活中，也许已经上演了实验中的事实。

此外，有些商家在制定商品价格时，牢牢把握了消费者的心理。利用消费者的心理错觉，运用了"尾数定价法"，即保留价格的尾数，采用零头标价，如将一件商品定价为9.98元，而非10元。这就是价格的尾数效应。实践证明，消费者更乐于接受尾数价格。大多数消费者认为，整数是一个概略价格，不十分准确，而尾数价格会给人以精确感和信任感。此外，尾数可使消费者感到价格保留在较低一级的档次，从而减轻心理抵抗感。

我们在超市买东西的时候就会发现，超市里很多商品价格的尾数都是×.8、×.98、×.99，而很少有整数的标价。而在大商场，我们经常会看到标价尾数为×68、×98、×998等的商品，整数标价的商品则很少见。这是因为超市和商场都在标价时运用了价格的尾数效应。

## 不上"一口价"的当：省不省先"砍"一下再说

很多商家为了降低成本使其利润最大化，常常会采取一些忽悠的手段来诱骗消费者购买自己的产品。

消费者想买实惠，销售者想赚实利。消费者想尽量砍低价钱，销售者则想方设法抬高价格，还不让消费者看出来。于是，有些商家为了使消费者不好砍价，就与厂家联合起来在商品标签上做文章，故意标上诸如"全国统一零售价""销售指导价"等字样，或者自行张贴"一口价""不还价"等店堂声明、告示，以此来忽悠消费者。很多消费者信以为真，以为其所售的商品真就不能砍价，结果"一口价"买的却是"忽悠价"。

尤其在网上购物时，我们经常会遇到一口价商品，但不要认为标明一口价就不能议价了，这只是障眼法。

一些不够精明的人往往被卖方的一口价忽悠住，以高出物品真正价值几倍的价钱买下，而自己还被蒙在鼓里。

不要上"一口价"的当。把所购商品摆一边，看商品谈价钱，能砍则砍，不能砍也可以尝试着要求卖家降低一些价格，比如免邮费、化零为整等。

一口价的陷阱不仅体现在虚假的报价上，还经常打着特价商品的旗号来迷惑消费者，使之跌入陷阱。

年关将至，某品牌皮鞋店打出"店庆十周年，特价大酬宾"的宣传条幅。活动期间所有商品"一口价"甩卖，数量有限，先到先得。冲着该品牌及价位，许先生花130元购买了一双男式休闲皮鞋。可穿了还不到一个礼拜，鞋底两边就裂开了嘴。于是许先生带着这双皮鞋和购物发票到商家要求退货或更换。没想到，商家当场予以拒绝：特价商品无三包。

既然是特价，就说明商品本身质量有问题，要不也不会这么便宜就卖了。面对商家冠冕堂皇的解释，许先生想不出任何反驳的理由，因为他当时确实是冲着鞋的价位去的，看来如今只能自认倒霉了，他只好把鞋带回了家。

商家打着"一口价"的幌子，以所谓低价销售的手段，蒙骗消费者，逃避自己本来应当承担的退换和售后服务的责任，显然消费者又当了一次"冤大头"。或许有的时候一口价真的很低，但是当你以为自己真的捡了个便宜的时候，事后你才回过神来，原来在一口价的忽悠下我们完全忽略了商品的质量和售后服务问题。

"一口价""全市最低价"，在这些诱人的广告宣传语下，消费者不要在无知中自认为占了大便宜，很有可能你已经跌进了商家设下的陷阱。所以，面对一口价，要么将"砍"进行到底，要么横眉冷对之。

## 警惕销售中的稀缺效应，以免掉入商家的"消费陷阱"

常言道，"物以稀为贵"。就是说，越是稀少的东西（不管其使用价值多么小），人们越重视它。为什么会发生"物以稀为贵"这种现象呢？斯坦福大学著名的心理学教授希奥迪尼道出了其中的奥妙："一种本来没有引起我们太大兴趣的东西，仅仅因为正在迅速变得越来越难得到，马上就引起了我们的兴趣。"

在消费心理学中，人们把"物以稀为贵"而引起购买行为提高的现象，称为"稀缺效应"。

在销售商品时，商家常使用"赔本大甩卖""清仓处理"的广告来引诱顾客，使顾客提高购买行为。因为这次不买，下次再也没有这样难得的机会了。这种消费的稀缺效应在其他领域中也常常发生，如人们对要摇号的东西总是特别喜欢，非要占有不可。因为它罕见，从而显得特别"香"，以拥有它为荣耀。又如画家的原作只有一幅就显得十分宝贵，价格就比印刷得十分精美的高档复制品要高得多，购买的人也多得多。又如，人们对偷听到的信息总是如获至宝，总是爱听秘闻。所有这些，都是稀缺效应的反映。

为什么会产生稀缺效应呢？其主要原因如下：

一是与相对稀缺度有关。某一件东西很多人喜欢它并希望占为己有，但只有少数人或某一人能获得它。这时这件东西的稀缺度就相对较高，如许多著名书画家的作品，就是因为相对的稀缺度高，从而显得珍贵。因此，许多书画家惜墨如宝，不滥画滥卖。否则，画就会贬值，不会产生稀缺效应。

人际交往心理学

二是与绝对稀缺度有关。有的东西只有某人拥有或极少几个人拥有，这东西就显得珍贵了，从而产生"占为己有"的心理与行为。如特级教师、功勋教师、劳模等数量都极为有限，人们都力图争取。即使争取不到，对争取成功者也刮目相看，十分敬佩，而在行为上努力效仿，这也是评定先进、树立榜样的理论依据之一。独家专访使收视率大大提高，就是因为信息源是独一无二的。

在消费时，消费者要警惕销售中的稀缺效应，特别是一些商家打着"一次性大甩卖""清仓甩卖"的时候。有些商家就是利用稀缺效应的原理，以引起消费者的兴趣，促使消费者购买。我们在消费中要特别注意，以免掉入商家的"消费陷阱"。

### 小心商家利用"配套效应"引你上钩

18世纪的法国有个哲学家叫丹尼斯·狄德罗。有一天，朋友送他一件质地精良、做工考究的睡袍，狄德罗非常喜欢。可他穿着华贵的睡袍在书房里走来走去时，

### 小心商家利用"配套效应"引你上钩

"配套效应"是说，人们在拥有一件新的物品后，总倾向于不断配置与其相适应的物品，以达到心理上的平衡。

良性的配套行为自然不能反对，但面对不好的配套行为时，我们就应当选择考虑停止我们的这种配套思维，或者换一种方式了。

总觉得身边的一切都是那么的不协调：家具不是破旧不堪，就是风格不对，地毯的针脚也粗得吓人。于是，为了与睡袍配套，他把旧的东西先后更新，书房终于跟上了睡袍的档次。可他后来心里却不舒服了，因为他发现"自己居然被一件睡袍胁迫了"。他把这种感觉写到了一篇文章里——《与旧睡袍别离之后的烦恼》。狄德罗的感受，在许多人心中都能引起共鸣。

美国哈佛大学的经济学家朱丽叶·施罗尔在《过度消费的美国人》一书中，提出了一个新概念——"狄德罗效应"，也叫"配套效应"。就是说，人们在拥有一件新的物品后，总倾向于不断配置与其相适应的物品，以达到心理上的平衡。

在现实生活中，配套效应可以带来好的结果，也会带来不好的结果，这取决于所参照的"睡袍"的价值。有价值的"睡袍"，可以促使我们为了与之配套而产生一系列好的或者对我们成长有利的行为表现。反之，劣质的"睡袍"却会使我们走向倒退。

选择一件有意义的"睡袍"，激发人们自我转化的内在动机，主动实现良好的与之配套的行为，这是好的。但有时候，人们也会为这件"睡袍"，付出很大的代价，这就属于得不偿失了。这也是为什么家具店里的家具总是成套地卖，就是让人们产生"配套反应"，这样才有利于商家多赚钱。

"配套效应"令人们消费更多的钱，只为了和新物品搭配得更加合适，从而达到心理平衡。

## 认清商家的陷阱：优惠券到底优惠了谁

情人节之际，小李到花店买玫瑰。平时2元一朵的玫瑰，情人节标价20元一朵。小李想，花虽贵，但不能不买，不然老婆会生气的。可是，买了还真心疼，毕竟买少了，面子上挂不住，买多了又费银子。

正在犹豫，店家走了过来，问："先生，买花？"小李说："嗯。不过，玫瑰能不能便宜点？"店家笑道："送女朋友吧？哈哈，追女孩子怎么能怕花钱？若是因为这一大束花，换来了你的幸福，那可是太划得来了！"小李低声说："送老婆的。"店家接着说："那也不能抠门啊，要不这样吧，您在我这里办张会员卡，我给您五折优惠。"小李开始打退堂鼓："啊？有这个必要吗？"店家惊讶地说："怎么没有啊，谁家红白喜事不送花？难道非要等遇到了，才知道买啊？"小李想想也对，就办了张卡，买了束花。但还没到家，小李就开始后悔了，其实这优惠卡对他来说并不优惠，优惠的反而是商家。小李刚才一时被他说得绕了进去，才办了这优惠卡。

表面上看来，它们是商家让利给消费者的。但其实，就是想吸引顾客多去光顾商家，让商家赚取更多的利润。

会员卡的出现，就像商场经常发放的优惠券一样。比如，在麦当劳的网站上，顾客只要打印某张优惠券，就可以凭券到麦当劳以优惠价格享受某种套餐，甚至在路边也可以获得免费发放的优惠券。

这样的方式很受欢迎，但大家却没有意识到，商家正是利用了顾客投机的心理，让他们认为自己每一次买东西都可以占到便宜。

商家发放优惠券，最容易想到的解释是，吸引更多的顾客，扩大销售量。但如果是这样的目的，那不如直接降价。正确的解释是，商家借此进行低价促销。其实挣的还是顾客的钱，而顾客不会察觉罢了。

像小李这样的顾客就是因为抱着占便宜的投机心理，否认了事物两性均衡的客观存在，主观上过于相信自己的判断，潜意识中总相信自己会利用优惠券买到便宜东西。

其实这只是一种心理上的错觉，是把"客观概率"消融在"主观概率"中，即判断事物时倾向于有利于自己的低概率，而否认不利于自己的真实概率。

投机心理蒙蔽了人们的理性思考。因为很少有人能坚定地只相信自己，不相信别人。在商家的一番甜言蜜语之后，小李轻易地受到了他的引导或者说是心理压力，确信会员卡可以为自己省去一大笔钱。

出于内心的优势考虑，小李信任了他的话，但这其实只是商家利用小李的投机心理，所做的一种商业活动而已。而小李出于对偏离的恐惧，选择了听从商家的话，失去了自己原有的理性判断。

优惠券优惠了顾客，更优惠了商家。人们不要见到发放的优惠券，就上前抢购。其实，这只不过是商家利用人们的投机心理，做的一场秀罢了。要想避免投机心理，便要克制自己占小便宜的心态。理性地对待任何一种天上掉馅饼的好事，要清楚地认识到天下没有免费的午餐。